LE PENDU
L'HERMITE

タロットの
神秘と解釈

Mystère et interprétation du Tarot

松村 潔

Kiyoshi Matsumura

説話社

0

le Mat

愚者

I
le Bateleur
魔術師あるいは大道芸人

2
la Papesse
女教皇

3
l'Impératrice
女帝

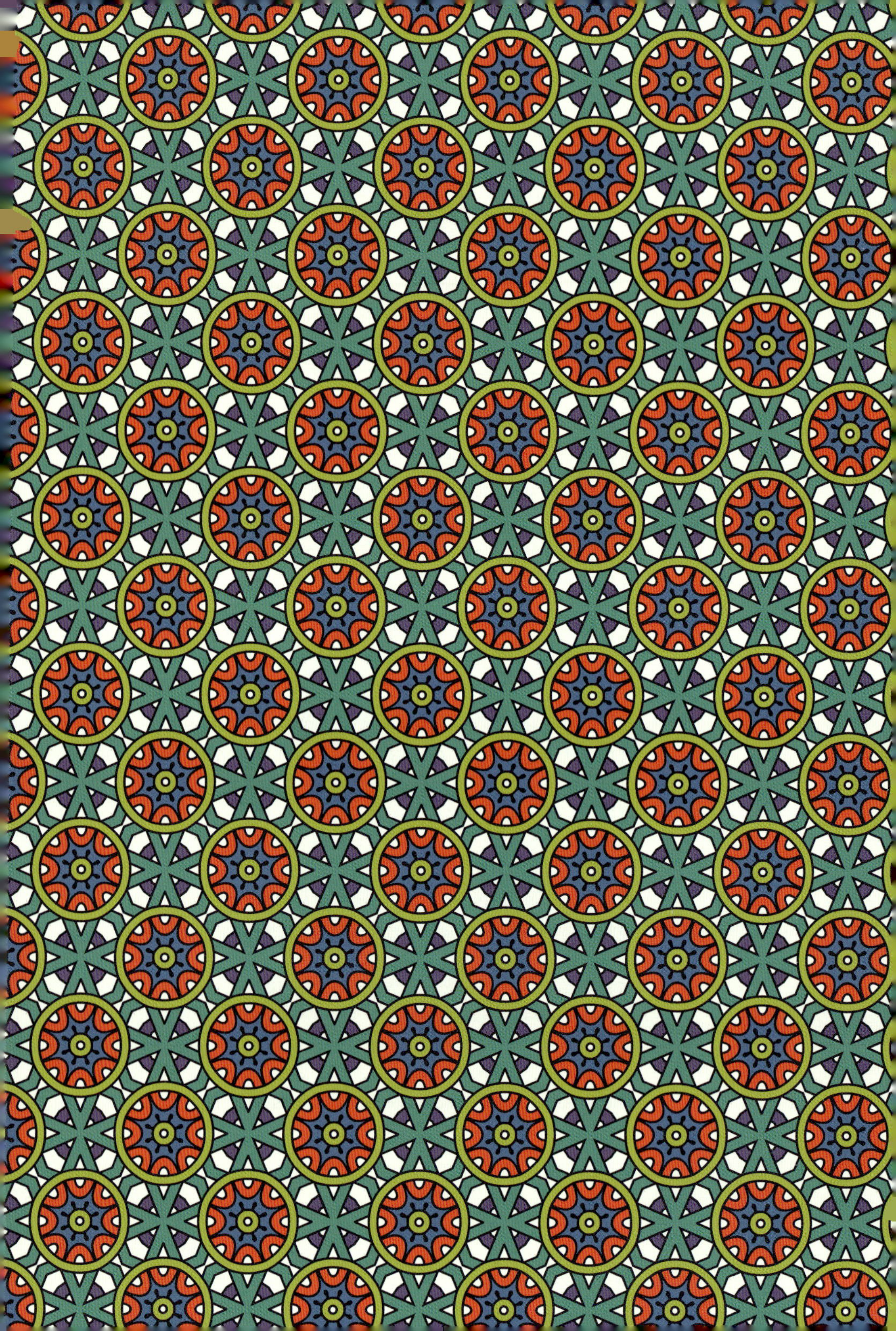

4
l'Empereur
皇帝

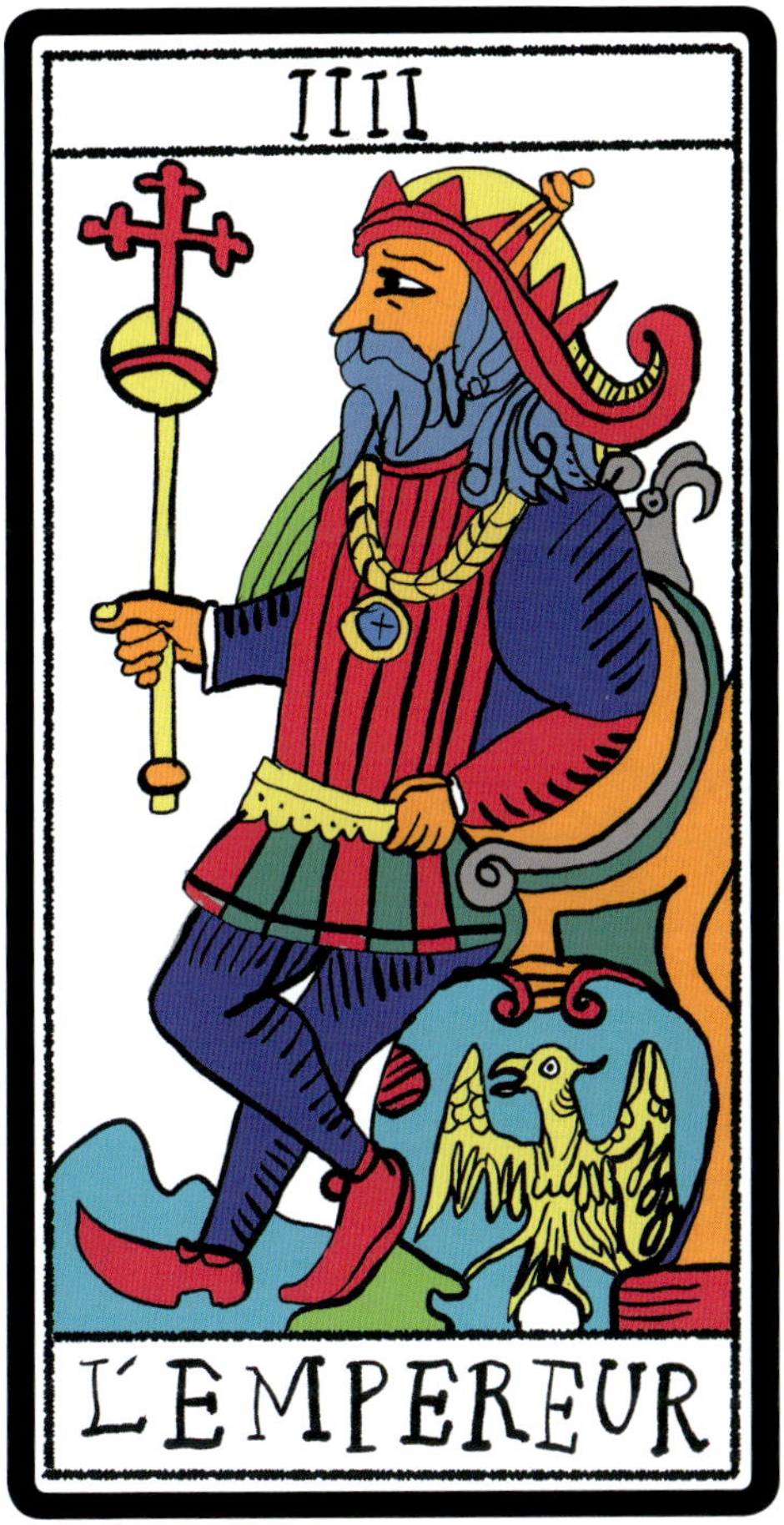

5

le Pape

教皇

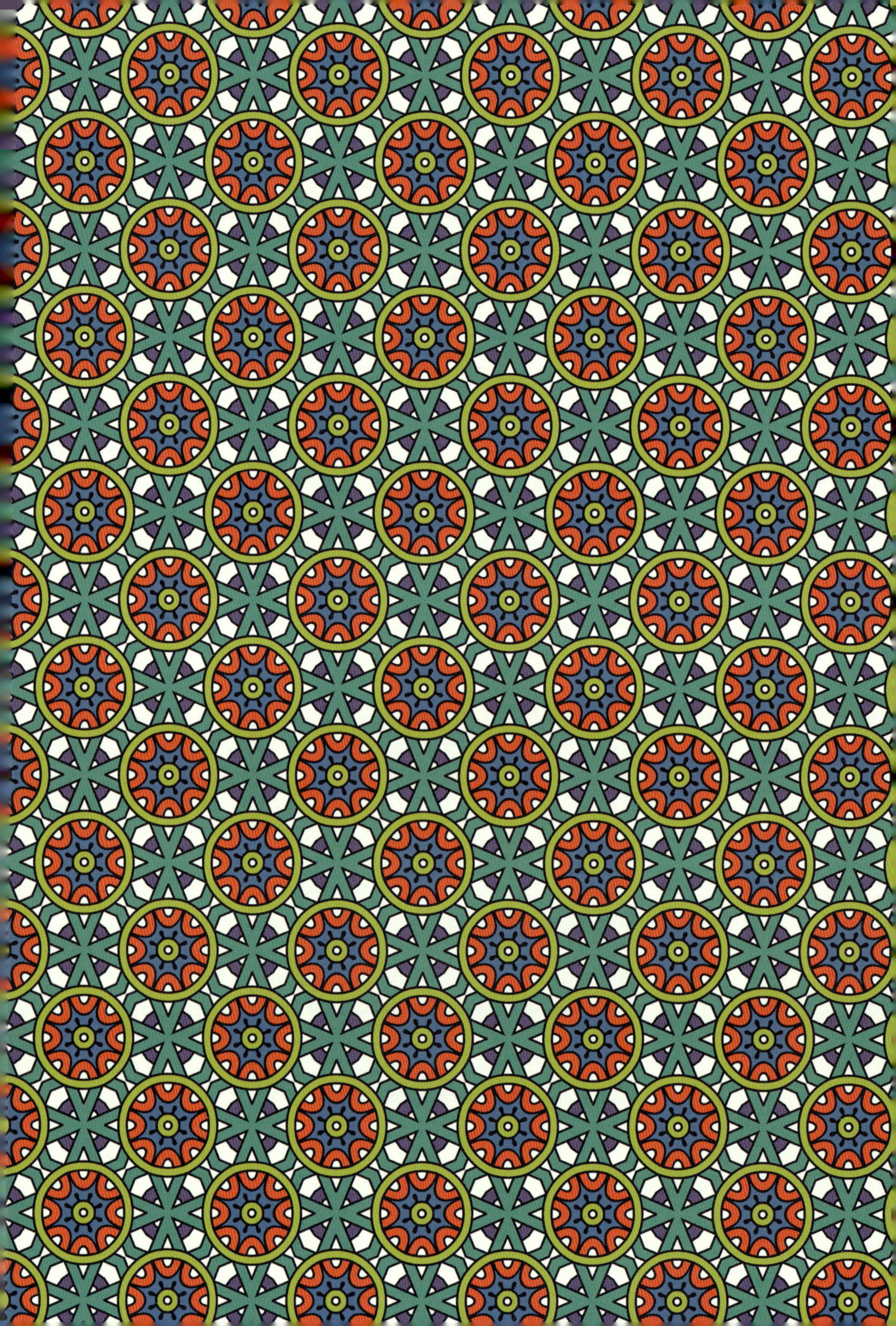

6
les Amoureux

恋人

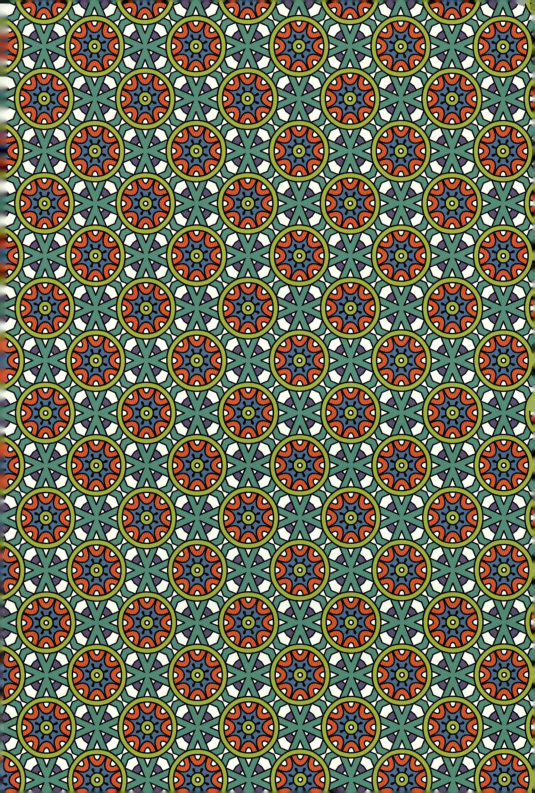

7
le Chariot
戦車

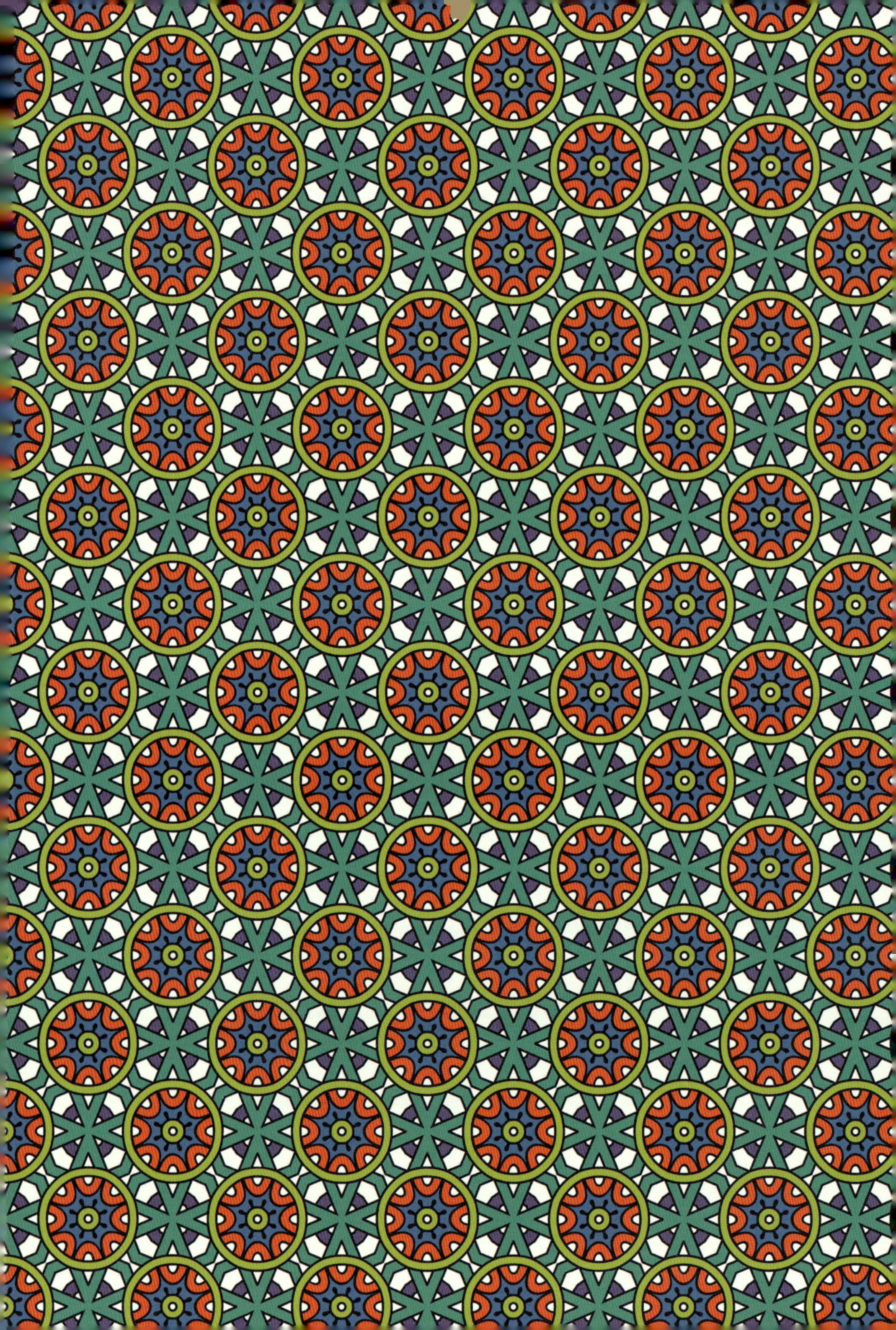

8
la Justice
正義

9

l'Hermite

隠者

10
la Roue de Fortune
運命の輪

11
la Force
力

12

le Pendu

吊られた男

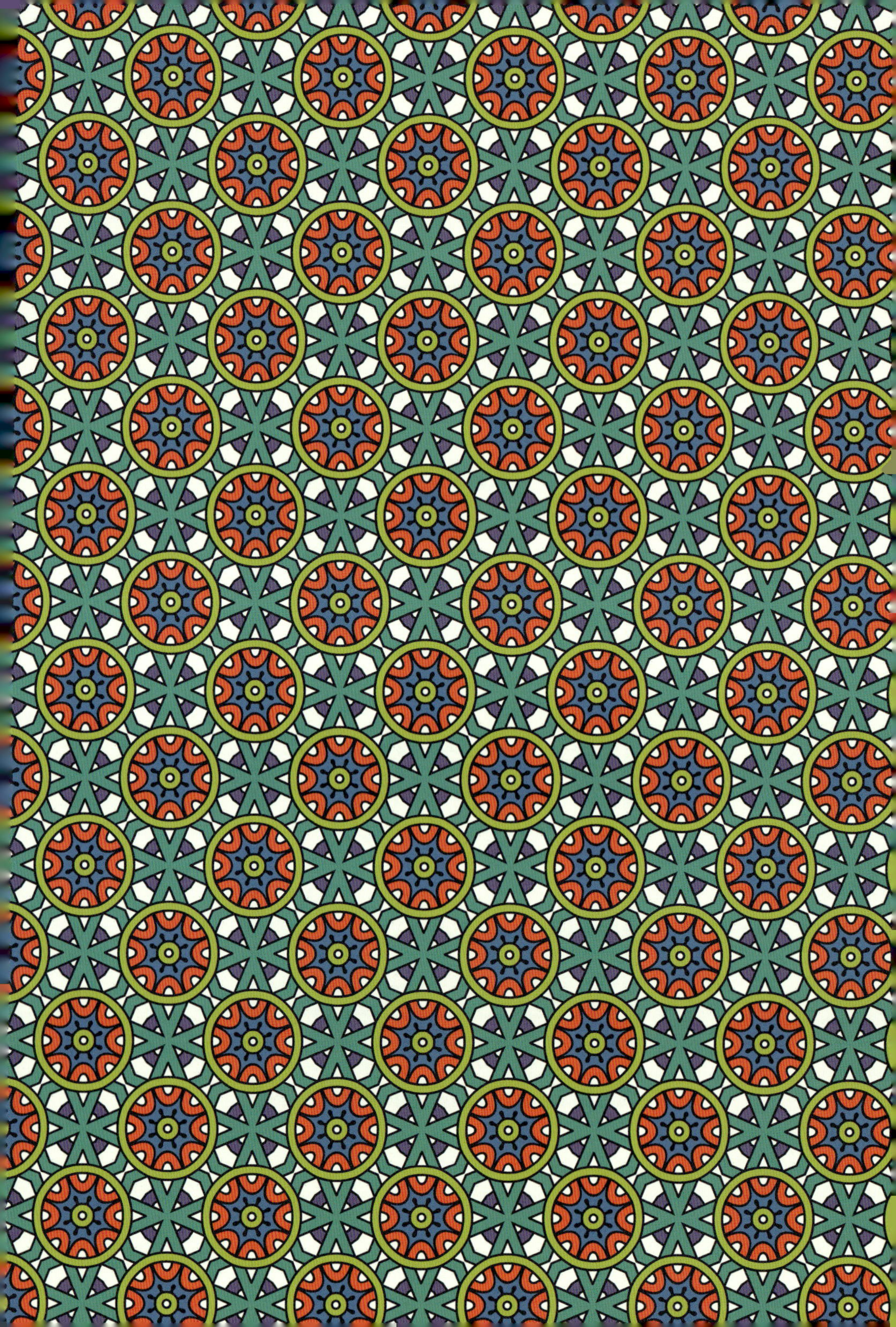

13

死神あるいは名無しのアルカナ

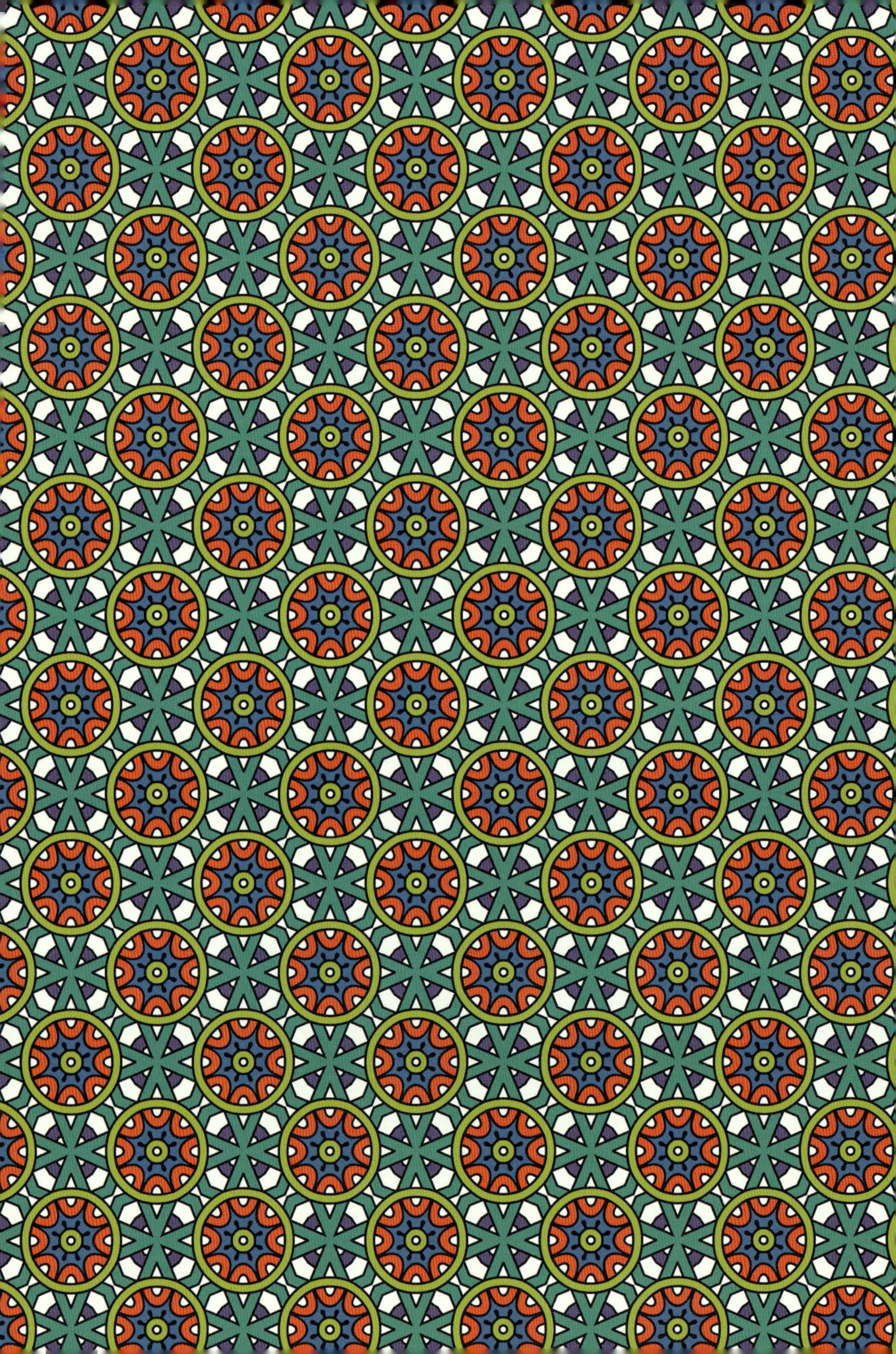

14
Tempérance

節制

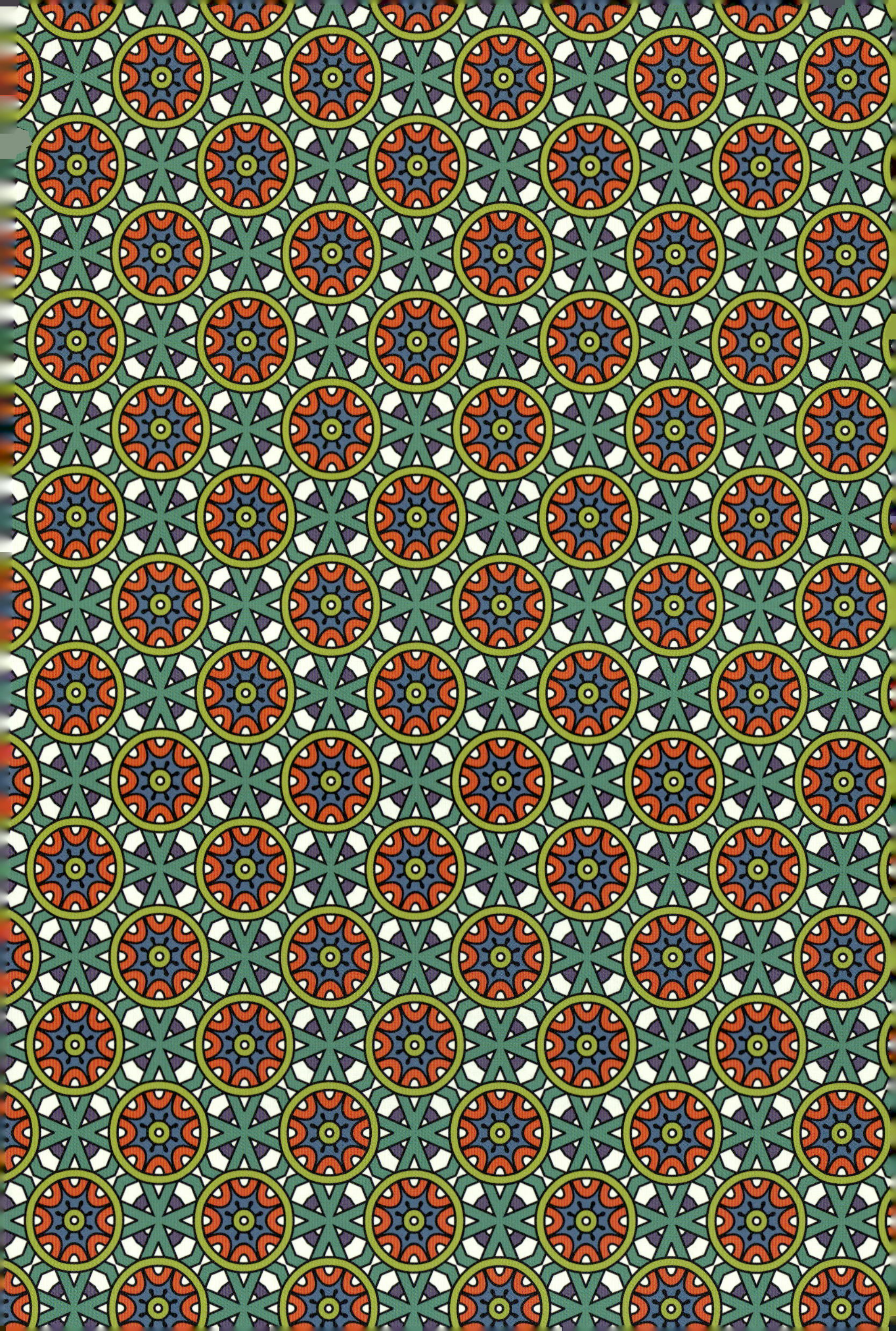

17
l'Étoile
星

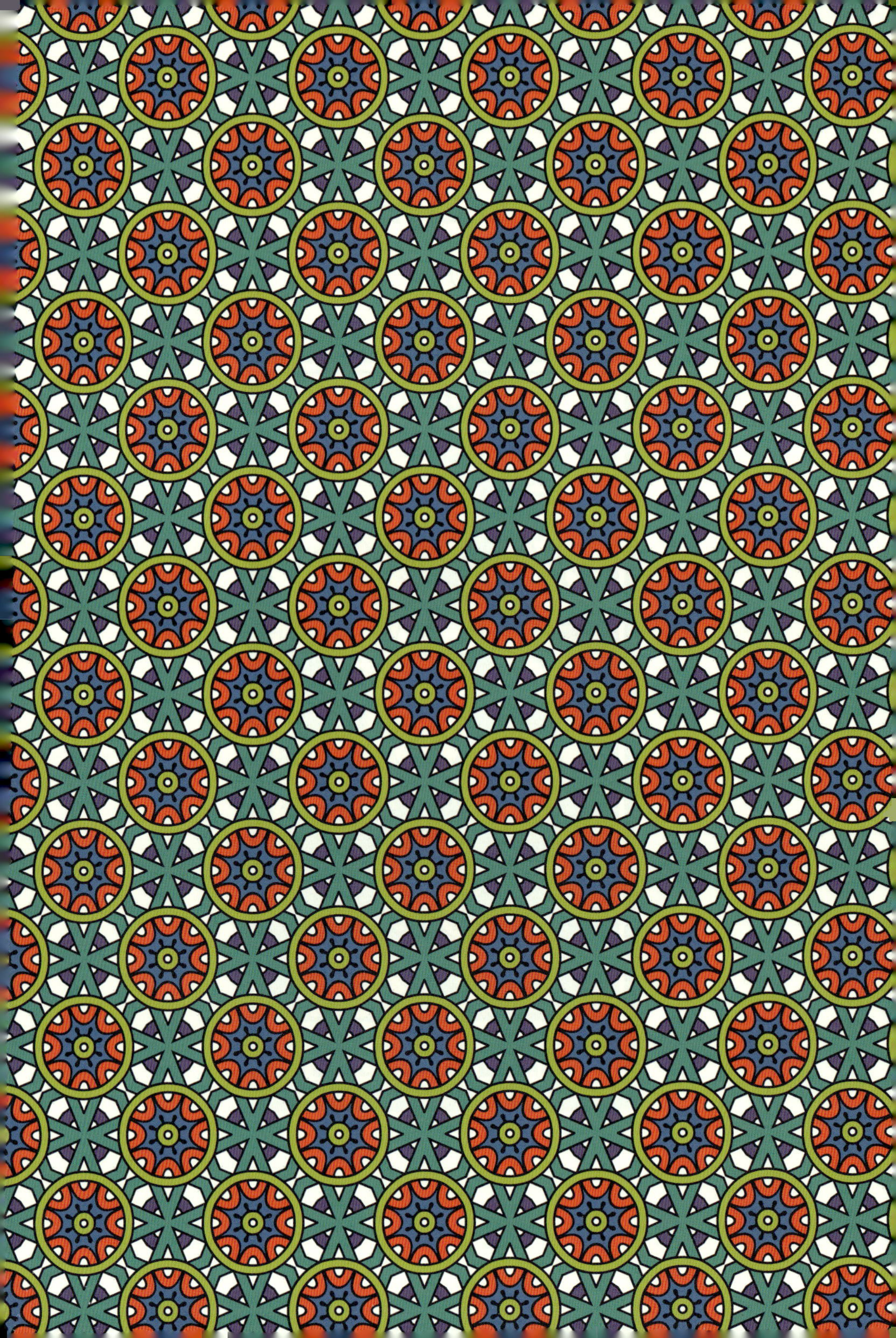

19
le Soleil

太陽

20
le Jugement
審判

21
le Monde

世界

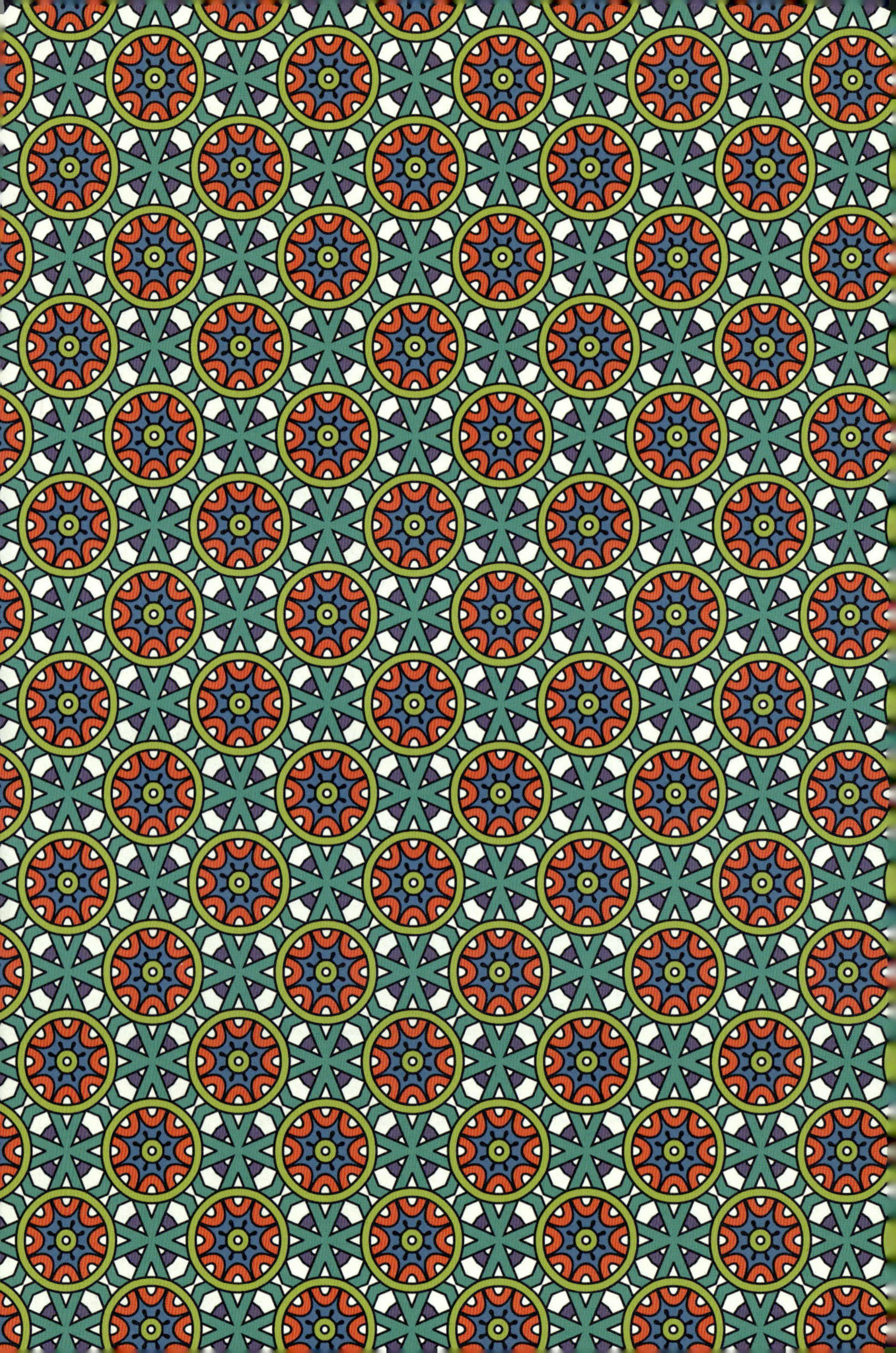

タロットの
神秘と解釈

Mystère et interprétation du Tarot

松村 潔

説話社

はじめに

これまでたくさんのタロットカードの本を書いてきた。

正面からタロットカードについて書くという内容の本でなくても、タロットカードはかなり引用しており、何を書いても、必ずどこかにタロットカードのことを書いてしまうということだ。だいたい一冊の本を書くと、書いたテーマに関しては関心を失い、あまり顧みないことが多いのだが、タロットカードに関しては、十分に書いたという気がせず、まだたくさん掘り出すものがあるのではないかと思う。もしかしたら、これを一生続けるのではないかと感じることもある。つまりタロットカードは無尽蔵《むじんぞう》であり、個人的な気持ちとしては、私はまだこのタロットが提示する基準値に追いついていない。

タロットカードを扱い始めた初期から、最近になるまで、何度か、タロットカードに触れた時、夢あるいは変性意識の中で、巨大な生き物が登場することがあった。最近は、これはいつも共通した存在ではないかと思うようになった。いつも人間の姿をしていない。一番目立っていたのは、私がタロットカードを数字と結びつけて書いていた時に現れた数メートルの大きさの黒い生き物で、その巨大な手で、私の右手をさすっていた。その頃私は腱鞘炎《けんしょうえん》で十分に原稿が書けない状態だった。つまりこの巨大な生き物は、私に早く書けと言っているのだと思った。

私達は理解できない形のものを見ると、そこに遮蔽《しゃへい》記憶として、記憶の中にある代替的な形を張りつける。そのため、この巨大な生き物の形は問題にならないだろう。多分、どう表現してよいかわからないというものだから、何となく怪物的な形になった。

そこである時期から、この巨大な生き物は、タロットカードをそもそも考案したか、あるいは伝えてきた存在だと思うようになった。体系に触れると、その創始者の応身《おうじん》がもれなくついてくる。お遍路《へんろ》さんをすると空海が同行する。聖書を読むとイエスが必ずやってくる。一遍上人の本を読んだ時でさえ、一遍上人の応身がやってきたことに驚いた。つまり一遍上人は応身になったのだとわかったからだ。応身と体系は同一と考えてもよい。

体系は、すなわちそれを考え出した存在の「本体」、エッセンスである。それに比較して、個人名を持つ肉体的存在は、このエッセンスを支えるつかの間の土台でしかない。そこには大した特徴はない。クラニオセイクラルというセラピーを受けた時でさえ、施術者の隣に創始者らしき姿を見るような私なので、タロットカードを触ったら頻繁に出てくるこの大きな怪物らしきものは、タロットカードを創始した応身に違いない。

タロットカードの体系のエッセンス、源流が接触しているということは、私はその体系の根本に至るまでは、その探索をやめられないということなのではないかと思われる。およそ呪いのように、この拘束からは抜けられないのではないか。

最近思ったことは、実は私の夢や体外離脱、ビジョン体験、変性意識において見たり聞いたりするものはすべてタロット宇宙の中にあるもので、私はここから一歩も出ていないのではないかということだ。

これはこれまで長く見ていたウエイト版カードの場合にはそう感じなかった。ウエイト版は、本来のタロットが示す基準には到達しない。それはアル中の人がふざけて考案したものなのだ。マルセイユ版のカードに限ることなのだが、この中に込められた種々の象徴的なものを、私は一つひとつ体験しており、体験のあらゆることはタロットで説明可能だということだ。タロットのケージの中に住むハムスターみたいな境遇から脱出するには、この体系の内部を満たす必要がある。全部満たすと、その人は離脱する、というか、外にはじかれるのだ。

この点で、今回のこの本では、自分の体験をカードの説明の時に挿入したりしている。16の「塔」のカードは、ホドロフスキーの本を読むことで、かなりイメージが変わってしまったが、確かに自分の体験と照らし合わせると、なかなかわかりやすいと感じたので、こういう時には、個人的な体験を盛り込むことにした。自分が勝手なことを言っても、それはタロットカードの管理下にあるので、必ず関係することなのだと思うことにした。

ところで、私はタロットカードを占いに使うということが気に入らない。タロットカードは占いにはあまり向いていない。そもそもタロットカードはいわば手引書や教科書、経典、トリセツ（取扱説明書）のようなもので、これを占いに使おうとすると、内容の7割ぐらいをカットしなくてはならないように見えるからだ。

数字と象徴的な絵柄のみで作られているので、それはどのようなことにも応用できるという点では、占いに使うということもできるのだが、すると絵柄の謎でわからないことがたくさん出てくる時でも、それを放置しなくてはならない。

占いの目的はたくさんあるので、一概にまとめていうことはできないが、日常生活の中でさまざまに困ったことについて回答を見つけ出し、人生を上手く生きることができるようにアドバイスする、というのが目的ならば、日常生活の範囲内にあるもので説明し尽くさなくてはならない。

「結婚が上手くできないのですが、結婚するにはどうすればいいですか？」や「どこに行けば相手が見つかりますか？」というような質問をタロットカードで答えようとするのは、著しい技能を要求されると思われる。私はそれだけの技能は持っていない。

タロットカードには、日常生活を巡る既知の知識からは脱線するような内容がたくさん盛り込まれており、それは生活をスムーズに進めるためには不要、あるいは邪魔なもの、十分に破壊的なものもある。

つまり、タロットカードをある種の神秘主義的な古典書物とみなすと、わりに納得できるものがある。この内容について書くことと、占いの指南書を書くことにはかなり距離があると思われる。

最近アレハンドロ・ホドロフスキーの『タロットの宇宙』（国書刊行会）が日本語に翻訳されて出版された。外国語版のものに関しては、前からちらちらと見ていた。ここでは、マルセイユ版の中でさらにマニアックなカモワン版について解説がなされ、ホドロフスキーの宇宙哲学のようなものが展開されているのだが、私はこれにおおいに親しみを感じた。ホドロフスキーの緩いキャラクターが原因で、いじれるところがたくさんある無防備さも親しめる理由の一つだが、それよりもこの人はタロットカードとともに生きていると感じたことが大きな理由だ。私がタロットカードのケージの中にしか生きていないように、何か似ている感じがした。

そこで、ホドロフスキーに触発されて、タロットカードの解説書を書きたくなった。私のタロット執筆コースでは、これが終わりでなく、第二ステージに入りました、というようなものかもしれないが、自分の頭の中で勝手にホドロフスキーと対談しているようなつもりで、ちょっと話を聞いて、自分も話して、というように、ちょっと読んで、自分も書いてというのを繰り返した。

もしかしたら、カモワン版がなかったら、タロットカードの真相については、不明な部分がもっと残されていたかもしれないと思う。しかしカモワン版が最終的な決定的なものだとも思えない。最終的なものは、常に形に残ってない。形に残ったものは、すべて死骸で、元のものを完全には復元しない。カードのデザインの細部に至るまで分析することがそこまで重要だとも思えない。

ここでは、タロットは何が一番古いものかというのを問題にする人がいる。しかし一番古いものが一番精密だといえない。私はここでいつも時間の双方向性ということを意識する。何か行為する。

そして最終場所に行った時、その人は行為のもともとの意図をやっと理解する。つまり行動は未来に向かい、意図は未来から過去に向かう。タロットカードの意図は、最も古いカードにあるのでなく、それは未来に少しずつ明らかになる。ここからすると、意図の存在する未来から見て、一番遠いところにある古いカードは、絶滅寸前の瀕死状態にあるかもしれない。つまり断片がきれぎれに残され、そこから意図をくみ取ることが既に不可能なような。古い新しいは気にしないで、タロットカードの本来の意図というものを考える必要があるのではないか。

タロットカードの源流の黒い巨大な生き物は、それが満足するまで、私の右手を放さないからなのか、タロットの本を書き始めると、何か取り憑かれたような感じになってしまう比率が高い。今回も毎日1万字くらい書いてしまい、いつも頭痛がする。この頭痛を少しでも緩和するために、ランニングを毎日している。いったん書き始めると、突き動かすものがあって、なかなかやめられない。こういう時には他の何をしても面白くない。食事をしても味がよくわからない。休憩する気がしない。

今回は特にホドロフスキーの『タロットの宇宙』を意識したものであるという点で、本書を読む時に、ホドロフスキーの本も参照してもらうとよいのではないかと思う。というよりも、もっと肝心な話だが、このタロットカードの本は、カモワン版カードを基準にして書いたものだ。カモワン版カードにしかない象徴というものがあり、コンヴェル版では見つからないものがいくつかある。

本書では、カモワン版を基にしたカードが描かれているが、これは写本というよりもデフォルメであり、カモワン版の中に描かれている象徴の寸法比率さえ合致していないものがあるので、本書を読む場合、別個にカモワン版を手に入れてもらって、それを参照してほしい。もしカードが手に入らない場合には、ホドロフスキーの本のモノクロの画像を参照してほしい。もしかしたらそれだけで十分かもしれない。

タロットカードは大アルカナ22枚と、小アルカナ56枚に分類される。小アルカナは、四つのグループに分かれており、これは棒、剣、杯、金貨と分かれていて、古来からよく使われる四元素に対応していると思われる。すると大アルカナを、この四つの元素を生み出すもととなる第五元素に対応させてもよいだろう。四元素は、第五元素を分解したもので、それは部分化されたものか断片的なもので、それ自身では単独で成立しないし、維持もできない。それはある時期が来ると必ず違う元素に交代する。

しかしながら、私達は時間と空間のある世界に住んでおり、この時間と空間のあるものこそが、四元素に分かれたものであると考えてもよい。第五元素としての大アルカナは、時間と空間がない場所で、普遍的な意味として成立しており、小アルカナは具体的な、時間と空間がある領域においての諸事を象徴化したものだといえる。

つまり生活の中に生かすということでいえば、小アルカナが有効性を持つようになる。私個人は、小アルカナは必要ではないのではないかと思うし、これはある種のおまけ的なものだと思うが、しかし絵柄は単純で、四元素に対応するであろう棒、剣、杯、金貨という四種類と、数字の1から10

までがあり、さらに四種類の人物カードがあるという点では、むしろ典型的、あるいは類型的なものとして読むことができるので、わかりやすい面はある。

大アルカナと小アルカナを1枚ずつ組み合わせると、象徴的で普遍的な意味が、時間・空間の限られた場所、生活の中にどういうかたちで反映されるのか推理することもできるかもしれない。

いずれにしても、本書で書いていることは、占いの本としては逸脱した内容を盛り込んでいるので、もし占いに活用しようという人がいるのならば、自分で応用的な能力を発揮して、内容をその都度変換してほしい。これを神秘主義的な経典とみなした時には、ここには社会生活では教わらないような内容がたくさん入っているということだ。この世界でよりよく生きるためという目的と、この世界から抜け出すということが目的だと、扱い方が全く違うし、そもそもタロットカードはどこからどう見ても、この世界の中でよりよく過ごすためという目的では作られていないように思われる。

グノーシス的な書物だと考えると、これは世界脱出マニュアルなのだ。前半は世界に順応するため。後半の「11力」のカード以後は、それをひっくり返すためにある。素直に自然のままに生きたいと思う人は、「10運命の輪」までしか必要がないと考えるとよいだろう。

Contents

i

第2章 小アルカナ 393

第1章

大アルカナ

大アルカナカードの特徴

タロットカードの大アルカナカードは22枚ある。

ある時期から、これはヘブライ語の22文字に対応しているとか、生命の樹の22のパスに対応しているといわれるようになったが、それらを気にする必要はないと思われる。単純に、これは数字のロゴス、法則を絵柄にしたものであり、基本としては、3掛ける7の21。また7とは3足す4なので、分解すると、3と4の法則を示したものではないだろうか。

占星術は、三要素と四元素のセットで12のシステムが作られており、あるいは古い体系だと、惑星は七つで、ここでもタロットカードの共通の認識があるように思われる。

大アルカナカードは、数字のロゴスがメインであり、絵柄はそれを説明するための紙芝居のようなものだと考え、絵柄にそうこだわる必要はないのではあるまいか。あるいは、時代によって変化してもよいのではないかと思う。占星術と共通している面があるという点では、1から12までの数字の大アルカナカードは、占星術の12サインを参考に考えてもよいのだ。そしてこの「環境の法則」を描いている12の後は、環境離脱、環境否定として解釈できる。世界否定思想としてのグノーシス的な考え方だ。とはいえ、占星術でも11の水瓶座と、12の魚座は、既に環境否定という要素が含まれている。

しかし、世界内思想という面で、12サインを解釈してしまうと、この最後の二つのサインの性質もダウンサイジングされて、おかしな解釈がされ、本性がねじ曲げられていくのではないだろうか。流布されている占星術解釈では、たいていそういう変形が起きていると思う。

大アルカナカードの22枚は、頭蓋骨《ずがいこつ》の22枚に対応すると考えてみるのも面白いだろう。このすべてが均等に揃うと、私達の頭蓋骨はバランスを手に入れて、それ自身が宇宙的な受信器になる。もちろん、その時には中心的な存在は蝶形骨《ちょうけいこつ》だ。そして腰、踵《かかと》に伝わり、宇宙的な神聖幾何学としての法則が、地上に持ち込まれる。つまり「13死神」のカードそのものを言い表している。宇宙的なマニュアル、スターピープルに回帰するための「タロット道」としては、小アルカナは必要がない。それはどこか違うグループが捏《ねっ》造《ぞう》したもので、大アルカナと全く雰囲気が違う。占いに使うなら、人物カードを外して、小アルカナカードのみを使うのがよいだろう。

大アルカナカード一つひとつが、メソッドと考えられる。それらに馴染み、体験することで、自動的にそれぞれに対して免疫ができて、そこに戻れなくなる。そうやって22枚を満たすことで、私達はこの「地球学校」を卒業することができるのだ。

0

LE MAT

愚者

0の数字

そもそも、「愚者」のカードには0という数字は割り当てられていなかった。これに数字の0をつけたのはタロットカードのエジプト起源説を唱えたクール・ド・ジェブランらしいが、愚者にはもともとどの数字も割り当てられないために、どこの隙間にでも入り込めるとヤチマタ考えられていた。

ここに0の数字を当てはめると、どういう違いが発生するのだろうか。そもそも0とは円、単独で成立している一つの世界、完結し全体としてまとまったコスモスを示している。

例えば、1から9まで数字を数えて、次の10に行く時、これまでの1から9はもう閉じました、扱いません、これらをまとめて一つの単位にすることで、次のスタートをしますという意味になる。つまり、ここでの0とは、この中に1から9までが含まれており、十進法においては、これはすべてを網羅したということなのだ。これまでの1から9までを完結した0の輪に入れてしまうのだ。

「愚者」のカードに0を当てはめることで、いろいろな新しい可能性が考えられる。一つは、この0の卵の中を、すなわち特定の一つのコスモスの中を永遠に漂うこと。0の段階なので、方向感覚がなく、あそことか、ここという識別ができない状態だ。

胎児は子宮の中心にいることで、自分は無限の宇宙の中にあると感じる。しかし外に出ようという働きが始まると、狭い子宮の中にいることを自覚させられ、急速に閉塞感を感じ始める。中心にいる限り、この壁を感じない。

これはまだ陰陽化されていない存在を表している。陰陽化の二極化がなされていない存在は、主体と客体に分かれていないので、我思うという作用もなく、実はどこの宇宙にも同調できる。なぜなら宇宙と宇宙を隔てる壁はないのだから。役に立つものは何も持っていない。

また0を想定することで、たくさんの宇宙範囲があることを想像できる。つまり0とは、卵であり、大きな宇宙卵、より大きな宇宙卵、より小さな宇宙卵、さらに小さな宇宙卵というふうに複数を想定することができる。「愚者」のカードは、この異なるサイズの宇宙を行き来する可能性がある。一つのコスモスの内部活動である1から始まる諸々の要素にこだわるのでなく、もっと大きな単位で、外の宇宙、この宇宙などという領域を行き来するのだ。

この考えについては、生命の樹にタロットカードを当てはめた時、より顕著になる。生命の樹のパスは22個あり、大アルカナのカードをこれらに当てはめて考えるのは、カバラ系の団体でよくやることだ。「0愚者」は、ケテルとコクマーの間のパスになり、これはケテルという宇宙との扉を開いて、外宇宙に飛び出すことなのだ。

私が初めて「0愚者」のカードのパスワークをした時、自分はいきなり宇宙空間を旅する船に乗っていた。一体、この船はどこに行くのか？　と考えると、愛想のない声で「アンタレス」と声が聞こえた。この愛想のない声は、私の場合、夢の中でもよく出てくるもので、つまり、いつもの人が説明したということだ。太陽系の外に飛び出たら、まずは中央駅あるいは案内所のようなアンタレスに行く以外はないだろうといわれているようなものだ。

愚者は外宇宙に飛び出す。そして異なるサイズの０を行き来する。このためには、世界の中での陰陽化、二極化を解消しなくてはならない。私達は世界の中に住む時に、この中で二極化されて、その片方に同一化する。

例えば、人格を持つ。すると、即座にシャドーが生まれる。男性になる。すると半分取り残された無意識の人格はアニマに化ける。たちまち、このアニマは外界に投影されて、女性を見ると、惹きつけられる。完成された人格として父や母が存在する。これらのもとは、二極化なのだ。

「０愚者」は異なる世界を行き来するために、特定の世界の価値観に決して染まってはならない。この放浪は「９隠者」に似ているが、しかし同じではない。０の形に対して９の形は、内側に回したもう一つ小さな円というものがあるように見える。つまり０という全体を見ているのでなく、この円の中に形成されているより具体的で小さなものの中に探求対象がある。「９隠者」はあるものを目指している。しかし「０愚者」に目指しているものはない。

一つの０というコスモスの中を目的もなく、うろつくのは、静止する「０愚者」であり、もう一つ異なるコスモスを行き来する境界線のない「０愚者」がいる。生命の樹体系では明らかに、後者だけを指定している。

「０愚者」は外宇宙に飛び出すということが主な目的で、これは世界の中に入るという「１魔術師」のカードと対照的なセットになっている。

赤い靴

カモワン版では「0愚者」は赤い靴を履いているので、私は1922年に作られた「赤い靴」の歌を思い出す。これは以下のような歌詞の歌だ。

赤い靴

野口雨情・作詞

赤い靴はいてた女の子
異人さんにつれられて行っちゃった
横浜の埠頭《はとば》から汽船《ふね》に乗って
異人さんにつれられて行っちゃった

今では青い目になっちゃって
異人さんのお国にいるんだろう
赤い靴見るたび考える
異人さんに逢《あ》うたび考える

生命の樹では、足元はマルクトであり、物質生活を象徴とする。それはヨガのチャクラではムラダーラ・チャクラであり、基盤を意味しておりマルクトと同じ意味だ。西欧では、しばしばチャクラの色を光のスペクトルに当てはめる発想法が採用されているが、それはどうみても不自然なものに見える。

もし赤い靴のように、ムラダーラ・チャクラが赤色ならば、私達の物質生活は常に興奮し、活性化し、情熱と推進力に満ちたものになるだろう。しかし実情を見ていると毎日同じ時間に会社に出かけ、お休みの日も決まっているので、その時には、だいたい多くの人が思いつく場所に向かう。デパートや遊園地などさまざまだ。このような物質生活に赤色は入っておらず、明らかに疲れた茶色、あるいは非個性的な黒色になってしまうと思われる。

赤い靴を履いた女の子は、赤い靴を履いているから、異人さんに簡単に連れて行かれた。つまりどこにでも移動できるように準備ができているのが、赤い靴なのだ。これはヨガでいえば、クンダリニが活性化していることを表すのかもしれない。クンダリニとは、ムラダーラ・チャクラの中に蛇が眠っており、これが目覚めて背中を上昇していくことを表す。クンダリニが目覚めると、いわば大地が割れ、マグマが吹き出し、大地が流動的になるような印象だ。

私達は日々の静かな暮らしをするのに、これは耐え切れない。だから、クンダリニを眠らせ、茶色か黒色の靴を履く。クンダリニは外の宇宙に行くためにあり、世界の中で暮らす目的ではほとんど役に立たないものだ。

カモワン版のもとになったコンヴェル版では、五つの元素である地水火風空は、緑色、青色、赤色、黄色、空色と肌色の六色に対応させているらしい。ここでは赤色は火の元素に対応することになる。風の元素を黄色に対応させるとまるで黄砂のようで解せないが、いずれにしても赤色は活性化した活発な色彩である。チベット式のチャクラならば、赤色は、マニプラ・チャクラに対応しており、この方が自然だ。

赤い杖

達磨《だるま》大師は、仙道の瞑想をして、陽神《ようじん》つまり分身を作り、これに乗り換えたという。残った肉体は固めてねじり、杖にしたのだという。

これは事実ではないと思うが、しかし象徴的な意味を語っており、気化した身体は、地球の生活を思い出すことができないので、唯一、地上との接点の名残として杖を残したのだ。仏教ではこれと同じ発想で即身仏《そくしんぶつ》になり、ミイラを残したり、シャリーラがあったりする。ミイラは地上との杖であり、それを失うと、その人は地球とは無縁の存在になってしまう。

「0愚者」のカードでは、愚者はもう地上のどれとも接点を持たなくなっていると考えてもよいだろう。でないと愚者にはなれない。家族や知り合い、誰とも縁が切れていく。こうなると、かろうじて、愚者の持つ赤い杖は、地面との一つの関わりを表している。右手が持っているので、これはこの愚者の能動的要素だ。両手は地面には届かないが、そこから伸びた杖が大地に接する。杖はしばしば職業だったり技術だったりもする。

肩は意志または思想。それから伸びたものが指先に届き、細分化された指に伝わった時、これは具体的な技術ということでもある。しかし、それは赤いのだ。伝統的で長く続き、枯れている技術などなら、それは茶色になったりするし、個人の意志が入らないものなら黒色になったりする。赤色ということは、その場で思いついたもの、枯れていないもの、消えてしまう可能性のあるものなどで、「0愚者」は行き当たりばったりの仕事をしたり、思いつきを語ったりする。

赤い杖という点では、「9隠者」もまた赤い杖を使っている。「9隠者」の杖はヘブライ語のように曲がっているが、「0愚者」の杖はまっすぐで、手元に何か白いもの、卵のようなものも隠し持っている。しかも杖の上には、三つの点が刻まれている。3の数字は創造的なもので、卵は新しく成長していくもの、孵化《ふか》していくものなので、実は、「0愚者」は地上との接点においては、何かと期待している。

境域の犬

世界と世界の境界線には、守りとしての犬が存在する。これは家の外にいて、侵入して来る者を警戒している。羊の柵の外にいる羊飼いの犬だ。これは外から来るものに対して、また反対に内側から外に行くものに対して、噛みつく。そこで、大アルカナカードでは、境界線を越えようとするカードについては、必ず犬が描かれる。

「0愚者」は内側から、外の宇宙に出ようとしているのだから、背後から犬が飛びかかる。よそから侵入してこようとして犬が吠えているカードは、「18月」のカードだ。

「0愚者」の行動をしようとすると、必ず犬はやってくる。これはその人の心の中での不安感、パニック感情としてやってくることもあれば、象徴的な何か事件として現れてくることもある。真の境界線に近づいた時、急激にクローズアップされる。どこからともなく湧いてくる、落ち着かないどうしようもない動揺のようなものが出てくるとしたら、本当の意味で外に出ようとしているのだと思うとよい。

もしかしたら、このことを一生体験したことがないという人もいるかもしれない。というのも外の世界に飛び出すというのは、本来はあり得ないような異常なことであり、人生の中で考えられないという場合もあるかもしれないのだ。

私のある友人は旅行に行き、戻って来ると、自宅の周囲にパトカーが止まっていて、隣の家の人が「騒ぎがうるさい！」と警察を呼んだのだ。しかし自分は旅行に行っていたので、音が出るはずはない。前から、この隣人は精神が不安定で、妄想を抱きやすい。しかしこれを機に、彼は引っ越すことにした。隣人は吠えた。警察も犬だ。しかしこの件を、隣人のただの妄想と片付けてはいけない。というのも不安定な人というのは逆に鼻が利くことも多い。

私の友人は、ある限界を越えようとしていたのだ。そして住民の集団意識が、彼を異物と判断して、追い出すことに決めたのだ。犬は外に出さないようにしたのでなく、彼を内部に迎え入れることをやめた。とはいえ、ホドロフスキーはこの犬については、反対の解釈をしており、本能的要素が「0愚者」に従うようになったと考えている。

私のいう羊飼いの犬、「境界の犬」は、ヘルメス思想の定番的な考えから来ていて、世界にはそれ特有の防衛機能があるということを示している。世界の外に行くのならば、それをすり抜ける特別な技術が必要だ。

境界線を超えて外に出ようとすると、どこからともなく犬が首につけている鈴の音が聞こえる。そしてそれに気がついた段階で、もう既に犬はそばにいる。

私はまだ若い頃には、この犬によるダメージを回復させるのにひどく時間がかかったという記憶がある。ルドルフ・シュタイナーはこれを境域の小守護神というが、それを見た時に多くの人は恐怖を感じ、二度と境界線には行きたくないと思うようになる。
これは占星術のサイン度数でいえば、乙女座の10度のサビアンシンボルに上手く描かれている。

なぜ左手に荷物を

右手に杖を持ち、それは大地の感触を確認しながら歩む。一方で、左手には棒の先に荷物を抱え込んでいる。あるカードの解説書では、この中に四元素が封入されているのだという。「1魔術師」のカードでは、四元素は机の前に広げられていた。それにそこには袋を開けたような絵も描かれている。明らかに、これは「0愚者」が持ち歩いていたずた袋にも見えるのだ。なので、「0愚者」が「1魔術師」と同一人物であり、どこかでお店を広げるのでなく、旅をしているのならば、広げた荷物を畳んで袋に入れて、四つの元素の荷物を運んでいるのだと想像する。

ところが、実は、四元素というのは、持ち運ぶことはできない。四元素は、生命の本質としての第五元素（空の元素）を分解したもので、四元素になるということは、特定の時空間の中にあるということだ。「0愚者」は特定の場所にいるわけではない。四元素とは特定の環境にしかないもの、現地調達のものなのだ。正確にいうならば、特定の時空間があるということが四元素の元にあるという意味なのだ。四元素は持ち運べない。むしろ、私達が小さな自己の世界に住む時に、私達は四元素の中に住んでいるという意味なのだ。しかし、「０愚者」としては旅するので、環境の部品になるわけにはいかず、第五元素として存在しなくてはならない。

このずだ袋の外側に、青色のスプーンのついた器具があり、これが袋の口を括《くく》っている。左手は受容性であり、スプーンは、腎臓の中の組織のように、上からの影響物を受け止め、それを袋の中に溜め込んでいるのかもしれない。袋は卵のような形でもあり、切り取られた上半分を補完すれば、立体的なレミニスカートになる。これは二つの宇宙をつなぐという意味になる。だが、上の宇宙は、まだ未知数のまま、解放されたままだ。上に、どこかの宇宙があれば、それを反射して、下の袋に、その反射物を形成する準備がある。そのためにスプーンは上に向けられている。「１魔術師」では、このレミニスカートに見えるものは帽子に変貌する。

「９隠者」は目的を持つ旅をする者だった。しかし「０愚者」は目的がはっきりしない。それは頭上の帽子が割れていることからもわかる。ホドロフスキーはこの帽子を月のシンボルにしたので、なおさら受容的で、目標がはっきりしない。袋の上も開き、帽子も割れている。他のカードでは、この帽子は折れ曲がった帽子と表現されることもある。それはへし折られた意志とみなされたりするが、アルファベットのAの基になったアレフという文字の形の先割れを表現しているとみなす人もいる。

そもそもより大きなコスモスに向かう人で、自分の目的がわかる人など一人もいない。自分の意識の範囲を超えたものを、はっきりと意識できる存在などいないのだ。つまりはめくらめっぽうに、どこにいくのかわからないまま、旅しているということなのだ。

私がパスワークでアンタレスに向かった時も、そもそも計画もしていないし、自分がどうしてアンタレスに向かっているのかさえわからなかった。

レミニスカートの下半分は持っているのだから、どこかのコスモスに接続したら、すぐさま、その縮小形態としての、自分の体制を作り出す準備はある。

ところでより大きなコスモスには自力では行けないという法則がある。これは上からは降りることができるが、下からは上がれないという原理に基づく。となると、愚者がこのコスモスから飛び出して、宇宙空間を旅するということも、呼ばれないとできなかったということだ。

頭上が月の記号である袋は、上半分は開けっ放しだ。これはいつでも呼んでくださいといわんばかりの姿勢といえる。

八個の鈴

この図柄の中で、私にはこの八個の鈴こそが最も重要に見えてくる。このカモワン版のカードでは、腹の周りに四個の鈴。胸の上あるいは背中の上のよだれかけに四個の鈴がついている。

ホドロフスキーはこの鈴は音楽に関係あるといい、宇宙とのハーモニーに関連づけている。この八つの鈴は、八つの頂点を持つ立方体に関係づけてもよいのではあるまいか。一つのコスモスは立方体に象徴される。それはあたかも一つの部屋だ。この立方体を成立させるには、八つの点（座標）が必要で、私はこれを同時に、星型正八面体を表すマカバと関連づけていた。

マカバが宇宙に飛ぶというのは誤解だ。むしろ八つの点で構成されたマカバは、この八つの点の間を行き来できる、つまり八つの領域に同調可能だということだ。私達の体の中には、心臓とか肺臓とか肝臓とか内臓が複数ある。これらの内臓のどれかにはいつでも同調可能だ。マカバとはそういうものだ。マカバはそれを構成する因子の間に張られたネットワークのようなものだ。

太陽系の中の惑星をこの八つの点とすれば、それぞれ音を奏でる八つの惑星の間を行き来できる惑星マカバになる。月のマカバ。これは月が八つ集まったものだ。惑星マカバは全惑星マカバともいってもよいし、太陽系の中を行き来できる。恒星マカバは八つの恒星を結びつけたものだ。

私がアンタレスに行った時、アンタレスとは、そもそも天の八衢《ヤチマタ》なので、八つの恒星を結合したものだ。この八つの恒星の間を行き来できる。「0愚者」が旅する時に、おのずと、この「0愚者」の意識範囲において、旅することができる範囲は決まっている。大型マカバの人もいれば、小型マカバの人もいる。月のマカバは情念の間を渡り歩く。東京、大阪、名古屋、金沢などだと、八大都市マカバとなり、映画の寅さんのようになる。後に説明するが、「8正義」は惑星マカバであり、「17星」は恒星マカバで、ともに8の数字のグループだ。

そもそも旅の目的は意識されていないが、しかし旅できる範囲はおのずと、八つの点の間にあるアナハタ・チャクラ、八つのパスを持つティファレト、すなわち胸の許容度によって違うということなのだ。この胸の真ん中のアナタハ・チャクラは、宇宙的には蠍の心臓のアンタレスに結びつき、また太陽、全惑星、惑星、全月、月などのいくつかの範囲があり、心の器というような意味でもある。植物的器官の中心である心臓は、そこから身体のすみずみまで枝葉や根っことしての血管を張り巡らせる。アンタレスという心臓は、銀河範囲において血管を張り巡らせるのだ。

八つの鈴は、このアナハタ・チャクラを軸にした八方向の交差路を形成する。そして、それによって作られたコスモスは、一つの立方体の部屋にたとえられる。八つの点があり、六つの面があるのが部屋だ。

占いカードとして使う時

タロットカードを占い用カードに使うのは、カードの可能性を狭めて活用するので、なかなか難しい。そもそもが占い用に考えられたものではないと思うので、占いに適しているかどうかわからないが、占いに使えないとはいえない。

私達の生活は、皮膚の牢獄《ろうごく》に閉じ込められ、小さな社会で、しかも社会から植えつけられた価値観や欲望に支配され、範囲の小さなところで一喜一憂して生きている。この価値観の中で、果てしなくダイナミックなタロットカードを使うには、タロットカードをダウンサイジングして使わなくてはならないので、それなりに特別な訓練は必要なのではないか。

ダウンサイジングというよりは、占いのクライアントによって、解釈の幅を変えていく柔軟性があれば素晴らしい。誰もが固定された信念体系の中で生きていて、相手が何に従属しているのか、それをまずは判断する必要がある。だが、占いをする人の方が、このクライアントよりも、狭い信念体系に生きていることもある。それはすぐにわかってしまうことなので、クライアントは、占いする人をあまり信頼することはなくなるだろうが、それでも忍耐強い人は、最後まで話を聞くだろう。

「0愚者」のカードで、この本来の意味と、占い用の意味として使い分ける必要がある時、このカードには膨大な解釈のバリエーションが発生する。たいていは自分に関係のあるものだけを思いつくものだが、「0愚者」のカードが特定の世界には居つかないという意味なので、可能な限り広い応用力を発揮するべきだ。

最初の問題は、クライアントが、外世界ということを意識するような人物なのかどうか、という点だ。外世界は存在しない。外世界は存在する。この二つの見解がある。外世界が存在しないという人は、この世界がすべてなので、あらゆる可能性はこの世界の中で満たさなくてはならない。そして死んだ後には暗闇があるだけだ。

しかし「0愚者」は全く枠外のところにはみ出す。外世界がなく、この世界しかないと思う人からすると、はみ出すというのは、とりあえず好ましくないこと、正しくないこと、ただの逸脱である。それが何かに役立つことはない。この考えの人の場合、「0愚者」のカードは単純に脱落とか喪失とかしか見ることができないので、全く否定的にしか解釈できない場合もあるのではないか。

ホドロフスキーは親切にも、占い用のキーワードとして、「0愚者」については、自由、エネルギー、旅行、探求、起源、歩み、本質、開放の力、非理性的な者、混沌、逃走、狂気などと書いている。旅行については、「9隠者」には意図がある。しかし「0愚者」には、自分の意識の範囲を超えた意図ならある。それは上位の存在の呼びかけだ。

ホドロフスキーの説明はどれも「0愚者」に当てはまる。しかしこのコスモスから、さらに大きなコスモスへの転換ということはあまり書かれていない。生命の樹のパス対応では、むしろそれが最も大切なことだった。ホドロフスキーは閉鎖された宇宙においての愚者の行動しか書かない。それは占い用として説明を限定したということなのかもしれない。

「0愚者」は旅すると書いたが、この旅の範囲はおのずと、その器により規定されると書いた。徘徊老人ならば、行動範囲は町内に限られる。占いする人のマカバのサイズについて、考えてみる必要はあるだろう。

地球に生まれた外宇宙知性体ならば、出て行って旅するとは太陽系の外で、ロバート・モンローのように、プレアデスにお出かけするのかもしれない。しかし範囲を小さくすると、今は江東区から出て行って、渋谷区をうろつくのかもしれない。出て行く世界からすると、この人物は、全く役立たずで、価値もなく、住人からすると、毒にも薬にもならないので、早急に違うカードの姿勢に変えていく必要を感じる人もいるだろうし、ずっとこの「0愚者」のまま生きたいと願う人もいるかもしれない。

LE MAT

1

LE BATELEUR

魔術師あるいは大道芸人

１の数字

「０愚者」は、本来、数字はついていなかったが、後になって０の数字がついた。そのことで、「０愚者」と「１魔術師あるいは大道芸人（以下、「１魔術師」とする）」は関連づけられたものとなった。つまり場所はどこでもよかった「０愚者」は、「１魔術師」の前につくことになった。

０の数字は卵を表していて、それは真円でなく、コスモス全部を表す真円が何か孕《はら》み始めた姿を表している。真円は卵になり、次に二つの円に分岐するかもしれないのだ。卵はこれから何か生まれるという予兆を表している。そして「１魔術師」がやってきた。「０愚者」の卵の形が、ねじられ、レミニスカートのように二つの円に分岐した時、「１魔術師」が生まれてきたと考えてもよいかもしれない。事実、「１魔術師」の帽子はレミニスカートを描いていて、何か分離したという状態だ。

０は何もしないが、１になるとそれはスタートになる。まずは特定の世界に縛られていくのだ。もう愚者のようにうろつくことはできなくなる。文字の記号としては、縦に立つ棒のような形をしているので、どこか特定の場に立つという意味かもしれない。

占星術で使う太陽の記号（☉）は、円の中に点を打つが、これも中心を表し、始まりを表す。太陽は太陽系の中心にあり、その周囲には複数の層にわたって、惑星の軌道があり、これはミクロな領域では、原子核と電子雲という陰陽の関係が成立することになり、既にこの中心と外周という関係において、陰陽二極化が生じている。

1の数字は、何かしら扱いの難しさを感じる。というのも人間の意識は、何かに射出されないことには働かない。何かに射出するということは、ここでもう射出する側と、射出される側に分離しており、いわば陰陽、すなわち主体と客体が成立していることになる。1はスタートだが、スタートする以上は、はっきりしたビジョンはないにしても、もう既に自分を分割しており、完全体ではなくなった。スタートした段階で、もうそれは全体の0からは脱落しており、部分化された存在となったのだ。

「1魔術師」はもう始めてしまった。だが、たいてい1の数字は、具体性を持たず、手探りで、何をしようとしているかを自覚していないことが多い。始めたのに、何をしようとしているのか、全くわからないのだ。これが1の数字の本性だ。実は、タロットカードの数字のロゴスは、占星術の数字のロゴスとある部分共通しているので、このカードの性質は一番目の牡羊座の性質そのものと考えてもよい。世界の中に入ったが、まだ落ち着きどころや方向性を見出していないのだ。

母の腹の中で

長い間、私はタロットカードを生命の樹のパスと結びつけて考えてきたので、「1魔術師」は、ケテルの向こうにある外宇宙から、この宇宙の中にやってきて、そしてビナー、すなわち世界の卵、子宮、母の中に生まれてきた存在と考えることが多い。「０愚者」は対比的で、この世界からケテルを通じて、外宇宙に飛び出していく。入るのが「１魔術師」で、出て行くのが「０愚者」なのだ。

ビナーは宇宙の母体で、私はこれを卵として説明することが圧倒的に多いが、すると、きっとこれを読んでいる人は、「０愚者」のゼロの記号と混同してわからなくなってしまうと思う。「０愚者」のゼロは、さまざまなサイズの宇宙を渡り歩く。この一つの宇宙を０の記号で描いた。ビナーは、この一つの単位のコスモスを表す。たくさんの宇宙でなく、特定の、この場所にあるコスモスの単位だ。全太陽、太陽、全惑星、惑星、全月、月という単位のそれぞれのコスモスがある。ビナーはこのどれかを表している。「０愚者」はここから出て行き、「１魔術師」はここに入ってきたりする。

世界の卵ビナーは「湿潤なるフュシス」とも呼ばれ、「１魔術師」はこの中に生まれてきた子供とみなすことができるのだが、この特定の狭いコスモスの中に生まれてきた時に、前に住んでいた宇宙の記憶は失っていく。もちろん、私達は生まれてきた時、もう全部忘れている。タロットカードの図柄では、これは「１魔術師」の頭の上にレミニスカートで描かれていると何度も説明してきた。もう地続きでは何も流れ込んでこないのだ。

レミニスカートは、一つの大きな円を二つにねじって、間に交差する十字の場所ができる。二つの円は明らかに共鳴的には働くが、直接はねじり込んであるので、つながらない。この二つの円は、外面と内面を切り替える時の無の切り替え領域と考えてもよい。

「1魔術師」は、もうこのコスモスの腹の中に閉じ込められて、以後、二度と脱出できない。私達は母体の中で育成され、やがては母体から出るが、地球というサイズの大きな母体からは死ぬまで出ることがない。

地球をひっくり返すと、それは大きな球体だ。この球体の壁を這《は》いずりながら生きていて、小さな母からは外に出ても、大きな母の腹から出ていない。

頭に移動した八つのオレンジ色の球体

「0愚者」の説明をする時に胸を取り囲む八つの鈴について言及した。八つの点に支えられた立方体をコスモスの象徴とするからで、「0愚者」はこの立方体から出て行こうとしている。この場合、六つの壁のどれかの障壁を突き抜ける。このコスモスは八つの点によって維持されており、この八つの点について詳細に判明すれば、そのコスモスとはどのような種類のコスモスかが判明する。

となれば、「1魔術師」の髪の毛に絡みついた八つのオレンジ色の玉もそれに近いのではないかとも思われる。絵柄では、黄色い髪の毛の先にオレンジ色の玉がついており、これは頭から放射された金色の矢というふうに描くべきものを黄色にしたのではないかと推理する。

「0愚者」の時には、八つの鈴は胸を取り囲んでいて、あたかも生命の樹のティファレトにつながった八つのセフィラのようにも見えていたのだが、今度は「1魔術師」では、頭の方に移動しているのだ。

人体の動物系組織とは、体壁系の組織で、動物は歩き回り、目で見たり、食物に歩いて近づいたりする。人体の中の植物系とは、内臓系で、血管はまるで樹の枝のように、身体中に伸びている。植物系は動かない。その代わりにあらゆるところにネットワークを張り巡らせる。動物系はここからあそこに移動するので、そこには発見と忘却があり、知覚は著しく限定される。動物系の中心は脳で、植物系の中心は心臓だ。

アンタレスは蠍の心臓といわれている。宇宙の心臓をアンタレスとみなしてもよい。一方の脳を中心にした頭の周りの八つの玉は動物系と考えるとよいのだが、生命の樹では、この頭と胸は常に交信する。というのも、頭は外面から見る。胸は、内面から感じる。ある対象を見ている時に、頭はそれを外から見て、こんな形という。胸は、この内側に入り、対象を実感するのだ。

常にこの二つの視点を交互に入れ替えたりできるのが、真の意味での理解ということなのだ。科学的視点とは、動物系の知覚のみを活用する。生命の樹の連鎖では、物質界の頭は、エーテル界の胸になる。エーテル界の頭は、アストラル界の胸に該当する。つまり、異なる次元とつながった人は、頭と胸は共鳴する。三木成夫によると、この頭と胸の通信を「思」という漢字で表現するのだという。

「0愚者」では胸にあったものが、どうして「1魔術師」では、頭に移動したのだろうか。「0愚者」は、どこか外宇宙に行く。この時に、この外宇宙を外面的に認識していると、そこに向かうことはできない。空にシリウスが輝いているのを見ている時に、私達はシリウスに行ったりしない。それを外面的に見ている。しかし胸の中枢は、このシリウスの中に入っていくのだ。

だが、「1魔術師」は、今は地球の中に捕獲された。となると、ここからは、もう内的に、どこかよそにあるものに同化するわけにはいかず、どのようなものも外的に見ることになる。私は地球にいる。そして、遠くにシリウスを見る。

頭を中心にするというと、多くの人は脳のことを考えるだろうが、この八つの球を結んだ中心点にあるものは松果腺だ。松果腺《しょうかせん》を中心にして、そこから八つのアームを出し、これを開発するというメソッドを進めていたのは、ドランヴァロ・メルキゼデクだ。さらに、前後の磁場を調整して松果腺開発のメソッドを進めていたのは、アカシックレコードのリーディングを指導していたH氏だ。

私は最近の著作では、アームを伸ばすことと反対に、松果腺を中心点に固定して、どこにも向かわせないということを提案していた。真の中心点に居座ると、外からたくさんの情報が飛び込んでくるのだ。自分から伸ばさず、むしろ飛び込んでくるものを待つということだ。そして情報の歪曲は、この中心点から少しでもずれることで生じる。正確にいうと、中心点がずれると、外界の情報は全く入ってこない。というのも、陰陽中和は外界につながるが、陰陽の偏りがあると、世界に閉じ込められ、外のものは何一つ見えなくなる。世界は陰陽の振動で成り立っているからだ。松果腺の中心点が設定できれば、外界の情報はいくらでも飛び込んでくる。

H式の場合、前後の磁場調整とは、要するに、この中心点に修正するということを含んでいたといえる。人によって、この正しい中心点を設定するととても怖い気持ちになる。急に、立方体の外からの影響がなだれ込んで来るので、洪水に巻き込まれそうな気分になるからだ。しかし、頭を中心に生きている魔術師の場合には、心配はない。二度と戻れそうにない危機は、「０愚者」のカードでのみ生じるのだ。

「１魔術師」は地球に生まれてきたばかりだが、こうした生まれてきたばかりの子供は、たいていの場合、松果腺の働きはとても活発で、それは思春期に近くにつれて衰退し、やがて脳下垂体に道を譲る。

ホドロフスキーは、「１魔術師」に関して、男性の姿をしているものの両性具有者だと説明している。タロットカードでは、「21世界」のカードの真ん中にいる人物は両性具有者だと知られている。つまりカード体系で、始めと終わりは両性具有者であることになる。もちろん、「０愚者」も両性具有だ。というのも二極化された存在は世界の外に出ることができない。

松果腺は男女の分割がはっきりしない間は強く働き、男女がはっきりするにつれて退化する傾向がある。というのも男女に分かれると、世界内活動に興味が集中し、外に関心を持たなくなる。松果腺は外宇宙との扉機能で、世界内ではまさに無用の長物なのだ。つまり「１魔術師」はまだ松果腺が退化していない、男女はっきりしない子供のような存在だということになる。そしてやがては退化していく。この世界内で活動するのならば、松果腺機能は必要がない。それは外と交信するためだけにある。

ずっと昔、ヘミシンクの会に参加した時、「地球と会話してください」というテーマがあった。そこで私は地球と会話しようと試みたが、地球は女性的だった。というかほとんど母親だった。そして「真実の姿を見たいのか？」と聞かれて、「見たい」と答えると、それは正八面体に変貌した。むしろ金属製の正八面体の骨組みだった。

シュタイナーは、地球は球体であるというのは虚偽であり、真実の姿とは正四面体なのだと断定した。

これを風船のように膨らませると地球になる。しばしば一つのコスモスは星型正八面体だと考えられるが、特定の場に固定するには、星型正八面体は、正八面体に変貌するのではないか。というのも、三角形は可動的であり、四角形は固定的で、いつまでも星型八面体だと、うろうろと動いてしまうのだ。

この正八面体は、上下に二点あり、真ん中に四つの点に囲まれた正方体の平面がある。これが四元素に対応する。天と地と正方形。そして天と地の二つの点は、この正方形のそれぞれの線を含む三角形を持つ。つまり天と地は、それぞれ生産的な働きかけを正方形、四元素に与えるということになる。これは裏側にもう一つピラミッドがあるという意味でもある。

マカバの形である星型正八面体はすべての面が正三角形なので、これは運動・移動ということが主眼となり、じっと落ち着くことがないが、正八面体に変貌すると、ここで固定的な世界が維持できる。

リサ・ロイヤルは、地球を正八面体とみなしているようだが、これは地球は固定的に維持されているという視点だ。四元素はそれぞれが活発に動いているが、しかし地球全体は固定的に維持されている。

黄色の靴

「0愚者」においての赤い靴は燃えるムラダーラ・チャクラであり、移動したり、大地が壊れたりしていたが、「1魔術師」はビナーという世界の卵の中に着地した。すると靴は黄色に変わるのが正しいのではないか。

チベット式のチャクラだと、ムラダーラ・チャクラは土のタットワに対応するので、黄色の四角形がシンボルで、決して赤色ではあり得ない。しかし地面はカンボジアの大地のようにでこぼこして安定しておらず、この黄色の靴の近くに、赤色が接触しているし、ホドロフスキーのいう「母なる自然の性器」も口を開いている。そしてこの不安定な大地に、三本の脚の机が置かれているのだ。その点ではまだまだ大地は安定していないのだが、それでも「1魔術師」は、黄色の靴で安定して立とうとしている。

ホドロフスキーは、机の上の道具で、「1魔術師」の腰の高さにある、蛇に似たオレンジ色の形をクンダリニに関連づけた。クンダリニは、腰の中に眠る蛇が目覚めることを表していたが、クンダリニは性的な二極化を起こすと、むしろ眠り込む。

カドケウスの図に似て、腰には、女性的イダ・ナディと男性的ピンガラ・ナディがあり、両方を統合化した軸のようなものがスシュムナ・ナディだ。性的なものは二極化するが、するとその力は上昇せず、二極化した横の間での交流に終始し、上昇しようとしなくなる。

クンダリニはこの二極化された性力とは無関係で、むしろ上下位相としての、シャクティとシヴァの関係で目覚めるのだが、これはあまり男女的ではない。このシャクティはむしろ大地の上に描かれた、ホドロフスキーのいう、母なる性器の方に近いかもしれないが、「1魔術師」は、黄色い靴ということもあり、クンダリニを眠らせる方向に向かう。

そもそもクンダリニは外宇宙と出入りするためにあり、世界内部で活動するのに貢献しないと書いた。

「0愚者」では必要だが、「1魔術師」では必要がない。

二極化されていないムラダーラ・チャクラは、松果腺と連動していて、「1魔術師」が松果腺を活用している間は、なかなかクンダリニは眠ってくれない。これはカドケウスの図でいうと、二匹の蛇は上端と下端では合流しており、二匹の蛇が動めくのは、端と端に挟まれた中間部分であり、クンダリニを眠らせるには、松果腺の働きを弱めることが必要なのだ。

世界内で活動するならクンダリニは刺激しない方がよい。これは世界の終わりのために、「0愚者」のために用意されているのだから。集団的クンダリニが動くと、その地域は、火山が活性化し天変地変が多発するようになる。ホドロフスキーが関連づけた、この蛇に似た道具は、身体ではなく、机の上にあるので、取り外したカートリッジのように、知的な興味の対象になっているかもしれない。机上で弄《もてあそ》ぶのだ。

机の上の袋と三本の脚

ホドロフスキーは、机の上に「豊穣の角のごとく尽きることがないように思われる袋が乗っている」と書いている。コンヴェル版やカモワン版のカードに描かれた袋は謎だ。

豊穣の角というのは、コーヌコピアのことで、ゼウスは子供時代に、神酒と食べ物が無尽蔵に出てくる雌牛に育てられた。この角がコーヌコピアだ。

占星術の12サインでは、牡羊座の24度にコーヌコピアを描いたシンボルがあり、これに触れると、果てしなく生産するような性質が付与される。そういうアカシックレコードの場所なのだ。机の上には、たくさんの小道具が置いてあり、彼はこの「机上」でたくさん遊ぶことができる。

「1魔術師」の1の数字は、まだターゲットの明確でない活動性なので、彼は具体的に働きかけできず、まずは机の上で遊ぶしかないのだと思われる。それはとても楽しいことではないか。

この机の脚は三本だということはわりによく注目されていた。本来は四つあるかもしれない。しかし絵柄では三本しか描かれておらず、どこを探しても四本目はない。この3は運動・生産性。そして机の面は四角形なのに、脚が三本しかないというのが特徴的だ。

地球の真の姿の正八面体の話に戻ると、上の点と下の点に支えられて、四元素を示す正方形がある。上半分はピラミッドだ。下の点から、この正方形に伸びた平面は、逆ピラミッドだ。そこで、この「1魔術師」の絵柄で、机の脚が三つしかないというのは、それを連想しやすい。足が四つあれば、大地の上で、安定して立つ机があるという話になるのだが、安定した四角形は机の面のみ。大地との接点においては三つしかない。不安定な場で、安定しているのは、自分の技、実験、思考だけだといいたげだ。

逆ピラミッドの頂点の下の点は、大地よりもずっと下にあり、平地に住む私達には盲点になって見えない点だ。これをホドロフスキーのいう大地の性器と関連づけてもよいかもしれない。

上の天と下の点は、しばしば天の父と、地の母という対比で語られる。「1魔術師」の机の上での実験は、この大地の奥にある地の母の力に支えられている。瞑想法で、毎度、身体より下に三つのアームを伸ばして、真ん中を地球の中心にロックするということを教えていた人がいる。もちろん二本は陰陽。もう一本は座標軸としての位置決めラインだ。正直、これは物欲をひどく刺激する。「0愚者」は世界から出て行く予定なので、物欲は皆無だ。しかしこの物質世界にしばらく住み込みする予定の「1魔術師」は、この世界の物欲にまみれていくことは悪くない。それを母が煽《あお》っている。

ただし、お金というのは社会が作った人工的な基準で、いつ消えるとも知れず、これは根源的物欲には直結しないものでもある。

玉と線

「1魔術師」は机の上で作業しているが、右手に持つ黄色の玉が太陽の模型としての金貨らしい。左手の青い棒は、ある座標と座標をつなぐものだ。

例えば、鉛筆と鉛筆を比較すると、そこには鉛筆という共通の線が引かれていく。棒は関連づけ、結びつけだ。

一方で、右手の黄色い球体は、関連づけない、独立したものを意味する。私はよく、この球体と線というものを自灯明《じとうみょう》と法灯明《ほうとうみょう》の法則として対比的に説明する。宇宙はこの球体か、あるいは線でできている。球体は、移動する時、螺旋《らせん》回転をするが、これが長く伸びると、管、線になる。つまり球体は上位のコスモスに対して従属的になると、管になり、管は、それ自身で閉じると球体になる。球体は独立的で、線は関連づけるという点では、依存的だ。関連する相手がいないと成り立たない。

ゲオルギイ・グルジェフの生命の表でいうと、絶体、永久不変、大天使、小天使、人間、哺乳《ほにゅう》動物、無脊椎動物、植物、鉱物、金属、無限と続くが、球の形と線が交互に並ぶ。大天使と人間は球の性質。小天使と哺乳動物と植物は線の性質だ。

例えば、宝石の指輪は、台座が金属で、これは法灯明、連絡的性質だ。中に宝石が乗っていて、これは単独結晶として球体だ。「１魔術師」はこの関連について考え、比較している。

関連性を考える時には線。まとめていく時には球体。右手でまとめ、左手で関連づけを探すという交互運動は思考活動が極めて活発に進むことだ。球体は、その内部に立ち入らないのならば、もちろん「点」になる。科学では、この点が無とみなされることを警戒し、より小さな点を見つけ出すたびに、無を先送りしてきた。原子は点であるがまだ無ではない。素粒子は点であるが、まだ無ではなく、むしろ紐ではないか……など。

点が無となった時、一つの次元はそこでもう成り立たなくなる。無は特定の次元の世界を崩壊させてしまうのだ。数学的因果性もそこで成り立たなくなり、つまりは異次元の存在があると認めてしまうと、科学は根底から崩壊する。

私が科学とはエゴの体系であるというのはそういうことでもある。「１魔術師」は、この球体を無にまで突き詰めてしまうかもしれない。しかし松果腺が眠り始めた場合には、点を無に伸延させる知性は発揮できなくなり、凡夫になってしまう。

「1魔術師」は男女に分かれておらず、まだ何も始めていくことはできないが、しかしあれこれと根源的なことについては考えることができる。むしろ男女に分かれていないので、根源的なことについて考えることができるのだろう。二極化が進むと、やがては世俗のことしか考えなくなる。

胸の五つのボタン

ホドロフスキーは、このカードに、キーワードとして巧みさ、着手、始まり、助力の必要、器用さ、若さ、潜在的可能性、具体化すること、弟子、悪巧み、才気、才能、トリックスターなど挙げている。

「0愚者」は胸の周囲に八つの鈴をつけていたが、そして鈴が鳴るとは、異次元への旅の特有の合図で、これは境界線に住む羊飼いの犬が、近づく合図でもあるといわれているが、「1魔術師」では、胸の位置にあるボタンは五つで、これは世界内であれこれと遊ぶということであり、外宇宙に出る気はないので鈴はもう出てこない。

5の数字は五角形に関連する。これは防衛という意味もある。自分のエゴを守る。自分のやりたいことをする。また五角形には、黄金比率が含まれているが、これは増長する、増長しても、誰からも叩かれないという性質を持っている。もちろん、5は子供の象徴でもある。これから楽しく遊ぶつもり、という意思表明だ。

他のカードもそうだろうが、このカードにもたくさんの要素が満載されているために、このカードを占いで使う場合、どこに着目するかという問題になりやすい。占いに使う場合には、絵柄のどこかを切り取ってクローズアップするということも考えられるだろう。

１はスタートであるが、しかし前に進んでいるとはとても思えない。どうやったらよいのか、具体的な方向は、２の数字を経過しないことにはどうにもならないからだ。

彼は世界の卵の中に閉じ込められた中で、あれこれとシミュレーションするが、そこで行われることは、今後のすべてを含んでいるかもしれない。

閉じ込められたと書いたのは、この世界に生まれて原初の状態だから、それを意識するわけで、やがてはこの世界に住むことに慣れてしまい、閉じ込められたとは感じなくなるだろう。もともとの自分をどんどん忘れていく。それは避けられない。

2
LA PAPESSE
女教皇

2の数字

私から見ると、2の数字の解釈は1と同じく難しい。始原的すぎるので、それを言葉で正確に捉《とら》えにくいのだ。

2の数字を二者択一のように見る人がいるが、それは3の数字が示す意味であり、2の数字には選択という言葉はない。

例えば、AかBかということを選ぶ時には、この両方を見ている私が三番目の地点にいる。そこからAとBを見るのだ。2の場合には、自分自身がこの二つのどちらかに属している。すると、見る対象というのはもう一つのものしかない。つまり私という意識からすると、選ぶ余地のない対象が目の前に一つだけあるということだ。そして自分は相手を振り回すが、相手も自分を振り回し、どこにも固定する場所というものがなく相対的に揺れ動く。それが2の数字の性質で、ある種、無限地獄のような感じもある。

こうなると「1魔術師」の1の数字はもっとわかりにくい。それは対象のまだ見つかっていない意識だからだ。そして射出対象のない意識とは、明晰でない、朦朧《もうろう》とした、何をどうしようということさえわからない無自覚な状態でもある。

ホドロフスキーは、この「2女教皇」のカードの説明の項目で、「2は一般的な数秘学では二重性に結びつけられる」しかし、この2は1足す1ではないと書いている。2は単独で2なのだ。

この一般的な数秘学においては二重性という言葉だが、これは2の数値を他人が観察している時に成立する意味なのだ。つまり、第三番目の地点から見ている。あの人は二重性がある、という時に、二つの人格が入れ替わったりする。しかし、二重性がある人は、ほとんど自分の二重性を自覚しない。むしろ自覚できないからこそ二重性が露呈されていく。自覚すると、二重性はほとんど消えていく。

この2という数字を他人事で外から見ないで、2そのものの中に入り込んでしまうと、既に書いたように、自己と対象という分割できない関係性に入り込んでしまうのだ。

量子論の分野では、観察対象も世界の中の一部なので、観察者は観察対象に干渉してしまい、観察対象を冷静に固定的に観察することなどできないという考え方がある。いかなるものも固定的でない。自分との関係でどんどん変化する。すべては確率の問題で、神はいつもサイコロを振っていて、寸法とか時間とか、決まったものは何もない。この主体も世界の一部という関係性は、2の数字の性質をよく言い表している。

2は、つまりは二極化、主体と客体に分けたと考えてもよい。意識は何かに投射しないことには働かない。何かに向けて射出された段階で、既に意識は全体から分割され、主体という側に限定されている。しかも主体は、客体の状況によってしか証明されない。相手によってしか証明されないのに、自分の自主性を主張するというのも、何とも異様な話だ。

何かを見た。何かを意識した。この段階で、私達はある特定のコスモスの中に幽閉された。このあたりで『ナグ・ハマディ文書』の、アントロポース（人間）は、造物主の作った世界に関心を抱いた。関心を抱いた段階で、既にアントロポースは世界の中にいたという記述も納得できる。関心を向けたので、アントロポースは主体となり、その結果、世界の中に閉じ込められた。主体が芽生えたので、彼は世界を対象化してしまったのだ。

「１魔術師」の話に戻ると、彼は１の数字なので、目標が自覚できていない。むしろ彼の意識はレミニスカートで働く。つまり上位の宇宙から切り離されたという関係性で、今まで一体化していたものから、自分は追放されたというところで働いている。しかし、やがて２の段階で、興味は地上に向き始める。この狭いコスモスの中で何か興味を抱くことのできるものが一つでも見つかるともう彼は世界の中に住むことになる。

主体と客体という関係は著しく相対的で、客体は主体に振り回され、主体は客体に振り回される。もう二度と切り離せない。切り離せないのは、もともと両方自分にすぎなかったのだから。そして実はどちらが主役でもない。それは等価なのだ。

20は２の高度に発達した段階だ。なぜなら、２は絶対的に意識的に扱うことができないどころか自覚さえできないのに、何と20はこの２の数字を意識的に扱うことができるからだ。その結果として自分の未来、運命を切り開くことができる。２にはそれは決してできないことで、初めから決まった方向に走り出すしかない。物心ついたら、もう走る方向性が決まっているのだ。

二重の卵

ホドロフスキーは、「2女教皇」のカードの説明に、卵のそばに座り、彼女もまた卵型の顔をしている、この卵の両方において二重に身ごもっているという謎の説明をしている。「1魔術師」は、生命の樹のパスにおいては、外宇宙とのインターバルであるケテルから、世界の卵ビナーの中に入った。この卵は、母とか、またグレートマザーのシンボルである洞窟《どうくつ》とか祠《ほこら》とかで象徴化されることもある。となると、この「2女教皇」は、このビナーという世界の母、世界卵をより詳細に説明したカードであると思われる。「1魔術師」は世界の中に入ったということが強調されており、「2女教皇」では、「では世界はどのようなもの？」ということに興味が集中するのではないか。

グノーシス思想においては、人間は世界の中に存在していない。グノーシス思想とは、まずは世界否定の思想なのだ。人間としてのアントロポースは、神のそばにいて、そして世界は世界造物主が作り、アントロポースはこの技に関心を抱いた。一体それはどのようなものなのか、中には何があるのか。そうして世界の中に入ったので、そもそもがアントロポースは世界の中に最初からいる存在ではなく、お客さんなのだ。

私はタロットカード体系というものは、このお客さんが湿潤なるフュシスとしての世界の中に飲み込まれ、そして元の場所に帰還するまでの仕様書だと考えているので、人間と世界を別のものだとみなす。人間は世界の一部ではない。

この世界否定思想を劣化させたものが、男性中心主義のキリスト教とか、あるいはニュートン物理学などだ。観察者あるいは主体はあたかも世界から独立しているかのようにみなされている。実験の対象をじっと睨みつけて、結果を冷静に判断しようとする。量子論であれば、観察している最中に、あと二時間後にやってくる昼ご飯の内容をちらっと考えてしまったので、結果が違ってきたかもしれないなどと思う。

原子の構造では、陰の性質を示す電子雲と、陽の性質を示す原子核は、電荷が均衡している。しかし、原子核の中に、陰陽どちらにも属さない中性子が隠れていて、これはときどき原子そのものを破壊して、外に飛び出す。つまり男性的な陽の性質と、そもそもアントロポースが持っている中和的な性質は、原子の中では原子核に同居しており、いっけん同じものに見えるが、同じものでなく、中和的な存在は、陽の性質と自分は同じと思っていないということなのだ。劣化したグノーシス思想としてのキリスト教においては、この中和的な存在の地位を、陽の男性的な性質のものが奪い取ったと考えてもよい。

あるいは中性的なものが、世界の中に飛び込んだ時、世界は陰陽の二極化で働くので、この世界の中において、自分の影絵のようにして、陽の性質が生まれてきたと考えることも可能かもしれない。となると、陽の性質は本体の影であり、実体ではない。それに主導権を握らせてはいけない。もちろん、陰の性質も実体ではないので主導権を握らせてはいけない。

「2女教皇」のカードが卵を育む、あるいは、女教皇の顔がそうであるように、卵そのものだとみなすと、アントロポースが幽閉されることになった世界の性質そのものが、このカードに込められていることになる。

占星術の牡牛座に似ている

ホドロフスキーは、「完全な純粋さのシンボルである〝女教皇〟は、いまだ傷つけられることもなく、触れられてもいない我々の内部にある無傷の場所を明かす」と書いている。未踏査の原生林。大きな潜在力の源。

これを読むと、私は占星術の牡牛座をすぐに思い浮かべる。牡羊座を1とすると、牡牛座は2で、空を飛んでいる牡羊座は、肉体という牡牛座に着地することで、やっと地上的に自分が何をするか、何ができるかを体感する。

1は天で2は地なのだが、この牡牛座を象徴とする人間の肉体の中には、過去からの経験の蓄積があり、遺伝的なものもあり、伝統がすべて埋め込まれているが、牡牛座そのものは放置された素材のようなもので、牡羊座の魂が、この牡牛座の中に入ることで、初めて励起される。

牡牛座の30度の幅は、この潜在的な資材を、いかに掘り下げるかにかかっていて、最初は表層の部分を掘り下げる。しかしそれはすぐに使い切って、今度はさらに深層を発掘する。それを使い切ると、さらに地下に向かっていく。この限界点は牡牛座の24度で、そこまでいくと、私達は爬虫《はちゅう》類脳の領域にまで及んでしまう。したがってこれ以上進んではならない。その手前、21度あたりでは、サビアンシンボルで、「開かれた書物の一文」というものがあり、これは埋め込まれた遺伝的な記憶が書かれた書物の中で、自分に該当する一文を指が示しているという段階だ。

私の進行法の太陽が、この度数あたりを移動している時に、私は盛んにビジョンの中で、釣鐘の中にいる自分を発見した。釣鐘の内側には文字が描かれていて、それは地上に残されたいろいろな文字体系とも違っていた。釣鐘は外からみると、卵なのだ。文字の背後にはロゴスがある。

ピュタゴラスは、数字はロゴスだと述べたが、文字もロゴスだ。この根源的なロゴスを記述した書物を、「2女教皇」は手に持っている。自分の道筋を知りたい人は、この文字を探し、文字と文字が組み合わされた名前について考えることになる。

最近、占星術で使う12サインならびにそれを細かく書いたサビアンシンボルを、私はアカシックレコードと同一のものと説明するが、12のロゴスというピザ生地があり、この上に細分化された情報が書き込みされている。

12サインは、天の赤道と、黄道の交差点から、黄道を12に分割したものなので、地球というローカル的なところに釘づけされたデータだ。それは宇宙範囲に適用できない。この地球カラーというローカル性を色抜きして、春分点とか黄道などという限定から切り離してしまえば、そしてシリウス軸やアルシオン軸にあるものに拡張すれば、これは宇宙的なアカシックレコードになる。12サインも、拡大されたアカシックレコードの図書館も、象徴的に同じものなので、そのまま12サインやサビアンシンボルのロゴス要素を抽出すれば、アカシックレコードのディクスとして使えるものとなる。12サインは地球専用の縮小されたアカシックレコードだった。応用力次第で、太陽系、恒星系に拡大したり、縮小したりできる。

「2女教皇」の持つ書物がこのアカシックレコードだとみなせば、これが世界というものの、内部の記述であり、これまでのこと、これからのこと、あらゆることが記録されていることになる。とりわけビナーの卵が地球ということならば、宇宙的な範囲のアカシックレコードに拡張する必要はなく、春分点から始まる12サインの中の記録を参照するので十分だ。

「1魔術師」は、今後何かしようとすると、この世界の中の記録を読むしかない。松果腺がまだ機能していれば、レーザー読み取り器のようにして、このアカシックレコードの書物の深層を読むことができる。このデータ領域は、松果腺を取り囲む周囲の場所にあり、私はそれを仄《ほの》暗い釣鐘の内部と説明したが、世界の内容のすべてがそこにある。

例えば、ご飯を食べるということでも、このご飯を食べるとは何か、どうやって食べたらよいのか、これらをアカシックレコードの中から拾うしかないのだ。「1魔術師」は自分の体の中から、この記録を読み取ろうとする。肉体の中にそれらのデータは全部ある。

ところが、まず「1魔術師」は、外宇宙からやってきたアントロポースだった。地球のことなどほとんどわからない遠い宇宙からやってきた。彼は、地球においての過去の記憶を持たない。前世はない。あるとしても、それはこの「2女教皇」の書物の中の物語のどれかを借りて、あたかも自分のもののように偽装した。

ドロレス・キャノンの創設したQHHT（クォンタム・ヒーリング・ヒプノシス・テクニック）では、多くの人の前世は、虚偽の記憶であり、それはアカシックレコードの中にあるデータを借りたにすぎないというケースが多発するが、アカシックレコードは誰が使ってもよいのだから、これを自分の記憶として埋め込むことは構わない。寺山修司は「書を捨てよ町に出よう」といったが、書の内容と、町で体験する内容には大きな違いがない。

「1魔術師」は地球生活には慣れていない。机の上にはたくさんの小道具があるが、これは何なのかいちいち考えている。コーヌコピアの皮袋から何でも出てくるが、このコーヌコピアはアマルティアの角だった。無尽蔵の食物を出すということが、むしろ私には牡牛座の宝庫を思い出す。

人間は思考体、感情体、身体という三つの組織の結合したものだ。宇宙知性は、ビナーの母体の中に入った時、肉体を母親から提供されたが、それは自分のものでなく、あまり見知ったことのない地球人のボディだった。この肉体の中に埋め込まれたデータを、改めて読み取ろうとする時、珍しいものがたくさん見つかるのだ。

この場合、2の数字が示すように、選択的に選ぶことは不可能で、この肉体を得た時に、既にこの肉体の持つ限定的傾向性や性格というものがあり、それに盲目的に従うしかない。盲目的に従うというのは、その生かし方をあまり応用的には知らないということだ。何か妙な癖がある。すると、この癖に悩まされ、それをどう乗りこなしてよいのかわからない間は翻弄され、不適応になり、感情が不安定になったりする。とりわけ思考体、感情体、身体が上手くフィットしていないケースもあり、この場合、生きていることとそのものがひどく苦痛だ。50歳くらいになって、やっと乗りこなし方がわかったという人もいる。生まれた段階で、既に方向づけられた潜在的可能性から、私達は自分自身を意識的に切り離すことができない。無意識的同一化というものから、自分を独立させようという大変な努力を払うのが、「11力」のカードの作業なのだ。

2の数字は無意識的に方向づけられ、同じ2系列の11は、その無意識的同化から自由になろうとし、そして意識的に自由自在に選ぶことができるようになるのが20なのだ。私達は2の数字に関するこの三つの扱い方すべてに習熟しなくてはならない。

世界卵の中に入ってしまえば、もう選択は不可能なので、選択は「1魔術師」が、ビナーという世界の卵に入る前に行われなくてはならない。生まれる前に母体を選べという話になる。この自分の手に入れた鉱脈に従い続けるという姿勢は、「10運命の輪」まで続く。

閉鎖のカーテンと特定の文字体系

カモワン版においては、とりわけ厳重に、天から降りたカーテンに「2女教皇」は取り囲まれている。しかも衣服も厳重で、顔と手がちょっと出ているだけだ。まるで太い樹木から、顔と手が出ているだけ、という光景にも見える。

ホドロフスキーは、「2女教皇」は寺院、修道院、禁城に閉じこもっていると書いている。私がヘミシンクなどで見ていたビジョンでは、私はいつも釣鐘の中にいた。これはこの「2女教皇」の絵柄の中で上から降りてきた、狭いカーテンに対応する。茶色の古い鉄のカーテンが降りていて、釣鐘の内側にびっしりと書かれた文字を読むことには興味があった。

生命の樹のパスでは、「2女教皇」はケテルとティファレトのパスであり、中央の柱を貫通するので、自分の直属する上位のコスモス領域から決して逸脱してはならず、まっすぐに降りてくる流れだ。決してよそ見してはならない。この釣鐘、卵、筒の中にある書物だけを開かなくてはならない。

シュタイナーは、大天使としての民族霊は、一つの文字体系を構築していると説明していた。こんにち私達が使う文字体系は、根源的な言葉ではない。根源的な言葉というのは霊界文字とか、神代文字というもので、それは民族霊と直結している。今日の文明ではその記録は残っていない。物質界は、劣化した残骸とか形骸化したものなので、情報は必ずビット落ちを起こす。つまり物質に残されたもので正確なもの、精密なものは何一つないと考えるべきだろう。神代文字を探す試みも、無益な行為にほかならない。

日本語などは特に中国によって書き換えられた言葉で、それ以前の日本の言葉は失われているので、脳の表層の部分だけで使える言葉だ。日本語は根底のものと結びついていないからこそ、言葉遊びなど自由にできる。それは脳の旧皮質、古皮質にはほとんど抵触せず、新脳でのみ扱われる。「2女教皇」が持つ書物の文字は、この根源言語、霊界文字と考えてもよいだろう。ヘブライ語なども根源言語とはつながっていない。生命の樹やカバラでヘブライ語を神聖視するのは勘違いというものだ。

ジョン・ディーは水晶透視で、天使からエノク語を与えられたと主張した、明らかにそれは違うだろう。というのも、形に残ったものは形骸化された死体のようなもので、それは本質の文字を伝えることはない。あるいはごくわずかに欠片《かけら》はあるかもしれない。私は、釣鐘の中にある文字と類似した地上の言語を探そうとした時期があるが、ある段階で諦めた。

厳重な衣類

カモワン版の「2女教皇」の衣類の厳重さは、それに注目してくれといわんばかりだ。シュタイナーは、アストラル体は動物を借りて、エーテル体は植物を借りて、物質体は鉱物を借りていると説明した。この点では、この「2女教皇」の衣類とは、植物性を暗示していて、つまりはエーテル界ということを強調していると思われる。「2女教皇」は神殿とか寺院の奥でじっと動かない。この行動性のなさは、植物を思わせる。動物は動き回る。

シュタイナーは、アストラル体は物質界に関心を抱き、その結果としてエーテル体は代わりに、高次な領域との通路になる役割を担うようになったと述べた。本来、エーテル体はアストラル体よりも振動密度の低いものだが、役割を交代してしまったのだ。じっと動かず、高次な領域との通路を維持する。アストラル体がそれを放棄してしまったので、エーテル体がこの通路作りをしている。これは「2女教皇」そのものの性質でもある。

神代文字または霊界文字というのは、物質界には存在しないと書いたが、エーテル界にみ存在している。エーテル体の線と線を結ぶ交点の印、その結び方の一つひとつが、文字なのだ。エーテル網の蔦《つた》の絡まる中に、林の中に、樹木の中に、手と顔だけを覗《のぞ》かせる「２女教皇」がいる。

アカシックレコードは、12のロゴスでベースを作ると説明したが、実際には、この12という数字は分解すると、３と４で構成されている。３と４を足すと７。３と４を掛けると12。３と７を掛けると21で、これはタロットカードの大アルカナの数だ。

ヘブライ語とかフェニキア文字は22あり、これがタロットカードと結びつく。こう考えてみると、「２女教皇」が持つアカシックレコードの書物は、タロットカードそのものであると考えることもできるかもしれないし、３と４と７と12と21という法則が基本になる。

「２女教皇」はエーテル界にいて、しかも書物も神代文字で書かれたものだとすると、私達はなおさら自分の身体の中に埋め込まれた資質を発掘して、「１魔術師」の活動する方向性を探索しなくてはならない。図書館で本を借りても、人から聞いても、この「２女教皇」の持つ情報は見つからないのだから。

エーテル界は決して物質界には降りない。物質界は高次な世界とは結びついておらず、それは孤立しており、ガラパゴス原理のようなものに従っている。しかしエーテル界は宇宙の諸法則に直結する。それは「天国との綱」なのだ。惑星の周囲の惑星グリッド、星間グリッド、これらはエーテル網としての天国との綱であり、あらゆるところに張り巡らされている。

アカシックレコードは、このネットワーク網に接続することで読んでいくということになる。アカシックレコードは、物質世界に貢献するかというと、あまり貢献しない。物質界は形骸化したもので、それは硬い。植物が通らない岩石のようなものだと考えるとよい。つまり、アカシックレコードを読めば、未来がわかるのかというと、それはわからないと考えた方がよく、アカシックレコードを基にして預言しようとすると、7割がたは外れてしまうだろう。

エーテル体は、物質界の奴隷になる気はないといっているも同然なので迎合しない。「2女教皇」は、経済、政治、世俗的なこと、売ることなどに一切、協力的ではない。

17行の書物

カモワン版では、「2女教皇」が持つ書物は左のページが9行。右のページが8行書かれている。17というと、日本人の私達はすぐに、俳句の17文字を思い出す。出口王任三郎は、神との交信は17文字でなくてはいけないと主張した。

ホドロフスキーは、これを「17星」のカードと結びつけた。「17星」のカードは、上空に星があり、地上に裸の女性が座っている。この女性は星の力を受信しているのだ。「2女教皇」は、深く衣類に包まれ、顔と手しか出しておらず、反対に「17星」のカードの女性は、衣類を何も身に着けていないむき出しでコントラストがある。

「2女教皇」の衣類は、植物性のエーテル体を暗示していると書いたが、すると、対比的に「17星」のカードの女性の裸の姿は、アストラル体を暗示する。アストラル体はさまざまな欲求を抱き、しかしエーテル体は宇宙的なネットワークの網目につながっているために、個人として欲望や欲求を抱くことがほとんどできない。つまり全体の中から個を切り出すことができないのだ。「2女教皇」は宇宙的な法則を提示してもそれを生きることはできないが、「17星」のカードの女性は、この法則の中から特定の要素のみを切り出し、それを生きることができる。

書物の中に書かれている一行が、一つの恒星と仮定してみよう。「17星」のカードの星は、北斗七星、プレアデス、シリウスなどといわれているが、すると、他の系列から来たアントロポースは埒外《らちがい》になってしまう。地球には他の系列のアントロポースもたくさんいるのだ。

「2女教皇」は、排他的なカーテンに閉じられていて、それは一つの民族霊、文字体系しか持たないと考えてもよいだろう。そして、この一つの軸から見て、他の16の恒星系などが配置されている書物を持っているとみなしてもよいかもしれない。書物の中には宇宙的な古いルーツ、私達の身体の中に埋め込まれた古い記憶がそのまま記されている。

日本の場合にも、旧豪族の時代までは、こうした古い記憶を所持していた。大化の改新以後、藤原氏は、この記憶を全滅しようと計画した。牡牛座の19度に「新しく形成される大陸」というのがあるが、これは身体の奥にある記憶を引き出すことで、明確なルーツを思い出すことも関係する。

「17星」のカードでは、「2女教皇」の書物の中に書かれた一行を、知識としてでなく、その身体まるごと、むき出しに生きることに関係すると考えてもよいのかもしれない。八つの星のうち、一つが大きく、八つのうち一つを強調せよといわれている。「2女教皇」は地球的書物に限定されているが、「17星」はもともとのルーツである恒星範囲においての書物を読み取り、余剰成分をエーテル体としての川に流し込んでいる。

「2女教皇」においては、鉄のカーテンのような厳重な囲いがある、これは「16塔」の、まだ壊れていない塔に幽閉されているようだ。この塔が壊れることが、「17星」のカードでは衣類がなくなることに転化している。

エーテル体とアストラル体の関係というのは、例えば、惑星グリッドで考えてみると線と点で引かれたラインというのがエーテル体に該当する。そして、この線が囲んだ空白の部分、正二十面体でいうと、正三角形の部分がアストラル体だ。アストラル体は孤立しているが、ラインとしてのエーテル体はすべてをつないでいる。

「17星」のカードは、「16塔」のカードで、塔が壊れた後のカードだ。エーテル体としての囲い、「2女教皇」を包む厳重な衣類をかなぐり捨てて、裸体としてのアストラル体がはみ出してしまった、という光景だ。こういうアストラル体は、同じ形で違う場所にいるアストラル体と連動する。

「2女教皇」の持つ書物は左に9行で右に8行。例えば、左が「9隠者」のカードとして、右が「8正義」のカードだとして、「9隠者」は模索し、「8正義」のカードは決定する。あれこれ模索した挙句、決定打を打ち出すとはいえ、そもそも「９隠者」のカードの落ち着く先は「10運命の輪」で、むしろ「８正義」は「９隠者」が旅立つための準備をする。すべての荷物を揃えるというのが、「８正義」のカードの意味だ。必要なすべてを持っている人は、この世界の歩き方という書物を手にして旅立つことができる。

四つの先端が東西南北

モスクのような彼女の頭には東西南北の突起ができている。ところで、「２女教皇」はエーテル界の住人と書いたが、エーテル体は植物性で移動できない。動き回るのは動物性で、これはアストラル体だ。決して動くことができないというのは、宇宙的な秩序の中に組み込まれているからで、エーテル体は宇宙のあらゆるところにつながっている。だから自分は身動きできない。それは蜘蛛の巣にひっかかったようなものだ。自由に動きたい場合には、この宇宙的なつながりから、自分を切り離す必要がある。

動けないエーテル存在は、宇宙的な秩序の中に組み込まれる。彼女の頭は地球のようで、確かに世界卵というのは、ここではとりあえず地球だ。地球のエーテル体としての惑星グリッドは、北極を起点にして張り巡らされているわけではない。五つのプラトン立体を結合したＵＶＧ１２０は北極を中心にして描写されているために、実情としては、微妙に狂いがあるのではないだろうか。

というのも北極というのは物理的な極であり、エーテル体というのは、この物理座標に従属しておらず、多くの人がこのことで勘違いする。エーテル体は物質体に緩いかたちで合致しており、物理的にぴたっと重なっているわけではない。

例えば、レイラインを正確に測量しようとする人がいる。エーテル体というのはエッジが緩いもので、例えば富士山のように標高の高い場所があると、富士山近辺のレイラインは、大幅に膨らんでしまい、計算通りにいかなくなる。

地球の頂点を延長すると、それは北極星にたどり着く。北極星の位置は、2万6000年の歳差運動のサイクルで移動しており、時期によって異なる北極星が指定される。5万8000年前にはアルクトゥルスが北極星だった。これはもう歳差運動によっても二度と回帰してこない。アルクトゥルスを軸にしたプロトコルのグループがあれば、アルクトゥルスを北極星と想定して、ここから、東西南北の座標を作ることになる。

デネブを北極星にしているグループもある。紀元前1万1000年前に、琴座のベガが北極星になった頃、地上の政治勢力において、およそ事件といえるくらい大幅な変化が生じた。その時期から地上からは宇宙的な勢力が急激に減少した。ベガが主導権を握った段階で、人間の支配ということがテーマになってきて、戦争が増加した。

「2女教皇」の冠は、地球ということに固定されていると思われ、しかも厳重な遮蔽《しゃへい》の中にあるので、その時代の北極星によって「2女教皇」の書物は交代するのではないかと思う。つまり中心座標を交換して、その軸から内容を組み替えていく。エジプト時代に、りゅう座のトゥバンが北極星だったが、その時代の哲学とは古代エジプト流のもので、イルミナティという組織は、現代のこぐま座ポラリスの支配権を剥奪し、古めかしいトゥバンの時代の思想を復興することを目指した。

この北極星の交代によって、地球の北極というより、それを取り囲む狭い範囲の円形のどこかに中心点が移動し、そこから東西南北にエーテルのラインが伸びていくというふうに考えてみるのがよいのではないかと思う。これは異次元とのポータルが徐々に移動するとも考えられる。そして囲いがあるので、他の勢力は排除されていく。

「17星」のカードでは、この書物の中の一行の種族が、肉化していくのだが、北極星が交代しても、17の行の内容は組み替えられるだけで、統廃合されるわけではない。もし、ある人が自分のルーツを明確に意識している場合、その人にとっての重要な場所が地球上にあるとして、それはＵＶＧ１２０のように誰にとっても共通した場所というふうにはみなされないだろう。個人というよりはグループにとって、星系にとって重要な場所というのがあるはずで、誰も共通のポータルはない。

ホドロフスキーのキーワードを引用してみよう。信仰、知識、忍耐、聖域、忠誠、純粋さ、孤独、沈黙、厳しさ、母権性、懐胎、処女性、冷たさ、諦観。この中でおよそ理解できにくいのは、懐胎という部分のみ。卵が孵化するということを意味するのかもしれないが、「2女教皇」は、ホドロフスキーのいうように「父なる神の言葉、生ける言葉を集める」もので、地上には存在しない生ける言葉というのはエーテル体の言葉であり、それに父なる神の言葉はロゴスのことで、孵化したものとは、書物の一文が、実際の人生コースを作っていくというものになるだろう。

「１魔術師」は、自分の身体に埋め込まれた文字によって、その後の進路が決定される。しかも、それは生まれた時に決定づけられてしまい、選べない。可能性の選択という意味はない。後は、どのくらい深く掘り下げていくかにかかっている。もし、それぞれのカードで訓練や課題があるとしたら、「１魔術師」のカードの段階で、脳の中心である松果腺を活性化させ、つまりセンサーを先鋭化して、それによって埋め込まれた書物を読み取る修行をすればよいのだが、１ではまずはセンサーを磨き、２で実際に書物を手にすることになる。

土地や歴史から神話を探索する人は、歴史マニアに大量にいるが、このような人々はセンサーが上手く目覚めていない。意識状態と記憶というものは連動しており、その人の意識にふさわしいデータしか浮上してこないというのをもっと自覚する必要がある。

II
LA·PAPESSE

3

L'IMPÉRATRICE

女帝

3の数字

３の数字は、三角形なども考えて、これは生産性、創造性、リズミカルな運動などに結びつく。ウエイト版などのカードの絵柄を見ると、ラフな姿の女性が座っていて、自然が持つところの豊かな生産性や豊穣というイメージを打ち出すが、私はそれ以後、何も説明できない話になってしまい、私はこの「３女帝」のカードが一番苦手なカードになってしまった。

しかし、ホドロフスキーの説明では、「女帝は経験することのないまま破裂することを意味する」と書いていて、これは面白いと感じた。「蓄積されたすべてのものが、行き先もわからないまま雷のごとくに炸裂する」というのは、ホドロフスキーの独特の分類法から考えられたものだ。

これは長方形を縦に四つのグループに分けたもので、一つのグループは左右に分割されている。上は天で、下は地。1と10は欄外で、一番下の段では、２と３が配置されることになる。天、人、地という配列では、人を表すのはもっぱら4と5と6と7の真ん中の正方形あたりに該当する。「２女教皇」や「３女帝」は、人のグループに入らず、始原的な領域に属するというものだ。つまり、「３女帝」は男性と女性が性行為をして子供が産まれるというようなことはさほど連想しなくてもよいということになる。

ただし、このホドロフスキーの長方形に10個の数字を当てはめて分析する方法には、問題がある。どのようなものも、天から地に向かう創造の流れと、地から天に向かう進化の流れが同時に働いていて、片方を表にすると、片方が裏に回るが、それでも、両方常に働いているのが通例だ。

ホドロフスキーは、この片方だけを考えていくので、すると、「1魔術師」は、子供のような段階で、これから成長していくのだという考え方になる。しかし、同時に「1魔術師」は、外宇宙からこの世界にやってきた。経験値として子供的だが、子供には、非経験的な知恵があり、これは大人にはマネできない。この知恵は次第に成長するにつれて退化していくものではあるが、「1魔術師」は子供であり、同時に神のうちに属する。松果腺を取り巻く八つのアームは十分に機能しているのだ。そのため、数字は、3は同時に9でもある、というふうに反対の順番のマトリックスも入れる必要があるというわけだ。あらゆるものは常に双方向だ。

もう一つ、ホドロフスキーは十進法にこだわっている。タロットカードは、十進法で作られているという根拠はないし、ホドロフスキーが主張する理由は比較的曖昧《あいまい》で、明確に説得力があるとは思えない。大アルカナに関しては、ホドロフスキーも、7の目を持つサイコロが三つ、「1魔術師」の机の上にあるので、7のリズムで考えてもよいのではないかと述べているが、7だけでなく、もっといろいろな数字で分割してみた方がよいだろう。また小アルカナは10まで数字が打たれていて、それ以後はコートカードで数字ではないと主張しているが、むしろ、私はこのことで、さらに7のリズムでもよいと思っている。つまり、小アルカナは14枚で構成されているのだ。

10の数字の後には11がやってくる。11とは10に対する抵抗、反作用だ。つまり意識的になった、環境の部品ではなくなったという意味もある。意識の目覚めというのは、抵抗作用によって生じる。だから、その後、数字カードよりもコートカードにしてみよう、という意図も理解できなくはないのだ。

そもそもこういう体系は、いろいろな複数の数字リズムで分析するのがふさわしい。固定的に、大アルカナを二段にして推理するという方法は、たくさんのうちの一つのやり方だ。

「3女帝」と「11力」と「16塔」のカードの共通性

「女帝は経験することのないまま破裂することを意味する」という言葉が気に入ってしまったのは、私がタロットカードを生命の樹のパスに当てはめて考える習慣がずいぶん長かったことも関係する。

生命の樹では、陰陽の柱があり、真ん中に中央の柱がある。この陰陽の柱に直接横木のようにつながり、中央の柱を介さないパスが三つあり、それぞれ、「3女帝」と「11力」と「16塔」のカードが当てはめられている。なおかつ、私は生命の樹の四つの階層、すなわちアツィルトの樹、ブリアーの樹、イェツィラーの樹、アッシャーの樹を重ね合わせて考える。

例えば、アッシャーの樹の「3女帝」のパスは、イェツィラーの樹の「16塔」のカードと重なる。

「16塔」では、雷が外部からやってきて、塔を打ち壊す。とはいってもカモワン版では塔は全く壊れておらず、王冠が外れて、大砲のように打ち出しただけだ。この場合には、内部から破裂したと考える。

「3女帝」は、内部で妊娠して、内側から腹を打ち破るような力が働く。「11力」のカードでは、動物と人間の力の均衡が不安定で、動物が優位になったり、人間が優位になったりして、その都度、決まり切った基準やルールというものが壊れ、再構築が必要になる。

この「16塔」のカードが裏に隠れているというのは、アッシャーの樹は物質肉体であり、イェツィラーはエーテル体の樹なので、物質体として妊娠している時には、エーテル体においては、それまでの鋳型（塔）が破壊されるプロセスが進むという意味にもなる。

生命の樹で、「3女帝」に当たるパスは、ビナーとコクマーの間にある。ビナーは世界の卵と説明したが、これは、陰の柱にあり、基本的に陰のものは、外周から締めつけたり萎縮《いしゅく》したりする性質がある。放っておけば、それはどんどん縮まっていく。

一方で、陽のコクマーは、この陰の器の中に入り込み、中から、外に広げようとする性質がある。簡単にいえば、女性の性器と男性の性器の違いから推理できる。

陰陽の均衡は必要で、器の締めつけよりも、中の拡大の力が強すぎれば、器は破裂する。また器の締めつけが強すぎて、中の拡大力が負けてしまうと、収縮する方向に飲まれて、それは矮小化の方向に向かう。

「蓄積されたすべてのものが、行き先もわからないまま雷のごとくに炸裂する」というのは、ここでは内側に入り込んだコクマーの力、陽の側が、陰の外周を打ち破ったかのように見える。妊娠や出産というのは、外にこぼれ出すので、平和的な破裂だと考えてよい。

「1魔術師」は、世界の卵の中に閉じ込められていた。そしてこの世界の卵は、「2女教皇」が示す構造だった。「１魔術師」は、自分の肉体の中に埋め込まれた潜在資質の方向性を開花させ、そしてやがて卵の外にこぼれ出したと考えてもよいかもしれない。ただし、私達は小さな卵から出ると、地球という大きな卵の中で暮らす。地球はひっくり返すと子宮なのだ。この卵から死ぬまでは決して出ることはない。

ここに計画性などあるわけがない。占星術であれば、１の牡羊座は、自分の可能性を模索したが見つからなかった。２の牡牛座で身体の中に入ることで、自己の資質を発見し、それを発掘した。３の双子座は、風の元素、柔軟サインということで、ちりぢりばらばらに拡大していく興味、知的な発展性を表すことになる。双子座に目的性はほぼ皆無だ。

ただ、２の用意した方向性の上で、３の生産や拡大力が発揮されており、２の方向性から外に出ているわけではない。私達は二極化された段階で、この２という数字の持つ規制から、決して外に出ることはない。たんに細分化するだけなのだ。

３の数字には創造性という言葉が当てはめられるが、これは大きくなるのでなく、分割され、たくさん増えて、一つひとつは実は小さくなっている。

今日、私達が創造性を発揮するという時に、ダイナミックなことは何一つ考えられず、家の中で、小さな画材を相手にとか、後になるほど、創造性というのは小さいターゲットに向かうことになる。

例えば、陽の力であるコクマーが、陰の卵のビナーの中に入った時、自分が小さくなると、反対に世界はどんどん大きくなることから推理してほしい。ひどく小さなチワワがいたら、このチワワから見て、六畳間も広大な空間で、思い切り走ることができる。

「２女教皇」においての二重の卵について、最初の卵は母体の卵であり、二番目の卵は地球であると考えてもよい。子供は母体から破裂して外に出て、チワワのように地球という子宮の中をのびのびと生きる。

大きな笏

棒は結びつけ、連絡するものであることを説明した。笏《しゃく》の上の方には巨大な球体があり、球体は何か完全体を表し、あるいは地球かもしれなかった。

ここからオレンジ色の棒が延びて、「３女帝」の性器の領域で支えられている。そこに緑の葉があるが、チャクラでいえば、性器は下から二番目のスワディスタナ・チャクラで、これはもっぱらエーテル的な力に関係するといわれるし、緑の葉は、植物性としてのエーテル体に関係する。「３女帝」の生殖力は、より上位の宇宙的な原理と結びついたところで働き、普遍的なものをそこに持ち込んでいるように見える。

笏は権威を示すもので、つまり「３女帝」においての権威とは、この宇宙的な法則と結びついたところでの生産力ということにある。

ところで、妊娠や出産というのは、果たして生産的・創造的なことだろうか。「２女教皇」のところで説明したが、宇宙には蔦のように伸びたエーテル網がある。そしてこの隙間に空白ができると、そこにアストラル体が宿る。私は子供の頃から、空中はすべて狐が張り巡らされていて、一つの狐を押すと全世界の狐に伝わると思っていた。最近は、この一つの狐を押すと伝わるのでなく、狐と狐をつなぐ輪郭が全世界的につながっており、この輪郭が伝わる作用なのだと思うことになった。

アストラル体は、特定の場所にいたがる。そもそも動物的性質で、ここからあそこに動きたい。これはここから失われ、あそこに生まれることだ。エーテル体は動けない。そしてすべてにつながっている。子供が産まれるとは、エーテル網を通じて、どこかにいたアストラル体が、「3女帝」の腹の中に移送されてきた。

妊娠・出産というのは生産的でもなく、創造的でもなく、これは移送なのだと考えてみた方がよいのかもしれない。

笏の棒で、宇宙にある球体が、「3女帝」の腹に移送されてきた。この笏は移送のパイプまたはトンネルだ。

アジナ・チャクラの陰陽

また生命の樹の話に戻る。「3女帝」のカードはビナーとコクマーの間にある横木のパスで、このビナーとコクマーは、チャクラでいうと、額のアジナ・チャクラに該当する。アジナ・チャクラは一つしかないが、生命の樹式にいえば、これは陰陽に二分化されているのだ。シュタイナーは松果腺に、下からのエーテルの流れと上からのエーテルの流れがあり、これが松果腺の部分で衝突していると説明していた。エーテル次元においての陰陽の衝突は、そこに中和成分を作り出し、より上位のアストラル体が降りてくる。あるレベルにおいての陰陽の対消滅的な邂逅《かいこう》は、インターバルを作り出し、そこに上位のものが降りてくるのは一つの宇宙法則だ。エーテル的な流れは、雲とか何か形にならない微細な線の集合とかで視覚化される。これは川の流れのように進んでいるが、そこに、反対の流れをぶつけると、静止した場が作られ、そこにアストラル的な、つまりはくっきりとした映像が現出する。

ただ松果腺そのものには映像化機能はない。それは外の世界を受信するアンテナのようなもので、そこで受け取ったものを、脳下垂体などで映像化するということになる。ある本では、松果腺はアンテナで、脳下垂体はテレビのようなものだと説明があったが、いま一つ、これについては確認できていない。

ある日、夢の中で映像を見ていて、その後目覚めたが、映像が消えず、立ち上がっても消えないので困ったことがあった。ずっと動画が再生され続けているのだ。その時に腰から盛大に滝のようにエネルギーが上昇していて、「ゴーッ」という音も聞こえた。その時、私は、人間は真空管と同じなのかと思ったが、腰から供給されるエネルギーが弱まると、この映像が希薄になることがわかった。そして、これは全くのところ省電力でなく、大変な大食いであることも自覚した。

「3女帝」のカードを見ると、額に近いところに球体があり、腰に棒が延びているが、反対にいえば、腰から上がったものが、額のあたりに映像を結実させているとも思える。それにそもそもこの球体は、まるで色のついた水晶球のようだ。「3女帝」はこの球体をじっと見つめているのかもしれない。「3女帝」

のカードを、このように腰からの力を吸い込んで、強いエーテル流にして、額のところの水晶球に映像を写して見ていると解釈すると、これまでの「3女帝」のイメージと違うのでとても面白い。しかし、生命の樹対応では、確かにこれはアジナ・チャクラに対応しているのだ。それはイメージ力だ。

相反するエーテルの流れは、体内から上がるもの。そして体外から持ち込まれるもの。この二つが衝突し、そこにアストラル的映像が結像するということだ。そして、これは宇宙の外部のどこかにあるものを、この世界に移送するという作用も兼ね備えている。

子供が産まれるのは、この世界に結像するということにほかならないのだ。エーテルの蔦をたどって、どのようなものもやってくる。そして地球の中に結像する。

未完成の鷲

ホドロフスキーは、楯《たて》の中に描かれた鷲《わし》について語る。「3女帝」が持つ紋章の中の鷲は雄で、なおかつ翼はまだ不完全な形。「4皇帝」のカードに見られる鷲は雌で、翼は完成しているという。確認してみると、「3女帝」は鷲の描かれた紋章を右手に持ち、「4皇帝」は左に、なお床に置いている。

鷲は鳥の生態系において頂点捕食者にあり、空の王者とか、また不死性を象徴としていたりする。また遠くを見るという性質でもある。鷹とともに、上空をもっとも高く飛び、不死性ということは継続する意志という意味でもある。左手に持つ笏を、色つきの水晶球のようだと説明したが、これは左手に持つので受容的、受信的要素だ。となると、能動的な意志を示す右手の鷲は、遠くに飛んで行き、そしてそこで見たものを受信するのが左の笏だということになる。

しかしこの飛び続ける意志は、翼が未完成で、それは長くは飛べず、途中で息切れしてしまう。本来、女性の中にある男性性は未完成であるといわれている。これはユングの六元型の話で、女性の中の男性的要素とはアニムスであり、それは発達すると、最終的にはロゴスになり、グルジェフのいう高次思考センターになると、ロゴスを超えたものとしてのオールドワイズマンに変わるが、そこに至る可能性はかなり少ない。

一方では、「3女帝」は受容性としての左は完成度が高い。もしここで、右手の性質が完成していれば、「蓄積されたすべてのものが、行き先もわからないまま雷のごとくに炸裂する」ということは起きない。なぜならロゴスは統一していくからで、明確な目的にすべてを整列させてしまう。

鷲は最終地点まで飛ぶことができず、その途中までの経過で手に入れたものを、手あたり次第、映像化する。ちなみに、生み出すという作用は、つまるところ、映像化するという意味だ。

私達はこの物質世界を基準に生きているので、物質とはこの宇宙の中で最も短命で儚《はかな》いものだと思わない。長い目で見ると、それはイメージを思い浮かべ、そして興味が違うところに移動したら、それまでのイメージは消失した、ということと何も変わらない。物質的なものとは残像であり、引き伸ばしたとしても、寿命には限界がある。目の中に思い浮かべるイメージは、素材が軽いので、早く消えるというにすぎない。

ロゴス要素の未完成な「3女帝」は、最終的な中心のものを探り当てることができず、その周辺のものばかりを映像化する。いわば、目的のものではなく、その周囲に漂うものしか手に入れられない。しかし映像というのは、実はそういうものだ。すべての中心にあるロゴスに至ると、私達はイメージすることができないことに気がつく。語り得ないもの、映像で思い描くことのできないもの、それが中心にあり、ロゴスであり、イメージは、その周囲にまとわせた衣服のようなものだ。

「3女帝」がロゴス、発達した鷲を手に入れてしまうと、彼女はイメージすることができなくなり、さらに移送装置として妊娠もできなくなる。「2女教皇」は、自分では理解できていなかったが、ロゴス、言葉を保管していた。その代わりに、イメージ化、妊娠・出産ができなかった。「3女帝」はイメージ化、妊娠・出産をしたが、それはロゴスを見失うことで可能となった。

アジナ・チャクラとスワディスタナ・チャクラの対応性

生命の樹とチャクラを両方説明に使うと混乱するかもしれないが、映像化していく力は、アジナ・チャクラにある。これは生命の樹では、ビナーとコクマーだった。一番上のサハスララ・チャクラは外宇宙との扉機能であり、映像化にはあまり関係していない。

チャクラは上下が鏡像のような特徴があり、このアジナ・チャクラに共鳴しているのは、下から二番目のスワディスタナ・チャクラだ。それは性器の位置にあり、「3女帝」の持つ笏は、上がアジナ・チャクラ、下がスワディスタナ・チャクラとしてつないでいた。一番下のムラダーラ・チャクラは、一番上のサハスララ・チャクラと対応しており、これは二極化されていない。チャクラの構造にも似ているカドケウスの図では一番下と一番上は、二匹の蛇が働いていない。二匹の蛇は、下から二番目のスワディスタナ・チャクラと、上から二番目のアジナ・チャクラに挟まれた場所でしか働かない。

二匹の蛇とは二極化を表すが、私達が、何かイメージを見るというのは、見ている自分がいて、対象としてのイメージがある。二極化の前の単一性に戻ると、ここでは何かイメージを描くこともできなくなる。ただ二匹の蛇は、2の数字として、互いに依存し合い、責任のなすり合いをするかのようで、二匹のみだと、どこに飛んで行くかわからない。

気がつくと原子爆弾を作って、どこかを破壊していたというようなこともある。これらを他宇宙との関係で、統一的に誘導するのがパイロット波としての、中心の柱、カドケウスでいえば杖の部分であり、チャクラでいえば、スシュムナ・ナディ、生命の樹では中央の柱だ。「2女教皇」は中央の柱で、リファレンスとして生きるために、行動してはならなかったし、陰陽に関係してはならなかったが、「3女帝」は、中央の柱にかかわらず、陰陽の柱のみの相対的関係性に生きているので、ホドロフスキーが書いているように、「何歳であろうと、限界を超えて、突発的な行動を取る態勢にある」

上から二番目のチャクラというと、脳下垂体に関係し、これは思春期まっしぐらで、男の子なら髭《ひげ》が生え始め、性的なことに関心が高まり、これは下から二番目のスワディスタナ・チャクラでも同じで、長期的に人生を正しく送るには、「2女教皇」の基準と「4皇帝」の管理が必要で、それに依存しないことには生きていけない。「3女帝」は秩序とか統一性については全く考えていないというよりも、本性としてそれを考えることはできないのだ。

キーワードとして書かれているのは、生殖能力、創造性、誘惑、欲望、権力、愛情、熱意、自然、優雅さ、豊かさ、収穫、美、孵化、青年期など。この中で一つ疑問に感じるのは、権力かもしれないが、権力は依存性から生まれる。自立的な存在は権力を欲しがらない。

権力は人との関係性の上でのみ成立可能なものだ。これは「3女教皇」の胸の、ホドロフスキーいうところの「ピラミッド」に描かれている。ピラミッドは頂点が一つ。下に広がり、それは多くの民衆だ。統一的な頂点に従って社会は運営される。もちろん、「3女帝」は頂点にはいない。そこから二番目の場所にいるが、頂点にいる人よりも、この二番目の方が怖いことが多い。

4

L'EMPEREUR

皇帝

４の数字

数字の法則を考えた時、たいてい根幹となるものは３と４で、３が作り出し４が安定させるという役割を担っている。３と４を足すと７になり、３と４を掛けると占星術の12サインになり、３掛ける７でタロットカードの21になる。

ピュタゴラスのモノコードでは、三分の二の部分が上昇５度になり、これは高揚感だ。一方で、四分の三の部分は上昇４度となり、これは安堵《あんど》感とか着地したというトーンを作り出す。３は飛び、４は着地するのだ。

この点で４の数字がついた「４皇帝」のカードは、明らかにどっしりとした安定感を作り出すもので、地上の法則とは、四季の春夏秋冬とか、東西南北のように４を基礎にした特性を持ちやすい。地上においての基礎の数字を意味すると考えてもよいのだ。

私はしばしば時間数字としての数え数字と、空間数字としての幾何図形数字を比較したり、同居させたりしながら説明するので、するとこの数字は正方形とか、また十字などにも対応する。縦軸と横軸がずっと伸びた碁盤の目は、どこまでも拡大する。これが「４皇帝」の拡大・普及力に関係する。

４の数字は、占星術に馴染《なじ》んだ人ならば、蟹座とか４ハウスということを連想するだろうが、これは集団原理であり、集団原理というのは、弱肉強食の特徴がある。大きなものは小さなものを飲み込み、さらに大きくなる。集団原理には止められない特性があるとしたら、それは増大・拡大していくことだ。内的共感が膨らむと考えてもよい。皇帝はこのようにして、自分の領土を拡大し、そこに共通した思想、生活スタイルを敷衍《ふえん》していく。そして異物は許さない。しかし異物を排除しているわけではないのだ。

この十字の形を考えると、縦軸と横軸が組み合わされたもので、これは対立する二つのものを結合したという意味になる。4の数字には対立物を飲み込むという性質があり、それまで異なっていたものを取り込んで、噛み砕き、胃の中で混ぜていく。そうしないことには、領土は拡大できないだろう。

例えば、占星術でもクロスというのはかなりの緊張感を持って対立する元素を結合していくのだ。

4の数字は安定し、そしてしばしば保守的で、維持するもの、継続するものを表すが、その背後には、このように休みなく違和感のあるものを混ぜて、日々刷新していくという性質が隠れていることになる。毎日何か食べて、そして自分を維持していくのだ。

占星術では4というと蟹座だと説明したが、この蟹座の完成地点である25度では、文化が腐らないように、定期的に海外からの影響物を持ち込んで、それによって自国の文化を常に新鮮に保つということが込められたサビアンシンボルが当てはめられている。「右肩ごしに投げられた影ないしは外套」というもので、これは共同体からすると未知のものが持ち込まれることを表し、自分を維持するために、外のものを取り込む蟹座の本性が現れている。異なる文化を適度に吸収しながら増殖して巨大化するものが4の数字の性質でもある。

下に立てかけられた楯の中の鷲

カモワンのカードの絵柄を見ていくと、この4という数字の持つロゴスだけを描いたわけではないといえるだろう。タロットカードがロゴスを描くものならば、4という数字だけで事足りるもので、絵柄を細かくするほどにこの基本のロゴスから離れていき、ローカルな、つまり応用性の欠けた、基本法則から離れたものになっていく。タロットカードが普遍的なものならば、このように細部の絵を描くほどに、タロットカードの価値が失われる。

例えば、この絵柄から、父親的な男性を思い浮かべる人もいる。これは4というロゴスの中にあるごく一部の属性だ。一つのロゴスから言葉が生まれ、そしてたくさんの応用的なイメージが作られていくので、応用的なイメージは百も千もあり、そこで、わざわざ男性的、父親的な姿に限定すると、明らかに4という数字を間違ったかたちで伝えているという話になる。「人間ということを思い浮かべてください」といわれて、足の指の一つを想像するようなものだ。

そうした限定的で、偏ったディテールに入ることにはなるのかもしれないが、ホドロフスキーは、「3女帝」のカードでは、未完成の翼を持つ雄の鷲が描かれており、「4皇帝」のカードでは、卵を育てている雌の鷲がいることに注目した。この「4皇帝」に描かれた、卵を育てる鷲の図柄は、何世紀もの間、タロットカードの図柄からは削除されていたものらしい。コンヴェル版では、卵があるのかないのか、よく見えない。

ユングの元型論で考えると、男性は無意識の中に未完成のアニマを抱え込んでいる。未完成である間は、それを外界に託すので、エロスの権化としてのアニマは、外界にいる女性の誰かに投影されがちだ。卵を育てるという点で、ホドロフスキーは、「2女教皇」との関連性を考えているどころか、もしかしたら「2女教皇」に頼っているかもしれないとさえいう。

卵というのは全体性の象徴で断片ではない。鷲の翼はもう完成していて、「3女帝」の時のようにどこかに飛んで、途中で息切れしたりしない。明確な目的を持つとそこに必ず到達する。この鷲が生み出す卵は、縮小された、一段小さなサイズの宇宙卵だ。

そもそも私達は、この地球に産まれてきた段階で、地球という卵の中に入った。この中で、さらに小さな範囲において卵を生み出すのは、私達がこの世界という卵の中に生まれたことの模写の行為だ。4の数字、しばしば蟹座に似たものは、子供を産み出す。4というのはコピーの数字でもあり、同じような形のものを次々に生み出す性質がある。4には普及して、同じ型（四角形）を果てしなく増やすが、その点では卵は次々に増える。

しかし、「4皇帝」はこのことに構っていないように見える。この鷲の描かれた楯は、椅子の左側、しかも地面に近いところに立てかけてあり、「4皇帝」はあまり大切に扱っていない。つまり結果として、コピーが増殖しても、気にかけていないのだ。

4の数字の安定性を獲得するには、無意識の中にあるアニマは、外界に投影されてはならず、自身の中で個性化されていなくてはならない。人間の生活にとって、未完成の無意識部分が外界に投影されることほど不安なことはない。未完成のアニマを持つ男性は、外界の女性にそれを託すので、常にその託された女性の都合に振り回され、人生はままならない。それでは圧倒的な安定性を誇る「4皇帝」になれない。つまり雌の鷲は完成されており、この模型的な卵を次々と生み出し、育てていて、それは「4皇帝」の左側に収められており、「4皇帝」はそれを自動処理だと考え、目下の興味は違うところにある。

右手の笏

彼が注目しているのは、左下に置かれた楯ではなく、右手にまっすぐ持つ笏だ。「3女帝」は笏を左に持ち、しかも性器に支えられており、笏は腰から得る電力によって映像が映し出される幻灯機であった。それは彼女からすると何か重荷にも見える配置だった。

支えなしに笏をじっと持つことのできる「4皇帝」は、右手という意識的な側面、能動的な意志を表す部分で、この丸いものがついた笏を持ち、それは彼が何らかのビジョンを抱いていることを表している。決して受信したのではなく、自分で思いついたことだ。

球体の上につく十字は、統一原理のようなものを、つまり4の数字の持つ普遍性、拡大性ということを暗示する。「3女帝」のように行き当たりばったりでなく、はっきりと何か目標があり、この球体ビジョンが、結果として、左下の鷲が生み出す卵になっていく。

ホドロフスキーは、この図柄が、頭と腕の部分が三角形を描き、組んだ足が正方形を描くと述べているが、上の三角形と下の四角形は、結合すると、昔の日本の家のような形になり、また3足す4の7の数字になる。それは強力な推進力、いわば「7戦車」のような戦闘性を作り出す。「4皇帝」の要素は、下半身の部分にすぎず、腰から上には「3女帝」が乗っかっているのだと。

「7戦車」の戦闘性を持ちつつ、実際には「4皇帝」は、気楽に足を組んで、お休みの態勢にある。右足は前に進み、左足は受けに当たる。この前進する右足を中空に浮かばせることで、まだどこにも行かないと主張しているのだ。右足は楯を蹴っているように見える。行動するより、鷲が卵を産むことを刺激しており、それでいて、その事実を忘れたふりをして、じっと笏を見つめているのだ。

4は異物をたくさん食べ、そして卵をたくさん産む。この場合、「3女帝」の数字とはっきり違うのは、毎度予想もできないような形の違うものを生産し、時には奇形も生み出す「3女帝」に比較して、「4皇帝」は、いつも決まったパターンのものを模造するように生み出す。同じ型番の製品を量産する大企業は、この「4皇帝」のようなものだ。

二重ベルト

ホドロフスキーは、このカードが「0愚者」と同じ赤い靴を履いていることを指摘する。これは活性化されたムラダーラ・チャクラであると説明した。つまり足を組んで休んでいるにしても、瞬間的に動けることを表す。

もう一つは腹にある二重の帯に手をかけているが、二重のベルトは、「1魔術師」のカードと共通している。この腹の部分はチャクラでいうと、下から三番目のマニプラ・チャクラに当たる。

私は生命の樹のパスに恒星をマッピングした図を作った。生命の樹はたいてい惑星が当てはめられるが、それだと太陽系の生命の樹というサイズであり、ならばもう一段マクロな複数恒星の生命の樹を作ってみようと思ったからだ。ただ、太陽系から外に出て恒星領域になると、固定的な時間・空間の枠がないので、三次元的な宇宙座標というのは使い物にならない。恒星は場所、方向でなく、意味として捉えなくてはならない。

ここで、この腹の部分のベルトについては、オリオン・ベルトと結びつけた。ベルトに手をかけた左手は受信側で、腹の意図を聞き取ろうとしている。手というのは肺と関連づけられ、（共に双子座象徴）外界の情報を受信したり、発信したりするのだが、左手は吸気の側で、聞き取るという意味なのだ。

左手で腹のベルト、あるいはマニプラ・チャクラの意図を受信し、このビジョンを右手に持つ笏の球体に映し出す。これは虚心でビジョンを見るということでなく、狙いや野心、「腹づもり」があるものをビジョン化する。「3女帝」は、わけのわからないビジョンも受信し、心乱れていたが、「4皇帝」は自分が望んだものしか見ないらしい。

二重の帯は、二つの腹がある。オリオン・ベルトのミンタカ、アルニラム、アルニタクのグループには二重的な作用がもともとからある。オリオンが創造の炉であることはよく知られているが、創造とは分裂であり、細分化されることで、結果は徐々に硬直した宇宙を作り上げる。細分化されれば、一つひとつは統一性を忘れ、孤立感を高め、互いに対立する方向に向かうのは必定だ。

一方で、フィルムを逆回しにすると、創造と反対の融合という作用が働く。一つひとつの違いをなし崩しにして、元のものに戻すのだ。この創造の炉は、ミンタカの裏側にあるのだが、そこから遠ざかるにつれて創造が始まり、そしてそこに近づくと、融合、すなわち崩壊が始まる。

シュタイナーは、占星術の蟹座のマークは融合を意味するオリオンを象徴していると説明していたが、創造と融合という両方の作用がオリオン・ベルトにあるのだ。その作用を任意に切り替えるには、別の星系の作用を借りる必要があるのだが。

この加減の聞き取りをしながら、右手で野心的に、球体ビジョンを見ているのだ。そして、もちろん、下半身の左側という無意識的な結果の領域では、創造が次々と行われている。

首輪

「3女帝」では、目の高さよりも少し上に笏の球体がある。シルバ・マインド・コントロールでは、ビジョンは、目の位置よりも少し上にスクリーンがあると説明している。

「4皇帝」では、皇帝の目線は笏の球体よりも上にあり、球体の上の十字に注がれているように見える。球体は少しだけ喉寄りだ。腹のマニプラ・チャクラは下から三番目のチャクラで、これは上から三番目の喉のヴィシュダ・チャクラに対応している。この上下三番目のセットは定義し、行動する。

「3女帝」のようにイメージの洪水に溺れたりしない。喉には、麦穂をくっつけたような太い首飾りがあり、そこでまた私は個人的な連想であるが、スピカを思い浮かべてしまった。

私が作った恒星生命の樹では、だいたい首を通過するパスに、このスピカをマッピングしたが、スピカは麦の先のスパイクと関連づけられ、麦穂、農業、転じて文化などを意味する。文化や芸術を親しむ、あるいは作り出すということだ。しかもスピカは極めて洗礼された感性を示している。この麦穂をかたどったような首飾りは、胸に位置した十字印が刻まれたコインをぶらさげている。

喉のヴィシュダ・チャクラや、腰のマニプラ・チャクラの推進力、行動力は、豊かな文化を生産すること、そして日本では弁財天に結びつけられたオリオン・ベルトの生み出す作用に関係させて考えてみるのもよいかもしれない。

ホドロフスキーの本でのキーワードは、安定性、支配、権力、責任、合理主義、支え、統治、物質、堅実、リーダー、均衡、秩序、力、父など。もちろん私がここで書いたことなどを加えると、増殖、異物を飲み込む、対立の統合、量産するコピー、同じ型を続けるなどいろいろ出てくるだろう。

もっとたくさん出る。言葉にすれば、いつ果てるともなく思いつくだろう。絵柄を主役にするのか、4というロゴスを主役にするのかによって違いが出る。しかし、絵柄を主役にすればタロットカードは普遍的な価値を失い、どこかにあるローカルなしろもの、欠片になってしまう。4というロゴスを中心にすれば、限界なくたくさんの応用が可能となるだろう。

ロゴスを中心に考えるならば、この「4皇帝」を占星術の蟹座ともっと結びつけることができる。カードは12の数字までは、占星術の12サインと重ねて考えるのもよいからだ。

タロットカードでは、11以後が反世界的な姿勢を打ち出すが、占星術の12サインも、実は十一番目の水瓶座と十二番目の魚座は反世界的だ。多くの占星術解説書でそういわれていないのは、12サインをすべて10の山羊座的な尺度の中に閉じ込めて考えていくからだ。この姿勢は明らかに間違いである。占星術は狭い世界観の中に閉じ込められると、その本来性は大幅に失われる。

IIII
L'EMPEREUR

5

LE PAPE

教皇

５の数字

ホドロフスキーは５の数字について、「この数は現実の中で基盤を完成すること（数字の４）から、その現実の状況を超えたところにある目的を持つことへと向かっていく」と書いている。

私は２０１６年10月から２０１７年の10月あたりまでは、インターネットのフェイスブックをベースにしたオンラインサロンをしていて、毎日動画で、日々の太陽の位置のサビアンシンボルの説明をしていた。

毎度のことであるが、それぞれのサインの数え度数４度では、そのサインの性質を普遍的にしていくということが行われ、それが十分に行き渡ると、飽きがきて、もっと刺激を求める５度に移動すると説明した。そしてたいてい５度では現実には無理なことを追求したくなり、この無理なことを追求することの面白さがあると説明していた。それはいつもジャンプというイメージがある。上に飛ぶ。そしてどこかにぶつかり落とされることもある。

「４皇帝」が地上の東西南北にくまなく拡大していくことをイメージすると、「５教皇」は、今度は縦座標を加えることになる。旧出雲大社には、巨大な階段があり、巫女《みこ》は、この高い階段を上がったらしい。高所恐怖症の人からすると、想像するだけでぞっとするが、「５教皇」は天の神と地にいる人の間の架け橋になる。資本主義社会においては、宗教的な価値よりも経済価値が優先されるので、富めるもの、持たざるものの間のヒエラルキアを形成するもとになった。最初のモチーフは、この天と地の間のいくつかの階層という概念にある。経済格差も、もともとはここから出たのだ。

教皇という言葉だけを考えると、この天と地の間をつなぐという意味には何の矛盾もないが、5という数字と結びつけようとすると、いくつかの解せない事柄が出てくる。

例えば、五角形というのは、ペンタゴンや五稜郭、ドーマンセーマン（あるいはセーマンドーマン）などからわかるように防衛を表す図形だ。それは外からやってくるものを受けつけない。

占星術での5ハウスとか獅子座ということを考えると、内側から出てくる創造意志に任せ、一方的に表現しようとすることを意味する。すると、どうしても人の話を聞かない教皇という印象になってしまう。天は非個人的なもので、地にある人の世界は極めて個人的で、個人的なものにとらわれているからこそ、天の理というものが入ってこない。それを教皇はつなぐ役割なのに、この人は自分のことしか話さないではないか。五角形の防衛というのは、いわば大きな声でしゃべり続け、人の話から自分を防衛するというようなものでもある。

獅子座はシュタイナーの12感覚論では、熱感覚だ。「獅子座の熱源はどこから来るのか？　いつまでも熱い人がいるが、そのエネルギー源はどこから来るのか？」と疑問に思ったことがあったが、ある時期から、私は獅子座の一方的な性質ということに、修正案を入れることにした。高められた獅子座は、火の元素、固定サインということも考えて、恒星を基準にしている。つまり熱源はこの永遠に一人輝く恒星からやってくる。

占星術では獅子座の支配星は太陽であるから、太陽は恒星でもあると考えることができるが、実際の占星術では、太陽は一年で一回転する地球が偽装したにすぎず、真の意味での太陽という概念は占星術の中には露ほども出てこない。そのため占星術でいう太陽とは違う本当の太陽が別にあるのだと考えなくてはならないが、高められた獅子座は、恒星を熱源にし、永遠の火を理想とする。しかし、高められていないありきたりの獅子座は、人の話を聞くことを怖がり、思い込みの中に生きていると説明した。

宗教の分野の概念では、恒星とは大天使を象徴しており、それは神の御前にいる。獅子座のサビアンシンボルの中には25度で「虹」というシンボルがあり、これは天と地をつなぐこと。また7度などには「空の星座」というシンボルもある。この星座を基準にして、8度では、地上の破壊活動が始まるのだ。永遠性とつなごうとする獅子座の行為があるとしたら、これはこの「5教皇」とある程度共通したものがあると考えてもよい。

五角形の図形の中には、黄金比率が含まれている。これは一つの辺に対して、異なる線が横切る時、この辺は1対0・618の比率になるからだ。黄金比率は、自然界の中にある抜け駆け原理、増長原理と説明することにしている。叩かれずに増長する。好き放題しているのになぜか誰も補導に来ないし警察も来ない。

「5教皇」の中に、この黄金比率が働いているとしたら、彼が気分に乗って言いすぎても、それは他の人の気分を盛り上げることに貢献しても、次の日に失言が問題で、新聞で辞任を要求されたりはしない。「5教皇」の、天とつなぎ、永遠の熱源となる回路は、いわば5の数字、獅子座、5ハウスという例も考慮に入れて、それは内的なところからやってくると考えるとよいのかもしれない。獅子座は中心に自分がいて、そこから外に広げる。内的中心点に、天との通路があり、そこから力が湧き出してくるのだ。

ホドロフスキーは、「5教皇」のサブタイトルに「仲介者、橋、理想」と書いているが、まさか5の数字の存在が仲介者なんて、それは真逆ではないかと思う人が多いだろう。普通、仲介者というのは、横にあるAとBを仲介する。そういう意味では、「5教皇」は死んでもそんなことはしない。プライドがあり、自分を決して横並びにしない。自分は常にどのような人よりも高所にいる。たとえそれが思い込みであっても、神を除けば、自分は誰よりも高みにいる。仲介はあくまで上と下の仲介なのだ。

ホドロフスキーはこの上と下の仲介以外に、ちらっと右と左の仲介ということを述べているが、この右と左とは、善と悪のことだ。この判定をするということはあるのかもしれない。しかし今日、政治と宗教は切り離すのが当たり前だ。さらに、宗教と司法は切り離さなくてはならないので、「5教皇」は善悪の判断はしてはならず、つまり右と左の仲介をしてはならず、あくまで上と下の仲介に徹しなくてはならない。

彼は良い悪いをいってはならず、いわば、ハッピーか、もっとハッピーか、とんでもなくハッピーか、というような発言しかしてはならない。

背もたれの階層

「5教皇」は上と下の仲介者であり、結果的に上と下の間にはたくさんのヒエラルキアも生まれる。強い教皇、中間的教皇、ちょっとした小さな範囲での教皇など、たくさんの教皇が生まれてくるからだ。そのように、「5教皇」のカードには、数々の段差が描かれている。

生命の樹も、上位の宇宙と下の大地の間の段差を描いているので、いくつかの横木を、ヤコブの梯子《はしご》と表現してもよいだろう。虹だと七つの階層になる。これはチャクラと同じだが、生命の樹もほぼ同じ構造を持っている。

「5教皇」の椅子の背もたれは、大きな段差が描かれる。この思想に支えられた上で、彼の活動がある。複数の段差があると、自然的にこの「5教皇」は自分の位置がどこにあるかを知らされることになる。神に至るまで、まだ三つある。あるいは神に至るまで、五つもある。こうした宇宙知識の裏づけがあるということだ。

グルジェフの生命の図では、絶体、すなわち神、大天使、小天使、人間、哺乳動物、無脊椎動物、植物、鉱物、金属などの存在の段差があった。天体でいえば、全太陽、太陽、全惑星、惑星、全月、月などの連鎖がある。理屈だけで考えると、高められた獅子座は、火の元素、固定サイン、すなわち永遠の火を軸にしているので、大天使イコール恒星という位置づけにあるので、最も高位の「5教皇」は大天使の位置にしなくてはならない。神智学では、恒星を大師に結びつけたりするのだが、グルジェフの思想では、この位置は高次思考センターに該当する。これはロゴスの究極に発達した段階であるともいえる。ロゴスを生み出す側だからだ。

大天使の周辺には必ずスタッフとしての小天使が取り巻いていて、これはヘレニズム思想では、12のデイモスなどと呼ぶ。

背後の背もたれには左右の柱があり、生命の樹でいえば、これはそのまま陰陽の左右の柱だが、当然、中央の柱が必要で、これを「5教皇」自身が代行しようという腹なのかもしれない。背もたれは、一応、尺度として利用しながら。

名前だけからすると、「2女教皇」も「5教皇」も、男女の違いがあるだけで、同じ役割に見えるかもしれない。が、「2女教皇」は、中央の柱の役割に徹していて、囲いがあるが左右の柱はない。一つのコスモスの中においての活動とは、陰陽活動、二極化の活動であり、「5教皇」はこの左右の柱を盛んに利用していて、いろいろ語ったりする。

「2女教皇」は自身が中央の柱の役割になり、すなわち活動してはならない、柱にならなくてはいけないといわれているのだ。そしてリファレンスとしての、ロゴス辞書、書物を持ち、自分からは何も働きかけはしない。

「5教皇」は数字が5ということもあり、表現し、語り、高揚していくうちに、より高次な意識とのつなぎができる。左右の柱をどんどん積極的に活用する。それはしばしば曲がりやすく、踏み外す可能性はある。

左手にある牧杖と三分節

大きな体系としては、背もたれにあるヤコブの梯子のようなものがあり、それは「５教皇」が前にいるので、よく見えないが、神学的には虹のように七段で構成されている。そして左手には、三つの横木がある牧杖《バクルス》を持っており、これは人間の三層構造だ。冠も三層に見えるが、それぞれ牧杖の横木に対応しているかのように見える。

脳を三つに分けてしまうと、爬虫類脳、羊脳、人の脳という三つに分かれる。馬車、馬、御者という言い方もあれば、身体、感情、知性というような言い方もある。３の法則と７の法則には密接に関係があるが、グルジェフのエニアグラムのような複雑な体系だと、この人間の三つの組織がそれぞれ内部的に七階層になっているという発想になる。

たいていの場合、この三つの脳はばらばらに働き、上手く連合していないので、これが、その人の人生が意のままにならない状態を作り出す。思考は勉強する気があるのに、感情は全くその気にならない。身体は外を走りたい。思考は丁寧なのに、感情は暴力的というケースもある。身体はマッチョなのに、感情は弱気ということも。

この三つの組織が統合化されないと、人間は七つの階段を上がるどころではない。ヨガという言葉は、この三つの組織を連合させる、結びつけるという言葉がもとになっているというが、三つの組織を連合させることは、学校では教えない。というのも先生もそれができないからだ。「５教皇」は、七つの階段に支えられて、この三つのことに目を向けている。つまりそれが大事なのだと言いたいのか。

実は、牧杖も、また冠も、三層の上に、頂点的な四番目の部分がある。これはヨガのたとえでいうと、馬車、馬、御者という三層の上にさらに四番目の主人がいることを示唆している。「５教皇」は、神との仲介者として神の御前の大天使の位置にいる（かもしれない）と書いたが、自分が大天使の位置にいることには満足し、他の人がそこまでやってくることを望んでいない。

高められた獅子座、火・固定サイン、すなわち暗闇の中で一人輝き続ける恒星は、太陽系の外にあるものであり、私はこれをアントロポースのような世界外存在と呼んだ。そして神の子羊は、太陽系の中にある存在であり、これを世界内存在と呼んだ。

「５教皇」がこの第四の意識にあれば、恒星のように自立する存在になってしまい、依存の中で生きる太陽系内存在への仲介者としての役割はなかなか果たしにくい。

太陽系内存在には、それなりの心配事、トラブル、思い悩むことがあり、それはいかにも世界内存在的なものだ。世界外存在は、この世界内存在のことが上手く理解できない。

例えば、目の前に死にそうな人がいる。世界内存在は、必ず助ける。しかしそれは死にそうな人の意志を重視していない姿勢で、自分の考え方を押しつけているだけだ。世界外存在は自立する意志を持つので、死にかけている人を見て、死にたいのか、それとも生きたいのかを聞く。そして「助けてほしい」といわれたら初めて行動する。

世界内存在は互いに寄りかかり、押したり引いたりして、海の波のように生きている。独自の考えは許さない。ここで「5教皇」が主人としての第四存在になると、一般的な教皇でなく、グノーシス的な教皇になってしまう可能性がある。惑星をぶら下げた太陽という恒星か、連星はあるとしても惑星を持たない恒星かという違いはとても大きい。

右手と左手、二人の侍祭

「5教皇」は「2女教皇」と違い、左右の柱を積極的に活用していると書いたが、この端的な現れが、青い左手と、肌色の右手だ。

そもそも生命の樹では、左の柱（図で見れば右側）は、上位のものからの受容を表し、そこでは神聖な、神の意志が降りてくるという意味になり、そこで、精神性の青の色のついた左手は神の代行者としての手になる。そしてそこからまっすぐ棒が「5教皇」から見て左の侍祭に降り、脳に突き刺さったように見える。

棒は伝達という意味があることは説明した。生命の樹では、この左の柱は受容的なものを表していて、絵柄の位置あたりは、ネツァクであり金星が割り当てられている。人体では金星は腎臓であり、それは上から降り注ぐものを受け止めるという意味がある。

一方で、「5教皇」の右手は肌色で、これは「5教皇」の人間的な側面、個人としての姿勢を表している。「5教皇」から見て右にいる侍祭に対して「5教皇」は無視の姿勢を取っているが、生命の樹で、右の柱（図では左）は、能動的な側で、自発的に行為していくことを表している。つまり、受け取るのでなく、自分で考えたりすることが多く、「5教皇」のことを理解するのも自分も同じ行動をすることで理解するという姿勢を取る。

頭の渦は、内側は、上から見て右巻きで、外側は反対だ。私はしばしばドライバーでねじ込むネジのことを連想するので、右巻きに回すと、それは埋め込まれること、下に向かうことを考える。左側の受容的な侍祭は、反時計回りに回転しているので、これは上昇していく側になる。ネジを取り外す側だ。

例えば、「5教皇」が教祖になったとして、信者にはこの二つのタイプがいるとすると、全員が崇拝者ではないということにもなる。崇拝者だけならば、絵柄の右側の人物だけでなくてはならない。常に教団では離反者が出て、異を唱えるものが存在するのが正常なあり方だ。そうでないと左右の柱のバランスが取れない。

エチオピアの『エノク書』には、神々に反抗する堕天使のことが描かれているが、この堕天使がいないことには、全体として正常ではないのではないかと考える。基本的にこの堕天使とか反抗者というのは、つまりは、神あるいは大天使のまねごとを自分もしてみたいということなのだ。崇拝者というのは、反対に受け取るだけで、いつまでも、神あるいは大天使には似てこない。

賢明な教祖、指導者は、この離反者とか裏切り者を想定し、それを最初から用意する。仏陀やキリストはそうした。実は、それは本来の人間のあり方を追及するという目的ではどうしても必要で、「11力」のカードの意義を準備しているのだが、愚かな教祖は、そのことを知らず、離反者がいると単純に傷つくだろう。

私は、仏教者は、普通の人よりもどんよりした欲望に支配されていると見ている。仏陀は考えられる限り、完璧だ。だが、それに従う信者は、その姿勢によって、仏陀を理解できなくなっていて、肝心のことを失念して怠けてしまうのだ。

下半身領域においての混乱

ホドロフスキーは、この「5教皇」の下半身の何ともいえない複雑な模様を、下半身的な状況においての影の部分と書いている。椅子の背もたれには、七つの階層があるのではないかと説明したが、この七階梯は大地にはスムーズにはつながらない。

例えば、グルジェフのオクターブ論では、ミとファの音の間、シとドの間に隙間があり、ここで滞留するものがある。ヨガのチャクラでは、七つのチャクラの間に合計三つの結節があり、スムーズに力が通らない。生命の樹では、一番下の物質界を示すマルクトと、エーテル体を示すイエソドの間にはどうしようもない超えられない壁がある。さらに喉の部分にも深淵の隙間がある。

「5教皇」が、神の領域と人の領域をつなごうとすると、この切れ目に抵触する。宇宙法則と、地上の法則には食い違いがあり、この歪みはどこかに必ず現れる。そして、「5教皇」が、左手では神聖なる青の世界に浸されても、同時に、右手は生々しい肌色の世界に浸されているので、上手くつながらない部分が、地上的領域に蓄積され、天上に向かうことのできない救済できない要素が、どこかに流れの停滞を生み出すことは避けられない。「聖職者としての意志」と「普通の人としての個人的欲求」が両方あるなら、もうこれを統一することなどできないのは誰でも想像がつく。天上の世界を考えた結果発生するコントラストなのだ。

つまり、上と下をつなごうとした段階で、避け難い矛盾というものが必ずやってくる。この矛盾を回避したいなら、地上に住み、天国のことを考えないか、それとも天上に住み、決して下に降りないという姿勢を堅持するしかないのだ。「5教皇」は不正と汚職にまみれるかもしれない。それは下と上をつなぐ仲介者になろうとした段階で、おそらく九割がた避けられない問題になるのではないか。

「5教皇」は救われない下半身を持っているという言い方をすると露骨な表現になってしまうが、キリスト教だとなおさら影を作りやすい性質がある。仏教のお坊さんもそういう要素は一般人よりもはるかに強く現れることについては既に説明した。

エニアグラムも、チャクラも、生命の樹も、法則として、この断絶の事実を否定していない。それに左右の陰陽に関われば、「2女教皇」のように無傷とはいかない。ホドロフスキーは、「5教皇」の影の面というが、「5教皇」に限り、これは影の面ではない。おそらく他の人から見ると影に見える。しかし本人はこれを影とは思っておらず、むしろ面に出ている「布の皺《しわ》」で、本人ははっきりとそれを認識しているはずだ。

「5教皇」は十分に傲慢《ごうまん》なので、これについて本人は他の人が思った以上に軽く見ている。なぜなら教皇は6ではなく5なのだ。人の要求に合わせる気はない。

ホドロフスキーのキーワードは、知恵、理想、意思の疎通、教育、垂直、計画、仲介者、信仰、指導者、模範、結婚させること、霊的な力、聖性と書いているが、聖性もあれば、不正もあり、またわがままでもあり、人間的すぎて、人の話を聞かないというのは相変わらずだろうし、二人の侍祭を公平に扱っていないのも事実だ。

6
L'AMOUREUX
恋人

6の数字

ホドロフスキーの「6恋人」に関しての説明を読むと、ホドロフスキーは混沌《こんとん》とか混乱とか、多様な人生模様が好きな人なのだと感じる。確かにそのような人でないと映画を作ることができないのかもしれない。

ホドロフスキーによると、このカードは誤解されやすいカードで、多くの人が自分の思いを投影するので、解釈もさまざまなものが生まれやすいのだという。喜びや感情面に関係し、それが無数の意味を作り出すのだと。

6という時間数字の空間版、つまり六角形を思い浮かべてみよう。これは三角形と三角形が向かい合わせに結合しているが、しかし、そもそも三角形と三角形は独立しており、つまり一つの三角形は自分と鏡像にあるような三角形を外部から呼び出したと見える。それは自分の内から出したものではなく、外から呼び出したのだ。

そこで6とは、外部環境との関係性というものが発生する。接触してみないことにはわからない、不安と期待を呼び覚ますような何か新鮮なインパクトの得られる数字なのだ。それまでの5の数字は一方的に自分の内側から外に広げただけで、相手や環境の反応などどうでもよかった。不正をしても、この重大さはわからない。「どうしてそんな細かい重要でないことに目くじらを立てるのか、君達は頭がおかしいのか？」といいそうなくらい、外部の、他人が何を考え、どう思っているのかはわからないし、重視できない。

六角形は自分の三角形と、相手の三角形がぴったりと同じサイズになり、共鳴し、以後その関係性が解消されないことが特徴だ。自我増大した5は、この相手に合わせるために、急に殊勝になり、相手と同じサイズになり、この自分と相手の二極化に飲み込まれていくせいで、「5教皇」の特徴の一つでもあった、高次な意識との関係が絶たれていき、目の前の関係性にあらかたの関心が吸い込まれていく。

5から6へのシフトは、最初はひどく弱気になっていくことから始まる。自分はダメになったかもしれない、と感じる。「これでよいでしょうか？　お気に召しましたか？」と聞いてくるような「5教皇」はいない。既に豪華な椅子には戻れないのだ。5にある人は経験が満了すると、次は必ず6に行くが、それは転落体験なのだ。「5教皇」は地に落ちることで、地から上昇する手がかりを見つけ出すが、それは「7戦車」まで待たねばならず、まずは「6恋人」の段階で、自分の価値観をボロボロズタズタにされていく。

ホドロフスキーの「6恋人」の解説を読むと、6は2掛ける3であり、「2女教皇」と「3女帝」の掛け合わせのように見えてくる。私はこれまで六角形とか6という数字については、祖型を示すだけでよいと考えていて、比較的シンプルに考えていた。

これは占星術では、6ハウスとか、乙女座などが参考になるし、数字のロゴスということを考えると、占星術だろうが、タロットだろうが、九星気学だろうが、数霊だろうが、6が出てくれば、そこに共通点を抽出するのは難しくない。実は、体系ごとに、具体的にはそれぞれ違い、決して同じものではないのだが、しかし根幹となる共通点、ロゴスは同じだ。

そこで、私はサインの度数についても、この数字の意味をまずは説明する。5度で冒険しようとした人は、この冒険心の延長で、6度でどこかの環境に飛び込む。環境に入ればその場所に合わせなくてはならない。六角形は、相手の要求に答えて律儀に働く6ハウス的なものというイメージだと、それはなかなかシンプルだ。

占星術の場合、十二進法であるが、この12の中の6と、十進法の中の6と、いずれにしても、総数の違うものの中での6の意味は違う面も多く持っている。占星術では、12という数を四元素、三区分、すなわち3と4の数字で分類していくので、六番目のものに多義的な意味を含ませることも可能だが、それは十二進法だからこそできるわけで、十進法においては、この四元素、三区分の定義から来る特性は使えない。

もしこの四元素、三区分という定義が入ると、6の数字には、自らは何も決められない、いつまでも流動する性質が加わる。そもそも、その前に目の前に物質的に見えるものしか理解できない面も強化されていく。まず5の火の元素から転落し、物質的な土の元素に入り、これは飛ぶものが地に落とされたようなサイズダウンが起こり、柔軟サインとして、受け身になる。土の元素というのは常に限定された視点で、部分的なことに目を向けて、全体像が見えなくなって、今自分がどこにいるのか、判明しない。関係性の中に生きるという性質が生じるので、どうしても依存的になってしまう。

しかし、「2女教皇」と「3女帝」の掛け合わせとしての6でも、この決められない、流動するという性質が成立しないわけではない。

「2女教皇」の持つ数字の2には選択性はないと説明した。その人は生まれた時にはもう既に条件づけられているし、2の数字の一方は自分なので、もう一つの側を選ぶことができない。選ぶことができないので、後は自分に与えられた方向性を、もっと深く発掘するという可能性だけが残される。

「3女帝」は、未完成の鷲、つまり最終的な目的地には到達できないで、途中で息切れする要素が原因で、最終的な中心点ではなく、その周辺に取り巻く、あるいは途中までにある種々の思いつきや映像などをたくさん受信したり生産したりする。

例えば、シュタイナーは人間というものが最終的に安らぎを感じるのは神界、言い方を変えるとメンタル界であると述べているが、この場所は、イメージや色のない世界だ。空海のいう色即是空《しきそくぜくう》は、色は空ではないが、しかし空の領域に行く梯子として途中までは、色を使わざるを得ないということも語っているが、色やイメージなどは、メンタル界に行く前のアストラル界が色濃く持つ特性だ。そこではさまざまな印象や欲が渦巻き、世界は多彩で楽しいのだが、うるさく、安らぎなどはない。

もし、「3女帝」の鷲が最終到達点まで行けば、イメージ能力は息の根を止められてしまい、言葉の中の芯の意図だけが存在し、そこにどのような色彩も映像も伴わない。「3女帝」の能力とは、中心でなく周縁的領域をイメージ化、物質化してしまうことだ。それがアジナ・チャクラというものの本性でもあった。創造、生産というのは、多様化に向かうもので、つまり中心というものは創造をしない性質で、作り出すのは常に周縁にあるものなのだ。これは生命の樹でも、頂点は中空的で、その下に、陰陽二極化があって、全体として造化三神の三角形ができるという構図で表される。

「3女帝」をメインにして、そこに「2女教皇」を掛け合わせる、つまり3の数字の創造性が発揮されると、すぐさま、それにふさわしい質量性が「2女教皇」から提供されるということになる。思い浮かべたら、それをすぐに外界に見るということだ。あるいはその最初は思いつきで出てきた方向であれ、その後、どこまでも掘り下げていく。2で自分の運命の方向性を見出した後、3の数字で、その方向において大量のバリエーションが生まれるというものだが、この組み合わせにはどこにも統合性、統一性は見えてこない。

ドラッグを服用する人が警戒することの一つは、何か不安や恐れを感じると、それをそのまま拡大したような幻覚を見てしまうことだ。脱いだ靴が襲いかかってくるかもしれない。「3女帝」が違うものを夢見ると、今度はそれに符合するような現実がやってくるとなると、自分の心の安定が大切になってくるが、残念ながら「3女帝」はホドロフスキーのいうように揺れており爆発人格なので、それは望めない。「4皇帝」ならば安定しているが、多彩なイメージ能力に欠けている。

首にかけた麦穂の首飾りは、畑の麦穂のように、いつまでも同じようなものをコピーし続けるので、「3女帝」からすると、死ぬほど退屈だ。

「5教皇」は上にいて、すべての人は自分よりも下にいたのだが、「6恋人」では、関係性はすべて横並びだ。つまり誰かが主導権を握ることができないということが、時には事態を面倒なことにしていく。

6の数字の中にある2の性質や相対性は、あるいはピュタゴラス派のいうデュアド、偶数に割れているという性質は、何も決定打を打ち出せないということが大きな特徴だ。いつまでも決まらない。改善策を誰も思いつかない。

このような状況を、「6恋人」のカードは上手く描いているのかというと、上手く描いている。賑やかで、街中でああでもない、こうでもないと議論しているような光景でもあり、この中のどれがタイトルの恋人なのか、さっぱりわからない。そして地上の人間が決められないと、結局、上空の天使が予定調和的に、決めてしまう。なるようになる、と放置しておくと、その人にふさわしい結末がやってくる。

ホドロフスキーが指摘するのは、この絵柄の中で五つの手がそれぞれめちゃくちゃな方向を示していることだ。手は風の元素、柔軟のサインである双子座の象徴で、指が先で五本に分かれていくことは情報の細分化を表す。それぞればらばらな方向で、話が細かく細分化されていき、どうでもいいような細かい話まで出てきて、最初、何のつもりで話し始めたのかはもう誰もわからない。

私はサインの度数の説明の時に、いつも決まり切った文句で、6度とは環境に飛び込むことと説明するが、ホドロフスキーは「6恋人」のカードとは「社会生活の始まりを描いている」と説明しており、それはいきなり賑やかなのだ。世間の暮らし、社会生活は、「6恋人」のカードそのものであり、その意味では、一生このカードの中で生き、そこから脱出できずに死んでいく人々が多いことを示している。何が真実かわからず、目標を持つこともできず、何となく食べて寝て、老いて死んでいく。

６の数字は三角形と三角形の結合であり、２の数字で結びつけるので、ここに選択性はなく、自分にもっともふさわしい環境に行くということだが、三角形の中に、思いついたものが加わるという要素があるので、そこから、結合と反対の意味での分裂という意味が発生する。六角形に分裂という意味はないが、違うものとの結合は、それまでの関係から分裂することだ。

単純に考えて見ると、真ん中にいる男性は、左右のどちらの女性を選ぶか迷っている。しかし、６の性質からして、選んだつもりでも天使はもうどちらかに矢を打つことを決めている。迷っても最初から決まっている。どちらを選ぶかで、その後の人生は全く違うものになる。

「３女帝」の揺れ動きを強く反映させると、しばしば相手を変える男性のようにも見えてくる。恋人という名前が書いてあり、人物が描かれるので、つい異性関係の方に話を振ってしまうことになるが、これは職業でもよいし、住む場所でもよいし、購入する品物でも構わない。人間相手に限定すると、むしろ偏った解釈になるだろう。

三人の人物は脳の三分節の現れか

ホドロフスキーの本の翻訳文では、下の三人の人物は人間の審級の三つを表すと説明されている。知性の中枢、感情の中枢、性の中枢と書いている。この性の中枢というのが私にはよくわからない。

「5教皇」が左手に持つ牧杖は、人間の三分節を表していると説明したが、これは縦に並べられたものだった。知性、感情、身体という三つのオクターブだ。人間はこの三つのオクターブで構成されている。身体の限界を感情が助け、感情の限界を知性が助けて進化するので、この三つがそれぞれ正しい位置に収まり連動しない限り、人は決して成長しない。しかし、このことを誰も教えてくれない。「5教皇」で縦に並べられた配置は、いわば理想の図式、設計図のようなものだったかもしれない。

この構図は「6恋人」のカードでは、横並びにぶちまけられる。ホドロフスキーは、この三人のうち、真ん中と右側の二人はアニムスとアニマに結びつけている。男性の無意識にある未発達の女性アニマは、たいてい外界の女性に投影される。投影されたものを見て、そこでノウハウを学習して、自分の中のそれを成長させるのが投影の目的だが、世間ではそう見ないことも多く、自分の中にあるアニマと似た相手を、一生共に過ごす相手だと考えることもある。

女性の無意識にある未発達の男性、アニムスは、たいてい外界の男性に投影される。アニムスの発達の四段階の初期にある場合、男性は肉体的な強さを誇り、二番目に行くと行動力、決断力を発揮し、三番目に教師的、指導的な存在、最終的にロゴスへと発達する。女性が憧れる男性像が、このように四段階あり、初期の段階や中期の段階のアニムスに取り憑かれたりすると、四角四面の人間になったり、押しつけの激しい、人を理解しない人になったりする。

世間の生活は、こうした無意識の投影を異性、それ以外の事物、動物などにも行う。人の場合には、一緒に暮らすうちに、相手は自分が望むアニマ、アニムスではなかったと思うようになり、そこで不倫や浮気が始まったり、また離婚したり結婚したり、忙しいストーリーが展開される。外界に何も投影しない人は、世間生活の中で、「やっちまったな」行動を起こさない。世間生活とは妄想の投影によって運営されているという面が多い。なぜなら個人は、外界に対して閉じて生きている生き物で、ごく稀《まれ》な瞬間にしか外界を見ない。七割がたは妄想で生きていると考えてもよい。

この無意識の投影は、たいてい二極化された片方に自分が同一化するために、もう片方が手薄になり、その配役を誰かに託すことで役割分担するのだ。ペルソナとシャドーが二極化されたセット、アニマとアニムスも二極化のセット。オールドワイズマンとグレートマザーが二極化されたセットだ。二極化をまとめてしまうと、最後に三つのグループになる。これが人間の三分節と関係している。

ユングの六元型は、生命の樹の左右の柱にある六つのセフィロトの投影で、いわば生命の樹を、世界にぶちまけた。しかし二極化の片方は自分が担うので、その結果として、自分と環境は二度と切り離せないということになる。

この三つの脳は、一般的にばらばらに機能し、統合化されていないことは書いた。三つの脳は、おのおの内部で二極化してしまうのは、二極化された陰陽の関係がないと、意識が働かないからだ。意識は何かに向けて射出された時に初めて働く。だから三つの脳は、それぞれ内部において、主体と客体という分岐をする。主体は客体に支えられ、客体は主体に支えられる。一方を外界に投影するのは必然ともいえる。

三つの脳は統合化されず、ばらばらに働き、なおかつそれぞれの中で、二極化が生じて、片方は誰かに投影され、しばしばその投影の仕方に勘違いもしてしまうということを考えると、社会生活、世間へ入り込むこととは、まとめることがほとんど困難な、山あり谷ありの世界に入ってしまったことを表している。一番困るのは、何をすればよいかがわからなくなり、そもそも自分は生きていてよいのかいけないのかもわからなくなることだ。

グルジェフは、人間の複数のセンターについて説明しているが、思考センターや感情センターは、しばしば性センターのエネルギーを盗み出す現象が生じることを説明する。性センターの力は強大で、この力を感情センターが盗み出すと、忘我状態に近い形で、何かに熱狂したりする。

あるミュージシャンのファンになり、そのミュージシャンを思い出すだけで、もう法悦状態になるし、誰かがそれを批判したりすると殺意を抱いたりする。中には自分だけのアイドルとして独占したくて、そのアイドルを殺したりする事件も起きる。

感情としての重大な機能である感受性・受容性がショートして焼き切れたようになったのだ。あるいは思想などに熱狂するのは思考センターが性センターの力を盗むのだ。正常な判断はできない盲信者になる。性センターよりも強い力は存在しないからだ。こういう人達はとても危険だ。

この性センターの強大な力を感情や思考が盗み出すことの前に、感情が思考を偽装したりすることも気になる。しばしば私が指摘する、思考を装った信仰心だ。この場合、このような考え方以外はしてはならないという圧力をかける。私達は考え方の自由を許されていないのだ。「不謹慎だから、その考え方はやめなさい」というのは感情が思考に対して優位にあることを主張している。

一方で、地球上においては、私達は見えるものだけを認識するので、見えない感情面では何を思ってもよいと考えている。感情世界においては無法地帯だ。ある人を勝手に自分の気持ちで恋人にした場合、これはもう感情面においての不法侵入者であり、それがいかに相手を妨害するのかをわかっていない。

実は、気持ちを向けてよいのかどうか、許可を取らなくてはいけない。オーラを見るということについて教えている時に、「相手を引き寄せるにはどうすればいいですか？」と聞かれることがよくあったが、これは無法行為の準備をしているのだ。

このように世の中は危険に満ちている。この元型や無意識を六つの壁に投影していく有様を、私は六つの壁を持つ立方体の部屋に住むことだと説明する。「0愚者」や「1魔術師」では、八つの点で支えた中に、六つの壁が作られ、これが一つの世界だと説明した。0「愚者」はよその部屋に行く。「1魔術師」は一つの部屋の中に入り込む。そして「6恋人」のカードでは、この六つが世界のさまざまな様相として投影され、人は社会の中に導かれる。自己が細かく分解されて、世界の壁に張りつけられると、引き返すのは難しいので、「0愚者」のカードには0の番号をつけない方がよいのかもしれない。そうすれば、いつ、どこでも、いかなる状況であれ、「0愚者」のカードはやってくる。そして意味や意義を奪い去る。今の社会では、意図して人生から降りることは許されないので、事故のふりをして降りるしかないのかもしれないが。

何年か前までは、私は六角形ロゴスを素朴な呼び合い関係でまとめようとしていた。だがホドロフスキーの手にかかると、不条理が満載の、それこそホドロフスキーの映画のようになってしまった。しかし確かに現状を考えると、決して統合化などされない三つの脳と、誰彼構わず投影してしまう人間の癖で、このごたごたの絵柄の「6恋人」のカード、そしてホドロフスキーの説明の方が正確な現状描写であると思う。

タロットカードがロゴスを表す普遍的なものだとすると、このような具体的な描写は好ましくない。というのも、統合化されない三つの脳、誰彼構わず無闇《むやみ》な投影をする妄想姿勢などは、地球というローカルな場所でのみ成立する暴力的性質で、よそでは珍しいものだといえる。内輪だけでしか通じない内容が盛り込まれているのならば、タロットカードは期間限定品になってしまう。ここでも細かく描き込んでロゴスから脱落するのか、ぎりぎり許容範囲までは入れてもよいのか、というところで判断に迷うところだが、カモワン版の「6恋人」のカードは地球の現実はこんなものだと知らせることではあれ、タロットカードとしては行きすぎなのかもしれない。

キーワードは、エロス、心、結合、選択、感情の領域、葛藤《かっとう》、曖昧さ、三つ組、社会的生活、共同体、兄弟姉妹、好きなことをすること、などと書いてある。

VI
LAMOVREVX

7

LE CHARIOT

戦車

7の数字

7の数字は、聖書などに頻繁に現れる数字で、宇宙の法則としての代表的なものを表していると考えられている。音楽で使う音律は、ドからシまでの七音だが、これは音楽の法則というよりも、宇宙法則の模型として考えられたので、ピュタゴラスの時代などでは、この音を一つひとつどう決めるかというのは重大な問題だった。

この「7戦車」のカードは、この宇宙法則としての7の原理について詳しく描かれていると思われる。私個人としては、この7の法則を細かく正確に説明したものとして、グルジェフが西欧社会に紹介した、スーフィの法則図であるエニアグラムにマッピングされたものが代表的なものだと考えているが、生命の樹も実際にはこの7の法則を詳細に扱ったものでもある。もちろん、ヨガのチャクラでも構わない。

グルジェフの説明によると、身体は七つの振動が重なったものと想定される。身体は振動密度の低い、すなわち物質密度の高い、重たいものから振動の高い精妙なものまで七つの段階を持っている。固形物を食べて、それは液体化し、空気と混ぜられて、火の成分に変わり、やがては精妙な精神的な物質に昇華する。体内工場でそのプロセスが進むのだ。

しかし、このオクターブの法則では、ミの音とファの間に不足があり、そのままではオクターブはミの音からは自力で進化しない。そこで、二番目のオクターブが外界から介入して、それ自身が、この身体のオクターブの不足に付加ショックをかける。すると身体のオクターブはそのまま進展することが可能となる。ところが、今度はこの助けた第二のオクターブもミで止まる。すると第三のオクターブが介入する。結果的に一つのオクターブがドからシに進化するには、合計で三つのオクターブが関与する必要があるということなのだ。

これが「7戦車」のカードに描かれた、馬車、馬、御者という三つのものの関わりだ。この三つに関しては、既に「5教皇」の左手の牧杖で基本モデルが提示されていた。これは宗教的知識として、「5教皇」が教える三分節の法則だ。そして「6恋人」のカードでは、この身体、感情、思考という三つの組織は、地上に横並びにぶちまけられた。すると、ここではどれが優位なのかわからず、時には身体の本能的な要素が他の感情とか思考に対して主導権を握ることもあれば、またどちらが強いかという争いもあり、ホドロフスキーの好きな、混沌とした世の中の様相というものを作り出した。御者が決めたことを馬が聞いておらず、馬が勝手にどこかに走ったり、あるいは馬車が重すぎて馬には駆動できなかったりと、人間は目的の方向に向かって、ほとんど進めなくなってしまう。人生は目的もなく、無秩序に進み、そして人は何も達成しないまま、老いて死んでいく。たいていの場合、こういう人生だ。

そこで、改めて「7戦車」では、「6恋人」で横にぶちまけた三つの組織を、「5教皇」が神学的に提案した通りに、縦に秩序正しく並べて、指揮系統を明確にした。馬車は馬が駆動できるように調整され、御者が方向を決め、馬はその指示の通りに走る。これによって、一個人はばらばらな、どうにもならない人生から、目的を持ってそこに到達できるような統一的な存在に変貌していく希望が見えてきた。

「６恋人」が世間を表しているのならば、世間の中では、このような秩序の再構築はできない。きちんとしようとしても、関わる人がそれをまた混乱状態に引き戻すことも多い。「７戦車」になるとは、何らかのかたちで真面目に修養するとか、訓練するとか、特別に努力が必要だ。それはどのような分野でもよいだろう。どのようなことに取り組んでも、そこでちゃんと働けるようになるとは、この三つの組織が共同することが必須だからだ。

身体は必ずミの音の段階で無力になる。たいていの人はそこで挫折して、投げてしまい、振り出しに戻る。「長い目で見ると、いつも振り出しに戻っているのはどうして何だろう？」と疑問に感じる人は、ミの先に進めなかったのだ。また、この欠陥を感情がカバーしても、今度は、感情はミの音で疑問点だらけになり、理解というものが進まない。答えが見つからずやめたりする。気づきとしての思考のショックがないことには感情は進化しないのだ。

例えば、職人になるということだけでも、この三つの共同的な協力関係はだんだんと進んでいくことができる。一つの仕事を20年続けたというだけでも、これはな素晴らしいことであり、賞賛されるべきであり、自然体のままだと、人は三か月続けることさえできないのだから。

下からの7？　上からの7？

オクターブというか七つの音律は、二種類想定できる。一つは下のドから上がり、七番目のシで終わること。実はグルジェフのいう法則としては、シと次のドの間には、ミとファの間と同じように隙間があり、七つの音は単独ではもうシより先には進まない。7という以上はもうシで終わりだ。

もう一つは上のドから降りて、下のレまで下降する方向だ。これはレまで降りるが、もう一つ下のドに至るには、音が一つ足りない。ただし、宇宙法則として下から自力で上がるには超えられない壁があるが、上から下に降りるのは自己分割なので、そこに障壁は存在しない。つまり上から降りてくる七つは、ミ、ファ間、シ、ド間の空白は意識する必要がなく、そのままレまで降りる。しかしこの下降するオクターブは、レまでしか降りない。これは生命の樹の法則、神はイエソドまでしか降りないということと似ている。一番下のマルクトに神は降りてこないのだ。

先日、ドロレス・キャノンのＱＨＨＴというメソッドを受けたが、ここで、私はオリオンのミンタカ近くまで行った。ところが、そこから地球に戻ろうとしても、どうしても戻ることができず、月の軌道上に止まることになった。これは恒星領域のミンタカにつながると、今度は、下はレまでしか降りない、つまりイエソド、月の軌道までしか降りることができないという事情をそのまま体感した体験だった。プールで潜水に挑戦したが、体が軽すぎて、水底に到達できないような感じだ。

しかし「7戦車」のカードは、下のドから上がる七法則の方を描いている。ホドロフスキーが指摘していることだが、この「7戦車」の馬車は車輪がついておらず、それは後ろに立てかけてあり、馬車の箱は地面にめり込んでいる。このオクターブは、大地のドから始まっているのだ。この図式は、グルジェフのエニアグラムと同じだ。

グルジェフのエニアグラムは、下降のオクターブについては表示しておらず、下から上昇するオクターブについてのみ説明をしている。

地球に張りつく

ホドロフスキーは、この「7戦車」のカードのタイトルに「世界における行動」という言葉を添付している。正確にはこれは「世界の中を行動する」だ。馬車は地球の大地にめり込んでいるので、地球の自転とともに運行する。つまり「7戦車」は自分ではちっとも前進しておらず、地球の備えつけ家具のようだ。ならば『7戦車』の意味があるのか？」という話になるが、馬車、馬、御者の統合性を保つことが大切で、ここでは馬が遊離したり、また御者が無関心だったりしない、ということがテーマになる。ちなみに馬が馬車から離れてどこかに旅することを体外離脱という。この三つの組織がばらばらになってはならない理由は、身体の不足を感情が補い、感情の不足を思考が補うという連携が重要で、ばらばらになると身体も感情も思考も進化しないからだ。

体外離脱はごく稀にやってもよいが、日頃からぼうっとしているのは困る。とりわけ思考というのは、無関心が本性だ。放置していると、それは感情にも身体にも興味を持っておらず、何も観察しないまま、考え方は何も変わらないという性質を持っている。いったん考え方を決めてしまうと、もう何も見てないというのは、私達全員の癖だ。思考の自閉を解くというのはよほど難しい。どのような現実をつきつけても、頑として考えを変えない人は多いのだ。

四番目は空白

大地のドから上がると、上はシまでしか至らず、それ以上はもう進化しないと書いた。これは身体のオクターブの話だ。第二のオクターブとしての感情のオクターブは、身体のオクターブのミとファの間をドの音とするので、少し位置がずれており、シの音までは、まだかなり余裕があるので、そのまま、外宇宙にまで飛んで行くことができる。この外宇宙の扉は、エニアグラムで9の数字の位置、十牛図でも、第九図の位置で、身体のシはその一つ手前の8の数字の位置にある。そこで、進化は停止し、袋小路に入る。

思考のオクターブは、身体がシで止まったところと同じ位置でミの音で停止しており、つまり、感情のオクターブだけは宇宙に飛んで行くが、身体と思考という二つの組織は、自力ではもう前進できないまま、世界の内側に取り残されている。感情のオクターブは宇宙に旅して、そこで力をチャージして戻ってくる。そしてこの戻ってきた感情オクターブがもたらすものを、巣の中の雛よろしく、口を開けて待っているのが思考オクターブと身体オクターブだ。何か感動的な体験をしたのだが、よく意味がわからない。思考が、世界の中に閉じ込められていて、世界の中のことしか理解できないので、言語化できないのだ。身体はもちろん、世界内、すなわち身体感覚に縛られていて、身体感覚からかけ離れたものを直接受け止められない。

ホドロフスキーは、「7戦車」の人の頭がぱっくりと開いてように見えることを指摘している。よくこんなことに気がついたものだと私は驚いた。上空には、12の星と、まるでコンステレーションのような幕が見える。それに対して、頭は解放されており、頭蓋骨のカバーがない。

「5教皇」の項目で、馬車、馬、御者の上には、主人という四番目の意識があると説明したが、これは恒星に該当する。しかし、「7戦車」はそれを獲得しておらず、むしろ、それに対して受け入れ姿勢であるということだ。

三つの組織のうち、太陽系の外の宇宙に触れることができるのは感情のみ。身体と思考は待ちの姿勢ということを、図柄では、ぱっくり開いた頭と、両肩の顔として描いているかもしれないが、正確にいえば、宇宙に行けるのは感情であり、御者はここでは知性や思考を表しているので、口を開けて待つ思考が描かれていると考えた方がよいのかもしれない。

右手に持つ肌色の棒は、飛んで行く感情オクターブを表すのかというと、肌色に塗られているという点で、これは身体オクターブを表現する。

身体オクターブにおいての頂点は性センターに当たる。これは感情が受け止める崇高さと同等の振動密度を、そのまま性的エクスタシーとして受け止めることを表している身体なので、つまりは身体が感じることだ。感情は身体からは離れて感受する。恋愛に夢中になっている時には、この高次な感情の成分と、性センターの振動が混じり合って区別がつかないかたちで励起されているといえる。棒の先は身体の中にある最も高度な領域を示し、それを「7戦車」の御者はじっと見ているのかもしれないが、しかしそれは身体的なもので、感情の振動ではないので、性的エクスタシーというのは宇宙には飛ばない。つまりこのカードでは、外宇宙に飛ぶ感情オクターブがどれなのかははっきりわからない。頭が開かれ、準備態勢にあるが、まだ飛んで行かない段階なのかもしれない。戦車に乗っている男はどうしたらよいのか、考えているのかもしれない。

「2女教皇」は、カーテンに囲まれた中にいた。それは自分のルーツと正確な縦関係を作り出すことだった。よその影響が入ってきてはならない。「2女教皇」では、私はそれを北極星の支配と書いた。地球生活においては、北極星は中心的な役割だ。しかし地球上には、今の時代の北極星を決して認めない、かつての、あるいは未来の北極星を頂点とみなす人々が多数住んでいる。この北極星という一点は、「2女教皇」ではモスクのような冠で表現された。

「7戦車」もカーテンとは違うが、天蓋《てんがい》があり、そこから四つの柱が降りてきて、「7戦車」はまるで箱の中に住んでいて、外部的な影響にさらされていない。私は「0愚者」とか「1魔術師」のカードで、一つのコスモスは、八つの点と、六つの面を持つ立方体の部屋のようだと説明したが、「7戦車」もこの部屋の中にいて、戦車は大地に接着され、動けない「7戦車」ということを露骨に表している。しかし、世界の中を行動するので、身体的なものからは遊離しない。精神が飛ぶというような性質のカードではなく、とても実際的なものなのかもしれない。

ホドロフスキーは「彼の上には依然としてヴェールがあり、天の領域を封鎖している。後に〝星〟（アルカナ17）が、このヴェールを取り除くようになるだろう」と書いているが、これはヴェールでなく、むしろコンステレーションだ。そして、所属というか、もともとのルーツは一つであることが多いし、感情オクターブは正常な発達をする限りは、やがては自身の所属するコンステレーション、この中の恒星に到達する。

馬車、馬、御者をこのように縦に精密に並べることで、達成に至る前段階までの準備をしているのかもしれない。「6恋人」のカードのように、三つの組織が横並びに世間に投げ出されると、世俗的なごたごたで、星のことを考える暇はない。

「7戦車」は天空に開かれてはいるが、しかしそこに行き、そこから降りてくるというプロセスが描かれないのは、戦車が大地に設置されているからでもある。「7戦車」は頭を開けて、待ちの知性で待機しているが、「17星」のカードは、むしろ星から降りて来て、今度はいかに地上に影響を与えるかというシーンを表現していて、まだまだそこに至るまでは長い道のりだ。

また、「2女教皇」においては明確な北極星、例えば、ベガとかアルクトゥルスとかデネブとかトゥバンとかアルデラミンとか、はっきり一つを選ぶことになるが、「7戦車」はまだ感情体が飛んで行かず、「7戦車」からは自覚できない、よくわからないけど、保護の下にあるという状態だということだ。頭の蓋《ふた》が開いているので、その指示には忠実だが、無意識で、漠然としているのだ。

占星術の12サインは、星座（コンステレーション）とは無関係なものだ。改めて黄道を横切る星座を活用するとなると、そもそも12個や13個ではとうていすまない。上空にある12個の星は、12星座ではない。星座も星ではない。占星術で使う12サインは、黄道を正確に30度ずつ12個に分割したものなので、どちらかというと、星座というよりは、数字原理としての区画を表現している。だからこそ、それはアカシックレコードの倉庫、図書館としてのものに近いのだ。占星術の12サインは、太陽系の外の星雲界、恒星などのレベルには届かない。

ちなみに、西洋では12サインを使い、これをトロピカルのサインという。一方で、特定の恒星を基準にして12区画を設計することを、サイドリアルのサインと呼ぶ。

例えば、アルデバランを牡牛座の0度と想定して、そこから30度ずつのサインを区分けすることだ。この場合、その人が属するグループが、アルデバランを故郷にしているということが必要だ。なかおつ、それを牡牛座の起点にするので、アルデバランに縁があり、物欲が強く商人的な価値観の中に生きているということになる。

アルデバランなど何の基準にもならないという人は多数いて、その場合、その人に縁のある星をどこかのサインの起点に再設定する必要がある。つまり、従属する恒星が決定できれば、それをもとにして、天空を12に分けることができるということだ。「２女教皇」が東西南北の軸を描いていることから、その起点が北極星だと説明したのだが、「７戦車」においては、この12の区画を決定づけるための、特定の恒星を指定する必要があるかもしれず、それは必ずしも北極星でなくてもよいということだ。

コンヴェル版では、よく見ても、この12の星を描いているのかどうか、よくわからない。

正方形の中の三角形

ホドロフスキーは、四角形の箱の中で、御者は頭と両手で、三角形を描いていると書いている。つまり正方形の中の三角形だ。「４皇帝」では、四角形の上に三角形が乗っていた。

ヒンドゥーの教えでは、世界の五つの元素を五つのタットワとして図形的に表現する。イギリスの魔術結社ゴールドン・ドーンは、これを採用して、五つの図形の瞑想をしていた。しかもタットワを二つ結合したりもする。すると５掛ける５で25のパターンが生まれる。言葉はヘブライ語を参考にすると22文字程度、エノク語だと19文字、ルーン文字だと最も少ないもので16字程度だが、これらよりも数が多いことになる。つまり、タットワの二個掛け合わせは、十分に細かいところまで表現できるエネルギーの種類表記だ。

タットワの形は思いつきで図形を作ったというよりも、図形の意味と、元素の性質の結びつきが深いので、図を見ていると、トランス状態になり、そこに引き込まれやすいという特徴を持っている。これは集団的エグレゴレ（伝統、鋳型）も関与していると思われる。

タロットカードでは、例えば、「21世界」のカードの中にある楕円が、空色で描かれていて、第五元素としてのアカーシャのタットワは紺色あるいは濃い青の楕円で描くので、比較的似ているといえる。

ホドロフスキーは、これを物質の中にある霊と読んでいる。タットワで、黄色の正方形はプリティヴィと呼ばれ土の元素に関係する。赤い三角形は、火のタットワで、これはテジャスと呼ばれる。したがって、この「7戦車」にタットワ組み合わせが成り立つとすると、プリティヴィのテジャス、土の中の火という意味になる。

特定の限られた領域の中で火が燃えるというのは竈《かまど》の火、ヴェスタを思い起こさせる。ヴェスタはとても忠実な性質で、いつまでも火を消さないように囲いをつけており、それは約束を守るとか、隷属を表す。この隷属は、もちろん自分が所属するコンテレーション、恒星に従うことである。

生命の樹のパスに対応させると、この「7戦車」は、右の柱で、ビナーから真下のゲブラーを貫通するもので、ビナーが世界の母ということで、私はこれをよく女王陛下の００7というふうに説明していた。手厚いビナーの保護の下で勇敢な行動をするのだ。

そもそもが達成できないもの

「7戦車」は、外宇宙空間に開いているが、しかし、一度行って降りてきたわけではないので、つまり対象化できていないので、自分がどこに所属しているかわからない。ホドロフスキーは、「7戦車」は、自分がどこに向かっているのか完全に知っていると説明しているが、7という数字の性質からすると、衝動的に走るが目的に自覚はない。つまり駆り立てられているが、その行動を管理できてはいない。

7という数字はしばしば落差を表す。この落差、電位差のある二点間に、七つの柱が立つのだ。上から下に水が落ちるように、「7戦車」は走らざるを得ない。

例えば、私達は社会の中で不正を感じると、それに怒りを感じる。そしてそれを減らそうと行動するかもしれない。落差があり、影があると、その影に支配されるといってもよい。北朝鮮が地下で核実験をしたと知る。すると怒りを感じて、制裁をしなければと行動に出る。この行動が「7戦車」なのだ。

この落差を克服するには、8の数字に至らなくてはならない。ここでは上のドと下のドを持ち、箱を管理する。この8の手にかかると、「7戦車」の行き先をコントロールされてしまう。手の中で遊ばれてしまうともいえる。誰もがどこかに影を設定すれば、そこに向かって走っていくのだ。

影とは7にとって足りない一つだ。8はこの足りないものを持っている。それをどこに置くこともできるのだ。あっちに置けば、「7戦車」はその方向に走る。こっちに置けば「7戦車」はそこに向かって突進する。走る馬は精神性の青で塗られているので、物欲的方向に走ることはなく、精神的動機で走ることが多い。

オレンジ色の大地と青色の馬

カモワンのタロットでは、赤い草の生えた大地はオレンジ色で馬は青色だ。これは補色同士で、実は同列に並べると仲が悪く、摩擦を起こす。補色は裏表なので、それを同列に並べるとどちらにも行けなくなってしまうのだ。

子供はこの青色とオレンジ色のセットを使って絵を描く時に、そこに嫌悪感とか不潔感を表明する。青色は精神的に純化したいのに、オレンジ色は徹底した赤でもなく、妥協的、甘え、ルーズ、誤魔化《ごまか》しを感じてしまうからだ。青色を実践できない現実を垣間見る。その点では、「7戦車」は、地上の不正に対してとりわけ怒りを感じ、正義というものを振りかざすかもしれない。7の数字の行動意欲とは、しばしば怒り、いらいら、ストレス、仕返ししたいという気持ちに裏打ちされていることがある。

「7戦車」は7の数字が、上から見ても、下から見ても、寸足らずなので、達成者になることはない。走り続けるが永遠に目的のものは手に入らないし、その方がよいかもしれないのだ。彼は世界の部屋の中を走るので、カゴの中のハムスターのようだが、それはそれで元気があってよい。

ホドロフスキーは、テレビとか映画で成功することなどを例に挙げているが、これはテレビの枠とか、劇場の箱の中で演じる人に似ているからだ。狭い枠の中を元気いっぱいに活動する。

ホドロフスキーのキーワードは、行動、恋人、王子、勝利、安楽、制服すること、受精させること、植民地化すること、旅すること、支配すること、不干渉、戦士、永遠などを挙げている。

8

LA JUSTICE

正義

8の数字

8の数字については、「0愚者」、「1魔術師」などで取り上げたケースでは、八点を維持することで、立方体が形成され、この箱というか、部屋の中に「7戦車」が住み、内部で忙しく行動しているということを説明した。「7戦車」には欠けがあるので、この箱から一歩も外に出ることはない。しかし「6恋人」のように希望と未来を奪われ、地上をさまようことに比較すると、まだずっとましだった。

もう一つは音律では、下のドの音と、上のドの音を抑えると、間にある七つはどのようなものにも当てはめられることだ。広い場所に、また小さなところに、さまざまなところに、七つの法則を当てはめることができる。7の数字の「7戦車」には、気がつかない盲点がある。この盲点に「7戦車」は支配されるのだ。これを意識的に設定できるのは「8正義」だ。

「8正義」という名前を見ると、裁判所のシンボルなどとして正義の女神アストレイアなどを思い浮かべ、正しい判断をし、冷静に正義をつらぬくというイメージを思い浮かべるが、最初から自然的に存在する正義などというものはない。正義は社会の中で人工的に作られた理念で、時代によって変化するし、そもそもどこが基準なのか本当のところ、誰にも決められない。地上の正義は便宜的なものだ。

それを如実に表すかのように、カモワン版やコンヴェル版の「8正義」のカードは、左右不均衡で、あちこちにゆがみがある絵柄になっている。しかし、私はこのことについてはホドロフスキーの本を読んで、ホドロフスキーが指摘している箇所を見るまでは気がつかなかった。ホドロフスキーによると、大聖堂の建築者は対称性を悪魔的なものとして拒否していたという。

「8正義」のカードでは、①彼女の高座の右の柱は左の柱よりも高い。②右の柱のみ、先端に黄色の球体がついている。③彼女の首飾りは右側が高い。④秤が水平ではない。⑤剣が傾いている、などと列挙している。

この中で最も特徴的なのは、④の項目で、秤の右側を肘で左側を膝で支えていて（影響を及ぼしていて）、これはゲームでいえば、いかさまをしているということだ。冷静な判断で公正に、というよりも最初から既に予断とバイアスがかかっている判断だということだ。

左腕の肘が当たると、肘鉄という言葉があるように、彼女から見て左の皿は沈められ、評価がダウンする。右足の膝が当たると、膝は足の筋肉をつなぐ支点で、自然的に、彼女から見て右の皿は持ち上げられ、評価は高くなっている。身体の右側というのは自分の主張を表し、左側は外から来るものを受容するという意味なので、自分の主張に合うものは持ち上げ、外から来たものは落とすという姿勢だ。

ホドロフスキーは、この不均衡は、「自然本来の不安定性を示す」と述べているが、自然と見えたものも人工的なもので、繰り返した挙句、ある時期から放置されていたものが自然というものに成り代わるので、突き詰めればこの宇宙に自然というものはない。これはすべてに意図があるということだ。

八つの点と六つの壁

改めて、「0愚者」の胸を取り巻く八つの鈴、「1魔術師」の髪の毛に絡まった八つの球に関係したことについて説明してみると、私達が住んでいるコスモスは、八つの点に支えられた立方体のようなものだといえる。

この八つの点を、八つの恒星が組み合わされたプロトコルだと述べ、これを恒星マカバと説明したが、これは地球意識を作り出す源流の八つの星系のようなものだ。

リサ・ロイヤルは、地球意識を形成する先祖のようなものとして、ベガから始まるさまざまな宇宙種族の連鎖を説明しているが、この中にエイペックスという星があるという。しかし私は、このエイペックスに関しては馴染めない。つまり私のプロトコルの中には、このエイペックスが入っていない。

この八つの構成は、何かしらチャクラにも似ている。というのも、チャクラは、決まった場所にあるのでなく、ある人が、首の後ろのチャクラを開発すると、自然的に、もともと喉あたりにあったチャクラが閉じていき、合計としてチャクラ数は同じだが、配列が微妙に違うものになるのだ。そしてプロトコルという以上は、同じ配列の人同士は意思疎通がしやすい。

アメリカで電話の番号を八桁に決めた理由は、人間の目が一瞬で識別できるのは8ビットが限界という理由によると書かれたのを読んだことがある。この八点で構成したプロトコルは、電話番号とかコードナンバーのようにみなしてもよいのではないだろうか。

この八つの頂点で作られた立方体は六つの壁を持っている。ユングの六元型も、この六つの壁に対応している。生命の樹のビナー、コクマーの列は、上と下の壁に投影され、これがオールドワイズマンとグレートマザーになる。二番目の陰陽分岐であるゲブラーとケセドは、左右の壁に配当され、アニマとアニムスになる。下の陰陽分岐のネツァクとホドは、前後の壁に投影され、ペルソナとシャドーになる。

この上下、左右、前後という壁は、おのおの二極化されている。主体と客体というふうに考えてもよい。私達は前を見て、前を意識する時に、自然的に自分という主体は後ろの壁に押しつけられる。右を見た時に、自分は左にいる。上を見た時には、自分という主体は下にいる。特定のコスモスの中では、すべては陰陽という二極化がされるのだが、それは意識というものが何かに投射されないことには働かないからだ。陰陽分岐をしないと、私達は世界からこぼれ落ちてしまう。

二極化された存在は、二つのうちの片方に同一化して、もう一つの片割れを無意識の中に埋もれさせる。そしてこの無意識の片割れにひどく憧れる。たいていそれは環境に投影され、男性は無意識のアニマを、女性は無意識のアニムスを外界の誰かに投影する。つまり私達は六つの壁をすべて獲得したいが、というのも、もともとはそれらを全部合わせたものが自分なのだからなのだが、二極化の片方だけに同一化するので、足りないものを環境に投影し、世界に縛られ社会生活や対人関係などが展開されていく。

私達が、この一つの立方体、部屋から抜け出すには、二極化から自由になる必要があり、上下、左右、前後の二極化を帳消しにした、あるいは六つのすべてを獲得した場所とは、唯一、立方体の部屋の中心の場所だ。ここには陰陽がない。それは他の宇宙とつながるただ一つの場所だ。

ただ、「0愚者」のように、世界から出て行く予定のない人は、この部屋の中で、死ぬまではずっと住むことになるのだが、二極化が完全な対称性を持つと、内部コスモスの中で身動きが取れなくなる。前に行こうとすると、後ろからの圧力がぶつけられる。右に行こうとすると、左が力を強める。何かしようとしても、いつも反対のものが浮上してきて、何もできない状態を想像してみよう。

「7戦車」は、8には一つ足りない数字だが、これは八点のうち、一つを盲点にして、そのことで部屋の内部でのエネルギーの循環の不均衡を作り出した。それが行動の活力源になった。部屋の中のどこかに暗い穴があって、これが流れを作り出すのだ。八点のうち一つだけ未知になると、この未知の点に直接関係する三つの壁には、未知の要素が入り込んでくる。あるいは不安定になる。きっと世界はまだまだ未知の要素があり、そこで生活するのは刺激があるに違いない。

内部に住み続ける場合に、盲点があったり、また壁の不均衡があったりする方が好ましい。その方が、動きがあるからだ。設計が悪くて、ボールを床に置くと、どこかに転がっていくような家。ただこの不均衡が極端になると、家そのものが壊れてしまうので、そこまで極端にしてはならない。

このことを書いていると、私は二十代後半住んでいた大塚の狭いアパートを思い出す。その部屋は均等性のない珍しい部屋だった。そして、私はその部屋でおびただしい神秘体験をした。というか普通っぽい状態の方がはるかに少なかった。偏った「8正義」のカードはなかなか面白いのかもしれない。

八つの点はマカバという星型正八面体の点を表していて、そもそもが八つの点はグループによって構成が違うので、どれが一番正しいバランス点なのかもわからない。誰もが自分が住んでいる場所が一番均衡を持っていると思う癖がある。

蟹座の理屈というのがあって、テロと陰謀ばかり繰り返している国家なのに、アメリカ国内では、やはりアメリカこそ最高と信じている。蟹座というのが内的に共感するサインなので、内部にあるものからすると、自分の場所が、一番愛着が湧き、よそから見てそれがいかにおかしなところでも、これが正常でバランスが取れていると感じるのだ。

つまり、「8正義」のカードは外から見ると、ゆがんでいるが、「8正義」のカードの中から見ると、つまり八点で支えられた部屋の中から見ると、すべてが均衡を取り、完全なかたちで存在するように見えるのだ。「8正義」のカードのように、左右が不均衡でも、それはとうの本人にはわからない。

天の四角形と地の四角形

ホドロフスキーは、8の数字を天の四角形と大地の四角形に分けていく。これはアラビア数字の8の文字が、二つの円の結合ということから考えたらしい。もちろん、この記号は「1魔術師」とか、11番カードに描かれたレミニスカートにも関係する。

私は恒星マカバを便宜的に、中心点を黄経0度に置いて考えるので（これは地球から離れたとたんに有効性を失う座標である）、北側に天の四つがあり、南側に地の四つがあるとみなす。

例えば、南側の地の四つの中に、シリウスｂを入れたプロトコルのグループがあるとすると、彼らは突破するための限界を超える努力、グルジェフのいう超努力というものを評価する人生を歩む。超越体験とか、神秘体験とか、臨死体験のようなものを、人生のスパイス、あるいはもっと正面から取り組む目標にしようとする。するとマラソンをしていても、40㎞ではもの足りず、スパルタスロンのようなものに挑戦して死にかけたりするが、それでも楽しかったといったりする。人生の価値観の中に、シリウスｂ項目が入っているのだ。

先日、戦後14人目の千日回峰行の達成者が出た。こういう異様に過酷な修行は、シリウスｂタイプの人でないとチャレンジしない。

金星バイパスのシリウスｂの場合、音楽をたんに楽しむということはなく、そこに突破体験、超越体験などを求める。そもそもが音楽は身体から外に連れ出してくれる唯一の感覚である聴覚を使うし、高次な感情に結びつきやすいので、馴染みやすい。この金星バイパスというのは恒星マカバのシリウスｂの要素を、太陽系内マカバの金星と重ねて、シリウスｂが金星を足場にするという意味だ。

シリウスｂがプロトコルに入っていない人は、シリウス的な努力ということについて理解できないかもしれない。一体、何が悲しくて、あんな無理をするのだろうと思う。だが、実はシリウスｂが構成要素でありながら、まだそれが目覚めていないケースもある。この場合、部屋はちゃんと作れない。充実した人生、自分の人生をまだ十分に生きていないと感じる。

下の四角形の四つの点は行動とか生活に反映されやすいので、見ているとわかりやすい。それに比較して天の四つの点は、精神性とか思想になりやすいので、ぱっと見わかりにくいだろう。トゥバンなどが加われば、情報蒐集とか知識などにひどく興味を抱く。

強い集中力

8の数字は著しい集中力を持っている。もちろん八点を抑えているのだから、それは箱を自分で管理しており、圧縮や凝縮というものはお手のものだ。それは小さな場所に7の数字を閉じ込めることができる。私は占星術で、円の八分割のアスペクト、45度の系列を集中力、権力、説得力、溜め込みなどと説明するが、「8正義」のカードはとても押しが強く、睨みを効かせるので、しばしば圧力的だ。この時に、自分の部屋がゆがみ、左右が非対称でも、これを正当だと主張する強気さがあるということだ。

右手に持つ剣を象徴とする「8正義」のカードの押しの強さは、自分が正しくなくても、自分が同化しているものが正しいと信じて、それを押し切るところから来ており、弱気な人達はこのコツがわかっていない。八つを抑えると、力は急激に満たされ、確信に変わる。漏れがない。そこでやっと押し切る力が発揮できるというわけだ。自分が偏っているというのは重々承知の上かもしれない。しかし偏っていても、間違っているわけではない。こういうことをちゃんと自覚している人は、自信を持って押しつけることができるだろう。

８の数字ということで、同じロゴスで、占星術の８ハウスとか蠍座ということも参考になるかもしれない。もちろん、既に指摘したように、十二進法の中においての八番目は、十進法の中の８と意味が違ってくる。共通面と違う面を選り分ける必要がある。

シュタイナーは蠍座を生命感覚と定義づけた。

例えば、朝起きて、身体に力がみなぎっているとか、元気だと感じている時は、生命感覚が満たされているのだ。生命感覚は他の感覚ではわかりにくい。直接感じるものだ。生命感覚は圧縮され、凝縮されると強い実感とともに、もちろん、それにふさわしい知性というものも手に入る。

私達が何かに依存症になる時というのは、この生命感覚の不足を補うために、依存対象にのめり込むからだ。たいてい依存症になると、その依存対象から、生命感覚は入手しづらくなっていることが多い。それでも無駄なあがきを続ける。

生命感覚を一番手っ取り早く手に入れるには、人からもらうことだ。権力の頂点にある人は、自分に従う人から、生命感覚を吸い込む。コンサートをするミュージシャンも、集まってきた膨大な数のファンから生命感覚を吸い込む。

８の数字は溜め込むが、漏らさないという点で、バッテリーのようなものだ。

第三の目

ホドロフスキーは、この「8正義」の女性の額には第三の目があると説明している。ホドロフスキーに従うと、第三の目やクンダリニが頻繁に登場するので、果たしてそれはどうなのかと疑問になることも多いが、それを横に置いて考えると、第三の目というのは、たいていの場合、頭の真ん中にある松果腺だと思うが、これは六つの壁がそれぞれ持っている陰陽二極化の中では決して働かないが、部屋の真ん中で唯一機能する。部屋は、そこだけが外界に開かれた場所で、陰陽横波でなく、縦波が働く。部屋のど真ん中が、外の宇宙とつながるというのもなかなか不思議だが、部屋の中で陰陽中和しているのは、その場所しかないのだ。

アラビア数字の8、レミニスカートは、二つの円を描き、真ん中に交点がある。この交点を挟んで、二つの円には、その内部に陰陽活動がある。というのも、一つのコスモスは、その内部で陰陽分割されることで、維持できるからだ。陰陽が帳消しになることは、そのコスモスが消滅することになる。大きな宇宙の円は、この私達が住む小さな宇宙の円と、交点で結ばれているが、この異なる宇宙を接続することは、横波でなく、陰陽中和の縦波になることを表す。

そして、この縦波の場所では、陰陽の横波の上でのみ成立していた意識活動は止まり、気絶する。意識は射出されることでのみ働くと書いたが、つまり陰陽という主客の射出がないので、ここでは通常の意識が働かず、そして、気がつくと、一つの円からもう一つの円に移動するのだ。これは「1魔術師」の記憶喪失のレミニスカートでもある。前に住んでいた宇宙の記憶をさっぱり忘れてしまうのだ。

もし、この松果腺という、外宇宙との唯一の扉機能を「8正義」のカードの女性が使っているとなると、外との行き来というテーマが持ち込まれてしまい、果たしてそれは「8正義」のカードには必要なのかという疑問が生じる。この世界の内部を完全管理したい人に、第三の目はいらないのでは？　と。

ドランヴァロ・メルキゼデクは、星型正八面体のマカバの上の正四面体を男性的正四面体と呼び、下の三つの頂点のうち、一つを前方に張り出した形に配置する。下の正四面体を女性的正四面体と呼び、これは頂点の一つは背後に配置される。男性は性器が張り出すが、女性は胸が張り出す。

下の女性的四面体の頂点は、それぞれチャクラの下からムラダーラ・チャクラ、スワディスタナ・チャクラ、マニプラ・チャクラに対応し、ここに四番目のアナハタ・チャクラが加わることで、二次元の三角形が、急に立体的な四面体に変貌する。このアナハタ・チャクラは、上の男性四面体が関与してこないことには、その位置決めができない。つまり、下の女性的正四面体が、単独で機能している時、そしてまたメルキゼデクは、ほとんどの人類は下の三つのチャクラしか開発できていないというのだ。

この具体的な地の四面体の都合で形成されたアナハタ・チャクラ、すなわち良心の座が作られると、それは個人のエゴに基づく判断としての良心を形成する。いわば、他の子供よりも、やはり自分の子供が大事とか、また愛情という言葉も異性関係の上で成り立つと信じたりする。愛がすべてという人が、身近な人に対してのみの愛情であり、他人に対してはとても冷淡ということはよくある。この下の四面体のみで作られたアナハタ・チャクラは、良かれと思ってしたことでも人を傷つける傾向が強い。

天の四面体がやってきて、地の四面体がこの天の四面体の写し絵になると、アナハタ・チャクラとしての良心の位置が軌道修正され、自分の個人的都合では判断しないという性質が付与される。

私は、「8正義」のカードにはゆがみがあるといったが、それは不正であるということではなく、その人が属する宇宙的プロトコルには、特有の集団的な（魂のクラスターの）個性があるということを説明したわけで、あるグループでは正義であることは、他のグループから見ると正義ではないということでもあった。

この「8正義」のカードの女性の姿勢は、個人的都合では判断しないということでもある。ホドロフスキーは、いかさまがあるというが、それは「8正義」のカードの存在は気がついておらず、あくまで、彼女の判断は非個人的なものであり、正当なアナハタ・チャクラの働きをするということだ。

八点が作り出す立方体の中で、陰陽中和の場所は真ん中にしかないと説明した。そして松果腺はここでのみ働くのだが、この真ん中位置には、チャクラのアナハタ・チャクラも重なることになる。正確にはマカバにおいて、二つの点を結ぶ中間点に、アナハタに該当するものが成立する。立方体のど真ん中には、松果腺が機能するサハスララ・チャクラ、それに対応する陰陽分化していないムラダーラ・チャクラ、そして中心のアナハタ・チャクラという三つが重なるのだが、「8正義」のカードにおいて必要なのは、松果腺とか第三の目の側ではなく、良心の座、アナハタ・チャクラだ。

ただ、そもそも松果腺の、二極化されていない働きは、世界の中の諸事に対して、いつも距離を持っている。どのようなことにも没入しない。没入するには二極化が必要で、松果腺は、世界内部においては、わりに他人事で見ていることが多い。この視点はある程度必要なことかもしれない。

八つの点を惑星で構成するのは全惑星マカバというが、これは代表的な八つの惑星を均等に身につけることで、この「8正義」のカードの段階に至ることができる。水星、金星、火星、木星、土星、天王星、海王星、冥王星などだ。全惑星意識としての惑星マカバが「8正義」であり、恒星マカバは「17星」に該当する。ともに8の数字のバリエーションなので、この8と17を比較してもらいたい。

このカードを学習するのに、占星術に取り組むのは好適だ。一つひとつの惑星を重視するのでなく、惑星をすべて総合的に、均等に扱い、そして全惑星意識に到達する一番の早道であると思われる。ある惑星を重視したり、また違う惑星を軽視したりする姿勢は、全惑星意識には到達しない。

エドガー・ケイシーは、前世において偏りが多く、土星の忍耐というものを学習しなかったので、また輪廻《りんね》に引き戻されたと述べているが、わりにこれは暗い解釈で、要するに、興味があったものに、また人は戻るということだ。この興味は正面からの興味もあれば、影になったものもある。そして影があると、やはり「8正義」のきっぱりとした決断力、決定力、強い押しも手に入らない。弱点がある人は、弱みを握られているも同じで、強気に押せない、堂々とできない。

裁判官などは惑星のすべてを均等に評価できなくてはならない。一つでも、何かの惑星に影があると、それを不当評価する。それは判断に曇りをもたらす。実情で考えてみると、裁判官や検事で、この均等な評価力としての全惑星意識を持っている人は極めて少ない。勉強ばかりしていたので、ただの世間知らずというままになっているケースもあるし、巧妙な人にすぐに丸め込まれてしまう。金星が評価できない人は、何か楽しんでいる人を見ると、良くないことをしているように思うだろう。そして罰を与えなくてはならないと思うかもしれない。

きっぱりと諦めること

彼女は右手に剣を持っている。左手の天秤で比較して判断した後に、右手で決定したことを剣で打ち出す。そもそも人間の想念はすべての要素を持っていて、あらゆることを感じ思うが、最終的に剣は、ある決定を選び、決定してしまえば、他の選択肢は諦める。その決断が失敗だとしても、また誤認だとしても、それは諦める他はない。これは一事不再理のようなものだ。この剣は鍔《つば》の下は赤く、上の金属部分は青い。つまり鍔で隠している下のところには個人的な情熱が潜んでおり、しかし判断としては感情を交えない青色の判断として提示していることになる。

青い剣という点では温情はないかもしれない。曖昧さを除去するので、取りこぼしが多いと非難しても、変更はしないので、時には圧制者のようになる可能性はある。きっぱりばっさりと、可能性を封じてしまう可能性はある。剣を持っているというだけで、武士道のような雰囲気を醸し出している。

剣は片方だけを持ち、もう片方は、どこにもつながっていない。この宇宙に一方的な存在はない。どこかにまっすぐ何かを伸ばすと、それはA点とB点をつなぐことだ。しかし剣は一方的で、先がどこにいくのかわからない。つまり剣とは先が見えないまま、意志を押し出すことで、まるでギャンブルのようなもので、危なっかしい。この場合には、きっぱりとした諦めの境地は必要だ。自分の下した判断がまるっきりダメだったとしても、それはそれで諦める。

物質の振動密度という点では、植物、鉱物、金属という順番で低くなり、金属は、物質の中ではも最も物質密度が高く、高次な振動を通さない。したがって金属の剣が、何かを融和させたり、調停したりするということはなく、切り裂く、分断するという作用しか持たない。金属の剣は、否定というかたちでしか働かないのだ。伝導物質という点では、共通のものは結びつく。それ以外を切り離すと考えてみるとよいだろう。

八つの星の集合体としての、その判断という点では、八つ揃わない場合には、判断に迷いとか、不安はつきものだが、これについては「1魔術師」から、「7戦車」まで、そしてこの「8正義」を加えて、これらが八つの点を象徴的に埋めていると想定しよう。タロットカードの大アルカナカードが、21のロゴスを表すとしたら、この中から、任意の八つを集めて成立する。21の単語のうち八個を組み合わせて、プロトコルにするということなのだから。

ホドロフスキーのキーワードは、女性、母性、女君主、秤、裁判所、完結性、決断を下すこと、価値、裁くこと、完全性、そこにいること、欺くこと、許可すること、禁ずること、平衡状態にすること、などが書かれている。

9

L'HERMITE

隠者

9の数字

9の数字は十進数の中では、最後の数字で、つまりは必要な要素をすべて持っているという意味だ。必要なものをすべて持っている人は、環境依存にならず、気楽に旅をすることができる。

「8正義」のカードは、八つの頂点を抑え、六つの壁を所有、管理することだった。ユングの六つの元型式にいえば、もはや世界の中で、誰かに自分の足りないものを投影しない。「8正義」は何者にも振り回されることなく、世界の中に安定して住むことができた。全惑星意識は、惑星の上においては不死だ。このすべてを獲得すると、やがては次の段階では、そこから離れることになる。

「6恋人」のカードは、三角形が向かい合わせに結合して、3掛ける2として、2の相対性や相互依存性にあったために、何をするにも相手と一緒とか、環境との関係で進んでいった。2は互いの依存から離れることができない。ところが、9の数字では、この三角形をさらに三つ組み合わせることで、3の数字が持つ、能動、受動、中和の項目を、自由に解き放つことになる。

そもそも3の数字のロゴスを絵柄にたとえた「3女帝」は、思いついたものをすべて映像化したり妊娠・出産したりする性質だった。6では思いついたものであれ、その思いついたものに呼応する環境に縛られた。この「3女帝」を基盤に、さらに思いついたところにどこにでも気ままに向かうというのが「9

隠者」の性質だ。「6恋人」のカードの拘束というのが存在しないのだ。つかんだら逃れるウナギのようだ。

ホドロフスキーは、「9隠者」は「8正義」から「遠ざかることで、この上なき完全な状態を離れる」と書いている。副題は危機、通過、叡智《えいち》となっていて、「8正義」の安定から離れることで、危険な旅に出る。ホドロフスキーは9は8からの超越とみなさず、むしろ脱落のようにもみなしている。それはまさに身動き取れないもので、9は必要な部品をすべて持っており、後は旅先で野垂れ死にしてもあまり気にしないキャラクターだ。

9の数字というと、私はエニアグラムをすぐに思い出す。通常、9の数字を三つの三角形に分解する時、1―4―7グループ、2―5―8グループ、3―6―9グループに分ける。

1―4―7は能動的なものかもしれない。2―5―8グループはそれでいえば、受動的。3―6―9は中和的だ。多くの図形では、この三角形をそれぞれ、独立したものとして描く。

ホドロフスキーは「9は奇数の最初の列の中で異彩を放つが、それはこの数字がそれ自身とは別の数字で割り切れる最初の奇数だからである」と説明し、結果として、それは能動的であり、受容的であると語る。

1―4―7を見ると、4は偶数で、2―5―8においては、5は奇数で、それぞれ奇数、偶数のグループから、相手の方に人質を送ったような配列になる。これがエニアグラムの内部の線、142857 1……という循環小数の順番に配置されるのだ。1―4―7でつらぬこうとしても、いつの間にか、2―

5―8のグループに入っている。また2―5―8で統一しようとしても、いつの間にか気がつくと敵方である1―4―7に住み着いている。これは対立し、否定したものに、気がつくと、自分が入っていて、という交換が休みなく起きるのだ。

この交換の比率というか、速度またはその加減を、インターバル三角形と呼ばれる3―6―9が取り仕切っている。1―4―7は陽で、2―5―8は陰で、3―6―9はインターバルの中和要素で、それは陰陽のセットを運ぶことができるのだ。

つまり通常のベタな意識からすると、謎の行動をするのが9だ。大成したので、そろそろこれをやめるとか、「8正義」で安定し安全なものを手に入れたのなら、手に入れたという理由でそこから離れようとするのが9の性質だ。これは特定の数字の中に没入しないという性質だ。

十進数の内部にあるすべての数字に平均的に馴染み、しかしどれかに捕まることなく、そのすべてに行き渡ろうとする。すると、結果的にどれにも没入しないで、関わるとすぐに離れるという行為をする。

数字の共通点ということで参考になるのは、占星術の9ハウス、射手座だ。これは旅を意味しており、火の元素、柔軟サインという点で、常にグレードアップを目論見、同じことをしたがらない。

「0愚者」と「9隠者」は似ている

旅をする、どこかに移動するということで、「0愚者」のカードと「9隠者」は似ている。が、「0愚者」のカードに番号をつけず、0という数字がないものとみなすと、この「9隠者」に、「0愚者」のカードのいくつかの部分が背負わされことになるだろう。「9隠者」はあたかも「0愚者」のように行動するのだ。9は次に0を加えた10に移行するが、これは1から9までをまとめてパックし、0で包んで、以後はこの1から9までの内訳には手を出さない、そして次の世界に10からスタートするというものだ。0は世界の切り替えというか、内部には触らないで、世界全体を扱う。

このトータルな0の性質と、アラビア文字としての9の数字は外観が似ていて、そして9は0の内部に、もう一つ小さな円を描いているように見える。0という世界の卵の中に、さらに小さな円を模型として作ろうとしているように見える。実際、10という数字は、もともとの世界0を乗り越えるものではなく、この0の中に、小さな0を作り、その中に飛び込むことが10というスタートを意味するのだ。

「0愚者」はこの世界から飛び出し、世界を台無しにする。「9隠者」は、この世界の中で旅をして、この世界の内部に新しい世界卵を構築する。そのための探索が9の数字なのだ。しかし「9隠者」は、この新しい世界のことを知っているわけではない。未知のものに向かって夢遊病者のように旅をする。このより小さな新しい0は、「10運命の輪」の車輪として描かれている。

右手に持つランタンは水晶ポイントか

「9隠者」が右手に掲げたランタンは、しばしば知識を表しているといわれる。この知識を指標にして、暗闇の中を旅するというふうに。カモワン版、あるいは他のカードでもそうかもしれないが、これは六角柱の形をしているように見える。頂点は尖《とが》っているので、むしろ水晶のポイントのようにも見える。

私はずっと前から、頭の中心に、六角柱の形をした回転ドアがあると思っていた。ある日、エリヤーデの本に、シャーマンは頭の中に水晶があると考えているという記述を読んで、自分が見ていたそれは水晶だったのかと納得ができた。確かに、松果腺は子供が成長するにつれて石灰化するが、それは社会生活の中で二極化された暮らしをするのに、松果腺は不要な組織なので、凍結する方向に向かっており、しかし初期にはケイ素など水晶に縁のある成分が多い。シャーマンは、松果腺の持つ外宇宙との扉という役割を死なせないために、石灰化に任せず、水晶状態を保っているのかもしれない。

「8正義」のカードでは、8点の頂点を抑え、六つの壁を管理することで、「一つの世界の中では完全である」という条件を満たした。世界は内部では陰陽二極化されており、六つの壁を管理する「8正義」のカードは、この二極化が息苦しくなりすぎないように、どちらかを大きくしたり、斜めに歪ませたりして、ある程度、小さな範囲ではあるが、一つの世界を楽しめるようにしていた。

ただし移動するとなると、この立方体という六つの壁で作られた構造を、六角柱にコンバートする。六つの壁はそれぞれ陰陽関係にあり、六つの壁どれにも、どこかに移動する可能性はほとんどない。これまで上下にあった壁を、そのまま横に組み込んで、改めて、上下に、縦波用の空きを作るというのが六角柱だ。

陰陽の横波は世界の中で生き生きとした活動性を生み出す。カドケウスの図では、この陰陽は、互いに絡まる二匹の蛇として描かれていた。カドケウスの図で、中心のまっすぐに立つ柱のことを縦波という。意識は射出されることでしか働かない。だからこそ、陰陽の二匹の蛇の交流が、主客を作り出すために必要だったのだが、縦波は、異なるコスモスとの関係性に意識の射出の方向を見出す。よその次元を考えるか、あるいは神のことを考えるか。この縦の領域との関係、例えばより大きなコスモス、あるいはより小さなコスモスとの関係に、意識の射出の道を発見するのだ。

六角柱では、上下の部分が、この縦波の上昇したり下降したりという振動密度の変化というものに割り当てられる。そして「8正義」のカードでコントロールしていた世界の六つの壁は、そのまま横の六つの回転ドアに変わっていく。上下の振動の変化というダイアルを動かすと、同じ六つのドアも違う世界を見せてくる。可変する六つの壁。これが頭の中の六角柱の回転ドアなのだ。あるいはヒプノセラピーの手法のように、一度上昇し、違う扉に降りるということになる。そのまま違う扉に移動するのでなく、いったん上がり、そして違う扉に入るのだ。宇宙法則としては。七つのものはその上に一つの統合点がある。そしてこの統合点に上がり、そこから降りると七つの世界の違う場所に入り込むことができるのだ。

立方体の部屋では、縦波は、部屋の真ん中でしか働かなかった。この場合、そもそも縦波とは世界の外に出るか、あるいは外の世界を見ることが主眼なので、立方体の中心で、縦波を捕まえようとしても、この加減というものはできない。六角柱は上がったり下がったりできる。

私個人は、この六角柱の左前側ばかりを使いすぎるという癖があったが、いずれにしても、それはこの世界の部屋の外に通じるものだった。あるいは少し違う可能性としては、一つの世界の中にある複数次元にシフトすることでもある。9は0ではなく、0の中の一部に向かうからだ。

地球には12の次元の地球がある。異なる相にある地球に向かうというのは、老子とかニコライ・レーリッヒのようにポータルを見つけ出して、そこに歩いていくということで実現するが、それが生身で「9隠者」を生きたことなのかもしれない。

「8正義」のカードでは、世界の外には決して出さないと宣言しており、だからこそ安定していたのだが、「9隠者」は頭の中のポイント水晶を凝視して、それに基づき旅をしているのだ。立方体は移動用に改造すると、六角柱になるのだ。

「9隠者」のカードは、縦波そのものの性質だ。彼は「処女性の男根」と呼ばれる。三蔵法師の旅のように世界にはさまざまな誘惑と危険が満ちている。横波で生きている人は、この世界の中にある誘惑にすぐさま捕まる。しかし「9隠者」は、どのような誘惑にも乗らず、自分の男根の衝動に従って旅をする。自分の望むものが手に入るまでは、いかなる誘いにも乗らない。

9は0の世界の内部においての、より小さな旅だったので、六角柱は、大きな範囲では使われていない。いわば小型ランタンだ。私が使う頭の中の水晶はかなり大きな移動距離を進んだが、構造は小型ランタンと何も変わらない。

衣類から放射するもの

右手に持つランタンあるいは六角柱の回転ドアから、布が垂れ下がっているように見える。このランタンから、身体全体を覆うようなイメージで衣類が包み込んでいるのだ。「2女教皇」と同じくらい、厳重な衣類だ。「2女教皇」のところで、この衣類とは植物性であり、それはエーテル体を表していると書いた。エーテル体は言い換えると、気配として、気の力として感じるが、物質化されていないものを示している。結果として、余計それは興味をそそるものとなる。磁力がありつつ、物質化していないものについては、人はそれを謎と感じて探索したくなる。

グルジェフの水素表でいうと、水晶は96―384―1536という三つ組の振動密度を持っている。番号が大きいほど、振動密度が低くなり、物質密度が高くなる。この三つ組というのは、何に食べられているか、その本体、何を食べているかという三つのセットであり、言い方を変えるとハワイのカフナ式に、高自我、中自我、低自我という分類だ。

水晶は96に食べられている。この96とは動物磁気、エーテル体の振動密度、火などを意味する。水晶は、これを高自我とするので、この成分に命を捧げようとしており、そしてそれに食べられることを切に望んでいる。食べられるというと、誤解されそうなので、もう少し正確にいうならば、神と共にあるというのは、神に食べられ、自分は神の腹の中にいるというようなイメージだ。所属している、従っているという。パワーストーンなどを好む人が多いのは、鉱物は、この磁気的成分に執着し、しがみつくので、それをずっと維持しようと頑張る。人間は波動的にころころと変化する。その時、鉱物がずっと維持しようとする波動はいつも決まっているので、それが安定をもたらすということなのだ。

「9隠者」が持つ水晶ポイントからは膨大な動物磁気、エーテル成分が生成されている。それに包まれ、「9隠者」は見えない、予感だけで感じるものに踏み込んでいくし、六角柱の扉の向こうにある世界を、身体全体で感じていることになる。

地球生活をする上で、このエーテル成分は、地球の周囲を巡る月が生産している。ところが月は一つしかなく、痩せたり太ったりするので、かなり不安定で、地球環境の中では、下弦の月から新月までの一週間は枯渇しきってしまう。かといって、最も密度の高まる満月の時でも、実は、かなり不足がある。エーテル成分が最も枯渇している惑星というのが地球なのだが、生まれた時からここにいるので、誰もこれが枯渇しているとは思わない。

不安定な月の供給するエーテル成分に依存するよりは、水晶ポイントを握りしめて、それがかき集めたエーテルの衣類に包まれて旅をする方が浮き沈みは少ない。「3女帝」では、水晶はポイントでもなかったし、彩色された球体で、それはビジョンを見るためにあった。球体にしたので、磁極がどこにあるのかさっぱりわからない。しかし六角柱は、この中に飛び込むためにある。水晶ポイントの形は、どこかに出たり入ったりするためにあると考えるとよい。

こう見ると、「9隠者」は別に歩かなくてもよいのかもしれない。水晶ポイントを見て、ここから放射されるエーテル波の中に、旅先の映像を見ればよいからだ。

ちなみに、私は水晶球よりもポイントの一辺の方が、映像が見えやすい。多分、30倍くらいだ。

赤色の杖

私達はエーテル体の世界に飛び込めるかというと、肉体を持っており、精神とか感情は飛び込んでも、身体は飛び込めない。身体まるごと飛び込むために、昔からさまざまな修行があり、この中で最も強烈なのは仙道の気化という方法だ。これは身体の中に分身（トゥルパ）を作り、それを固めて、最後に、肉体はこの分身に吸収され、物質的に存在しなくなる。

トゥルパはエーテル成分で作られている。一番低い振動の部分がエーテル体で、もちろんこの中により高次な領域も含まれているが、たいてい他の人には不可視のものだ。肉体と分身の優位性は、最後には分身の方が主となり、肉体を飲み込んでいく。

「9隠者」は水晶ポイントが形成するエーテル成分を、予感とか夢見として認識するが、その力が身体を全部包んでさえ、非物質化できない要素をたくさん持っている。なぜといって、まだ9の数字の段階というのは、途中過程であり、最終的な達成である「21世界」には程遠いからだ。
絵柄では、衣類の内側は、肉を示す肌色で、足元も肌色だ。ホドロフスキーは、手の皺に女性の腰を連想して、「彼の中にいまだ残っているわずかな肉体的欲望の徴」を見たが、手の皺というよりも、まずは衣類の内側には肉の領域が大量に残っているので、左手が青くなっても、完全にエーテル物質に飲み込まれることはない。

「9隠者」の数字の9は、精神的な探求はしても物質的にそこに入り込むことはできない。「19太陽」のカードの二人の子供は、一人が10の子供であり、もう一人は9の子供だ。9の子供は、アイデアは提供するが、それは想像的な世界の中に住んでおり、物質として見ることのできない子供で、物質次元に降りてくることにはまだまだ不足な要素がある。逆に「9隠者」も、反対に取り残された物質的要素がある。

「0愚者」のカードで、愚者は赤い杖を持っていた。杖というのは大地との接点だ。杖は手に持つ。手は知識、応用、細分化されたものを意味する。そもそも手は両側に広げても大地には接触しない。それは空中をさまようだけで、知識とか情報などの扱いに関係する。その手から大地に接触する通路である杖は、その人の知識とか情報によって作られる通路という点から、職業などに関係しやすいということだ。

「0愚者」の時には、赤の杖は、ずいぶんと生命的な色なので、長く従事する仕事ではないと説明した。長く続くものは、毎日の繰り返しが必要で、それは茶色などになるし、個人的要素を消してしまえば、黒子のように黒になる。不満を持っている場合には、ベージュがかかってくる。

一時的な仕事、気が変わるとすぐにやめてしまうような生業を持ち、内側には肌色を大量に持っている

「9隠者」は、最終的に世捨て人になることはできない。しかし「処女性の男根」として、いかなる横波陰陽の誘惑にも乗らずに旅しようとしている者が、わずかではなく、比較的多めに肉体的欲望の徴を残しているとしたら、なかなか苦難の旅になるに違いない。ここにもホドロフスキーのいう「9隠者」の特質の一つである危機というものが現れているのかもしれない。

9という数字のロゴスに、そのような特性が含まれているのかという点では、これから10に行くのだということを前提にすれば、それもあるかもしれない。10は新世界であり、そこで新しい暮らしが始まるのだ。「9隠者」は達成した者でもなく、これから引退する者でもない。

占星術の9を参考にすると、9ハウスは学生のようなもので、これから就職して10ハウスに向かうのだ。

占星術では40度

私はタロットカードの数字を、占星術のサインの数字、さらにサインの30度の幅の中の数え度数の説明によく流用する。あるいは空間的な分割の数として、アスペクトの意味にも活用する。数字のロゴスという点では似ているが、やりすぎると混乱を招く。どのサインの9度も、この「9隠者」のカードに通じるものがある。

アスペクトの場合、円を九分割すると、40度になる。40度の性質は、同時にハーモニックという計算法では、ハーモニック9の性質でもあり、しばしば何度生まれ変わっても変わらない本性ということで、ヒンドゥー的発想では、その人の肉体を超えた霊性などを示すことに使われるのかもしれない。

環境状況が変わってもそれには振り回されない。時代とか場所とかが変化しても、それに影響を受けず、いつまでもその人の本性を維持する。これは世界の内部の陰陽の誘惑に一切乗らず、陰陽運動の手からすり抜けて、移動し続けるということを連想するとよいだろう。

それは細かいことがわからず、夢遊病のように動いている人でもある。9ハウス、射手座などは、そもそも土の元素が示す細かいことから離れたいという欲求がある。火の元素、柔軟サインというのは、のらりくらりと上昇することだ。哲学議論に凝った挙句、その場で食べた料理が何だったのかさえ覚えていないシーンは、P・K・ディックの小説の一場面だが、覚えていないというよりも、そこに興味がいっていないのだ。

40度は状況が変わり、時が経ち、場所が変わっても、いつまでも言い続ける特性を示している。どこにも定住せず、ペットボトル三本携えて、無謀にも砂漠を放浪するような性質で、「9隠者」を彷彿《ほうふつ》とさせる。

そもそもが、どこにも張りつかないという性質なのだから、ここでは分離する、お別れする、永遠性に向かう、あるいは究極の場所を探すなどに関係しやすいということだ。

9は精神的な探求で、18は下の探求というものになるのだが、それでも9の性質、すなわち9、18、27などはどこか似ているのだ。

「7戦車」は、大地に設置されており、これは地球をベースにした七つという点では、占星術のシステムのようにも見える。地球的時間を軸にして惑星の影響を考える。「8正義」は全惑星意識であり、それは惑星をみな統合化した。つまりいずれも地球ベースでの体験や意識状態であり、ここからすると、「9隠者」の旅は、太陽系環境の中で、異なる惑星サイクルへと入り込む輪廻体験に該当するともいえる。

「11力」以後、私達は反世界的になり、アントロポースの故郷、太陽系の外に向かう。「10運命の輪」は一方的に回転する時間を表しているので、つまり太陽系の中の惑星から決して離れないということだ。タロットカードを極大サイズに解釈した時には、このカードは輪廻の旅なのだ。

VIIII
L'HERMITE

10

LA ROUE DE FORTUNE

運命の輪

10の数字

数字のロゴスを示す九進法のリズムの中では10はそれまでの一桁台の進行が終了し、新しいスタートをする数字だ。これは10という数字の構成因子の1と0を足すと、1になるということでもある。

「1魔術師」では、自分が置かれている世界の範囲というものがはっきり自覚できず、1という数字の示すスタートということも、どこに向けてよいのかわからないまま、存在しない対象Xに向けての行為だった。しかし10になると、進む方向ははっきりとしている。

ここでも占星術のサインの数字の意味を参考にすると、1としての牡羊座は何も具体的なイメージが湧かないまま無闇に試行錯誤する。しかし10の山羊座になると、場所も決まっていて、牡羊座に比較して、狭い範囲で具体的に活動するというものになっていく。山羊座は大人のサインといわれるが、大人というのは脳の活動に制約があり、この制約がかかることで、行為には方向性と確実性が出てくるのだ。山羊座の支配星は土星で、これは狭いところに閉じ込められるという意味はあるので、限定性を免れることはできない。

「9隠者」はどのような誘惑にも乗らず探索の旅をしたが、自分が望む場所に到達すると、そこで旅を終了する。望むものに到達したので、自然にそこに吸い込まれてしまうのだ。

世界は陰陽の関係で成り立っている。陰陽の振り幅の中に作られた砂上楼閣のようなものが世界なのだ。「9隠者」は縦波に乗って旅をしたが、自分の意図に合致する世界に着くと、その場所の陰陽に捕まるというわけだ。縦波はそもそも移動するためにだけ使われる。そのため、新しい世界に着いてしまえば、縦波的な意識から遠ざかる。縦波は横波の陰陽ではないので、世界の中にある具体的などのようなことにも興味を示さなかったが、「10運命の輪」では新世界での新生活が始まり、そこでのさまざまな細かいことにも関心が強まる。

例えば、「9隠者」は、3と3と3で、思考、感情、身体が全部可動性を持っていたが、「10運命の輪」では、3と3と4で、身体がどこかの場所にロックされたと考えてもよいかもしれない。数字を好みの因数に分解して、いろいろな角度から考えてみるというのも興味深いことだ。

「10運命の輪」の車輪はホロスコープそのもの

「10運命の輪」は、回転する車輪が描かれており、この車輪はホロスコープに似ている。私はタロット占いの場合、「10運命の輪」が出てくると、「ここではホロスコープを参照してください」と指示が出たとみなしている。

ホロスコープは、一つの輪の中をおよそ10個の天体が移動している図だが、このそれぞれの天体は公転周期が違う。この公転周期の違いによって、それぞれの天体の役割、意義などが違ってくる。ホロスコープには描けないロングカウントの輪もある。その代表的なものが地球がすりこぎ運動をする歳差の2万6000年周期だ。惑星ニビルは、数千年の周期で回っているといわれているが、実際にそれがあるのかどうかわからない。しかし最近冥王星の軌道が少しずつ歪んでいるのは、ニビルが接近しているからだという説もある。

速いものから遅いものまで、たくさんの車輪があるのだ。多分、現代使われているホロスコープは、このごく一部を表示したもので、たくさんの計算法を編み出してバラエティを持たせているが、それでも足りないと思われる。

「9隠者」は旅の果てに、自分にふさわしいどれかの輪の中に入る。人によって入っていく輪が違うことを意識する必要がある。輪というのは、一つのコスモスだが、この輪の中では春夏秋冬という四つの周期と、東西南北という四つの方向があり、時間周期においては、種植え、成長、成果を出す、それを固定させ、エッセンスを抽出して次の種を作るという流れがある。そして四元素というのは、この一つの輪を四つに分割したものなので、時間と空間のある世界すなわち四元素と考えてもよい面がある。もちろん、そのもとには、まずは二極化がある。春と秋は陰陽中和であり、夏は陽のピークになり、冬は陰のピークになる。横から見るとサインウェーブの形だ。

日本という場で仕事をして社会的に成功する人というのは、基本的には土星の周期の輪に生きていると考えるとよいだろう。何かを始めてから頂点に至るまでは21年くらい、すべての周期が閉じるのは29年だ。

四つの周期は一つがだいたい7年で構成され、一回転が29年。だいたい学校を出て、就職し定年退職するまでが30年くらいなので、このリズムが一番適合しやすい。

インドのアーシュラマ、一時日本でも流行した四住期は、一生を四つに分けるので、これは一生を一つの輪としてだいたい天王星の公転周期84年に近い。天王星周期で生きている人は、土星周期で生きている人が重視する社会的地位、社会の中でのローカルな業績、価値観などにはあまりこだわらず、一時的に関心を抱いても、すぐに離脱する。土星周期にこだわると、他の周期は体験しにくくなる。土星周期においての幸運や成功、人生の山あり谷ありは、天王星周期においてはあまり重視するようなしろものではなくなる。それぞれの惑星周期の輪に、特有の価値観とか信念体系が生まれ、人はそこに捕まっていく。

天王星周期に従って定義された、林住期から遊行期に移行すると、その人は社会的な義務から解き放たれ、瞑想生活に入ったりする。来世を考えたり、霊的なことを思ったりする。行方不明になっても構わないのだ。しかし今の日本では、死ぬまで働けといわれるし、行方不明は許されない。これは天王星周期の輪を否定して、土星周期を何度も繰り返せといっているのだ。

その人にとって重心となる価値観は何か。この重心となる価値観にフィットする周期の中に、人は「9隠者」の探索を経た後に入っていく。この特定の周期の中で、種植えし、成長させ、結果を出し、成功し、という体験をしていくのだ。

私は1999年のある朝、巨大な黒い生き物に遭遇し、その生き物から「私があなたの母親だ」といわれた。この時期、冥王星が射手座の9度にあり、このサビアンシンボル、つまりアカシックレコードは、

「母親に導かれて、子供が急激な階段を上がる」というものだったので、このサビアンシンボルの中に出てくる母親ということらしい。彼女は私の腱鞘炎を治療しようとしていた。つまり早く原稿を書け、ということらしい。タロットカードの体系は急激な階段なのだ。今、思うに、これは思い切り急な傾斜角を持った階段そのものだ。世の中でここまでシャープな内容の経典は存在しない。

ここで冥王星が意識化され、このコースの中で生きるという価値観が明文化されたと考えてもよいだろう。意識化すると、そこから見ていく光景というのがクローズアップされるのだ。

冥王星は公転周期が２５０年前後なので、一人の人間が80年くらいの寿命だとすると、三人分くらいに該当する。つまり個人としては、明らかに意識化できないようなサイクルを表しているが、それが明確に浮き出してきたので、その後、このサイクルで生きる部分がより重要なものとなった。ここでは、四つの季節の一つが四十数年から五十数年にまたがるようなサイクルだ。これは霊的価値観の中で生きる私、という部分だ。

誰の中でも冥王星周期は働いているが、個人の自我が、それを乗り物にして運行するとなると、そういう価値観で生きるということになり、何が大切で、どういう行動をしなくてはならないか、どこに目を向けるか、何を持って達成とみなすかなどが違ってくるというわけだ。黒い母親出現以後、冥王星の動きを意識するようになり、土星の動きなどは、ちょっとした健康管理とか、細かいことに反映されるということしか考えなくなった。人生の細部に興味を持たなくなるのは仕方がない。

私がタロットの本の原稿を書いている時に、その黒い生き物が登場したので、この生き物のいう「母親」というのは、私個人を示しておらず、私が取り組んでいるテーマに関しての母親という意味だ。タロットカードに関係した、私のアストラル的なボディに対しての母親ということで、肉体的に私というのはいずれにしても80年程度しか生きないので、この冥王星めいた母を母親とみなすことはできない。

お笑い芸人で、一発屋といわれる人達は木星の周期で生きている人達であると、いつも説明していた。西の地平線から子午線の頂点に至るまで3年かかる。デビューから頂点に至るまでが3年で、その後は落ち目になる。人生の途中で「9隠者」になる時期があり、その結果として異なる輪に入り、価値観が、土星にシフトすると、西の地平線から子午線の頂点までの輪の四半世紀は7年になる。天王星だと21年。こうすると、もっと長く続く芸人になるのではないか。もちろんそのためには、考え方、気持ち、価値観などが、その公転周期にふさわしいものにシフトしていく必要がある。

例えば、経済価値というものを重視して、この中に思い入れのある人は、天王星周期に乗り換えることはできない。それは土星周期止まりになる。経済とか貨幣は、ローカルな社会の中で形成された人工的な価値観であり、そこに永遠性や真実性は存在しない。そこで、この経済的な価値観をメインにして会社を経営したり、株をしたり、経営コンサルタントのような仕事をするのは、土星の輪の中に飼われたハムスターになるので、本来の人間というところからすると、ずいぶんと息苦しく、卑小な生存になる。経済やお金はちょっとした部分的な価値観であると認識すれば牢獄に幽閉されたりはしない。

上がる動物と下がる動物

「10運命の輪」の絵柄には、右側に上がる動物がいて、左側には降りる動物がいる。そして、頂点には動かないスフィンクスがいる。

ホロスコープの場合、右側に西の地平線があり、西の地平線から頂点までは、社会的な躍進を表す部分で、いわば運が上がる流れだ。左側は、子午線の頂点（ＭＣ）から降りていく方向で、社会の中で活動することが、運が上がることであるという考えからすると、運が落ちる流れにある。この社会の中で活動することが運が良いことという考えは偏っていて、ホロスコープのどん底は運勢的にどん底というわけでなく、むしろ充足感や故郷に戻った感覚、ルーツを発見するなどの喜びがある。

頂点は見える集団性であり、天底は見えない集団性で、それは霊的な意味を持っている。見えるものでは社会的な地位などで識別できるが、天底は、水の元素に対応し、それは気持ちの問題だ。見える世界で成功するが、しかし気持ちは充足しないことと、社会的には引っ込んでしまったが、気持ちとしては満足感があるということの違いがあるのだ。後者の方が幸運と思う人はたくさんいる。女性にはより多いだろう。

「10運命の輪」は、幸運やチャンスを見出すという読み方があるが、まず、その人にとって何が幸運か、喜びかを考えてから判断する必要がある。お金も地位も手に入ったが、しかしそれは自分がしたいことを断念することと引き換えだった、という場合もあるだろう。画一的に誰にでも通用するチャンス、幸運というのはない。

ホロスコープは、複合するサイクルが重なっているので、ある周期、つまりある価値観においては失敗だが、違う周期の価値観では大成功というような読み方もある。複数の惑星は同じ周期で動いておらず、場所がちぐはぐだ。まるで10人の人間がいて、それぞれ違うことを主張し、みんなで「ああでもないこうでもない」と言い合っているようなものだ。

車輪を回す取っ手

「10運命の輪」には取っ手がついている。つまりこのクランクを回したり止めたりすると、車輪は早くなったり遅くなったり、止まったりするということだ。これは私達が任意に車輪の回転を変えることができることを暗示する。

しかし地球に住んでいる私達は、たいていはこれができない。まずは、地球の回転に私達は依存しており、この地球の周期的な動きから逃れることができない。シュタイナーは霊界では、時間はあたかも空間であるかのように、自分で歩かないと進まないといった。霊界といわず、高次な領域、四次元領域よりも上に行くと、もう時間は自動的に動いてくれない。三次元的に生きるということが、もう四次元以上の時間の進行に対して、自分では判断できないので、お任せコースにしたということなのだ。時間の流れは存在の意志と連動して動くものとなる。熱中すると、時間を短く感じ、退屈だと長く感じるが、それをもっと極端にしたものだ。

私達は水がタダで供給されると思い込んでいるように、時間の経過はタダで進むと思っていて、それに寄りかかりすぎており、その結果として無気力になり、多くのことを放置して、時間の経過に任せる暮らしをしている。

死後、地縛霊となって同じ場所にずっと数百年とどまる存在がいるという話だが、それは執念とかに支配されているのではなく、単純に時間を自発的に回すということを、生前学習しなかったからだ。

例えば、ある感情に浸される。すると、その感情に浸ったまま、じっとしている人はたくさんいる。この場合、地球の回転に任せて時間が動くと、ある一定時間が経過すると気分が変わり、同じ感情は維持できないことがわかる。感情は意識的に扱っている人は少なく、地球の回転に任せているということだ。この感情は止める。この感情はもっと活発に動かす。こういうことを意図的にできていないということだ。感情はいくらだって作り出すことができる。しかし、そのためには、惑星回転への依存ということをやめなくてはいけない。

もう一つ、これこそ最大の問題がある。それは惑星の回転は一方向にしか回転していないということだ。クランクがあるのならば、反対に回してもよいはずだ。この点ではホロスコープは、徹頭徹尾、一方的な時間の中で動いており、人間を徹底してこの一方向性、すなわち二極化に縛りつける。

時間の一方向性がなぜ二極化なのかというと、無の静止を中和的なものとみなし、二極化して一方だけを選ぶと、それは一方向性の時間になる。反対側に回転しているものが残されるが、それは裏に回る。シュタイナーは、肉体とエーテル体は反対の時間で動いているとか、霊界は逆さま文字だとかいったりする。悪魔は反対文字を使うということを聞いたことがある人もいるはずだ。この反対方向は意識に上がってこなくなる。

一方向性が、なぜまずいのかというと、これはカルマ的な要素にずぶずぶとはまってしまうからだ。カルマとは行為という意味だが、行為を帳消しにする要素がない。お金を儲けたい人は、もっと儲けたくなり、さらに儲けたくなる。このお金が欲しいという欲求を、反対の価値観をぶつけて帳消しにすることができない。積み上げた努力、積み上げた業績を台無しにするのは、もったいないと思う人が多いだろう。これが一方的な時間の中で形成されていく価値観なのだ。そしてその人は偏った信念体系にがんじがらめになる。

「10運命の輪」の10という数字は一方的な時間の流れを示しており、絵の中にあるクランクは、どちらの回転もできるという可能性を示しているだけで、それができるとはいっていない。反対の時間で動く10をぶつけることで、時間は自由アクセスできるが、これは10と反対に動く10を足して、「20審判」のカードになった段階でやっと達成できることで、今はこの一方的な時間の中で、異なる周期を選ぶという自由だけが与えられている。「7戦車」は、車輪が外され、馬車は大地に張りつけられていた。つまり、7以後はずっと地球サイクルをベースにしたものであり、8も、この地球ベースの生存においての管理者または統合者だったのだ。「９隠者」は、この地球ベースから離れて、さまざまなサイクルの惑星の輪に入り込むので、一つの人生が終わって、違う惑星サイクルに入るという輪廻を表している。基本的に、太陽系の中の輪廻は、七つのグループの体験を完了すると満期になり、違う星系へクラスターごと移動する。輪廻はさまざまな異なる体験をしていくことになるが、しかし、一方的な時間という意味では共通している。

台座に立つスフィンクス

頂点にはスフィンクスが台座の上に座っており、これは輪の回転には参加していない。二重の輪の外側には接触しておらず、内側の輪をこすっているような感じにも見える。猿のようなスフィンクスの王冠は五つの突起を持ち、これをホドロフスキーは、第五元素と考えているようだ。

確かにこの動物は青いので、左右の動物とは違って、アカーシャのタットワ、虚空蔵《こくうぞう》のレベルにあるのかもしれない。

世界、すなわち四元素は、第五元素を分解したものだ。第五元素は時間と空間の外にあり、それが四元素に分解した時、時間と空間が生まれる。ＣＤ一枚があるとして、この中に四つの曲があれば、時間の経過の中で、四つを順番に聴いていく。四つに割ると、一つずつ体験していくことになり、これが時間経験を作り出すということだ。ひずませたものは形状記憶合金のように、元に戻ろうとする。時間の経過を経て、四元素は第五元素に戻ろうとするのだ。それが世界の終わりだ。空間的にも、私達は東西南北を同時に見ることができない。どれかから順番に見なくてはならない。

四つのうち、一つにしがみつくと、自動的に、ある時期がくると、強制的に次の元素に入れ替わるという体験をするので、その存在は自分が滅びていくと感じる。地球の自転は、二時間ごとに12の区画を巡る。そこで二時間すると、空気ががらっと変わる。

第五元素にいると、静かに静止している状態にあるのだが、ひとたび四元素のどれかに同一化すると、すぐに栄枯盛衰の流れに入り込み、発見と忘却がある。ということは、第五元素は、自分の好みの四元素スパンに降りることができるということでもあるだろう。第五元素に戻り、そこから違う四元素サイクルに降りる。一発屋の芸人も、10年は働ける人に変わる可能性もあるだろう。

実際のエジプトのスフィンクスは、プラトン月のサイクルの獅子座から水瓶座へメッセージを発信しているといわれているように、もっぱら歳差のサイクルのことを示しているのかもしれない。２万６０００年のサイクルでは、１万３０００年の昼と、１万３０００年の夜がある。

紀元前１万１０００年前、琴座のベガが北極星になった段階で、急激に夜が訪れた。つまり、その前の北極星に従う人からすると、という意味だ。暗黒の時代が訪れることを予感して、西に逃走し、ハワイに安住の地を見つけたというのが、カフナを研究していたマックス・Ｆ・ロングの見解だ。ある人々にとって夜が来ても、それは違う北極星に従う人達からすると、そうでもないということにもなる。

シュタイナーは、２２００年ごとの文明期サイクルとかを神智学の概念で説明しているが、必ずしもこのサイクルに全員が従っていない。時計が違う人々もいる。マヤの暦では２０１３年で世界が切り替わる（支配を受けない、自由な時代が来るといわれていた）という話にしても、「全くそれは我々には当てはまらない」という人々は多数いる。

琴座のベガが、人間的な世界への移行、そしてその前の神々の黄昏《たそがれ》ということを意識する人達は、これを夜がやってきたとみなす。ベガの支配以後、人間の形というものが一番メジャーなものだと考えられるようになった。能の女体である竹生島《ちくぶしま》のように、人間形の女性と龍の形の生き物がセットになっている場合、龍が指示し人間の形のものが助手として働くというものが基本だ。というのも人間の形は、特定の時空間に拘束されていく生存スタイルであり、さまざまな時空間の移動ができるようになった段階で、生き物は筒の形に変化する。この筒の形は龍にも似ている。進化段階としては、人間はどうしても龍型よりも下位にあるのだが、理想的なものとしては筒になったりまた人の形になったりするのが自由自在にできるのがよい。多くの宇宙知性はそれが可能だ。特にシリウス系が、それが得意だといわれている。

グルジェフはシリウス系の教師だが、本人はシリウスのことを犬と呼び、本人の言葉によると、あちこちに犬を埋めながら大陸を移動した。つまり大きな筒を作ろうとしたのだ。

私はある時期、夢の中で、大陸横断鉄道から降りたグルジェフの夢を見たが、彼は遠くを見ていた。グルジェフの犬を要所要所に埋めながらの旅は道の途上で終わった。計画通りの筒ができなかったのだ。グルジェフの言葉によると、それは敵対勢力の妨害による、という話でもある。敵対勢力があるとしたら、それは夜をもたらした勢力であると考えてもよいのだが、グレートセントラルサンという恒星統合意識からすると、この敵対勢力も、仲間の一つにすぎない。

スフィンクスは日本の金華山《きんかざん》を見ているという話をしたフランス人学者がいたが、これはあるグループからすると真実だ。しかし、他のグループからするとあまりピンと来ない話だ。このスフィンクスに関係した人々においては、西暦２０００年以後の水瓶座の時代に夜が明けて、日の出になるのだと。古代エジプトには、シリウスの彫像、つまり半人半獣が多いとすると、そしてシリウスのヘリアカルライジングが大切だったとすると、ベガが台頭することで逃げ出したのは、シリウス系の人々であるということもいえるのかもしれない。ベガ族とシリウス族が戦争をしていた時代はあった。今でもそれが通用するとはとうてい思えない。

私達は80年前後の寿命なので、この肉体にこだわった思考をする限り、このロングカウントとしての２万６０００年を意識できる人など、一人もいない。死んだ後は野となれ山となれなのだから。

肉体を基準に生きておらず、アストラル体とか魂を基準にして生きている人からすると、歳差のサイクルは重大な話だ。スフィンクスに関わる人々は、２万６０００年を一日と考えて、１万３０００年休止するか裏に隠れ、水瓶座の時代の日本で、急に目が覚める。感情体と思考体の寿命は驚くほど長く、２万６０００年程度を一日とみなすような意識であると考えてもよいのだ。

六本のスポーク

おかしなことに、この車輪にはスポークが六本しかない。しかも均等でなく、地平線に当たる真横の棒がなく、上側に三本、下側に三本ある。となると回転はあまりスムーズでなく、ギクシャクしているだろう。

この六本のスポークの比率からすると、さらに、横に二つ加えることでバランスが取れるように見えるので八本のスポークを想像できる。ホロスコープは十二本のスポークを持つので、そこが違う。八区画のホロスコープを使っていたのは、エジプト時代だ。

本来は８だが実際には６なのだ。この８と６の組み合わせについては、わりにしつこく説明してきた。「８正義」のカードでは八点を抑えて、世界の支配力を握った。八点は六つの壁を作った。これは、梁と面のようなもので、たいてい六面の色、模様、イメージなどに興味がいくことが多いのではあるまいか。点と線は基本的にエーテル体を表し、このエーテル体が作った区画の中に宿ってくるのはアストラル体だ。

例えば、私はヘミシンクの会で、地球が自分の真の姿として、正八面体を見せてくれたことを書いたが、地球をこんな骨組みで見る人は多くない。たいていは、この骨組みの間に張りつけられた布、そして布を膨らませて、球体になった方に目がいくわけだ。工事現場で、ビルを作る前の骨組みに興味津々という人は少ないだろう。私は、子供の頃から、この骨組みに関心があったので、荒れ果てた工事現場という光景に、なぜか惹かれてしまう。特に夜、空に黒い雲が広がり、何となく不穏な光景の中で、地上には骨組みだけの建物があるというのは、一つの原風景みたいな気もする。

しかし、「10運命の輪」では、多くの場合、興味は構造ではなく、現象などに興味がいくということでもあり、また三本という時には、やはり3の数字を考えることになるので、ホロスコープの場合には、上の側が陰、土の元素に近く、下の側が陽、水の元素に近いということも考えて、現象として社会的に活躍して、また家族的な感情の満足などを、もっと色彩豊かに展開するということでもあると思われる。理解のために補足しておくが、土の山羊座は陰の極であり、水の蟹座は陽の極だ。一日の時間の中でも、この反映によって、昼は陰の極であり、夜中は陽の極だ。

「8正義」は世界を支配していた。「6恋人」は、人生の中に入り、この中で楽しんだり落胆したり、いろいろと体験していくことだった。「8正義」は感情の浮き沈みがあまりないので、人によって楽しくないが、「6恋人」のカードは楽しい。楽しいことには楽しいが、何が本当かわからなくなり、ただ振り回されて終わる。

「10運命の輪」はさまざまな人生模様を展開していくが、この人生模様の方に多くの人が興味を抱く。異なるサイクルに入ると、また全く違った喜びと楽しみがあるが、それはそれで、またそういう世界に夢中になるということだ。スフィンクスがいる、手回しクランクがある、ということは失念しがちだ。だがこのカードでは、スフィンクスがあり、そこに戻り、そこから降りて、違うスパンの輪に移動することができるということをはっきりと明記している。

一方的な時間の進行から逃れることはできないが、私達は人生の差し替えができる。

お金は儲かるのか

ホドロフスキーのキーワードは、運、行き詰まり、再生、謎、解決、サイクル、無常、変化、永劫回帰、始まりと終わり、肉体と心と精神、運命、回転することなどだ。

ホドロフスキーは、このカードがfortuneという意味を持つことから、金銭上の利益をもたらすという考え方が流布していることを指摘する。上がる動物と降りる動物がいて、どちらともいえないのだが、ただ、生命の樹のパスでは、この「10運命の輪」は、左の柱の木星に当てはめられるケセドと、その下の金星に当てはめられるネツァクを結ぶパスに該当する。受け止め切れないくらいの過分な増殖性が、金星に持ち込まれる。

金星は牡牛座の支配星として、お金などでもある。私はよくオーディションに受かるカードとか、個人としては受け止め切れないくらいの幸運をもたらすなどと説明したこともある。この点から考えると、金銭上の利益をもたらすパスだ。ということを説明した結果、このカードを拡大コピーして、何枚も部屋に張っていた人もいる。これは主にウエイト版のカードでいえることだが。

しかし、この「10運命の輪」のパスの回線を開けるには、受容性ということに自分を投げ出さなくてはならない。ケセドもネツァクも、左の柱なので、歯止めはなく、果てしなく受容的に、外界からやってくるものを受け入れなくてはならない。その人には器というものがある。受け止め切れない範囲に来た時、その人は「もう耐え切れない！」と叫ぶだろう。

宝くじで大金が手に入った結果、人生が狂ってしまった人は、その金額が示す集団圧力を受け止め切れなかったので、平静の心を失ったのだ。お金というのは社会集団の力を表している。金額が増えると、その圧力は増加する。持ちこたえられない人はそれを手放す。何十億円も所持していながら、静かにお茶を飲むことのできる人は、なかなか大きな器なのだ。

パスワークで、丘の上で賑やかな街を見ていたが、自分はこの街に行かなかったというビジョンを見ていた人がいる。街は集団意識のケセドで、自分はネツァクだ。街に行かなかったのは、このパスの回線を開くことを断念したということだ。回線をオープンにすると、たくさんのものが入り込みすぎてうるさい。歓楽と欲望の支配する街に入るのは好みでない人はたくさんいる。静かに暮らしたい人は、この「10運命の輪」とちょうど対照の位置にある「12吊られた男」のパスに入りたがる。静かで、誰の助けもなく、物質的に貧しく、孤立しており、しかし考える時間はたっぷりあり、精神的には充実しているし、より高次な世界との接点もある。

「10運命の輪」は、上がる動物と降りる動物が両方描かれているのだから、一方的な幸運を示すという意味でもなく、むしろ、自分にとって最もふさわしいスパンの輪の中に入り、そこで、栄枯盛衰の人生を送ることを示している。幸運もあれば不運もある。「6恋人」が世間生活そのものを表すとしたら、「10運命の輪」とは人生そのものなのだ。

もう一つ、つけ加えておくと、車輪の回転は四元素を巡回することだが、この回転というのは、「21世界」のカードでも見られる。「21世界」では、周囲に四大が配置され、中心の楕円の中に人物が立っている。「21世界」のカードでも、この四つの力を回していく。そして回していく中で螺旋回転に進化する。というのも、縦波としてのパイロット波が働き、意図の方向に輪全体を動かしていくのだ。より精妙な振動にシフトし、それは同じ次元の領域からすると、あたかも姿を消したかのように見える。輪をクランクで回していると考えてもよいだろう。

しかし、「10運命の輪」では、縦波は働かない。というのも、一方方向で回転しているということは、二極化された片方に同一化していることであり、この二極化が生じた場所では、縦波は決して機能しない。縦波は左右の力をぶつけた時に宿るものなのだから。ということは、「10運命の輪」においては車輪の回転は同じ場所にあり続け、「21世界」のカードのように螺旋進化はしないということなのだ。

この点では、手前にある「9隠者」が縦波に乗って旅をしていたことも考えると、「9隠者」から「10運命の輪」に移動した段階で、精神においては退化したように、あるいは転落したかのように見えるということだ。確かに、「9隠者」はある世界の手に落ちてしまったのだから。

例えば、精神的な道を探求していた人が、ある日、突然就職して結婚し、子供を作って、毎日働いているのを見ると、人はどう思うだろうか。「まともになったね」というのか、それとも「自分を見失ったのか」というのか。占星術でいえば、6と10は連動していて、世間と人生は連動し、そこにさらに2という運命の方向が関与する。2の段階で生まれ育ちに抗《あらが》うことができず、6でわからなくなっているうちに天使に矢を射られ、気がつくと、特定の惑星公転周期の価値観の中に埋没する。

9の数字で生きる種族と、10の数字で生きる種族がいて、9の種族は移動し続け、子孫に伝えるものは何もない。10の種族は都市を作り、子孫を作る。9の種族だと、どれほど富んでも、砂漠の中にテントを張って暮らしたりするだろうが、彼らはその生き方に満足を感じて、決して落ち着くことはない。この種族からすると、就職し結婚し家を建てて、子供を作り育て、学資貯蓄をする姿を見ると、堕落したと考えるだろう。

X
LA·ROVE·DE·FORTVNE

11

LA FORCE

力

11の数字

11の数字は、10に対するアンチのテーマを打ち出す。占星術では10というのは、サインでは山羊座、ハウスで10ハウスだ。11は水瓶座で、ハウスでは11ハウス。この11ハウスの性質は10ハウスに対する反抗心、疑うこと、もっと改善することを表している。

反政府的な集会というのは典型的な11ハウスの行為だ。10ハウスは集団社会として機能し、そこには集団にとって当然の理屈、正義、常識があり、誰もが不満を抱えつつも、従順に従って生活している。一人ひとりは好き勝手に行動してはいけない。集団に沿って、同じ心で生きなくてはならない。

占星術は十二進法の円環構造なので、そのまま10と11の数字の比較に使うには、違う要素も入っているが、純粋に数字としての意味で共通しているのは、11とは反10であるということだ。

例えば、「問屋制度は古いものだ」といいつつも相変わらず残っている時代において、「問屋は不合理だ、直販がよい！」と主張するような改革行動だ。しばしば10ハウスは保守的で、それに対して11ハウスは未来の希望によって行動する。10ハウスは集団で一つになって行動するべきもので、それを支配している政治家などからすると、11ハウスの活動をする人々はいつも気に障る。したがって11ハウス的な芽が出始めると、それを摘み取るということをすることも多い。

これは11の数字を足すと2になり、天にいる1を、地に叩き落とすということが2の性質でもあり、二桁数字では、この反対的な位相になりつつ、反勢力であるという位置づけは続く。反対的な位相というのは、占星術で考えると、1は火の元素であり、2は土の元素で、1は2の段階で土に落ちたが、10は土の元素で、11は風なので、土を解体して、分散した自由な風にしていくというものだ。

「10運命の輪」は、その人にふさわしい一方向に回転する時間の輪の中におとなしく組み込まれることだった。このことに対しての反対する姿勢というものが11の中で芽生えてくるのだ。一体、何に意義を唱えているのだろうか。「10運命の輪」というのは「9隠者」の探求の果てに手に入る新天地なので、そこに文句をつける筋合いはない。あるいは、一方向にしか走らない車輪ということに文句をつけているのかもしれない。しかしクランクがあるので、「お好みならば、いや、むしろそれができるならば反対に回してみろ」といいたげである。つまり、それも可能だということは想定内だと提示しているのだから、そこで反発する必要などないのではないか。

「1魔術師」の数字は、「2女教皇」に至ることで、何をしてよいかわからない魔術師に、活動の方向づけをすることで、それはよい意味で土に落としたことになる。自分に何ができるのか、身体の奥にあるデータに聞けということだった。そのため、「10運命の輪」に入った後で、何をすればよいのか、未来的なことをこの「11力」で提示しようとしているとも考えられる。「10運命の輪」は、人生そのものに入ることだったので、ほとんどの人は、この人生に入って、そこで死んでいくものだと思う。素直に普通に暮らす、ということを主眼にしている人は、タロットカードは「10運命の輪」までしか必要がない。

「どうしたら幸福に暮らせますか？」という質問をされた場合には、大アルカナを10までの10枚だけ使うべきであり、11以後を使わない方がよい。

動物の支配する世界から自由に

「11力」のカードには、レミニスカート型の帽子がある。これは「1魔術師」と同じで、この記号は、流れを変えていく、主客が逆転する、内と外が入れ替わるという作用があった。「1魔術師」では、外宇宙から入り込んできた存在が、それまでの外宇宙の記憶を失い、この私達の世界の中に参入してくるという切り替えだった。「11力」のカードでは、流れを変えるという点では、「10運命の輪」の流れを変えるということを目論んでいることになる。興味深いことに、「10運命の輪」の回転を支配しているのは、すべて動物だった。

ホドロフスキーは、「10運命の輪」の三匹の動物は、人間の知的、感情的、物質的要素という三つの性質を表していると説明していた。そのすべてが動物で描かれている。この「11力」のカードでは、女性が動物をつかんで、口を開かせているような絵が描かれており、つまりは動物に任せて回転する「10運命の輪」の回転に、何か人間的なものの手を加えようとしているという図式になる。

グルジェフの宇宙の生命の図では、絶体、すなわち神、大天使、小天使、人間、哺乳動物、無脊椎動物、植物、鉱物、金属というふうに連鎖していた。この連鎖する生命圏は、球型と、線型に交互に分類される。「1魔術師」は右手に球を持ち、左手に線としての棒を持っていた。球は独立的に存在し、自立的で、自灯明であり、線あるいは棒はつなぐ性質があり、依存的で、法灯明である。

このグルジェフの図でいうと小天使と、哺乳動物と、植物、金属は法灯明で共通した性質である。反対に自立的な自灯明は、大天使、人間、無脊椎動物、鉱物のグループだ。何に食べられるか、本体、何を食べるかという三つ組でいうと、人間は大天使に食べられ、無脊椎動物を食べている。

ちなみに人間は創造的な行為をする時だけ人間であり、日常生活で食べたり寝たりしている時には、人間ではなく哺乳動物で、人間としての働きはほとんど発揮していない。

グルジェフの水素では、人間とは6―24―96という三つ組の水素を持つのだが、本体は法則24となり、24を日常的に発揮するということになる。これは新しく発見し、積極的に行動し、常に創造的な言葉を発するというもので、日常的な暮らしをしている人間というのは、基本的に法則48の振動密度の中にある。一日のうち、24が働いている時間はどの程度あるのかというと、大半の人は数秒あるかもしれないし、ないかもしれない。一生、24に気がつかないまま暮らす人も多数存在する。

哺乳動物としての人間は、太陽系の中に住み、草や穀物や肉を食べながら、神の子羊として素直に生きている。一方で、真正の人間は、イカの刺身や焼いた貝を食べながら、太陽系の外の恒星と結びついている。「10運命の輪」は、複数の輪があり、それらは惑星の公転周期に対応すると書いたが、つまり「10運命の輪」とは、太陽系の中の世界でもあると考えてもよいのだ。というのも、一方向に流れる時間というのは、太陽系の中にしかないからだ。

ヘレニズム時代のヘルメス思想では、太陽をヘリオスと呼び、この周囲に神々のデイモスが12人並んでいた。それは神々の合唱隊と呼ばれることもある。このデイモスを小天使、それに連動する哺乳動物とみなしてもよい。小天使は、哺乳動物の高次な自我の部分を表しており、多くの人がペットを欲しがるのは、哺乳動物の中に小天使が住んでいて、それは自然性や癒しの力を持っているからだ。自然性とは眠っている時しか発揮されない。法灯明は眠っている意識で、横にあるものを縦にしたりはしない。

動物が支配する「10運命の輪」は小天使と仲がよい哺乳動物が司っており、「11力」のカードの女性は、この自動的に動くものに対して手を加えようとしている。つまり、「11力」のカードの女性は人間になろうとしているのだ。ここでいう「人間」とは、神のそばにいるアントロポースというものであり、世界内存在ではない。

昔のタロットカードの説明で、「11力」のカードは獣的な本能を制御する理性的な力と説明しているケースがあったが、このような発想をすると、自分の中の自然な生命性ということを瞬時に否定するか抑圧してしまうので、健康によくないし、多数の弊害を体験することになるだろう。多分、神経的な病に罹《かか》ってしまう。

ケン・ウィルバーは、動物と人が一体化した意識をケンタウルス意識と呼び、初めてここで健康になると述べていた。人間は頭でっかちで、自分の身体を切り刻んでいるのだと。

そもそも哺乳動物は、獣的というよりも、脳の旧皮質に似て、愛情とか共感とか、保育本能とか、生命の維持に必要な要素をたくさん持ち、むしろ人間脳の方が、これらに対して歪曲する性質がある。人間の思考で、真に正しく完全な判断をすることはほとんどない。後で考えてみると、必ず間違いがあるのだから。私達の歴史はまさに誤謬《ごびゅう》の歴史でもある。

「11力」のカードは、自然な川の流れに対して、逆流するようなものを発揮しようとしている。これはとても重要なことだ。というのも、人間の意識的な意識、自覚というものは、流れに対して抵抗することで生じる。私達の中にはあらゆる感情とか思考とかが流れているとみなそう。これらの流れに対して、何一つ抵抗しない場合には、これらは存在しないように見える。知覚するとは、特定のものに対して、こだわり、その流れに抵抗することにあるからだ。たとえとして、鮪は回遊魚であり、回遊しないと死ぬ。鮪は、自分が回遊していることに気がついていない。魚は自分が水の中にいることを自覚しない。

いろいろなものがたくさん移動している時に、何かに気がつき、「ちょっと待って」と止める。警察官が、道路を走るたくさんの車の流れを見ている。その時、ある一台が、黄色のラインを横に踏み越えた。警察官は、その車を止める。この時ぼうっとしていると、このことは知覚に上がらない。車は黄色のラインを超えてはならないという記憶があり、だからこの車を止めた。この瞬間、警官の意識は目覚めている。眠ってはいない。

宇宙に住んでいる存在は、独立的な球型の自灯明性質と、連絡する線型の法灯明の意識の交互の配列があると説明したが、球型は、自立的であるということは、流れを止めて、そこに、球体のダマを作るのだ。線型は、連絡し流れていき、この流れていくことに対して、ほとんど無自覚で抵抗しておらず、抵抗していない間は、その存在は不在であり、眠っていると考えればよい。目覚めてしまうと、この連絡するという川の流れを止めてしまう。

グルジェフは人間の目覚めということにこだわった。ぼうっと眠っていることをひどく嫌った。しかしぼうっと眠っていることによって、哺乳動物としては、まともに生きている。「10運命の輪」で、惑星が回転したり、車輪が回転したりすることに、動物は完全に無自覚で、無自覚だからこそ、車輪はスムーズに回転しているのだ。

「11力」のカードの女性は、自分の中にある自然な、眠りつつ流れている哺乳動物的な要素を、人間的な自覚という視点から、ストップをかけているか、あるいは流れを変えようとしているか、注意を向けようとしている。手を動物の口にかけていて、どうしようとしているのか、絵だけからは推し量れない。自覚しようとする人間は、太陽系の中に住む神の子羊であることをやめて、太陽系の外の恒星（大天使）に従うアントロポースになろうとしている。

ホドロフスキーは、大アルカナを二つのグループに分けていて、最初のグループは「1魔術師」から始まり「10運命の輪」で終わると考え、第二のグループは「11力」のカードから始まり、「21世界」のカードで終わるとみなした。この分類は昔からタロットカードでは頻繁に使われていた方法だ。これでいえば、二番目のグループの流れとは、「11力」でテーマが始まるので、自然的な流れ、世界のナチュラルな律動に対して独立するというテーマになる。人間は世界の付属品ではない。世界から独立しなくてはならない。

私がタロットカードをグノーシス的な思想のものであると考えるのは、グノーシス者達は、基本的に世界否定の姿勢だからだ。太陽系の中に飲み込まれて、この中で神の子羊として、素直に生きることは、本来の人間の生き方ではなく、それはとても惨めなことだと彼らは考えている。自分達は世界の中で生まれたのでなく、興味を持ってしまったがゆえに巻き込まれてしまったのだと。

とはいえ、太陽系とは太陽を中心にして、この中に複数の惑星がある。太陽系の中に住むとは、恒星太陽に従うことを意味する。つまりグノーシス者達は、一つの太陽の腹の中に従属するのでなく、さまざまな恒星が輝く世界に住むのが重要なのだと考えた。太陽よりも下の階層の惑星基準で生きるのではなく、恒星基準で生きたいのだ。アリスタ・クロウリが、「すべての男女は星である」といったのは、すべての男女は恒星であり、独立的であり、暗闇の中で一人輝かなくてはならないといったのだ。

太陽系の太陽は恒星であり、そこに惑星を複数従えている。多くの神の子羊達を従えた太陽に従属するのでなく、よその恒星に関与することは、この太陽系の太陽に対して、対立意見を持ち込むことにも通じる。古代エジプトではシリウスのヘリアカルライジングを重視したので、太陽系の太陽とシリウスを重ね合わせたとみてもよい。ギリシャ時代以後は、あるいはエジプトの後期は、このシリウスを削除して、太陽のみに目を向けた。シリウスと太陽を重ねた時には、この太陽系の中に、シリウスを通じて、さまざまな宇宙種族が入り込んできた。ギリシャ以後は、それをシャットアウトして、唯一の神である太陽に従う神の子羊だけを許容した。

「11力」のカードの女性は、半分は動物でできている。人間は創造的な活動をして目覚めている時だけ人間であり、日常暮らしている時、ぼうっとしている時は、哺乳動物であるので、「11力」のカードの女性は半分哺乳動物、半分人間だ。つまりしっかりは目覚めておらず、目覚めた時もあれば、また眠っている時もある。「11力」のカードは、人間になろうとする努力の始まりであり、まだ力足らずで、未完成だ。

絵柄の中の動物は、外部にいた動物ではなく、彼女の下半身を展開したものなのだが、動物の目は、生殖器のあたりに位置している。グルジェフのいう、身体、感情、思考の三つのオクターブで、身体の中にある頂点的な振動密度の物質、法則12の成分は、性センターの力といわれるが、これは腰にある。法則12は、法則48、法則１９２などと連動し、これらは法灯明に属する。小天使の実体は法則12であり、これを12のデイモスと呼び、哺乳動物の本体すなわち中層重心は法則48であり、植物の重心は法則１９２にある。

法則12はあまりにも高速な物質なので、これを通常の感情や思考は全くコントロールできないし、足を救われることがほとんどだ。つまり性センターの力が走り始めると、思考や理性は全く歯止めする作用が発揮できず、周囲の評判を気にしたりもできない。この法則12に対して、支配力を握っているのは、法則6のみであり、これは恒星の中層重心、つまり大天使の実体だ。動物の目は、この性センターという極めて高速な原理で働いているので、通常の人間には手に負えず、どうすることもできない。長いプロセスの果て、「17星」のカードくらいまで行くと、これは自由に扱えるようになる。

また、太陽系の中の惑星の運行は一方向にしか動いておらず、「10運命の輪」は一方的にしか回転せず、それでもクランクは置いてあるので、オートマティック運転をオフにして、手動でクランクを逆回しにできる。それに成功するのは「20審判」のカードであり、そこに至るまでは長く時間がかかる。つまり、この「11力」のカードで、今後の目標が明確になったということである。

東日本大震災が起きた時、テレビ局の放送はすべて震災のことだけを報道する番組に切り替わった。そしてコマーシャルも、同じ数種類のものを繰り返し流し続けた。このコマーシャルが原因で神経が傷んだ人は多数いたが、この時、どうして震災の番組と同じコマーシャルばかりを繰り返していたのか。これは日本人ならば、同じ思いでなくてはならないと思ったからだ。その後、頑張れ東北というムードになり、「絆《きずな》」という言葉が頻繁に出てきた。そこで、違うことを思ったり考えたりしてはいけない。すべての人は心を一つにしなくてはならない。これが線でつなぐ法灯明であり、連絡する性質というのは、全部が同じになり、差異性が消失し、小天使、哺乳動物、植物の連鎖の性質が優位になった状態でもある。

大天使に対応する法則6は、高次な思考センターの速度であるといわれている。この法則6には、法則12の力が及ばない。しかし人間の通常の思考の速度は、法則48で機能しており、これは冴えも発見もなく、ひどく退屈な思考であるために、感情の速度にはとうてい追いつかない。法則48で動く思考とは、「これはどういう意味ですか？」と問いかけているような状態の時の速度だ。人間は思考よりも感情の方が振動は高く、速度も速いのだ。

結果として、高次な思考である法則6が発達しない限り、すべての人は、感情に支配された思考、あるいは思考を偽装した感情しか働かない。これは動物に引きずられた人間という意味だ。

私は多くの場合、まだ人間は思考力を手に入れていない段階なのだと思っている。「11力」のカードは、きっぱりとこの流れを変えたい。しかし、それは古い時代のタロットの解釈のように、動物を抑えつけるという意味ではない。動物部分を体の中から取り出して、それに手を加えたいということなのだ。それを見ている、それを意識するというだけでよい。

　これはグルジェフのいう「自己想起」というもので、印象があり、それを見ている私がいる。さらにそれを私は見ている。さらにそれを見ている……というふうに、印象に対する自己同一化から、自分を独立させる努力、修行だ。印象というのはさまざまあり、思考も印象であり、感情とか、感覚とか、気分とか、さらに物質の映像も印象である。それらに同一化した時に、本人は不在になる。印象に同一化した時、私達は動物になり、太陽系の中に住む神の子羊そのものになり、どこを探しても私達自身はもう存在しない。

「9隠者」は、衣類の内側にたくさんの肌色を残し、それは物欲、世俗欲、そしてホドロフスキーにいわせると性欲も残っており、これが「10運命の輪」に落ちる原因でもあった。となると、「11力」のカードでは、改めて自覚的な自分にチャレンジしようという意志を固めたと考えてもよいわけだ。動物の支配する世界に落ちたので、それを何とかしたい。

腰に意識的に

ホドロフスキーは、「1魔術師」は机の上であれこれ実験しており、主に上半身が重視されており、それに比較して「11力」のカードは、腰から下の作業だと述べている。カフナの研究家のロングは、人間には高自我と、中自我と、低自我があり、高自我に向かうには、一度低自我に降りなくてはならないと説明している。中自我、すなわち人間の日常自我は直接高自我につながることができない。ロングは、低自我に名前をつけて、夕方などに瞑想の時間を作り、ここで、低自我と会話するのがよいと主張している。

知的に発達を遂げた人は、この低い部分に関してはほとんどノータッチなので、そこにアクセスすると、獰猛で未調整の衝動が飛び出してくる。そこを育てる時間を全く取らなかったからだ。「11力」のカードでは、この下半身の動物、低自我を丁寧に扱い、やがてはそれを高自我との通路にしようとしているのかもしれない。私は動物に同一化せず、むしろ、動物を外に取り出し、それを見るのがよいという点で、動物を飼うことをお勧めしている。動物と一体化している人は、自分の中に動物がいて、それに全く無自覚になるので、まさに人生はままならない。つまり何をしたいと思っても、流されて、一歩も違う方向には進めない。

世の中には月についての本がいくつかあるが、月は外化することが大切で、月に自分の感情が同化したりすると、その人は人間になるチャンスを失う。

動物の歯は六本、人間の帽子の上には六つの突起、彼女の足には六本の指があることをホドロフスキーは指摘しているが、6の数字は「6恋人」のカードも参考になるように、自分と相手をフィットさせる、上手く組み合わせるということでもあった。歯車がかちっと組み合わさる、呼応するということだ。動物と彼女はフィットしてお似合い。さらに、高次な領域ともフィットする。大地にも向いた場所がある。

ロングがいう、高自我には低自我を通じてしかつながらないというのは、グルジェフ水素式にいえば、腰に性センターとしての法則12の物質があり、そこを通じて、頭の上にある法則6につながるという構造かもしれないが、「7戦車」で説明したように、身体の中にある頂点的な成分の法則12物質はそこで進化が停止して、前に進むことはできない。感情の高度な部分が宇宙に飛び出し、法則6の力に浸され、そこから降りてくることで、はじめて、身体の最も発達した精妙な成分である法則12部分を進化させることができる。

つまり、身体の本能的な要素に働きかけるにも、まずは高次な感情を仲介しなくてはならないということでもある。身体の最も高度に発達した部分、性センターに対して、とりわけ思考や知性は、ダイレクトに働きかけることはできないということだ。

感情の高度な部分を発達させようとした時、感情の低い部分が足を引っ張る場合は多い。身体の性センターの力、法則12は、感情の法則12と共鳴することで、本来の性センターの力を取り戻し、それは地上的な男女の性に向かわなくなり、むしろそのことに無関心になる。

実は、性センターというのは、そもそもが単性的な性質。低自我に関しては、感情の浄化、感情の訓練というものが最初は必要で、これはあらゆる感情体験をすることで次第に洗練される。特に芸術は、高度な感情の成分を発育することに役立つ。芸術は独立的で、「何のために?」という道具主義が全くない。

例えば、音楽というのは、人間生活の諸事にほとんど関わらない分野だ。作曲家のイーゴリ・ストラヴィンスキーは、「音楽は何にも役に立たない」といったが、それは音楽に対する最高の賛辞かもしれない。実生活のどのようなことにも役立たないのが音楽だ。

6の数字が強調されているように、常に下半身の動物部分をケアし、それと噛み合うようにして、つまり無視も抑圧もしないで、頭の上と腰と、足元が共鳴するように努力していくこと。ホドロフスキーは、「霊的エネルギーと本能的エネルギーの接点」と述べているが、アリスタ・クロウリは、動物は神の代理人として働くと主張していて、ここから獣の印６６６を好んだという経緯もある。

動物は神の代理人というのは、日本では馴染みのある概念で、神社では、動物は常に神様の眷属《けんぞく》で、いつもいいつけを守っているので、違和感はない。西欧では動物的な要素を絶滅に向かうように仕向けてきたので、この動物に対しての解釈は全く違うものだし、エジプトと日本だけが、動物を人間以上の存在とみなす傾向がある。その背後にあるのは、シリウス信仰などだろう。シリウス意識とは、半人半獣だ。ハトホルも猫の顔をしている。

私は、かなり長い間、お絵かき分析教室を開いていた。タロットカードを絵に描いてもらうということも長く続けた。この時、「11力」のカードを描いてもらうことを特に好んだが、それは絵を描く人の中で、人間と動物の関係をどう描くかということに、その十人十色の価値評価があり、それが絵に素直に出てくるので、興味があったからだ。巨大な動物と米粒のような自分を描く人もいる。動物を殺してしまう人もいる。これらは絵の中で動物と人間の身長差でもわかりやすい。またパスワークの場合も、この関係ははっきりと出てくる。

十牛図では、動物としての牛は第五図で案内者になるが、その前に第四図で牛を殺してしまう人もいる。牛が暴れすぎるので、丁寧に扱うという姿勢を投げ出してしまったのだ。

人間の脳は、人脳、羊脳、虫脳の三つに分かれていると説明したが、人脳と羊脳が上手く連携を保っていないケースでは、人脳は羊脳を否定するし、羊脳は人脳のいうことを聞かず暴走する。この有様は、飼い犬と主人の関係としても現れる。自分が主人と思い込んでいる犬は、散歩の時に、一人でどんどん走っていくが、これは主人としての人間の中で、羊脳を人脳が上手く扱えていないのだ。

ホドロフスキーのキーワードは、動物性、野獣、創造性、深部、声、思春期、話すこと、黙ること、再生、力、始まり、交流すること、感じることなど書かれている。

超越瞑想のマハリシ・マヘーシュ・ヨーギーは、町に3パーセントの覚醒者がいれば、その町は平和だといった。コリン・ウィルソンは5パーセントの迎合しない人がいるといった。これらは神の子羊の群れの中にまぎれた人間を示している。この3パーセントの比率が少ないと、町は戦争と殺人が増加する。神の子羊は印象の中に眠っており、つまりは利害意識とかエゴを無意識にむき出しにし、他者を押しのける。人のことを理解することはできない。

政治的な人々、あるいは権力者の中にこの3パーセントの人々、すなわちスターピープルはほとんどいないか、かなり少数だ。世界を平和に維持し、互いのエゴで互いを滅ぼさないようにするには、この「11力」のカードの姿勢は非常に重要であり、自己想起はそのメインとなる修行でもある。

このカードを一言でいうと、奴隷から開放される行為だ。グルジェフは、人間は機械だと述べていた。思考、感情、身体の動作は、無意識に特定の印象、人格像などに自己同一化しており、自動運動をする。奇妙なことに、私達は自由意志を発揮するというと、自分の好きなことをすると思いがちだが、これは自分が無意識に同化しているものに隷属することを意味するので、機械化、自己の不在に向かう。カレーが好きな人がカレーを食べるのは自分の癖の奴隷となることで、自由意志の反対だ。

感情の癖、思考の癖、動作の癖はたいてい連動しているので、この機械的な癖が発揮できないような複雑で精巧なダンスをすることで、無意識の同一化から覚醒するということがムーブメントの大きな意義なのではあるまいか。

また、ロベルト・アサジョーリの、無意味な行為に集中するというメソッドも役立つ。何かに無意識に同一化している人は、そこに意味があると思うからだ。まるっきり意味のなさそうな行為に集中して取り組むと、この無意識の同化行為から覚めてしまうということは多い。

クロウリの手にかかると、紳士淑女的な姿勢に同一化している人に、公衆の面前でわざと下品なことをさせるという手法になった。お葬式で笑いこけるというのもあるかもしれない。

すべて眠りから覚めて、機械から脱出する、動物を身体から引き剥がすことに関係する。

XI
LA·FORCE

12

LE PENDU

吊られた男

12の数字

「11力」のカードも尋常ではない絵柄であるといえばそうだし、「12吊られた男」となると、さらに尋常ではない、日常起こりにくいような状況を描いている。

そもそも「11力」のカードから「21世界」までの二段目のカード群のテーマは、自然な流れに対して抵抗し、方向を逆流させるような傾向なので、自然的なものすべてに逆らっていると考えるとよいだろう。「11力」のカードで提示したテーマを「12吊られた男」はさらに前に進めようとしている。

12の数字は私達には馴染みがある。12か月や午前の12時と午後の12時。さらには12サインに十二（12）支。60分とか60秒にしても、時間の単位はこの12という数字を基礎にしている。12を構成する数字、1と2を足すと3になり、3とは創造や生産的な数字だ。

「3女帝」は休みなく何かを生み出してきた。ところが12の数字は、偶数なので、それは内向きだ。つまり内向きの生産性とは、一人内面で思いついたり、新しいことを発見したりするということになる。

占星術の12サインは、人を閉じ込める作用がある。出入り口は春分点あるいは秋分点にしかなく、そこの場所はより大きな宇宙につながっている。しかし、一度春分点から12サインの世界に入り込むと、秋分点か、あるいは次の春分点までは脱出できない。春と秋は昼と夜が同じ長さで、陰陽中和の場所は、外との出入り口として働くということだ。閉じ込められた状況で、一人内的に生産する、というのは、「12吊られた男」の絵に似つかわしい。

この「12吊られた男」の状況はいかにも異常なので、これを否定的に見る人もいるが、しかし、これを好んでいる人もいる。

例えば、売れっ子作家ならば、ときどきホテルに缶詰になる。これはわざと軟禁状態を作り、日常楽しめる道具も近くになく、ただ仕事をするしかない場を作り出し、全く気が散らないところで、内的な生産力に集中できるのだ。フィリピンのセブ島で英語留学した人の話を聞くと、周囲には何もなく、しようがないのでずっと英語の勉強をするしかなかったのだという。

手足の自由を奪われ、閉じ込められた状況というのは、集中しなくてはならない人からすると、とても好ましいシチュエーションだ。

ジョン・C・リリーは、アイソレーションタンクを思いついた。今日使われているアイソレーションタンクは、創始者のリリーのものとは違い、大きな器があり、この中に硫酸マグネシウムの溶液を入れる。人はそこに横たわると、液体の比重が高いので、浮くことになる。そしてこのタンクの周囲は密閉され、音が入らず、光もなく、身体が浮くので、無重力のような体験になり、つまり外界の刺激をすべてシャットアウトして、一時間とか二時間じっとしているのだ。すると、まるで世界から追放されたような気分になる。どこかの山奥の岩の隙間に落ちてしまい、もう誰も救助しに来ないのではないかという気分。しばらくすると、目を開いたままでも、いろいろな映像が出てくるようになる。というのも脳は刺激がないままにしておくと、次々と機能が死んでしまう。印象活動なしに人間は生きていけないのだ。外から印象が入ってこないのならば、しようがないので、自分で印象を作り始めるのだ。

私の場合、紺色の蔦のようなものが、身体を覆い始めた。一体これは何だろうと思っているうちに、さまざまな映像が上の壁に映り始めた。感覚が遮断されると、非常に奥深い記憶や印象というものが出てきやすくなるのだ。

このアイソレーションタンク体験は、まさに「12吊られた男」の体験そのものだ。高次な領域というよりは、どん底にいるような気分があるのは確かだが。

ホドロフスキーは、大アルカナカードを二段に分けて、二番目のグループのスタートは「11力」のカードなのだから、これが一段目のスタートの「1魔術師」と共鳴すると解釈して、「12吊られた男」は、「2女教皇」と共通面があると考えているようだ。これはロゴスを表す九進法思想からすると、数字の意味としては間違いだ。11は2なのだから、「12吊られた男」は3だ。

だが空間的に二段に配置するならば、似ているということには違いない。「2女教皇」は卵を抱えている。私の体験ではこの卵は釣鐘だと書いた。「12吊られた男」は、孵化する側でなく、孵化される側で、ホドロフスキーは「彼は新たな生命が生み出される妊娠期間に入っている」と書いている。

燻製《くんせい》を作る時に食物を吊るすとか、または熟成肉を作る時に一週間常温で肉を吊るして、その後二週間は50度の温度のケースの中で吊るすとか、どこにも触れずに保管していることは、ワインやお酒もそうだろうし、何か孵化する、熟していくという印象がある。外界から刺激を与えてはならず、静かにしていなくてはならない。すると自分自身が持っているものが滲み出し、全体に浸透し、変容していくということになる。

上から来るもの

しかし、どこからも刺激は入ってこないのかというとそうではない。物質的にはどこからも刺激は入らないのかもしれないが、「12吊られた男」の足は上空の横木に綱で縛られており、それ以外のものからは隔絶されているというのが特徴だ。

この横木は、「5教皇」のカードで出て来た背もたれにも対応する。「5教皇」は神の領域と、人の世界をつなぐ存在だった。この間の段差は古い神学の発想でいえば七段階だった。

「7戦車」カードで、私は七つというのは上から降りるとレまでしか降りることができず、下から上がるとシで止まって、それ以上は進まないと説明した。「5教皇」は神の代理人として、上から降りる7に関係し、これは地上に住んでいる人には伝わらず、特別に入門してきた信者には伝わるということも考えなくてはならなかった。信者は仲介者として、教皇と世間の間の隙間を埋める役割だ。

生命の樹をそのまま当てはめた西洋魔術の団体の位階は、一般人をマルクトに当てはめ、それは見学者のようなものだが、入門者をニオファイターイエソドに当てはめた。入門者には「5教皇」が持ち込んだものは伝わるのだ。インドの寺院などで中に入るには靴を脱がなくてはならないというのも、この名残かもしれない。

そうなると「12吊られた男」は、明らかに上の横木に接触しており、そして大地には接触していないのだから、「12吊られた男」が足をかけているヤコブの梯子の横木は、上から降りてきた七段ということになる。

実際に、左右の木の枝の節を数えると、七段目にかけられた横木に、「12吊られた男」は吊られており、この横木部分を足して、合計で七つ切れ目があり、大地に到達する前に、レの音は終わっている。

一番上の切れ目に「12吊られた男」の足は吊られているが、踵とか足首は、上から二段目あたりにあり、これはチャクラでいえば、上から二番目のアジナ・チャクラに該当する。「3女帝」では、アジナ・チャクラが最大限機能して、「3女帝」はたくさんのイメージを見ていると書いた。「12吊られた男」はそこを足場にしているということは、多くの人は、大地を足場にして生きているのに、この男は、このアジナ・チャクラ的な映像なりビジョンなりを足場とみなして、そこで考えているということになる。実際的なものは何一つない。すべてはイメージやビジョンだ。

例えば、私は毎日夢を見ているが、目覚めた後と、この夢の体験が地続きになることは多い。夢の中で見たものをもとにして何か考えたりする時、ほとんど、実際の大地から得た体験は入り込んで来ない。完全に空中楼閣的な思考体験だ。反対に大地に立って生きている存在は、この夢の記憶をほとんど保てない。

左足は受容的な足で、右足は踏み出す足。踏み出す足は折り曲げて休止状態にしてあり、もっぱら受信する左足が、この最上位の意識からもたらされた第二階層の情報を取り込む。「4皇帝」は大地から左足で受信していたが、「12吊られた男」は天空から受信する。

ところで、この天と地をつなぐ虹のような七段の階層だが、七つのうちの一つの内部には、さらに七つの階層があり、さらにその一つの中に七つある、という構造が昔からよくいわれていた。

これはグレートセントラルサンは恒星を七つ持ち、恒星は七つの惑星を持ち、惑星は七つの月を持つという考え方にも通じる。生命の樹はチャクラと同じく七段あるが、私は最近自分の本では、イエソドとマルクトの間にある七階層ということにこだわっていた。つまり、ここに七つの地球があるのだと主張した。

「12吊られた男」が吊られている七つの段階が、大きな範囲においての神と大地の間の七階層だとすると、「12吊られた男」は恒星レベル（第八天から第九天までの間）に足場をつけていることになるが、この七段をもう一つ小さな範囲に当てはめると、イエソドにぶら下がっており、そしてマルクトには到達していないとみなすこともある。実は、この方が技術的には高度なものを要求されている。

というのも、恒星から大地までならば、精神的に考えるのみで、純粋に哲学的な探求だけでよかった。しかし、イエソドからマルクトまで、となると、応身（エーテル体）から釣り糸を垂らすということで、非物質的生存を追求することになり、抽象論では済まなくなる。ここでは応身、トゥルパといわれる分身、即身仏、即身成仏などのテーマなどが出てくることが多いのだ。あるいは仙道の気化などだ。こうした道の追及をする人は、たいていの場合、どこかに閉じ込められ、行動力を奪われる。即身成仏の場合には、地面の中の穴に閉じ込められる。みな「12吊られた男」のようになってしまうのだ。

「12吊られた男」の進化段階では、こうした道に関してはそう自覚していないかもしれない。これは「18太陽」のカードから「21世界」のカードの段階で取り組むテーマなのだ。だが、何かこのことを予感している要素は十分にある。というのも、「12吊られた男」の頭は、上から降りてきた七つの音が終わったレの部分から、下の大地に開けられた穴の間にあり、そのあたりに「頭を突っ込んでいる」というのが特徴的だからだ。上からぶら下がった者は、自分の持つ成分で発酵する。そして大地に接していない時に、架空の大地を想定すると思うのだ。

「7戦車」が大地に張りついて、下のドから始まる七段階を表しているのに比較して、この「12吊られた男」は、上のドから始まる七段階を表現しているので、この2枚を比較するとよいのではあるまいか。

一つは行動に関係し、それに大地からの基準を信じている。もう一つは全く行動不可能であり、「7戦車」が信じているものを何一つ信じていない。大地に触れてはならないのだから、この人物は何か働くわけでもなく、実用的なことをするわけでもなく、暇であればあるほど、「12吊られた男」が追求しているものは上手くいく。

「7戦車」は世界内で、ハムスターのように忙しく動いた。しかし「12吊られた男」は、「11力」のカード以後のものとして、世界に組み込まれることを否定的に見ている。「7戦車」が、意義を感じる事柄のすべてを、この「12吊られた男」は何と空しいものなのかと考えている。

「11力」のカードで、「10運命の輪」を支配する動物の動きを止めるか、方向を変えるか、加工するかを計画した。「11力」のカードでは、世界の一方的に流れる時間の外にあるものこそ、真の自覚や目覚めであると考えて、世界の外にあるものを追求しようと考えた。世界の外とは、神のそばにいるアントロポースとしての人間の立場であり、実際に「12吊られた男」は、「11力」のカードが目指したことをそのまま前進させようとして、そしてその現実に慣れるために、熟成するまで、獣の支配する大地から離れている。じっとしていると、感情とか感性などもみな、この天からやってきたものに作りかえられていく。しかしその前に、大地に立って考えていたこと、習慣、感情などがみな腐敗していく。

私達は何か知りたい時に、本を読んだり、人から聞いたり、地上の情報を検索する。しかし、この12「吊られた男」はそれをしない。情報源は天からやってくるものだけだ。

お金はかからなくてよいと考えている。もしくは、買うものもなく、支払いする必要のあるものが何一つない。お金がない人とか、引きこもりの人も、このカードには相性がよいのではあるまいか。実際、ホドロフスキーは、「12吊られた男」は、逆さまになっているので、ポケットからお金が落ちる、なくし物をするという旧来の読み方も取り上げているが、お金を儲けたいのならば、生命の樹のパスで、この吊られた男と対照の位置にある「10運命の輪」のカードを追求した方がよいだろう。「12吊られた男」は、世間的なチャンスがほとんど失われたカードなのだ。

胸の生命の樹を表すボタン

ホドロフスキーは、タロットカードは三つの一神教の影響を色濃く受けているので、カバラの影響もあるはずで、吊られた男の胸にある10個のボタンは、生命の樹の10のセフィラ（複数形を「セフィロト」という）ではないかと説明している。

確かに、下から数えて六番目はティファレトの番号で太陽の印が描かれ、また下から数えて九番目のイエソドは月で、一番上に位置する十番目は立方体を思わせる四角形でマルクトだ。つまり生命の樹をひっくり返した図が、このボタンに対応する。

大きな樹は、この「12吊られた男」の絵柄そのものに反映されている。男は中央の柱で、左右の樹は、ヤッキン、ボアズの柱で、しかも七段描かれている。

この左右の柱に作られた七段を、まず、草むらを下のドの音にした時に、木の切れ目のミの音、つまり三段目から、レに降りて、ドに至る中間くらいまでに、「12吊られた男」の身体のボタンの生命の樹が配置されている。

一番下の草むらがマルクト、二番目がイエソドとすると、三番目は、チャクラでいうマニプラ・チャクラに対応するネツァク、ホドに該当する。このあたりの位置には、「12吊られた男」の赤色、黄色、緑色、青色など多彩な活動が展開されており、それに縮小範囲に、10個のセフィラが満載されているが、三段目から上のパンツは紺色で埋められており、抽象化されているということになる。赤色、黄色などは接近色だ。それは生々しく身近。紺色は遠ざかる色で、身近に感じるものではない。

つまり、「12吊られた男」は、下三つ、チャクラでいうと、ムラダーラ・チャクラ、スワディスタナ・チャクラ、マニプラ・チャクラについて、生き生きとした活動をしている。これは「11力」のカードでは、動物が存在する下半身部分だった。「11力」のカードでは、下半身の動物要素に力を加えたり、興味を向けたり、再教育したりすることを試みていたが、「12吊られた男」は、そこに頭を突っ込み、この中に入り込んだようにも見える。「11力」のカードまでは頭は上にあり、動物は下半身から取り出したが、まだ頭は同一化しておらず、あたかも外部的なもののように扱った。今度はここでは動物の頭がメインになるくらい、「12吊られた男」は没入している。

グルジェフは、「高次な意識は最初から発達しており、それを発達させる必要はない。問題は常に、低次の意識の部分であり、それは多くの場合、未発達である」という。となると、この「12吊られた男」は、この低次な部分に意識を向け、そこを蒸留し、熟成させることに時間を費やしている。

ホドロフスキーは「頭を下にしているこの人物の姿勢は、母胎にいる胎児の姿勢を思い起こさせる」と書いている。スタニスラフ・グロフは誕生時のトラウマを思い出すために、ブリージング手法を編み出した。これは長い時間過呼吸をしていくのだが、感情体と身体は呼吸だけで結びついているので、この過呼吸をしていくと、感情体が身体から浮き出してしまう。その結果として、身体に入る時の境い目の体験をしやすく、中には生まれる時のトラウマだけでなく、生まれる前の体験を思い出してしまう人もいる。胎児は母体の中にいるが、感情体すなわち魂は、もちろん母体の中にはいない。
キリスト教は、ある時期から、人間の魂は生まれて後に発生すると考えたが、それはかなり無謀な考え方だ。胎児にある時、魂は中空にいて、身体の中に入るかどうか様子見している。つまり身体と魂は分離している。

占星術では、生まれた瞬間というのは東の地平線で表現する。これは黄道と、地平線の交差した場所で、黄道は魂を表し、地平線は肉体を表す。受肉するということをアセンダントで表現し、ここで魂の活動のスケジュール表であるサインと、肉体の活動のスケジュール表のハウスが結びつく。

こうした境界線部分、魂としてのアストラル体が、エーテル体というつなぎ成分（イエソド）を介して、肉体（マルクト）に接続されるあたりのことに、「12吊られた男」は頭を突っ込み、自分はどうだったのか、その体験を反芻《はんすう》している。通常頭が上にある人ならば、精神的なことを頭で考える。しかし「12吊られた男」は、むしろ過去の、自分が生まれる時のことを思い出している。

天上から降りてきた霊や魂は、エーテル体というつなぎ成分を通じて、身体と結びつく時、この霊や魂と、身体の関係を作る時の特異性というものがある。それは人によって違ってくる。霊や魂は比較的普遍的なので、あまり個々の違いは見られない。細かすぎる違いはなく、それは紺色一色だ。

しかし身体は、特定の時間・空間の中にのみ存在し、それぞれ著しく違うのだ。この身体の個別性に埋もれることが、上位の意識、霊や魂のことを思い出すことの障害になった。普遍的なものが、偏った限定されたものに閉じ込められるということそのものがトラウマで、それはしばしば恐怖さえ体験する出来事だ。

ヒプノセラピーなどで、セラピストはクライアントのトラウマを探したりするが、トラウマは誰にもあり、それは地上活動においての個性の発祥のもとにあるものなので、ある人にはトラウマがあり、ある人にはトラウマがないということはあり得ないのだが、「12吊られた男」はわざわざ自己のトラウマに直面していることになる。

出生時トラウマは、比較的根源的なトラウマだ。魂にもトラウマはあるが、それはその人の目的意識に大きく関係した、もっと広範な、あるいはある程度非人間的なものだ。しかし身体と魂のつなぎ目のトラウマは、こうした大きな目的に直結しているかどうかわからない。ただ生活においての不如意、無力感に関係したりする。つまり物質生活において最も根源的なトラウマだ。

この身体に結びつくトラウマは、それに悩まされている間は、上位の意識が降りてくることの障壁となり、また上位の意識に対する怒りを作り出していることがある。つまり地上に放置されたことの怒りだ。

この領域を明確に整理しないことには、上位の意識は上手く降りてこない。だが、誰でも暇になり、することがなくなると、この下の方に蓄積されたトラウマはすぐに上がってくる。それに直面しないように、人は忙しく活動したり仕事したりするのだから。暇を与えると頭が狂い始めるというのは、実は、よくあることだ。

イエソドとマルクトの間には七つの階層がある。図式的には、この七つの階層領域に、「12吊られた男」の頭や胸があるので、イエソドまでの七階層については深く関わるとしても、知識的にはこの領域はよく理解できない面がある。この領域の七階層は、物質に対する姿勢ということが大きく関わり、重い物質、軽い物質などいくつかの段階のことに関係し、将来的には重要なテーマとなりやすい。

日本のおとぎ話である、かぐや姫は熟成するまで地球にいて、完成した段階で、月の都市に向かった。この月の都市は、通常のマルクトよりも、もう少し軽い、イエソドとマルクトの間の七つの段階のうちのどれか、例えば、マルクトから一つ上がったところの階段にあるものかもしれない。

タロットカードの大アルカナは、十進数で設計されているとホドロフスキーは主張しているが、「０愚者」を除く21枚は、７で割り切れるし、小アルカナも、人物カードを入れると、それぞれ14枚で、タロットというものは基本的には七進数で作られたものであると思われる。いわばこれは七音律で作られた音楽なのだ。

そこで、相対音感的にいうと、「12吊られた男」で打ち出されたテーマは、七番目の「18月」のカードで完成する。「18月」のカードの中で、下から上がってくるザリガニは、「12吊られた男」の頭と胸の位置に該当する。彼が頭を突っ込み、まだこの段階では未知のものだったものが、「18月」で意識化されていく、あるいは主導権とか自主性を持ち始めるということだ。

「18月」のカードは、「17星」のカードで、星が持ち込んだものを、女性は池の底に流した。そのことで「18月」のカードでは、かつての星に住んでいた時の姿というものが浮上してきた。「12吊られた男」は、まだ普通の人間の形をしていた。だが、足元は星につけているのだから、いずれは、星から来た身体に変貌する可能性がある。逆さまに振っているうちにバルタン星人になったという話だと笑えるが、大地から遊離し、天に足場を持つのだから、将来的にはそうなっても不思議ではない。人間の形をした生き物は地球にしかいないとなると、そういう変身をしてもおかしくない。

12の数字は足すと3で、12の次に続く3の系列は、「21世界」のカードだ。「21世界」のカードを予感させるアイデアや考え方が、この「12吊られた男」の頭の中で練られている。多分、この段階ではまだ曖昧だが、しかしこの吊られた男の頭の中には、今後発展する種々のものがたくさん蓄積されているはずなのだ。

大地から切り離し、天空にぶら下がるというのは、「11力」のカードで追及した、さまざまな印象に自己同一化して自分を失っている状態から意識的な意識を救済するという行為と連続している。つまり、地球的な生活の中で発生する種々の印象から自分を切り離すのだ。すると、これまで地球的な印象によって占有されていた意識はすっきり空白の体験をすることになり、より微細で、高次な印象作用に気がつくようになる。トラックが行き交う交差点では聞こえなかったような精妙な信号が聞き取れるようになるのだ。

地球的な意識はH48だと説明した。全惑星意識はH24だ。この全惑星意識においての多くの知性との交流も始まる。「12吊られた男」は、地上的には閉じ込められ、孤独で、いかなる発展の可能性も奪われているが、実は、宇宙的な知性との交流とか、楽しい会話などが増加する。

私は、ここ数か月、オレンジ色の、私が個人的にはエビ人間と呼ぶ金星の知性体と会話していた。この知性体はため口で馴れ馴れしい。日本ではこの存在を七面天女と呼んでいる。

地上的には閉鎖的で、そして宇宙的な回路が開かれ、非物質的存在と毎日会話しているというのは、頭のいかれた人そのものに見えるが、こうした状況の中で、新しい人間像が育ち、熟成していく。地上の法則には一切従わないという点では、完全に世捨て人だ。

13

死神あるいは名無しのアルカナ

13の数字

13という数字はカバラとか、またマヤの哲学などでは、神聖な数を表していたという。12は空間数字として、占星術のように円環型にしてしまうと、この中に三角形と四角形に分割することができる。三角形は動作原理だが、四角形は特定の場に縛りつけ、特定の場所に閉じ込めた動作原理ということで、マヤ式の発想では、12とは空間の中に吸い込まれる時間数字ということになる。つまり、自由なはずの魂は物質的なものに吸い込まれ、最後は墓場に持ち込まれるという解釈になる。しかし13には均等な対称性がないので、時間数字は空間的なものの中に収まりにくい。物質性に捕まりにくいということだ。これはホドロフスキーのいう、対称性とか正確な均衡を悪魔的なものとして退ける大聖堂の設計者達のお好みに合っていたのだろうか。

13日生まれは破壊的傾向があるとか、12サインの13度はカリスマ的とか、ハーモニック13は天才といわれるとか、いろいろあると思うが、結局、不適応、浮いている、迎合しにい、強気などの性質という点では、どこに登場する13も似ている。

ホドロフスキーは、「12吊られた男」は犠牲になるイエスを表し、彼を取り囲む両側の木にそれぞれ六個の切り株があり、合計で12は十二使徒を表し、これは自我の12の偏向だと説明していた。この場合、イエスにたとえた真ん中の「12吊られた男」は、13番目に該当することになる。だが、このように説明してしまうと「12吊られた男」は、13の数字がテーマになってしまい、12番のカードとして切り株が主役になってしまう。イエスは13の数字に当てはめる方がはるかに理にかなっている。

「2女教皇」が卵を孵化させ、孵化されるものとは「12吊られた男」なのだという説でいえば、そこから生まれ成長してきたものは、「13死神あるいは名無しのアルカナ（以下、「「13死神」とする）」だ。12はまだ孵化されている最中で、行動などしない。彼は熟成した結果、「13死神」に変身してしまったのだ。静かに木に吊られていたサナギが、いきなり毒々しい蛾《が》に変貌したようなものだ。

マヤ哲学を研究していたホゼ・アグエイアスは、12システムを激しく攻撃し、13の暦こそが重要なのだと主張していたが、もし12のシステムが、回転しながら少しずつ上昇するという螺旋進化をするとしたら、輪が12の目盛りまで回った後、新しい1は13となる。それは終わりであり始まりという意味でもある。

13はいつ果てるともなく回転していくものに、新風を導き入れ、新しい段階に移行させる。この移行は、変化を嫌う人からすると、今までのものを停止させるので、好ましくないかもしれないが、大地に接触せず、天とのみつながって来た「12吊られた男」が、そのまま大胆になれば、天空の秩序を持ち込むために、まずはこれまで地上で続いて来たものを粛清《しゅくせい》しようとするだろう。地上の原理と天の原理には食い違いがあることを説明した。

これは地球特有のもので、他の世界には見られないものだ。どちらかを選ぶしかないとしたら、「5教皇」のように、曖昧さ、不正で誤魔化すよりも、きっぱりと地上の堆積《たいせき》した無駄なものを粛清する側に回る。

地上に堆積した無駄なものとは何だろうか。13は因子の1と3を足すと、4になる。つまり4の数字の奇数型なのだ。4の数字は縦糸と横糸をより合わせて安定を作り出し、また十字の網の目が果てしなく拡大するように、増殖する。対立物を飲み込んで、拡大していくというのが4の数字であり、「4皇帝」はそのようにして領土を拡大してきた。

アレキサンダー大王が東を制服した後、インドでは仏教にギリシャ芸術が混じり、ブッダとヘラクレスが同居している絵も出てきたし、日本に伝わる仏教は金色をよく使うものだが、これは、そもそも仏教が使う色ではなくギリシャから伝わったものだ。異物を飲み込んで平定していくのが、「4皇帝」の力ならば、これと兄弟的な性質でありつつ、奇数の性質を持つのが13だ。「4皇帝」が、異物を飲み込みつつ、平地に広がっていくのならば、「13死神」は、地上の気に入らないものを押しのけつつ平地に広がっていく。

奇数は能動的で、外側に対する働きかけが積極的だ。つまり、4という偶数が、4の数字を示す蟹座が象徴する胃の中に、異物を丸く収めて混ぜるのならば、「13死神」は異物を次々と跳ね飛ばしながらブルドーザーのように進んでいく。

占星術のサインで考えると、奇数というのは風のサインか、火のサインであり、これは分離するか反発するかという性質だ。4の蟹座は水で、これは混ぜていく、結合していくという作用であり、奇数は外にあるものを基本的には排除しようとする働きがある。

部屋の中の光景で考えてみると、「4皇帝」は世界にある珍しい品物をたくさん集め、麦穂を思い起こさせる首飾りを持っているように、豊かさを増していく。麦穂のスパイクという言葉はスピカと関係し、スピカは文化を多彩に豊かにしていくことに関係すると説明した。4はそもそも増殖なのだから。首にかけているのならば、それは知識と教養がどんどん増えていくことだ。

しかし、ここで「4皇帝」と裏の兄弟である「13死神」が登場すると、最近流行の断捨離《だんしゃり》で、いらないものを次々と片付けていくことになる。一年以上使わなかったもの、ときめきを感じないものは躊躇《ちゅうちょ》なく捨ててくださいというアドバイスに従って整理すれば、部屋はシンプルになり、このシンプルな部屋を見ると、気分はとてもすっきりして、何か新しいことをしたくなる。13の数字とは、外にあるものを飲み込まないで、4の表す平定という作用が働くのだと考えてみればわかりやすいと思う。

もう一つ、「11力」のカード以降は、反世界の流れと書いた。「10運命の輪」の反対回しをして、時間の流れを止め、任意アクセスの時間の活用を果たしたい。これが最終的な目標だ。この場合、「10運命の輪」の一方的な回転というのはカルマの堆積を生み出す。同じ傾向がますますエスカレートするのが一方的に流れる時間で、それを帳消しする作用が全く働かない。となると、十分に意識的でない状態で、習慣に従い、無駄なことをしてしまうということが増加する。

例えば、いつも買い物をする時に三つ買うという習慣の人は、必要がないと思ってもつい三つ買う。このような不要なものが部屋の中にどんどん増えていくのが一方的な時間の流れである「10運命の輪」の本性だ。備蓄の文化はよその地域では貧しさを増殖させる。「13死神」では、この「10運命の輪」の回転方向を反対にするほどの力はまだないが、しかし、余計なものを部屋の中から片付ける、あるいは買わないということはできる。

肉なのか骨なのか

「13死神」の絵柄は、奇妙な姿が描かれている。これは骸骨《がいこつ》を描いているわけではない。十分に肌色の肉がついている。いわば骨つきあばら肉のような姿だ。

カモワンカードの共通のものとして、青色は精神的な部分、肌色は肉の部分だ。特に胸の部分は肉が多いので内臓は全部残っているに違いない。右手は肌色だが、左手は青い。脊髄《せきずい》から腰骨は青い。また左足は青い。

この肉と骨という分け方だが、私はヘレニズム時代のヘルメス思想に似て、骨は本質を表し、肉は質量性だと区別する。タロットカードの場合、数字は骨子であり、ロゴスであり、カードの本質面を表している。それに比較して、カードの絵柄とは肉づけであり、これは余計なものをたくさん描き込むことができる。そして余計なものを描けば描くほど、もともとの本質の意味から離れていく。骨を隠蔽《いんぺい》して、骨の形が見えなくなる。

しかしタロットカードは、そういうロゴスを表しているものではなく、そこに本質的な意味はなく、これはゲームカードなので、余計な絵はいくら入れてもよいと考える人もいる。それは特定の時代のローカルな事象を描いただけであると考えることもできるが、歴史的にこれだけ長く残っているというのは、これがたんにゲームカードだと思えないことにもなる。ローカルで、客観性のないものは、長生きできないのだ。

一方的な時間の流れの中に住んでいると、タロットカードはもともとの古い起源に近いものの方が重要であると考えもする。カモワンとホドロフスキーが共同して、最も古いマルセイユ版カードを探して復元したのは、一番古いのがよいという発想に基づいていたのだろう。しかし、それが正しいとは限らない。

タロットカードは、ロゴスをできる限り忠実に翻訳しようとした絵本なのだと考えてみると、この「13死神」の段階では、贅肉《ぜいにく》に包まれた身体よりも、骨がはみ出して、肉がかなり減ってきた姿の方がより正確なタロットカードであるということになり、絵柄よりも数字を重視しようという姿勢にもなるかもしれない。

ホドロフスキーは、ウエイト版のカードを否定するが、これはカードのロゴスを無茶苦茶にしたからだ。例えば牛の骨に、豚の肉体を張りつけたようなものだ。特にひどいのは、8と11を入れ替えたことだった。

地上だけを粛清している

「13死神」は何もかもを断捨離しているわけではなく、絵柄を見ると、大きな鎌を振り回しているのは、地上だけであり、しかもそれは下三分の一程度で、上の三分の二は手つかずだ。「12吊られた男」は、ヤコブの梯子の上の方に足をかけており、大地には接触していなかったので、天の理のようなものに浸され、この中で考え事をしていた。この「12吊られた男」がもっと大胆になったのが「13死神」なのだから、彼は地上を粛清し、そこに天の秩序を持ち込もうとする。とはいえ、実際に持ち込むのは次の「14節制」のカードであり、まずは、「13死神」は地上のお掃除をする。

地上には男女の首があり、足が一つと手が三つある。肝心の胴体はない。手の先や足は、いわば末端部分だ。この末端部分とは、細かく分岐したものを示している。例えば、手先の指は、樹木の形と似ているといわれているが、これは情報の細分化を表していて、細かく分散したものを「13死神」は解体、あるいは元のものと切り離している。男女の首は、もともとの意図のようなものを示している。いったん人間としての結合体をばらして、再構築しようということなのかもしれない。

「13死神」が持つ大きな鎌は、三日月型をしていて、私はこれを月の性質とみなしている。「12吊られた男」では、ここに「12吊られた男」の頭があった。彼はこの下の部位に頭を突っ込み、それについて、ずっと考えていた。

生命の樹では、この下の部分はもちろんマルクトで、物質部分であるが、ここにはイエソドとしての月を象徴とするエーテル成分は入らない。入らないからこそ、マルクトは上から降りてきた法則が反映されない部位となり、形骸化したものとなる。ここに鍬を入れて、かき回すと、月を象徴とするエーテル成分、すなわち植物性の要素が混じり合い、これは生産性を高めることになる。

シュタイナーは、物質は鉱物の性質を借りているという。鉱物は生命としては死物で、それは変化・成長することはない。だからこの力を借りて物質は安定するのだと。エーテル体は植物の性質を借りる。アストラル体は動物の力を借りる。

「13死神」が、三日月に似た大きな鎌、あるいは鍬で耕している大地は植物がたくさん生えている。純粋にマルクト的な物質領域ならば、草木も生えないのだが、ここではばらばらの手足がまるで肥やしになったかのようにして、草がたくさん出ている。

「12吊られた男」では、下の草むらは真ん中が割れて、そこに異例なほど低い位置に、男の頭が入り込んでいた。「13死神」の鎌は、下のカード枠をなくして、その範囲を超えてまで低い位置に入り込んでいる。これは物質領域、マルクトに対しての過剰干渉なのではないかと思う。この鎌の取手は「13死神」の胸の位置だ。あるいは絵柄では腹の位置だ。自分の望む通りに、大地を粛清し、耕し、エーテル成分をそこに盛り込んでいる。エーテル成分は、生命力と翻訳されるが、下の三分の一領域が、これによって強い再生力、成長力、発展力を持つことになる。これまであったものを解体して、肥やしにしようとしている。

「11力」のカードは下半身に興味を抱き、「12吊られた男」と「13死神」は、異例なほど低い位置、マルクトに干渉し、このところ、ずっと下にばかり目を向けているのは、この下の方を「意識的に」調整しないことには、人間は自分をものにできないからだ。

「11力」のカードで、世界の中に飲み込まれた神の子羊としての自然な生き方に抗って、意識的な自覚のある自分を目指した。そしてこれは世界外、すなわち太陽系の外に、自分の自我を置くことになるのだが、肉体は地球から提供されたもので、この肉体を放置していると、頭の上は太陽系の外に向かっても、身体は相変わらず地上の哺乳動物の法則に従って生きるので、自分は分裂してしまう。

人間は目覚めた時、あるいは創造的な行為をしている時だけ人間であり、オートマティックな日常生活、食べたり飲んだりテレビを見たり寝たりしている時は哺乳動物という姿を、完全な人間に作り変えたい。こういう時は、やはり下の部分を徹底して改造する必要があり、「13死神」と次の「14節制」では、総入れ替えというプロセスが進行することになる。この計画は、「12吊られた男」が吊られている間に練っていたものだ。

最近はダイエットブームだ。かなりの人が新しいダイエットに挑戦し、そして失敗し、また違う方法を試す。「13死神」のカードは、骨の部位が多く、肉は比較的少ない。骨と肉のバランスとしては、現代的な視点では理想的なものかもしれないし、少し痩せすぎかもしれない。

健康な身体はＢＭＩ（ボディマス指数）が22程度だといわれているが、これは少しぽっちゃりした体型であり、もう少しスリムな姿としてはＢＭＩ20前後が好まれているのかもしれない。「13死神」は見たところＢＭＩが19とか18とかかもしれない。

人間の腹周りの肉は、有事の時のために備蓄しているという話だが、新しい世界を地上に構築するために、必要最低限の肉を持っているというのが「13死神」だ。肉は変化に抵抗するので、多く残してはいけない。見たところ、中性脂肪はとても少ないように見える。30とか40くらいの数値かもしれない。

脊髄は生命の階段

アリストテレスは生命の階段として、神、天使、人、動物、植物、鉱物というふうに、振動密度の高いものから低いものまで分類した。これでは大雑把《おおざっぱ》すぎるとして、グルジェフは絶体、すなわち神から、大天使、小天使、人間、哺乳動物、無脊椎動物、植物、鉱物、金属と分けた。シュタイナーは金属と鉱物をいっしょくたにするので、分類は比較的粗い。

この生命の階段は、脊髄に音符のようにマッピングされていると考えてもよいだろう。というのも、脳と腰の間をつなぐ脊髄は、上位の世界と下位の世界をつなぐヤコブの梯子の模型と考えてもよいからだ。この脊髄の一つが膨らんで脳になった。つまり人間は、自分に割り当てられた箇所を、ランチャーのように拡大表示して、この中に住んでいるというような図式だ。

「13死神」は、この秩序としての脊髄をむき出しにしている。それは青色なので、精神的な意味での位階制度のようなものでもあった。それは両側の木の節で描かれていて、外部的なものだった基準が、「13

死神」では、自分の体内に組み込まれている。そこから基盤としての腰につながり、さらに足につながって、その足が大地に置かれた女性の頭の上に乗っている。この右足は肌色なので、脊髄の段階では精神的で、抽象的だったものが、生身で生かされたものへと変換されている。

図の左というのは、生命の樹では右側を表している。これは能動的な、外に働きかける要素だ。「13死神」の右足もやはり働きかけ要素だ。大地においての女性の頭は、女性という点では受容的な要素であり、そこに脊髄が持っていた生命の位階、宇宙の生命圏の秩序を持ち込もうとしている。基本的に大地においての位階は、たいてい金銭収入とか、仕事の地位とかで決まっているものだと思うが、これは「13死神」の見解からすると、間違ったものだ。そうした価値観を「13死神」はばらばらに解体した。

仙骨、蝶形骨、踵

「13死神」の絵の腰には、赤いお椀型の形が見られる。また腰、首、腕のつなぎ目など随所が赤色に表示されている。腰の赤いお椀型のものは、位置がずれているが、腰の中の仙骨《せんこつ》を表しているのではないかと思う。この「13死神」の態勢では、腰の後ろを描きにくい。そこで、前の方に、不自然ではあるが仙骨を表示したものだといえる。

仙骨は、頭の中にある蝶形骨と、脊髄を通じて共鳴し合っている。蝶形骨は、松果腺を包み込むような位置にあり、松果腺が活性化すると、よく「頭の中で、蝶が羽ばたくような繊細な振動を感じる」という現象が生じる。このパタパタと繊細に動く感触は何とも言い難い、奥まった感情を刺激し、懐かしい気分になる。蝶形骨を、一時私はバッタのような姿だと思っていたが、やはり正しくは頭の中の蝶だ。これと仙骨が共鳴して振動すると、それは宇宙の振動と共鳴するといわれている。

頭の中の蝶形骨と、腰の中の仙骨が共鳴すると、次にそれは踵に伝えられる。これは「ヤコブ骨」というらしい。ヘブライ語のヤアコヴとかヤコブは、踵を示す言葉なのだそうだ。蝶形骨から仙骨へと伝わった振動は、そのまま踵に伝達され、それは大地の中に転がっている女性の頭に伝達される。

女性の頭には五つの突起があり、これは創造的な行為を表す。「13死神」が貧乏ゆすりをすると、この女性はみるみる元気になり、また蝶形骨、仙骨、踵が、宇宙と共鳴することで、宇宙的なものと一体化した地上というものが再構築される準備ができるということだ。

もう一つの身体のつなぎ目というのは、常に腎臓と関係している。私が足首を痛めた時、鍼治療院ではなぜか手首を盛んに治療していた。身体の稼働部分で、二つの部位を結合して、そのずれを調整をするのは腎臓の役割で、これはまた楽しむこと、感受すること、喜びを感じたり落胆したりする役割を担っているということだ。蝶形骨、仙骨、踵、大なるものを受け入れる感受性などは、肉が多すぎると、それらの働きを遮蔽してしまう傾向がある。

この腰にある赤いものを仙骨では位置が違うので、前立腺と考える場合もあるかもしれない。前立腺や仙骨はクンダリニにも関係しているが、ホドロフスキーは、クンダリニは性力と考えている傾向があるようだ。ムラダーラ・チャクラは性の分化がされていない。性の分化が始まるのは、上のスワディスタナ・チャクラからであり、クンダリニの力がこの方向で刺激されてしまうと、悪名高く知られているクンダリニの異常現象が多発する。世界内の欲望のために強いパワーを使うということになるからだ。それは世界の外には決して抜けていかない。性化されない、単性としてのクンダリニが働くことと、仙骨、蝶形骨、踵が共鳴することはある程度関連する。ホドロフスキーの記述では、性ということに関してかなり誤解しているように見える。

しかし、位置づけとして、蝶形骨はサハスララ・チャクラより一つ下、仙骨はムラダーラ・チャクラより一つ上というふうに考えた方がまだ正確なようで、これはホドロフスキーがいう大アルカナの二段構造では、「13死神」が「3女帝」に相応するということと、少し似ている。数字のロゴスとしては「4皇帝」と共通面が高いことになるのはいうまでもない。

「13死神」は宇宙的な秩序を地上に導入するための掃除人であり、腎臓が元気なので、まるで女子高生のように軽快に笑いながら、贅肉《ぜいにく》のない身体が楽しく振動しており、リズミカルに無駄なく作業をしている。大地に、生命力という充填材を盛り込み、「14節制」のカードが次の作業を開始するまで、できることはすべてしている。加えておくと、頭蓋骨の22はタロットカードの22枚と対応しており、この22枚がすべて均等に揃うことで、宇宙的な力が正確に反映されると、例のエビ星人が説明していた。さらにこれが最も重要なことかもしれないが、このカードはカルマの帳消しに関係し、その作用は過去にも及ぶ、と。

惑星の一方的な回転がカルマを増殖させるということでは、このカードは無駄に蓄積した印象を次々と掃除する。印象には慣性が働き、これもカルマだが、天空の意志に従い、地上の粛清をするのは、カルマを粛清するということにも等しい。

骨に興味がある人は、このカードについてもっと研究するべきだ。骨組みとは、神聖幾何学であり、まさに完全なロゴスを反映している。レミニスカートやヴェシカ・パイシスの本来的な意味も含んでいる。断舎離、ダイエット、完全な体を目指すことなどは、すべてこのカードに関係したことだ。

ホドロフスキーのキーワードは、変化、変質、革命、怒り、変容、掃除、刈り入れ、骸骨、切ること、前進すること、排除すること、破壊すること、迅速さなど。この中で疑問を感じるものは何一つない。

つけ加えると、この神聖幾何学の骨組みを地上に打ち立てる行為は、美の探究ともいえる。美というのは独立した総合性の実現であり、ミクロコスモスにマクロコスモスの構造を完全なかたちで縮小的に反映させることだ。

完全な美というと、私はスピカを思い出す。無数の稲穂という生産性という点で「4皇帝」にスピカを持ち出したが、もう一つのスピカの意味として美の表現というものがある。「13死神」は贅肉のない完璧な美の概念を地上に持ち込もうとしている。スピカを持ち出した4も13も同じ系列ではあるのだが。

例えば、均整の取れた美しい身体を持つモデルなどに多くの人が憧れ、同じようになってみたいと思う。この美しい身体は断捨離が十分に進行し、神聖幾何学のリファレンスとして出現したものだ。それが人気になるということに、4の数字の普及という作用も含まれているのかもしれない。完全に美しい存在は、「4皇帝」の意味を含んだ者となるということだ。

今日のモデルは、時代の主観性を反映した形態なので、ちゃんとした13にはなっていないともいえる。

14

TEMPÉRANCE

節制

14の数字

14の数字は、1と4を足すと5になる。5は、占星術では5ハウス、獅子座なども参考になるが子供を産むということに関係する。自分の中の子供的な要素を外界に拡大したり吐き出したりすると、子供が産まれなくても、楽しいことをたくさんしていくということで満足できる。創作も子供を産むことだ。作品をたくさん書いている人は、たくさん子供を産んでいる。

14は偶数なので、内向きに子供を産むという意味で、ゲオルク・ジンメルなどはこの14を自己生殖と解釈している。自分の中に自分を生み出すということは、この「14節制」のカードを生命の樹のパスに当てはめた場合に、より明確になる。このカードは生命の樹のパスでは、胸の、太陽を象徴とするティファレトと、腰の月を象徴とするイエソドの間のパスで、中央の柱をまっすぐに下降する。つまり陰陽という右と左の方向には脱線せず、何ものも漏らさず、節制を保って、影響が上から下に降りていくのだ。

月は太陽の子供を孕《はら》む。月は単独では太陽の力をすべて受け止めることはできない。もちろん、より下の次元なので太陽の一部しか表現できないからだ。そこで複数の月で受け止めることになる。一年が太陽一つと想定すると、12か月があり、月は12個でそれを受け止める。ティファレトには太陽が当てはめられているが、この太陽は、真の恒星の太陽ではなく、占星術で使われている太陽、すなわち地球サイズに縮小された太陽だ。それは一年で一回転する。月はこの周りを回っているのだ。

このイエソドというのは腰とか生殖器のあたりに位置するが、まだ物質のマルクトにまでは降りていない。そのため、エーテル体とか「気」の身体に、太陽の子供を産む。これが「14節制」の絵柄では、上にある器から、少し下にある器に、液体が流し込まれる光景として描かれている。

ゴールデンドーンは、エリファス・レヴィの説に基づき、このように生命の樹のパスに、大アルカナを対応させたが、マルセイユ版のカード、特にコンヴェル版とかカモワン版では、このパスに合致しない面もある。それについては知らないふりをするか、あるいはウエイト版のように生命の樹パス用にカードのデザインを作り変えた。しかしこの「14節制」については、パス対応がいかにもふさわしいと感じている。

自分の腰とか腹に子供を産むというのは、中国の仙道の陽神作りに似ている。これは腰よりは高い位置だが、丹田《たんでん》に気の塊を作り、それを練り、下に降ろすこともして、やがてはそれを身体の外に出して、成長させる。分身または応身、トゥルパを作ることだが、私はこれを体内トゥルパと呼んでいる。

「13死神」が「無益なものを一掃し、内的循環の回復に必要な空白を作り出した」(ホドロフスキー)後に、この下側の空白に、「14節制」は、「12吊られた男」が足を引っかけていた上空の力を持ち込んでくる。そのことで地上は、上位の次元の宇宙と同調した、宇宙法則の行き届いた世界に改造されていく。ただし、物質世界としてのマルクトにまで降ろしていくには、中央の柱のさらにイエソドとマルクトのパスを埋める「21世界」のカードが必要になる。

「14節制」は気のレベルで止まってしまうのだが、これは生活に上位の次元が反映されていくという意味で、ここで満足してもよいかもしれない。その場合、身体は自分の制御下には入らないので、それは他者や社会の所有になる。しかし心理的なもの、感情的な面までは自分のものになるということだ。

マルクトまで改造してしまう「21世界」のカードの領域とは、物質の組成にまで手を出していくことで、ニュートン物理学の領域に、量子論的な法則が浸透していくようなものだ。原子というレベルでとどまるものがマルクト領域だとすると、原子よりも微細な原子のルール（明らかに、それは陰陽ルールだ）、素粒子レベルのものが主導権を握り、ニュートン物理学特有の空間、時間秩序、寸法とか、規則的な物質の性質に対して、意識と連動する量子が浸透していくことで、計算に合わないものが増加し、やがて決まり切った時間・空間の秩序が打ち破られる。

しかし、このような物質について変化を与えることなく、生活とか内面とか気分とかが変わってしまうだけというのは、上にあるものがイエソドまで降りて来たことなのだ。多くの人はマルクトまで降りることに期待していない。というのも精神が不安定になった時、世界も同時に不安定になるというのが、精神が物質に浸透した状態だからだ。妄想がすべて現実になる。誰もが、自分の精神や感情を管理することには自信がないので、精神に連動してくれない鈍い物質世界はしばしばありがたい。どれほど不安な状態でも、朝になると日が登るのだ。

以前に私が書いたタロットの本では、マルクトに至るどころか、この太陽であるティファレトと、月であるイエソドがそもそも合致していない人が多いと説明した。

「自分は音楽をしたい」。これが太陽の目的だとする。しかし音楽で食べていける人はそう多くはない。

そこで、具体的なイメージを描く月のレベルでは、何か違うバイトとか仕事をしてしまう。それは「食べていかなくてはいけないので、しようがないことなんだ」と言い訳が立つように聞こえるが、実際には、この「14節制」のパスの部分が上手く開通できていないということなのだ。少なくとも音楽家になりたいのならば、バイトはディスクユニオンとか楽器店でするべきだ。

西欧型の生活では洋服は上と下が分かれているのが普通だ。だから、仕事と自分がしたいことは別なのだということが常識だとしても、それは人間生活としては非効率的だ。東洋型の生活というのは、昔からワンピースで、太陽と月は合致している。それは東洋的な人格というものは、あまり物質的でないということもあるかもしれない。太陰暦を使っていたというのは、おおいに関係している。西洋人はとことん物質的で、物質が大好きだというのはシュタイナーの言葉だが、あまりにも物質が好きすぎて、上空の上位の意識と断絶してまで、物質的な生活を追求する。西欧的な生活というのは、この「14節制」のカードの通路を破壊したのだ。

上と下の断絶

努力すれば、上と下、太陽と月は合致できるのか。つまり「14節制」のカードは、達成可能なのかというと、ここには難しい課題があった。

７の法則は宇宙の伝達原理だ。恒星は、グレートセントラルサンの周囲に七つ並ぶ。恒星一つは七つの惑星を持つ。惑星一つは七つの月を持つ。このようにして宇宙のセンター、恒星、惑星、月は軸合わせをして、より下の次元に創造の法則を持ち込むが、地球においては、月は一つしかない。他の惑星には月がたくさんあるのに、地球は特殊な立場なのだ。そこで、宇宙法則、あるいは太陽の力は、地球には正確に降り注がない。地球において、宇宙法則は破綻《はたん》し、地上ではガラパゴス原理が支配する。

グルジェフは、月が重すぎた結果、地球と太陽の間には、通常よりも大きな隙間ができてしまい、太陽の光は地球に上手く届かなくなった、この隙間を埋めるために人類が作られたのだという。つまり、太陽の光を地表に持ち込むための触媒、ブースターとして人類が存在する。すると人類は地表において、太陽の代理人として、常に創造的な活動をする必要がある。私の背後には太陽があるのだ、と。

もし、ここで、誰かデプレッション（枯渇・消耗）で暗くなっていると、その人は月の側に寄ってしまい、太陽の光が届かず、太陽の代理人にはならない。月の側に寄るとは、妬《ねた》みや悪意を抱き、自分だけが不当な扱いを受けていると主張し、人の足を引っ張るような人格になり、基本的に消費以外はせず、創造的な活動は決してしない。そのようなデプレッション人間が多数住んでいる地域があると、その地域は、不活発でじめじめした、エネルギーの滞る場所になり、結果的に、これが地球の足を引っ張る。

この放置しておくと重くなっていく傾向は、そもそも地球には最初からあるもので、だからドロレス・キャノンのいうような地球を二つに分けてしまおうという話も出てくる。月が一つしかないことが原因ならば、これは人災ではないのだ。そして この重く、硬くなる傾向は、今後も避けられないばかりか、もっとひどくなる。

地球においてのこの特殊事情がある限り、「14節制」のカードの行為はつつがなく進行しにくい面がある。理想を追いかけ、地上を調和的で楽しい世界にしようとしても、現実はいつまでも重苦しく、意のままにならず、人は傷つけ合い、物資を奪い合う。月が一つしかなく、月の力が枯渇しているとは、月はエーテル体とか「気」のエネルギーに関与しているので、この要素が少ないということだ。エーテル体を植物とたとえると、地球のあちこちに植物の育たないハゲ地がある。気の成分が枯渇していると、太陽の意志を物質に伝達する力が弱い。念じても意のままにならない。

私はこの点で、タロットカードで、「12吊られた男」から、「13死神」、「14節制」に至るまでの一連の作業は、この事実を考慮した上で成り立っていると考える。この地球状況については古い時代からよく知られているし、カバラ体系などでも言及されていたのだから、当然、タロットカードを考案する時にも、考慮されていると思うからだ。

「11力」のカードは、下の部分が問題なのだといった。そこで、「12吊られた男」は、この大地とのつなぎである低い位置に、頭を突っ込んだ。そして出生トラウマの部分までを掘り下げようとした。そこには自分という魂が、肉体に接続される時の犠牲の傷痕が残されているし、物質に対する自分の扱い方の原初的パターンも発見できる。この「12吊られた男」で熟成されたビジョンを元にして、「13死神」は地上を掃除し、堆積物を撤去し、産業廃棄物の山をクリアにした。どの程度まで掃除するのか、どのように掃除するのかは「12吊られた男」が練った計画によりけりだ。

そして三日月に似た鎌、あるいは鍬を振り回して、大地を柔らかいものにした。鎌の三日月は月の、あるいはエーテル物質の象徴であり、不足のエーテル成分をここで充填している面もある。その素材は、地上のさまざまなものを壊し、人間をばらばらにして得たもので、まるで昔の堆肥を大地に撒く方式のような感じだ。

たんに「13死神」が開けてくれた空白に、太陽の力を持ち込もうとしても、地球は法則が破綻する場所なので、すんなり太陽の力が降りてくるとは思えない。そもそもグルジェフは、太陽と地球の隙間の足りない場所を、触媒としての人間で埋めたといったように、「13死神」でも、大地の上に男と女の首、手足などが置かれていて、ここは人間が犠牲になっていると考えてもよい。

その前に説明しておくと、地球の異常事態は最初からそうなので、地球に住んでいる私達は、地球が異常だということがわかっていない。判断の基準として例を挙げてみる。

ロバート・モンローは、遠くの街灯を見て、ブルース・モーエンに質問した。「今、ここで街灯に灯《とも》れとか、消えろといっても、街灯が従わないのはどうしてなのか？」

私もこれは不思議と感じる。１から７へという法則がスムーズに伝達された世界では、想念は物質に伝わる。そのため、「街灯に消えて欲しい」というと、街灯は消灯する。「チョコチップケーキが出て欲しい」というと、それは空中から出てくる。本来そのようなものが当たり前なのだ。しかし地球では、エーテル領域がいわば、スカスカで、中抜けしているので、精神と物質が互いに連絡しないので、呼べど叫べど、うんともともすんともいわない。

ちなみに、達磨大師の陽神作りなどは、地球では肉体が次第に硬化していくことが避けられないために、柔らかい、精神に反応する分身を作らざるを得ない現実を反映している。

人間は老いていき、岩に近づき、ますます肉体は精神に反応しなくなっていく。これは「月は人を喰う」、つまり日ごとに太陽から遠ざかることを表現するが、地球だけの特殊条件だ。人は老いて死ぬというよりも、肉体の硬化が進行しすぎると、もう生命が入ることのできる器でなくなってしまうので、離脱する以外に方法がないということだろう。蛇は脱皮する。人間も本来はそのようにできた方がよいのかもしれない。そういう脱皮する蛇のようなことを仙道は実践しているといえる。

ここにどこかの宇宙人を呼び出して、「私達は老いていき、やがて死ぬ」というと、不思議な顔をされるだろう。「一体、それはどのような現象なのか？　そんな不思議なことがここでは起きているのか？」と。そもそも、意識には時間や空間はない。物質は特定の時間・空間に瞬間存在する。この二つを結びつけるのはかなり異様とも考えられる。

空間的に見て、太陽の光は、地球の周囲を巡る月に受け取られる。直接地球に届く光もある。月に受け取られたものは、そこから地球に持ち込まれる。太陽の創造力が、このように地球に、そしてもう一つの月に届くことから、人間の肉体は、気でできたエーテル体と肉体があるというふうに考えられたのだ。太陽の光は、本来は七つあるべきだが、一つの月だけに受け取られる。象徴的にいうならば、日蝕の時には太陽の光は月に届き、地球には届かない。この場合、太陽の創造力は、いったん月にストックされる。その後、時間をかけてゆっくりと地球に降り注ぐわけだ。

生命の樹では、太陽のティファレトは、下の月のイエソドにつながり、その後、地球としての物質的なマルクトに降りてくる。月で止まり、地球に降りてこないものをリリスという。振動密度として月の振動は、空気のレベルに近いので、リリスは空気の中に住んでいる。

この「14節制」のカードは、太陽から月へは降りるが、大地へ降りる段階ではないので、リリス的なものでもよいことになる。キリスト教ではリリスのことを悪魔的にいうが、それは物質にまで降りてこないからで、キリスト教はある意味でとことん物質的なので、そういう生活に対して、月に進むリリスが、迷わせてしまうと思うからだ。

仙道の話を書いたが、分身や応身、トゥルパというのは、およそリリス的なものであると考えざるを得ない。日本のかぐや姫の話は明らかにリリスだ。占星術でのリリス、すなわちアポジーは月の軌道の中心点を明示する。「月の本性とはこうなんだ」ということを明らかにする。月の本性については多くの人はそのことを理解しておらず、たいていは地球に付随する月としての性質しか知らない。

斜めを使う

ホドロフスキーの文章を読むと、かなりの数のカードに、クンダリニとか性力の話が出ていて、そこにとてもこだわっていることがわかる。

「14節制」のカードでは、天使の足元に二匹の蛇が絡み合っている。ホドロフスキーもヘルメスの伝令の杖のことを書いているが、カドケウスの図では、一番上と一番下では二匹の蛇は機能しない。この二匹の蛇は、ヨガでは、ピンガラ・ナディとイダ・ナディに該当し、生命の樹では左右の柱に該当するが、生命の樹のケテル（サハスララ・チャクラに対応）と、マルクト（ムラダーラ・チャクラ）では、この二匹の蛇、すなわち二極化がされていない。というのも、この上と下の極点は、より上の、あるいはより下の外部コスモスとつながるためのインターバルなので、陰陽があってはならないからだ。陰陽の二極化は、世界を閉じる。よその世界とつながるには、陰陽を元の中和に戻す。

「14節制」のカードでは、この二匹の蛇がほとんどカードの下の縁近くに描かれていて、カドケウスの図からすると、これは不自然だ。「13死神」のカードで、男女の首として描かれていたものが、ここでは二匹の蛇に変身したようにも見える。

「13死神」では、大地にあるものをすべてばらばらにして再構築のための素材にしてしまうので、そこでこれまで人間的表現をしていたものも、原理的な性質である蛇に戻すともいえる。他のカードの説明で球と線の話をしたが、人間の顔という球体を、蛇という線に戻すことで、およそ人間のアイデンティティは崩れ去る。地上において人間的だったものも、人間以外の何ものかになってしまう。

ホドロフスキーは、この天使は大地にしっかり足をつけているというが、そこを蛇化しているので、足場は流動的でどろどろな感じだ。

生命の樹のパス対応で考えると、「14節制」は、中央の柱に位置するので、これはピンガラでもイダでもなく、カドケウスの真ん中の棒のスシュムナ・ナディに対応する。しばしば勘違いされやすいが、陰陽二極化、あるいは二匹の蛇は横波として運動するが、これと、上下位相の太陽と月の関係は縦においての交流であり、種類が違う。

占星術の発想を借りると、男女関係は金星と火星で考える。これは地球を取り巻く内側と外側の関係で振幅を拡大すると強い情感の高揚を感じる。金星と火星は、それぞれ生命の樹では陰陽を示す左右に配置されている。太陽と月は上と下の関係で、スシュムナ・ナディとしての中央の柱は、この上下の関係だけに反応し、左右の柱の交流にはあまり関心を抱かないし、左右の陰陽の柱に興味を抱くと、「14節制」は力を漏らすので、「14節制」とはならず、外界環境に力を漏らす次の「15悪魔」のカードになってしまう。自己生殖でなく、外部生殖なのだ。太陽の力をピンガラ・ナディに流し込んでしまうのが、「15悪魔」のカードなのだ。

占星術では、金星と火星の交流は、結婚前の男女だ。しかし結婚後は、太陽と月の関係になる。金星と火星の間は性的な関係があるが、太陽と月の関係になると、それは性的な意味が次第に薄れていき、最後には全く消失してしまうかもしれない。金星と火星の関係、月と太陽の関係は似ているので、しばしば混同しがちだが、実際かなり違うのだ。

「14節制」のカードを見ていると、上のカップから下のカップに液体が流れているが、しかし上のカップは少し右上にあり、下のカップは少し左下で、つまり斜めに注がれているということが目を引く。ということは上から下に降りてくるプロセスに、横波の陰陽を混ぜているということになる。生命の樹のパスに対応させた「14節制」のカードは純粋に中央の柱を降りるので、この斜め下降は考えられないが、図柄はどうも違う。

14の数字は自己生殖であるが、しかし自己生殖のために、この陰陽横波としての性的なものを活用しているのだろうか。外での生殖ならば、横波の陰陽化は役立つだろうが、自己生殖に必要だろうか。陰陽の横波は、世界内を活発にする。この活発にかき回している合間に、上からの液体を流し込んでいくということになるが、これはある意味で、いつでも脱線する可能性もあるということを示している。「15悪魔」では、外に漏らすというのは、そもそもカードそのもののテーマでもあり、何の問題もない。しかし「14節制」は一滴も漏らさず、効率的に、自分の内部に産みつけるということだった。

日本神話のオノゴロ島の話では、イザナギノミコトとイザナミノミコトが、国生みの時、天の浮き橋に立って、天のヌボコを海原に下ろしてかき回した。その後、矛を持ち上げると、滴り落ちた潮が固まって島になった。海をかき回している動作が陰陽活動で、滴り落ちた液体が島になったところが、上から下に降りたものだ。下にあるものに上からのものが入りやすいようにするには、かき回して、下の器を太くしておく必要があるということなのか。下にあるものは常に上にあるものよりは狭量なので、素直には受けつけないので、無理やりぐるぐるかき回しながら拡張するのか。

「13死神」の段階で、鍬で大地をかき回して、耕し、柔らかくして、草がたくさん増えていた。さらに、手足頭ばらばらになったものがあり、十分柔らかくなったところで、かき回しながら、上の影響は、下に滴り落ちる。金星と火星、あるいは横波の陰陽は、興奮作用でもあるので、このような興奮作用がない限り、上のものは下に反映されにくいのかもしれない。

「13死神」のカードで、大地の上の男と女の顔は、「14節制」では、のたくる二匹の蛇に変貌したので、人間的な節度、知性、スタイル、防衛心を壊して、どろどろの坩堝にしないことには、影響は下に降ろせないし、自己生殖できないのだとすると、この作業はかなり大変なことではないかと思う。

一つの次元の事物は、より上の次元を分割して作られる。つまり創造とは陰陽分割していくプロセスが続く。太陽は自己分割すると、月の成分に変化する。しばしばカバラ体系では、胸の太陽を示すティファレトをアストラル体と呼び、月を示すイエソドをエーテル体と呼び、この太陽と月のパスを、アストラル・エーテルという言い方をする。それは自分を裂いて作り出すエーテル成分で、なかなかリスキーだ。

上から降りてくるものが陰陽分解されて、回転しながら下降するのは、環境の中に月成分が少なすぎて、その不足を、人間の組織の中から抽出するのなら、人間は人柱になる。古い時代には、何か建築する時に、その柱の近くに、生贄を埋めた。それは太陽と地球の間に隙間があり、また月の力が薄弱すぎるということで、不足の隙間を人をパテにして塗り込んだのだ。

そもそもグルジェフは足りないところに人間を埋め込めといった。生き物からエーテル成分を抽出する方法としては、よく黒魔術で、生き物の血をそのまま使うという話があるが、まさにそれだ。またハワイのカフナでは、墓場で、まだエーテル体が剥離していない段階の死体を見つけて、それを使う。これらは何一つ人道的ではないという理由で、ある時期から、薔薇《ばら》のエッセンスを使うことになった。植物の中にある液体は、人間の血液とかなり似ており、薔薇の成分はかなりのエーテル成分を持つといわれている。

「14節制」は、地球の特殊状況を考慮の上、上と下に降ろす時、そこで自らの成分も犠牲にして、横波も混ぜて、回転させながら下降させる。これは特殊技術に見えるが、しかし「11力」のカード以後は、すべて特殊技術だ。特殊技術や工夫なしに、普通に素直に生きるという話は、「10運命の輪」までの話だ。性的でない上下の関係に、性的な左右の力を少しだけ借りるとは、実際の異性とは関わらないが、妄想の中では性的なイメージを追求するということにも似ている。これは台湾とか中国とか日本では「鬼交」と呼び、チベットの中期以後のタントラ派の用法でもある。妄想の中で呼び出した異性と想像的に交わるというもので、現実行動としては、誰にも接触していないのだ。

クロウリの月の子供というメソッドと酷似している。

ホドロフスキーは、このカードの性質として、「中心を見つけよ。お前の生命の振り子は極端さへと振り切ってはならぬ。中道を行け」と述べているが、これは「14節制」のカードで前からよく知られているスタンスだ。中央の柱を降りるということにほかならない。さらに普通考えたらできそうにないことを、斜め横断でやれということがつけ加えられているのだ。中道を行くが、多少左右によれよれと揺れている歩き方をしろ、という意味だ。

ホドロフスキーは、このカードは対立または分裂を埋める作用があると書いているが、対立を中和するには正面から取り組むと玉砕する。縦波は自分の目的の遂行のために横波を利用するようになった。これは時間の経過のうちに、ずるずると目的を果たしてしまうような性質でもあり、あるいは「本題から逸れたもので気を散らしている隙に、目的を果たしていた」というもので、のらりくらりしているし、つまり

「14節制」のカードとは、それなりにのんびり時間がかかるものでもある。何か依頼したが、相手がゆっくりすぎていらついたという時、この相手は「14節制」的かもしれない。上から押すと、回転しながら降りていく。太陽の月化、すなわち自己実現は、ストレートに進まない。

ホドロフスキーのキーワードは、守護天使、測定、混合、循環させること、調和、癒すこと、保護すること、好意、慎重さ、緩和すること、健康、穏やかな気性などと書いてある。

下の次元により濃密な子供を産み出すという点では、「それは転落体験では？」と疑問に感じるかもしれない。14は足すと5で、「5教皇」と同類のカードだ。教皇は下の信者に働きかけてもそれは他人事だ。この信者に合わせて下界に落ちるのが「6恋人」だった。6は15と同類だ。

つまり「14節制」では、子供を作っても自分は降りない。この子供的なものに降りていくのが6と共通の「15悪魔」ということでは、まだこの14のカードの段階では転落体験は起きていないと考えてもよいかもしれない。

15

LE DIABLE

悪魔

15の数字

15の数字は、1と5を足すと6になる。しかし15そのものは奇数なので、6の数字の示す、要求に従うとか、求めに応じるとかと反対の姿勢を持つことになる。6では、誰かが何か要求してきたことに律儀に応じた。相手とかまた環境のサイズに自分を合わせたのだ。

そのように応じる姿勢を多くの人が持つのならば、今度は自分から要求してみたらどうかと考えた。試してみると多くの人が応じた。つまりは15の数字というのは、外に自分を押しつけることだ。

占星術の12サインの中の各度数を説明する時には、数え度数15度は外界に自分を押しつける。活動サインは活発に。不動サインはしつこく、決して諦めず。柔軟サインは弱気で、ほとんど押しつけられない奥ゆかしさを発揮する。柔軟サインは及び腰の「15悪魔」で、「よろしかったらどうぞ」とか、「お呼びでなかったら引っ込みます」というような姿勢になる。蟹座の15度は目もあてられないくらい厚かましい。

外に自分を押しつける行為。これは手前の「14節制」のカードが自己生殖として、自分の中に自分の子供を作ったとしたのならば、「15悪魔」のカードは、外に子供を作ることだ。それは「14節制」のカードで生殖活動をしたが、まだまだエネルギーが余っていて、この余剰成分を使って、外に働きかけることでもある。14の類縁関係にあった「5教皇」は、信者を上から目線で見ており、信者に同化する気など露ほどもなかった。しかし「15悪魔」の段階になると、「6恋人」が信者の位置に自分を引き下ろすことと同じく、外にある印象に自分を埋め込み、しばしば自己喪失を起こすことを表しているので、これは転落体験であり、堕天使になったと考えてもよいのだ。

「11力」では印象に損なわれない自己想起が課題だった。それが上手くいったからこそ、14とか15では、印象に埋もれていくこと、本質が質量性に埋没することを意識的に行うことができるのだ。

機械に支配されている人、あるいは機械そのものである人、すなわち神の子羊にはこれらはとうてい不可能な技だ。小さなものの中に自分を死なせること。これが可能になれば、極めて重大な課題の16に進むことができる。

生命の樹のパス対応では、ティファレトから、右側の柱にあるホドとの通路に当たる。「14節制」が中央の柱をまっすぐに降りたことに比較して、右側に脱線している。右側の柱はヨガでいうと、ピンガラ・ナディで、それは個人の意欲、野心、外への働きかけということに関わり、つまりは「自分を分割して、外の世界に投げ出す」ということに関係する。昔ながらの太陽の描き方は、黄色い円を描き、この周囲に、黄色の波線などを入れる。これは蚕《かいこ》のような卵から糸をほどくとか、太陽が一つ下の次元の複数の月に分散する、というような意味を表す。

「14節制」のカードは、太陽から月へというものだった。ここで扱う太陽は恒星としての真の太陽ではない。一年で一回転するという地球サイズになった太陽だ。基本的に占星術でも、本来の太陽の意義とは異なり、太陽とは個人のエゴを表すことが多いのだが、月は正しく地球の周囲を回転している。そこで下の次元に降りても、それは自己生殖ということになる。

生命の樹のパス対応に固執するのは好ましくない。そもそもウエイトは、タロットカードを生命の樹のパスに対応させるために、カードのデザインをねじ曲げるという愚を犯した。タロットカードと生命の樹は、70パーセントくらいは合致していると思う。しかし、どうしても合わないところもある。そもそも違う体系なのだから、当たり前の話だ。

しかし、70パーセントくらいは合致しているということは、参考にはなるということでもある。「15悪魔」のカードは、太陽が自己分割した後、最初の惑星である水星、生命の樹ではホドへと降りて行ったと考えられる。太陽は複数の惑星に分割され、惑星はそれぞれ自転する。惑星の自転は自分の自主性、つまり持ち場を持つことで、それによって惑星はあたかも独立したものであるかのように思い込むことができる。太陽の周りを回り、自ら光を発することがないので、惑星が自主性を持つことなどあり得ない。しかし、一応、自分のところで夢中になれることは見つけて、独立性は、ある程度は存在すると思い込む。

水星は、自分が太陽から分離されたことをまだ受け入れていない。自分の独自の自転を持たず、いつも顔を太陽に向けて、まとわりつく犬のように、時には太陽の足手まといにもなっている。そして水星は自分が惑星レベルに落とされたことに怒っている。もともとの場所から切り離されたことを受け入れるにはまだ時間がかかる。水星は地上生活において、仕事とか生活の仕方とか、さまざまなことを模索する。太陽からは完全に分離しておらず、あるいは分離しているが、その事実をまだ受け入れられないままに地上をうろつき、地上の可能性を模索する。水星は太陽と臍《へそ》の緒がまだ切れないまま、ということで、これは神話ではヒルコのようなイメージにもなるだろう。

「14節制」では太陽は月に降りたが、「15悪魔」では太陽は水星に降りた。その後、惑星の数の分、世界に自分を分割して投げ出した。こうした降下の活動をするのは息苦しいので、反対に戻るコースも欲しい。もちろん、生命の樹では、対照にある左のパスは「13死神」で、「15悪魔」が外界に次々と紐を伸ばすことに対して、そのコードを次々と切り離し、紐を回収する。

錬金術の考えに「生まれた時、人は世界に自分をばらばらに投げ出している。それを一つずつ拾って、自分に戻る」という概念がある。「13死神」は拾って歩き、「14節制」は、正しい位置に整列し直すが、「15悪魔」はまた外界に自分を投げ出す。しかし、いったん「13死神」で整理したのだから、ここで手を伸ばしても、自分に関係のないものが地上に散乱しているということにはならない。いろいろなものが自分の意志で満たされているのだと考えてもよいだろう。そこのところははっきり違うのだといわなくてはならない。

ユングの六元型論は自分を世界に六つに分けて投げ出すことを表している。男性は二極化されたうちの片方の男性を自分と同一化する。すると、残り半分の女性要素としてのアニマは、無意識に、外界に投影される。それを誰か女性に投影すると、その女性との地上的な結びつきが発生し、その関係からは退去できなくなる。途中でこの投影は勘違いだったと気がついても、それについては黙ったままにしなくてはならない。

ホドロフスキーは、この「15悪魔」のカードは性的なことに関係すると書いているため、特に男性が、外に精を漏らすことに関係するカードだと説明しておきたいのだ。この漏らした精を受け取る女性側は、反対の左の柱にある「17星」のカードだ。ネツァクは金星に割り当てられ、金星は体内では腎臓に対応するが、これは上空から落ちてきた雨を受け止めるという働きで、落ちてきた精を取り込む。

実は、この作業の両方が一人の人間の中で働いているのだが、大きな自己を分割した小さな自己として生きている人間においては、自分と外界との関係として認識されるということだ。女性に対して何か放出しても、それもまた自分であり、一つの生命の樹であると考えるのが正しいし、女性の場合も、この外に放出する存在は自分なのだと認識するのが正しい。

起業して会社を経営したり、仕事の可能性を求めてインドに移住したり、夢中になれるものに毎日何時間も時間を費やしたり、この世界の中で生活する中で、たくさんのことを意欲的に取り組むこと、これらの多くが「15悪魔」のカードの行為そのものだ。ただはっきりしているのは、創造意志の発露によってということだ。

「10運命の輪」では、環境の中にあったものに従い、素直に環境に順応して生きた。そこでは社会から提供される欲望に従って、自動車が流行すれば自動車を買い、パソコンが流行すればパソコンを買った。しかし「15悪魔」のカードは、太陽の自己分割なので、自分の意図と欲望によって、地上に手を伸ばすのだ。

「15悪魔」は、自己を世界の中のいろいろなことに分散させ、精を漏らしている。これらをエスカレートさせて、いつか自分の本分ではない余計なことをするかもしれない。その時、「2女教皇」が示した本来の人生の方向性から逸脱して、それが「2女教皇」を取り巻いていたカーテンからはみ出し、次の「16塔」のカードで、このドーム型カーテンである塔を破裂させてしまうかもしれない。「2女教皇」のレールから外れることを、道を踏み外すという。

そう考えると、「15悪魔」のカードは、歯止めが利かない時には、自分を滅ぼすことに通じるが、誰が考えても、欲望を拡大しすぎると、それは破滅以外にはないだろうと考えるはずだ。この場合、自分の生きる道としての基準は、「14節制」が作り出しているので、そのリファレンスを基にして、「13死神」にときどき余計な紐を回収してもらうことになると思うので、「13死神」、「14節制」、「15悪魔」は常に連携していなくてはならない。そうすれば、かろうじてバランスを保つことはできるだろう。

私個人は、何か大きな買い物をした時、やってしまった、取り返しのつかないことをしたと感じることが多い。そして反対にいろいろなものを処分して捨てた時、リラックスできる、自分に戻ってきたと感じる。大きな買い物をした時に、自分が世界に裂かれてしまったと感じるのだ。自分の持ち物を買った時、しばらくの間、あるいはずっと、そのものに対して、自分の気が漏れていく。エーテル成分は、その品物に馴染むまで、その品物に充填され、心の中に複製ができた時、初めてそのものに馴染んだと感じる。つまり家の中、イエソドの中、エーテル体の複製に持ち込まれたのだ。馴染めないものがあると、つまりまだ外のマルクト領域にあると、人間はそれによって心を乱され、集中力が発揮できなくなり、自己喪失する。新しいものを手に入れると自己喪失するというのは、スポーツ選手が買ったばかりのシューズで試合をした結果負けてしまうことでもわかる。

買ったばかりの品物とはしばらく格闘する。車を買った人は、車内、というよりも車の幅に、自分が浸透するまでは事故を起こしやすいので注意しなくてはならない。

「15悪魔」のカードでは、外界の何かに自分を結びつけた時、そこに自分のエネルギーが吸い取られるので、ひどく消耗する。世界のあちこちに手を伸ばしすぎた人は、臍からたくさんの紐（シルバーコード）が伸びているが、人間の一生で考えると、子供の頃にはまだそれはたくさん伸びておらず、成人になって増えていき、そして老年になると少しずつ整理して減らしていくものだと思う。

死ぬ直前まで、世界に手を伸ばし続け、拡張し続けようとする人もいて、この場合、ピンピンコロリという人生になるのかもしれないが、これは直線時間が刷り込まれているからだと思う。直線時間とは、この時間の前は暗闇であり、後も暗闇だ。それは孤立している。この人生は一回きりで前も後もないとなれば、すれすれまで、世界に手を伸ばし続けたいと願うかもしれない。

円環時間、つまり「10運命の輪」のように、時間とはぐるぐる回っているのだと考え、一つの時間の輪はより大きな時間の輪につながっている。

例えば、螺旋回転は、それ全体が大きな円の一部を構成していると考えると、一つの人生の中でほどほどに体験し、終わり頃になると、次の輪につなぐことを考え始めるといえる。つまり人生において老いていくと、「15悪魔」のカードの、世界に紐を伸ばすということをだんだんとセーブしていくことになる。

舌、紐

舌は、いつもは口の中に隠れている。しかし外にあるものに興味を抱くと、この舌は口の中から外に伸びてくる。舌は肝臓の出先機関だという考えがあり、舌の上に食物を乗せると、情報は肝臓に送られ、肝臓はそれを消化する準備を開始する。

しかし、舌の上に乗せた後で、食べるのを断念すると、肝臓は空働きをするのでよくないといわれたりする。肝臓は欲張りで、何でも食べたい。アルコールさえ大歓迎で、処理できるものなら何でも処理したい。

私はある本で、この舌というのは身体にはあちこちあり、足も実は巨大な舌だと説明した。物質的な舌もあれば、また気のレベルで働く舌もある。物質的な舌は、むしろ非物質の舌の模写であり、物質的な舌がメインではない。エジプトの壁画を見ると額に蛇がいる絵もある。額に舌があり、それはいつもは待機状態だが、興味があるものを発見すると、そこにするすると伸びていく。

「15悪魔」のカードを見ると、舌らしきものとして、まず口にある舌を出しているものが見つかり、次に臍から舌が出ている。この臍の舌は代表的なもので、多くのターゲットにシルバーコードが伸びて、これらはもっぱら臍の位置に接続されている。一説では、臍の緒は物質的に消えた後も、気のレベルでの臍の緒は残されており、地球という母につながっているのだという。ここが臍チャクラと呼ばれているものだ。しかし一般的には、このあたりにあるチャクラは太陽神経叢《たいようしんけいそう》チャクラであり、私がよく迷うのは、この臍の舌は、背中からも伸びているということだった。おそらく臍と太陽神経叢で分担しているのではないかと思う。臍の側はこれから伸ばしたい。後ろの側は既に伸ばした既知のものだ。

ある日、体外離脱した時、自分の腹の後ろから、細い銀色の線が伸びているのを発見した。それを私は思い切り引っ張ってみたら、線の先から声が聞こえたので、この線が誰とつながっているのかがわかった。この線、紐はいつもは見えないので、つながっていてもわからない。この紐を整理しないと、常に接続先から無意識に情報が流れ込んできて、それが人生を妨害することはよくある。それは想念に影響を強く及ぼす。多くの人は、このことを軽視しすぎているかもしれない。ぼうっとした時、この想念に振り回された行動をしがちだ。

その下にある性器も代表的な舌であることはいうまでもない。臍が気のレベルでの舌だとすると、性器はもっと下にあり、スワディスタナ・チャクラに近いので、気のレベルはもっと濃密だ。外に出ている性器は男性のみかというと、男性的な性器に当たるものは、女性の場合には、小さいがちゃんと存在するし、女性の性器に当たるものも、男性の身体の中では前立腺小室として残っている。

それは情念的でもあり、情欲的でもある。「15悪魔」のカードの、世界に対して自己を分割する衝動は、すべてにおいて連動するので、世界に対して関心を失うと、同時に、性器レベルにおいても、引っ込み始める。仙道の修行では、この外に出なくなった精液は成分分解されて脊髄を上昇していくのだという。麻生元総理などは、老いても恋愛は生きる意欲を刺激するので、その欲求は減退させてはならないといったが、これもピンピンコロリと同じく直線時間においての特有の考え方だ。

膝に目があるのだが、目というのは、脳が外界に興味を向けた結果、顔の前にむき出しに飛び出したのだという考え方からすると、飛び出した脳は、さらに発展すると舌に変わるとも考えられる。

私は足も巨大な舌なのだと書いたが、旅をして、あちこちを歩き回るというのは、健啖家《けんたんか》がいろいろな食べ物を味わいたいということと同じだ。足はどこかにぺたっと、カメレオンの舌のように張りつく。するど筋肉は反発して、次のものを食べようと主張して、さらに次の場所に足がぺたっと張りつく。筋肉反発は射手座に関係し、どこかにぺたっと張りつく舌は魚座に関係するので、旅をするとは、射手座と魚座の連携だ。魚座が強いとどこかに長く逗留するが、射手座が強いとすぐに違う場所に行く。

「15悪魔」のカードは、身体にあるあちこちの舌を一覧化するように描いており、私達はこの舌のすべてを常時活用しており、物質的舌、心理的舌など複数活用しているので、この「15悪魔」のカードも、多角的に世界に手を出していると考えるとよいのだ。

青い身体

両性具有者としての「15悪魔」の本体は、身体が青色だ。青は精神性を表しており、しかも台座の上に乗っているので、自分自身は下界に直接降りていない。手や性器は肌色で、つまり身体の一部が下界あるいは人間の世界に手を染めている。さらに、手下の小悪魔の二人は肌色で、これは十分に世俗に染まっている。

ホドロフスキーは、大アルカナを二段に分けて、二段目は「11力」から始まるが、これは10の段での1であるという解釈をしている。ここからすると、「15悪魔」は10の代での「5教皇」に対応すると説明している。つまり、信者の二人は、ここでは小悪魔の二人に変貌している。そして牧杖は松明に変わった。

「5教皇」は下界に降りておらず神との通路として振る舞い、下界に伝達するのに信徒を使った。「15悪魔」のカードも本人は青色で、黒い地面の上に立つ二人の小悪魔を使っている。ホドロスフキーの十進法の二階建てでは、15は5のバリエーションなので、教皇のように悪魔は下界に降りないが、しかし九進法の数字のロゴスでは、15とは6のグループなので、「6恋人」のカードと同じく、悪魔は下界に落ちて、欲望にまみれている。精をたくさん外界に漏らしている。そもそも1から10までの一段目の大アルカナグループは世界の中に入る。そして11以後は、反世界として、意識の目覚めに向かっているので、「15悪魔」は「5教皇」のように神の使徒として、神に盲従しない。むしろ神に対抗するものとして、「15悪魔」になっているのだから。

ここで神の定義について少し説明しておかなくてはならない。グノーシス思想では、人としてのアントロポースは神のそばにいて、世界は世界造物主が作り、この世界造物主は神とは別個に存在していた。アントロポースは、世界造物主の技に関心を抱き、世界の中を覗いて見たいと思った瞬間に世界の中に入った。つまり「1魔術師」のカードになった。世界の中に入るというのは、一段目の最終段階の「10運命の輪」で成就した。

キリスト教は、神と造物主を同じものとみなす。旧約聖書の中、創世記の天地創造で、世界が作られたのは神によってだが、グノーシス派ではこの創造主は、神ではないし、由来の怪しげなイアダル・アバルトだった。それは神に背く間違った行為をしたとみなす流派もあった。

そこで「15悪魔」は世界の中でどのような実験的なことをしても、それは神の意には反しないと考えることもある。世界を作った世界造物主の技に関心を持ったばかりに、世界に閉じ込められた。この世界に骨を埋める気はない。戻る方法を模索したい。「15悪魔」は、世界に秩序と法則を持ち込むという建設的なことを考えない。世界は資材置き場であり実験場なので、そこに崇高な価値を認めない。

このように考えると、いずれは崩壊に向かうような顛末《てんまつ》になりそうなことを、「15悪魔」は次々としてしまうかもしれない。

動物的なもの

ホドロフスキーは、このカードについて、「自分の動物的な面を否定することなく、それを認め、敬い、天使的な光へと導いていかねばならない」と書いているが、それはこのカードの三人が、いずれも動物と人間の混合でできているからだ。「10運命の輪」は、動物だけが存在していた。ホドロフスキーは動物と結びつくことは「我々の原初の力、神経系の最奥に埋葬された先史時代の記憶と関係がある」と説明している。

私達は動物から進化したのかというと、全く違うルーツもある。身体は動物から進化したかもしれない。一方で、思考体とか感情体は、より上位の次元、太陽系の外の恒星からやって来て、いまだにそこに根を持っている。アントロポースとは、第八あるいは第九の階層の恒星からやってきた存在であり、それは世界の中に生まれた時に、肉をまとい、その時に動物系の自分というものを一体化させた。

他のカードの説明の際に、この話題は、グルジェフの水素で説明したが、人間は6―24―96の三つ組で生きている。哺乳動物は、12―48―192の三つ組で生きている。人間は大天使、法則6に食べられており、これは太陽系の外の恒星を表す。哺乳動物は、法則12に食べられており、これは太陽系という世界を運営している根源の原理だ。

「元祖、女性は太陽だった」という平塚らいてうの太陽とは、アマテラスのことを表しているのかもしれないが、太陽というのは太陽系の支配者だ。世界という時、グノーシス思想では、まずは湿潤なるフュシスとしての女性原理を表していて、生命の樹ではビナーでもあり、法則12に該当するものと考えてもよいかもしれない。太陽は惑星をぶら下げているので、恒星でありながら、お荷物を抱え込んでいるという弱点がある。そこで恒星が法則6、太陽が法則12、全惑星が法則24、惑星が法則48と想定する。

哺乳動物は、世界の中に所属するもので、世界の外には出ることがない。また哺乳動物としての人間は、神の子羊として、太陽系の柵から外には出ない。太陽磁気は、冥王星よりもずっと外にまで広がっているので、柵は案外に大きい。しかし「15悪魔」のカードに描かれている存在は、人と動物の混合で、外と内の両方でもある。「11力」のカード以後、人は自分が星から来たスターピープル、すなわちアントロポースであることを思い出した。偽の記憶、隠蔽記憶は、11の段階で次々と剥がれている。

アントロポースとしての人間は、だから、動物を「我々の原初の力、神経系の最奥に埋葬された先史時代の記憶と関係がある」とみなさない。これは自分とは直接関わりないと考えていることも多い。アントロポースが太陽系の中に入った時、太陽系の中にある記憶を装着され、それはあたかも自分の過去の記憶であるかのように思い込まされた。記憶は時間と空間があるところで成り立つ。しかし時間と空間は太陽系の中でしか形成されない。つまりどのような記憶も、太陽系の中に入った後に作られたもので、その外にある時のものとは似ても似つかない。ここでつけ加えておくと、記憶は意識状態と連動している。ある記憶を呼び覚ますには、その時の意識状態を復元するだけで、記憶はどこからともなく回復する。異なる意識状態になると、いきなり異なる記憶を思い出す。

つまり、自分が神の子羊だと思っている時には、それにふさわしい記憶があり、生活がある。ところが、自分がアントロポースであることを思い出すと、今まで知らなかったような記憶が、折りたたまれた次元からいきなり飛び出してくる。

そうなると、あるレベルにおいての記憶や思い出に固執することは、その人をその次元にふさわしい存在状態に釘づけにするという意味でもある。

記憶を捨てよう。思い出も断捨離しよう。ノートに取ってはいけないと、私はいうこともある。私達は変化する時に、それまでの記憶も失うが、しかし過去の意識状態を復元すれば、記憶はいくらでも再現されていく。だから思い出は取っておいてはならない。

折り返し点の「11力」のカードの段階で、下半身の動物を見て、「これをどうしようか?」と「11力」のカードの女性は考えた。これは自分のものじゃない。会場に入る時に、「これをつけてくださいね」と係員にいわれたのでぶらさげたものだ。半分動物で半分人間という姿は、外宇宙と太陽系の混合だが、太陽系の太陽は、惑星をぶら下げているので、お荷物の重い中途半端な恒星ということで、この世界内と世界外ということを両立させている面もあるような気がする。それはこの半人半獣にも似た立場かもしれない。

「15悪魔」のカードは、青い身体で、台座の上に乗っており、半分世界の外にいる。そして、手と乳房と性器だけが世界の中に頭を突っ込んでいる。そして世界内にいる小悪魔をこき使っている。この立場からすると、「15悪魔」は世界の中にどっぷり浸されていない。むしろこの世界内と世界外の境界線にいることを楽しんでいるのかもしれない。九進法と十進法の両方の意味が重なっている。そのような存在は、世界内においては建設的な行為をしないかもしれないのも、そもそもその根底に、グノーシス的な、世界とは悪であるという発想も潜んでいるのだから。

私は生命の樹と恒星探索をくっつけた本を２０１７年に出したが、この「15悪魔」のカードに対応するティファレトとホドのパスには、オリオン三つ星を当てはめた。それは銀河の創造の炉だからだ。そこからさまざまな種族が生まれ、多数の恒星の遍歴をし、地球人のルーツの一つとなっている。ルーツは他にもたくさんある。

地球人は一つの宇宙系の子孫ではない。複数の生命の樹の連鎖という図式で考えると、一つの生命の樹の「15悪魔」のカードのパスは、もう一つ下の生命の樹の「1魔術師」のパスに対応する。これはこの二つの樹は、ケテルであったものが、上位のティファレトになるからだ。つまり上位の樹の「15悪魔」は、あたかも「1魔術師」のような気分で世界に取り組む。机の上にあるいろいろな小道具をいじりながら、これから何をしようと期待する。

タロットカードはこの22枚で宇宙のこと、地球のこと、世界のことすべてを表現していると考えなくてはならない。となると、「15悪魔」のカードに特別にローカルで偏った意味は与えられない。この世界の中でいろいろな欲求を抱き、さまざまなことをしていくという当たり前のことが、「15悪魔」のカードの意味なのだ。そして体のあちこちに舌があるということを露骨に表現しているのはカモワン版だけなので、この方が正確なのではないかと思う。

コンヴェル版には臍の舌も、膝の目も描かれていない。

このカードに該当する修行をするとしたら、最も直接的なメソッドは、カフナのバイロケーションだ。身体の一部をちぎって、筒を作り、それをターゲットに突き刺す。すると筒の皮膜から情報が入ってくる。三次元感覚は消失するので、この情報はターゲットからやってくるという印象ではなく、直接自分の中に湧き上がるという感じだ。またわざわざ探索する必要はない。じっとしていると、急激に押し寄せてくる。

シュタイナーは、何かに興味を抱くと、瞬時にターゲットが自分を貫通するといったが、その表現が最も正確に言い表していると思える。こうして、外界に自分を漏らすという手法に慣れてくると、いよいよ16の段階になり、自分がいて、興味がどこかに向かうという比率でなく、何かに興味を向けると、自分そのものがそこに射出されていくということが可能になる。

自分が外に出るのは、自分を守る信念体系の砦《とりで》が壊れることで、15も16も、今までの自分が大きく傷つくことであることを忘れてはならない。自己憐憫に陥ると、一生立ち直れなくなる。

16

LA MAISON DIEU

塔あるいは神の家

16の数字

16の数字は、1と6を足すと7であり、7の性質の偶数系といえる。7は戦車として描かれていたが、車輪を使わず地球の自転に力を借りて前進した。少なくとも戦車という名前がついているのだから何かと戦わなくてはならない。自分にとって影となっている、8引く7の、残り1の暗い未知のものに向って走っているとも思われた。7は落差のあるものの間を駆け抜けようとする。

16はこの偶数系なので、戦車の向かう方向は自分の内側だ。また16とは8と8を足したもので、このように同じ数字が並ぶ時には、たいてい、この二つは反対方向であることが多い。

二分割の2はデュアドといわれ、強度が失われて割れやすい。8の結晶はこれまでになく硬い。この硬いものと硬いものをぶつけると、硬い結晶は壊れる。割れるには同じ硬度のものをぶつけなくてはならない。16は何か打ち破る、破裂する、突破するというような性質を持っている。

喉のチャクラであるヴィシュダ・チャクラは十六角形といわれているのだが、声というものは環境の自然な流れに対して、違和感のあるものを打ち出す傾向がある。一言、何か発言したために、状況が大きく変動するということもある。政治家の失言はそれが一瞬でも急激に場が壊れてしまうというのはテレビでよく見る。

喉は自然界に対しての生殖能力を発揮するという見解もある。しかし、このような性質は、16の偶数という受動性質には少し似つかわしくないかもしれない。内部的な変化が多く、外に働きかけるというわけではないが、自分の中で何かが割れてしまったのだ。

ずっと長い間、私は「16塔あるいは神の家（以下、「16塔」とする）」のカードについては単純に塔が壊れると考えていた。7の偶数系なので、自己に対する攻撃でもある。自己に対する攻撃といわれると、多くの人がすぐさま免疫疾患を思い浮かべる。雷が塔に向かってきて、塔は壊れていく。パスワークでも塔がしっかり壊れることが大切だと説明し続けてきた。

しかし、コンヴェル版やカモワン版のカードを見ていると、塔は全く壊れていない。塔の上にある王冠らしきものが横に開いて、そこに外から炎のようなものが降り注いでいるか、あるいは塔の中から炎が飛び出してきた。下には二人の人物がいるが、一人は逆さまになっており、これも塔から落ちてきたのか、それとも、最初から逆立ちをして歩いているのかはわからないが、あまり塔から落ちてきたようには見えない。

生命の樹対応をしてみると、「16塔」はネツァクとホドの間の横棒で、陰陽が直接ぶつかる位置にある。これと同じ形態は「3女帝」と「11力」のカードがある。「3女帝」は内側から破裂している。「11力」のカードは、動物と人の相対的な揺れ動く関係を表し、これはいつ均衡が崩れるかわからず危険を含んでいる。平和だと思われていた動物も、ある日、突然、噛みついたりする。特定の印象に同一化した存在は、防衛本能が働くので、少しで抑圧すると爆発し、拳銃を乱射したりする。

学者とか科学者は、知らず知らずのうちに暴力的で、気がつくと核爆弾を作って、どこかを破壊したりしているが、これらは印象に同一化して機械と化した人に共通した特徴だ。特に地球は、危険すぎる生き物を閉じ込めるためのアルカトラズ刑務所のようなものだと昔からいわれている。

ネツァクは外からの情報を取り込むが、ホドは自閉する傾向のある知性で、一つ覚えると、もう見解を変えないという癖がある。ネツァクは、現状はこうなのだと知らせ、このホドの持つ固定的な知識のパターンを打ち破る。という点では、これは信念体系のクラッシュを意味するカードだ。人間は信じられないほど思い込みと妄想の中に生きていて、現実をなかなか見ない。この閉鎖を開放するというのが、「16塔」のカードの意味でもある。たいてい「16塔」のカードは、このように開放というものを表し、喜ばしいことを示す場合が多い。

そもそも、この塔は、どこの段階でできたのだろうか。私は、しばしばこの「16塔」の壊れていない塔を、中世の暗黒の時代とたとえることが多かった。塔は特定の場所を保護する目的で作られた。しかし保護されている間に、今度は外との交流をしなくなった。有機体は宇宙から孤立して、新陳代謝が止まる。その意味では、占星術で使われる土星の作用に近い働きでもある。

「２女教皇」は、北極星が支配する一つの宇宙系統に制限されていた。それは彼女の周囲を取り囲むカーテンとして描かれた。私のヘミシンクでのビジョンでは、それは内側にたくさん文字が書かれた、暗い色の釣鐘だったので、塔に似ていた。この文字は特定の系統の文字であり、文字系統そのものが大天使を示し、つまりは特定の星系ということだ。

それよりもちょっと範囲が狭くなった「10運命の輪」では、たくさんある車輪の中で、特定のサイクルのコスモスを選んだ。この一方的な時間が回転するサイクルを統括しているのは、上の台座にいる猿に似たスフィンクスで、これは頭に王冠を被っている。「16塔」のカードでは、この王冠が吹っ飛んだと考えてもよいかもしれない。塔は壊れておらず、健在だ。しかし上にある蓋が外れて、上空に開放されたとなると、「10運命の輪」の一つのサイクルの中に閉じ込められた封印が外れたと考える可能性も、ないわけではない。

信念体系の崩壊という点では、私は個人的な体験について書いてみたい。ある日、夢を見て、私は透明なヘルメットを被っていた。背後から回り込んできた大きな蛇が、このヘルメットを噛み砕いたという夢だった。

この夢から一年後に交通事故で骨折したが、この事故を体験した場所は、新宿西口の中央公園のわきの道で、この公園は、昔は池であり、そこには蛇に化けた小笹伝説があった。この蛇はまだ生きていて、これが私の信念体系としての透明ヘルメットを砕いたのだと解釈している。ホロスコープでは私の太陽に対して、この時期にトランシットの冥王星がスクエアで、この冥王星の記号（♇）は、日本語の巳に近いというところから、冥王星を龍とか蛇とイメージづけたのは四柱推命の鎌崎拓洋氏だった。太陽の枠を作り直す操作が比較的大胆に実施されたのだ。

この蛇伝説は室町時代のもので、蛇はプラトン月、すなわち２２００年の寿命を持っていると考えられる。「10運命の輪」で、その人が同一化している輪はさまざまだが、今日活用されている占星術の輪は、最大が冥王星の輪で、だいたい一回転が250年前後だ。だが冥王星の輪を日常的に活用している人はそう多くはない。私の交通事故は、冥王星の輪の力が、太陽の輪を噛み砕いたというものだ。蛇は冥王星そのものというよりは、冥王星を乗り物にしている生き物だ。その背後に、例の巨大な黒い姿のタロットの母がいる。私はこのタロットの母を、諏訪大社の秋宮と同じ匂いがするからという理由で、ヤサカノトメと呼んでいたが、オリオン系というよりも、実は、アルシオンのアーキタイプ（大天使）だ。小笹はその手下なのだ。

2200年のプラトン月は、それを12個足して、2万6000年の歳差の輪のパーツになるが、透明ヘルメットが破れると、さらに大きな輪につながるきっかけは作られると思うので、この小笹という蛇はその案内者としてやって来て、そして死なない程度に事故を演出した。

コンヴェル版あるいはカモワン版で、この「16塔」のカードの絵柄を見ると、それまでその人を閉じ込めてきた信念体系の白い巨塔が壊れるというよりも、塔のサイズはそのままにして、頭の蓋が開いて、上空に飛び出した光景に見える。

「7戦車」のカードの御者は、頭は開いていたが、しかし大地を土台にしていたので、せっかく開いた頭も、外に飛び出すことはできなかった。

筒が飛び出す

塔が四角形のものでなく、円形の塔だとすると、この塔は、筒のようなもので、筒は螺旋回転をしているものを象徴化する。球の形と線の形という対比を説明したが、球体は、回転しながら移動すると、筒に見える。一つの次元においての球体は、その上の次元においては線に変貌する。あるいは下の次元においては、たくさんの筒を出していくものに変貌する。この筒の一つに同一化することで、存在は一つ下に降りる。

塔に蓋があった時には、この螺旋の渦は、塔の内部をぐるぐると回っているだけだったのかもしれない。あるいは筒は、どこにつながるのか不明なまま、中空で、短いまま止まっていた。しかし蓋が開くと、それは勢いよく外に飛び出し、天空に向かっていき、ある場所に到達する。常に、線とか筒はつなぐ性質なので、それは必ずA点とB点を接続しようとする。

「14節制」のカードでは、上にあるものが下に下りる時、陰陽の回転を利用して、螺旋状態に降りていったということを説明したが、陰陽というのは右と左というふうにイメージするよりも、横から見てサインウェーブとして、回転していると見た方が理解しやすい。春はゼロ、夏はプラス、秋はゼロ、冬はマイナスとして、波は回転しているのだ。

この回転しながら降りるということを、「15悪魔」のカードは、さらに拡大利用した。つまり、外に対する働きかけに、回転しながら飛んで行く筒を使った。球体はその下の次元においては、太陽の周囲の光の矢のように たくさんの線に分解される。「15悪魔」のカードで、私は外界に対して紐、あるいはシルバーコードがたくさん伸びた光景を説明したが、この紐は、細かく見ると、螺旋回転しながら前進する筒で、「14節制」の太陽から月へという下降がなされると、自分を小さなものに分割するという応用ができるようになり、「15悪魔」のカードでは、身体のあちこちから、蛇が飛び出すように、小さな筒を次々と外界に飛び出させた。

「15悪魔」は、「14節制」をさらにエスカレートさせたものなので、ならば、次の「16塔」では、さらにエスカレートするのかもしれない。ホドロフスキーはこのカードの説明で、「アルカナ15の悪魔的な両性具有者は、脊柱全体を登り、宇宙へと飛び出していくために冠状の神経中枢を開く炎となったのだ」と書いている。「15悪魔」は自分の一部を外にはみ出させるということを繰り返していた。「15悪魔」の段階では、それはより下の次元に対してのものだった。しかし一転して、「16塔」では、より上位の次元に、はみ出すことに決めたので、自分が大きな筒に変わり、塔の外に飛び出した。

「15悪魔」のカードの段階で、この筒を伸ばすということを何度も練習していると、今度は自分を大きな筒にして外界に飛び出るというのを上手くできるようになるのかもしれない。ただしここでは主客の転倒が必要だ。それこそ大変なことだ。「15悪魔」では、主体としての自分は変わらなかった。そこから外に手や舌を出した。しかし微妙な違いに気がついている人は、外に精力が漏れている時に、「自分も一緒になって出ている」と感じる。主体の一部はここにおらず、外に分散して出て行くのだ。そこに大胆になると、自分という主体を、より大きな筒に乗せて、外に飛び出すということが可能になる。小出しに出す練習をして、最後、自分を射出する。性的な行為の中で自分を失い、快楽の中に没入するというのは地上的なところでの行為だが、リアリティが移動するという場合に、必ず一瞬の気絶がある。リアリティが違うところに行くのだから、それまでの場にいる私というものが失われるのは当たり前だ。気絶しない人は、どこにも行かないということだ。じっと冷静に見つめることで、誰もがどこにも行かない、どんな変化もしないということを維持しようとする。それはある意味、恐れを感じているからだともいえる。

ここでまた私の個人的な体験を書くが、体外離脱をした時、ある場所に行くのに通路がないと思っていた。「一体、どこに行くつもりか?」それもわかっていないのに、通路がないというのもおかしな話だが、すると、数人の男が溶けて、筒になり、私はこの筒の中を回転しながら進んで行き、目的の星に到達した。目的の星に到達した時、初めて自分がそこを目指していたことがわかった。この筒の中を回転しながら移動する時、これまでにないくらい気分がよかった。

私は筒の中を移動しているので、自分の身体の形は壊れていないと思ったが、男達は溶けたので、元の形はなくなった。この複数の男というイメージを後で考えてみたが、というよりもあまりにも印象的な体験だったので、その後何年も考えていたが、より大きなサイクルにシフトするという意味なのだろう。人間の寿命を80年くらいだとすると、冥王星サイクルとは250年くらいで、三人分となる。三人が溶けてくっついたら、冥王星の輪になったわけだ。歳差を考える時に、一日を72年とみなして、これが人の一生の基準であると想定することが多い。小笹はプラトン月の2200年の寿命だとすると、これは30日、つまり30人分を足したサイズだ。

体外離脱でできた筒の体験では、確か、四人あるいは五人くらいいたのではないかと思う。筒になった男ということで、それを私はある時期には、住吉三神の筒男と考えていた。住吉三男ならそれはオリオン系だが、実際に私を運んだ筒の男達は、シリウス系例のグループだった。

ホドロフスキーは、「16塔」を「閉じ込められたものの外部への出現を示す」と書いているが、閉じ込められたものが解放されるとは、自分の主客という二極化から解放されることで、頭の蓋が取れるというのは、まさに驚くような体験なのだ。

飛び出すための特別な建物か

建物は全く壊れておらず、上空の蓋が開いただけと考えた時に、カモワン版あるいはコンヴェル版では、このカードをわざわざ「神の家」と名づけることも、あまり矛盾はないかもしれないと感じる。それ以前のカードでは、この建物には扉はなかったが、カモワン版では、塔に三つの扉をつけた。下に二つ、上に一つの扉を描くと、これは二極化されたものはその上においては合流して、単一原理になるというイメージを与える。科学は出発点において、二極化から始まる。つまり自分と観察する対象だ。この二極化からスタートしたものは塔から出ることはない。出発点で間違ったものは、最後まで間違った方向にしか走らない。

例えば、アルベルト・アインシュタインは光に近づくと重力は無限になると考えたが、これは二極化特有の、二律背反そのものだ。現代科学は、無を先伸ばしにしているが、無と無限を受け入れてしまうと、数学的統一性、自我の連続性、エゴの継続、理論の崩壊が生じるからだ。気絶しないで、意識が連続することを追及すると、その人はずっと同じ塔の中に閉じ込められる。

無を先送りにした科学は、苦し紛れに次々と詭弁《きべん》を考案するが、次元と次元の間には、常に無と無限が立ちはだかっているということに気がつけば、二極化を解消して、するすると外に飛び出すことができるのだ。

快楽に我を忘れるというのは、性的な話だが、私が筒を移動している時に、生まれてこのかた、ここまで気持ちのよい体験はなかったと感じたのは、二極化が非二元としての無に吸い込まれたからだ。

リサ・ロイヤルは、次元移動の時の痛みを緩和する力はアルクトゥルスにあると説明していた。次元移動とはつまりは死んでしまうことで、アルクトゥルスは死の恐怖と苦痛を緩和する。二極化が非二元に回収されていくことをスムーズに行えるのだ。

王冠が外れる建物は滅多にない、というよりも、この塔はそもそも上空に飛び出すために作られた建物なのだ。建物の中に入って、そこから宇宙に飛び出すというものは、想像するに、エジプトのピラミッドや古代の神殿などが挙げられる。それぞれ恒星と関連づけられた神殿は、その恒星に飛び出す通路になり、そこに入った人は、神殿の中で恒星と接触する。

今日の世界は、太陽神信仰の世界なので、このようなさまざまな恒星に飛び出すことは許可されない。全員が同じ太陽の支配の下で生きなくてはならないのだ。恒星に行くとは、それぞれの考え方や生き方、価値観が違うことを浮き彫りにして、共通認識で生きるということを台無しにすることがある。エジプトのピラミッドは、りゅう座のトゥバンに向かう穴が開いており、ピラミッドはトゥバンに行くための装置だ。

ドロレス・キャノンの作り出したセラピー手法QHHTでは、最初にピラミッドのイメージを作り、「あなたはこのピラミッドに守られています」という場面がある。ピラミッドに守られるとは、ピラミッドを作った特定の宇宙系の連合に接続し、それ以外のものを追い出すという性質がある。実際、見ていると、私がある程度親しく関わっている男は、ピラミッドを作り出した瞬間に、蚊帳の外に追い出され、「じゃあね」と手を振って去っていった。「どうせ毎日会ってるし、今のところ、おとなしく引くよ」と。

ギザのピラミッドが向かうのがトゥバンならば、イメージで作ったピラミッドもトゥバンに行くだろう。それはドラコニアンの拠点で、地球は西暦２３００年代を過ぎると、おおよそドラコニアンに統一されるという意見がある。北斗七星、アルシオンはトゥバンと連合しており、非常に巨大な連合ができているのだ。

古代において、神殿はそのルーツとなる宇宙系や星座、恒星などと結びつき、その通路、地上に設置されていた筒になっていたということからすると、「16塔」は、一つの系統だけでなく、さまざまなバラエティある神殿があったはずだ。そして目指す方向に正確に照準を合わせており、それが脱線しないように設計されているはずなのだ。

このようなさまざまな方向の神殿があるというのは、今日ではあまり信じられない話かもしれない。だが、考えてみると、それはまだちゃんと機能しているのではないか。

神社は塔あるいは神の家か

日本での神社がこの役割を果たすかどうかわからない。伊勢神宮で祈祷《きとう》を受けた時、頭に、頭よりも少し細い直径の管を刺されたような感じだった。その後三日間頭痛が治まらず、首も回りにくくなった。伊勢神宮は、表の神様はアマテラスといわれ、それはプレアデス系列だといわれる。裏の神様は瀬織津姫《せおりつひめ》で、それはアルクトゥルスだと思われる。

江ノ島の神社で祈祷を受けた時、目の前に逆Vの字型のクサビのように伸びたものが見えて、その先にいた存在が「来るのが遅い」といった。これはオリオン三つ星に関係するということはよく知られている。諏訪大社で祈祷を受けた時は、巨大な蛇に飲み込まれるような感じもあった。

一時、このように祈祷に凝っていた時には、あちこちに行って体験してみたのだが、真面目に仕事している神社は、明らかに通路になっていると思う。それは有名なものかどうかとはまた別物で、むしろ有名な神社ゆえに手抜きする場所もあった。一日何百人も処理する神社では、通路が開かれたようには思えず、気休めでしかないと感じた。暇な神社は丁寧で、忙しいところは手抜きということはない。伊勢神宮は極めて忙しい神宮のはずだが、後遺症が残るほど強烈で、明らかに図太い通路だ。個人的には伊勢神宮は私に対してはいつも歓迎の姿勢で、こういう時には早めに眷属を送ってくる。事前に眷属が来ないのなら、その神社には縁がないと思う。

人間は思考体、感情体、身体という三つの組織でできていると書いた。身体は外に飛び出すことはない。身体の最高度に発達した振動密度の物質は性センターの法則12のレベルであり、それは身体と結びついているがゆえに、そこから離れることはできない。

感情体は、そもそも身体からするとよそ者だ。感情体はその頂点においては、恒星とかコンステレーションに結びついていて、思い出すことができたら、誰でも、自分の感情体のルーツについて知ることができる。思考体も同じくだ。感情体のルーツと、思考体のルーツはたいてい違う。したがって地球人のすべてはハイブリッド種だ。

「16塔」の建物が、ホドロフスキーのいうように「我々の肉体」だとすると、塔そのものは宇宙に飛び出すことはない。その一番上の蓋を開いて、感情体がそもそものルーツにまで飛んで行くことを許容するというだけだ。つまり図柄では、飛び出す炎が、感情体にほかならない。

例えば、今日的な考えでは、思考や感情というものは、身体の随伴機能で、脳が死んでしまうと、思考も感情も死んでいくとみなされている。つまり思考や感情は、身体という塔に閉じ込められ、塔のサイズよりも小さいと思われている。この塔を開いて、実は感情体というのは、身体を凌駕《りょうが》しているものなのだということを思い出すことそのものが、信念体系クラッシュの体験であり、許容することである。

塔の一番上の冠は、クラウン・チャクラ（サハスララ・チャクラ）と呼ばれ、もしくは生命の樹ではケテルと呼ばれる。それは上位の宇宙とのつなぎ作用だ。たいていの場合、この蓋は開いていない。というのは、世界内活動は、陰陽の二極化であると書いたが、この横波としての陰陽運動は、私達を世界内、つまり塔の内部に閉じ込め、この中であああでもないこうでもないと忙しく暮らしている。外宇宙との扉としてのケテルは、生命の樹でも、右と左に分岐していない中和的な要素で、陰陽が中和されると同時に縦波が働く。すると、外に飛び出すのだ。仙道では、これを先天の気が働くといい、小周天から、大周天に切り替わる瞬間だ。

私達の日常の暮らしでは、この蓋は開かない方がよいのだ。どこかの道でつまづいた瞬間に、中身が外にこぼれてしまうような体験はしたくないだろう。私は20歳の頃には、このいつも蓋が開いている時期があった。一日に何度も体外離脱をしたことがあるのだが、この時には時間と空間の秩序はめちゃくちゃになった。つまりは普通に暮らすというのは困難、というよりも不可能だった。それにまっすぐの道を歩いている時に、ふいに左足が中身だけ外に飛び出て、肉体の左足は力を失うので、そのまま倒れてしまったりもした。

昔の日本人は脱魂する人が多かったので、多分、あちこちで倒れている人がいたのではあるまいか。

男達の二種類の態度

「16塔」を見て興味深いと思ったのは、外宇宙に飛び出すために作られた塔の蓋が開いた時、一人は逆立ちの姿勢であり、もう一人は塔の下の扉から外に出ようとして、半身を外に出していることだ。

少なくとも、冠が爆発とともに開いているかのような光景が描かれているので、静かに建物に入り、そのままスムーズに外に飛び出しましたということはないはずだ。信念体系クラッシュまたは何らかの驚くようなショック体験は伴うはずだ。

この爆発で、逆立ちの男は、塔から落ちたのだろうか。それとも通行人が音に驚いて転倒したのか。ちなみに、逆さまになるということは、「12吊られた男」にも似ていて、価値観の転倒が起こるという意味でもある。しかし、「12吊られた男」は、地面に手をつけていないが、この逆さまの男は地面に手をついている。「12吊られた男」は地面に影響を与える気はさらさらなくて、むしろその後、「13死神」に依頼して破壊工作を目論んだ。「16塔」はそれに比較するとよほど前向きで、大地に自分の受けた影響を持ち込もうとしている。

もう一人の扉から逃げようとしている男は、この塔の中で起こる顛末から、遁走したいのか。二つの姿勢とは、考え方が変わるか、あるいは逃げるかどちらかなのか。

ホドロフスキーは、この二人の男を、「15悪魔」のカードの二人の小悪魔が変身した姿だと解釈している。本体の悪魔は、塔から宇宙に射出された。手下の二人は、受け取ったものを大地に流し込むのだと説明されている。一人は地面に。一人は地面に生えた植物に。つまり一つは肉体に。もう一つはエーテル体に。逆さまの二人の男は下降の道をたどっているのだから、手に入れたものを、忠実に下の次元に持ち込もうとしているのだろう。

信念体系クラッシュは、これまでの常識を覆すことがほとんどだが、生活のあらゆる場所、あらゆる考え方にそれが波及していくということだ。多かれ少なかれ、この「16塔」の段階では飛び出すことが主眼なので、下界に対して影響力を発揮するほどの余裕はない。

炎の中の胎児

右上の雷、炎の中に、一部肌色の部分が存在し、ホドロフスキーは、「新しい意識の芽生えと宇宙の発展への人類の貢献を象徴する肌色の胎児」と考えた。大地に設置された建物を人間の肉体と考え、中にあった感情体が宇宙に飛び出した時、この感情体は戻ってくる。

音階としていうと、身体の頂点はシの音で止まり、思考の頂点はミで止まり、ともに、オクターブとして自力で上昇する限界点に来た。感情体のみが宇宙に飛び出すことができるが、身体と重なっている時に、その頂点は、高次な感情ソの音で、まだ上昇する余力があり、太陽に到達してラの音になり、恒星に接触してシの音になった後に、戻ってきて、それ自身の力で、身体のシと思考のミに付加ショックをかける。すると、身体、思考は進化を始めていくという構造になる。身体のシが進化をすると、そこでアストラル体が形成され始めるとグルジェフは説明している。

このアストラル体というのは、シュタイナーのいうアストラル体と定義が違うので、混同すると意味がわからなくなる。グルジェフのいうそれは、肉体に成り代わる新しい、より振動密度の高い肉体で、「不死の身体」だ。シュタイナーはアストラル体について、一般構造説明をしており、グルジェフは固有の、現場のそれぞれのアストラル体のことを説明していると考えると混乱は少ないかもしれない。塔の筒から、宇宙の恒星、コンステレーションに飛んで行ったプロセスの中で、新しいアストラル体の胎児が作られつつあるのだが、この段階ではまだ胎児であり、準備段階にすぎない。そして新しい身体性なので、感情オクターブの中にあるわけではなく、身体のシの上に乗るドの音を示している。

宇宙的な外界に接触して戻って来ると、かなりの比率で、私達は分身を作る。それは自分と、より大きく広い宇宙との間の差成分のようなものでもあるが、これはとても不思議な体験で、これを体験したことがない人は、この事実について全く理解できないのは当たり前だ。「そういう体験ありましたね」といえる人は極めて珍しいし、体験したことのない人はそれを否定するのが当たり前だ。哺乳動物の世界観では、私が説明していることのかなりの部分が全く理解できない話になるのは当然のことだ。タロットカードのすべてを、世界内的価値観の中で解釈しなくてはならないのだから。つまり、塔の中で理屈をこねているということなのだ。

ちなみに、仙道の話に戻ると、体内で腹に陽神を作り、それを練るのだが、体内にあるものは、想像の産物、妄想的なものと解釈するしかない。それはいつでも消えてしまう可能性がある。ところが、陰陽分化していない先天の気が、頭の蓋をこじ開けてしまうと、そこから陽神は飛び出して、客観的分身へと変化する。むしろ分身が外からやってくると考えた方が正しい。人間は分身を作れない。分身は外からやってくる。一度できた陽神をもっと固めて実体のあるものに育てるために、肉体の周囲をあちこち歩かせるという。その時、海外とか、また違う時間、異なる次元、異なる空間など、あちこちを旅する。もちろん、私達はそれを同時体験する。

ホドロフスキーはこの胎児については「それは『星』で具現化されることになるだろう」というが、おそらくそれは違うと思われる。それははっきりと違うと断定した方がよいくらいだ。そして胎児の育成に関しては、もっと長い話になる。星との接触で生まれた分身は、「18月」のカードで上昇してくるザリガニという脳の古皮質の古い記憶と結びつき、成長するにつれて「19太陽」のカードの、尻尾を持つ二人目の子供になる。この重大なプロセスの種が、「16塔」のカードの炎の中に予告のように現れていると考えると興味深い。

ホドロフスキーのキーワードは寺院、建築、喜び、氾濫、衝撃、表現、祝賀、ダンス、栓を外すこと、開放すること、引越し、爆発など。日本なら、寺院以外に神社も入れてよいだろうし、むしろ寺院よりも神社の方が近いのではないか。

XVI
LA·MAISONDIEV

17

L'ETOILE

星

17の数字

17という数字は、1と7を足すと8になり、8の性質の奇数系と考えられる。8は八点を抑えて立方体の箱を作り、この中に力を溜め込み、圧縮する。日ごとに濃厚に生命感覚が充実していくのだが、17は奇数なので、この溜め込んだ力を定期的に放出すると考える。

これは電気部品でいうとコンデンサで、これは短期的なバッテリーのようで、溜め込み、いっぱいになると吐き出す。別にコンデンサでなくても、バッテリーでもよいかもしれない。これならば溜め込みはもっとゆっくりしていて、放出期間も長い。これはある枠があるということでもある。枠を超えると溢《あふ》れ出す。枠を超えない間は蓄積していく。8の場合はどうなのかというと、これも枠はあるが、入ってくるものを圧縮・溜め込みするとなると、大量に入れることができる。17はそこまで溜め込みしない。

この溜め込み、一定量が蓄積されると吐き出すという構造は、「17星」のカードを見ると、裸の女性は星の力を吸引し、溜まると、足元の池、川に流し込むということをしているのではないか。星から受け取った液体は、大地にではなく、川に流し込んでいる。

以前に書いたタロットの本では、まず「16塔」で信念体系としての塔が壊れる。そのことで、初めて塔が隠蔽していた星が見えてくる。「17星」のカードの女性が裸なのは、つまり塔の壁は、ここでは衣服に置き換えられ、それがなくなり、また「16塔」で描かれた雷は、ここでは星に姿を変えたというふうに考えた。

占星術のサインでは、16度というのは常に反対側のサインの影響がなだれ込んでくる。その結果として、サインの性質は破綻する。だが、17度はこの破綻を否定的に見ないで、むしろ今後の希望として解釈し始めると説明している。いわば焼け跡の再興であり、塔が壊れた瓦礫《がれき》の山の上で夢見るというものだ。

「16塔」のカードの塔は壊れていないという路線で考えてみると、「16塔」の段階で、螺旋回転するもので作られた筒が塔、あるいは神の家から飛び出して、コンステレーションや恒星に向かったといえる。行ったものは帰ってこなくてはならない。

人間は身体、感情体、思考体の三つでできていて、この中で宇宙に飛び出すことができるのは感情体のみだと説明した。この三つの組織はそれぞれの七つの音階で構成されているが、感情体はソの音まで行き、まだシやミという頭打ち段階にはない。そのため、このままラやシまでは自力で進む。極めて高次な感情がソの音であり、次のラの音で太陽に到達し、シの音で恒星に到達する。恒星自身がドの音として、このシに働きかけるし、そこまで行くと跳ね飛ばすような力が働き、感情体は地球に戻る力が強く働く。たいていは長くとどまるな、というような印象が恒星から伝わってくる。

戻ってきた感情体が助けないと、思考と身体はずっと足止めされたままで、放置しておけばもちろん腐敗していく。大地は身体の象徴だ。星の影響をこの大地に流すというのは、身体の最高度に発達した性センターとしての法則12がシの音で止まっているので、そこに感情体は自らをドの音としてぶつける行為にも関係する。しかし、ここで低い振動の思考とか感情が、この性センターの力を盗んでいたりすると、性センターの力は汚染されており、降りてきた高次な感情の力を受け止め切れないというケースもある。性センターの性質は高度に発達すると、というよりは本来の機能にまで回復すると、徐々に単性化してしまう傾向があり、よそ見をしなくなり、上だけを見るようになる。

このカードでは、裸の女性は決して星を見ていない。むしろ星を背にして、目線は大地とその川に向かっているということなのだ。そのため、星から帰還した感情体とみなされる。

ところで、私の体外離脱の話だが、筒になった男達が作った通路を通じて、星に到達した後、地球に戻ろうとすると、その星の支配者らしき存在が、「自分も連れて行け」といったので、地球に連れてきた。空気のように軽いグライダーで、暗闇の中で光る細い銀線の上を滑りながら降りた。

これは明らかに降りてくる感情体の体験だが、そこに星の住人が一緒にいるということが異例でもある。グルジェフのエニアグラムでいうと、これは第四オクターブのドの音だ。馬車、馬、御者にさらにプラス主人というものが加わる。上位のオクターブのドの音は、常にそれまでのオクターブのミあるいはシの音に対しての付加ショックとなる。この私が運んだ存在は、アメリカのネバダに近い地域に降り立ったが、私は一人で日本の東京大田区に戻った。星の住人は、私の身体に影響を与えることはできない。影響を与えることのできるのは、自分の感情体だ。その点で星の住人は古い通路が復活したことを確認したのだともいえるだろう。

「7戦車」のカードで説明したが、七つの原理は寸足らずだ。上から降りてきたものはレで止まり、下から上がるものはシで止まる。身体は下から進化してシで停止し、ドの音は感情体が持ち込む付加ショックでなくてはならない。感情体は実は空気までしか降りることができない。感情体とは一番重い部分が空気の身体なのだ。感情体と身体は呼吸でのみ結びついている。

ホドロフスキーは、「地面に置かれた彼女の膝は、そこに定着していることを示してもいる。彼女は地上に自分にふさわしい場所を見つけ、そして宇宙と交流している状態にあるのである」と書いているが、感情体は大地に降りない。星から持ち込んできた高次な影響は、大地に降り注がれることなく、川の中に流される。彼女が座って膝を当てている場所は、大地ではなく、四角形で描かれているように、人為的に作られた赤い区画だ。というのも特別な場が用意されなくては、この感情体が降りてくるというのは無理だからだ。この特別な場ということに関しては、象徴的に、「月の軌道に置かれたベースキャンプのうちの赤カテゴリー領域」といえばよいのだろうか。感情体は空気までしか降りることができない。

インドのチャクラでは、下から二番目のスワディスタナ・チャクラはガンジス河を象徴とする。これはエーテル体を示しており、大地としての肉体はムラダーラ・チャクラを象徴している。「17星」の女性は、星の力をエーテル体に持ち込むが、大地には持ち込まない。いや、寸足らずで持ち込めないのだ。

特別に用意された赤いスノコに座り、慎重に大地には触らないようにしながら、川の中に星の影響物を流し込むのだが、大地に触れると記憶が消えてしまうのではないかと思う。

「16塔」のカードでは、塔から飛び出したのか、それとも塔に向かってきたのかよくわからない炎の中に、肌色の胎児がいた。これを星との関係で作られるトゥルパ（分身）と考えてもよいのかもしれない。

仙道での陽神は、果たして体内から外に出たのか、それとも外からやってきたのかわからないということについて、もう一度しつこく書いておこう。仙道は主体中心主義で見すぎている。自分が気を練り、自分が分身を作ったのだ、と。人間は分身を作る力などない。むしろ外部からやってきたのだ。

アストラル体とエーテル体

私は幼児の頃から、空気は狐がぎっしり詰まっていて、一匹の狐を押すと、全世界の狐が反応すると思っていた。だが、最近ある本を書いていて、狐が反応しているのではなく、狐と狐をつなぐ輪郭の線が全世界の狐に伝達しているのではないかと思うようになった。

地球には惑星グリッドという、地球のエーテル体がある。五つのプラトン立体を組み合わせたものはＵＶＧ１２０として、グーグルマップにも表示できる。プラトン立体は、骨組みの輪郭があり、この中に図形として平面がある。

例えば、正二十面体は、平面に三角形があり、この三角形は同じ形なので、共鳴する。狐の話でいうと、この三角形に当たる場所が狐であり、正二十面体はすべての平面に同じ狐がいる。これらをつなぐグリッドは、エーテル網だ。エーテル体というのはすべてをつなぐ性質がある。一方で、アストラル体は単独で成立しようとする。つまり一匹の狐に該当する。

人間は自我、アストラル体、エーテル体、肉体でできているというのがシュタイナーの説明だ。「17星」から降りてきた女性は、「16塔」でできた肌色の胎児が成長してきたものではなく、無垢《むく》の（裸の）アストラル体の要素であり、降りてくる台座として、エーテル体を必要とする。このエーテル体ないしはエーテル体を作る成分は、空色の川として描かれる。

地上には物質体とエーテル体がある。このうち物質体は高次な意識や恒星の力というものを受信しない。しかしエーテル体はそれを受け止める。このエーテル体の川に星の力を流し込んだ結果として、「18月」のカードでは、水の下から、ザリガニが上がってきた。それはこれまで（王冠の外れない）塔が隠蔽していた遠い古い記憶でもある。

八つの星

「17星」のカードでは、上空に八つの星が輝いている。一つだけ大きく、他の七つは小さい。「0愚者」でも「1魔術師」でも「2女教皇」でも「8正義」のカードでも扱ってきたが、八つの点を組み合わせたマカバとしての連合がプロトコルを作ると、そこで一つの部屋が作られ、六つの壁が生まれる。六つの壁は点と線に囲まれた面なので、これもアストラル体の表現と考えてもよいかもしれないが、この八つが、惑星ではなく恒星レベルだとすると、アンタレスの駅で組み合わされる。

私が初めて「0愚者」のカードのパスワークをした時、暗闇の前方には九つのマトリクスがあった。これは曼荼羅《まんだら》と考えてもよいし、生命の樹のティファレトにつながる八つのパスと考えてもよいだろう。これは天の八衢としてのサルタヒコを表し、西欧ならばメルクリウスだが、この場合、中心点は九番目で、その外に八つの点があることになる。

「17星」のカードでは、星は八つであり、九つではないが、そのまま八つの星のマトリクスと解釈してもよいのではないかと思う。一つだけ大きいとしたら、その中でメインとなる恒星を決定しているということかもしれない。8は世界を固定する。7はこの世界の中をハムスターのように行動する。

例えば、プレアデス七つ星を天のチャクラとみなしたり、また北斗七星をそれに当てはめたりするが、八つになれば、そうした運動が成り立つ世界そのものを決定する場を作り出すことになるのだ。リサ・ロイヤルは宇宙種族の変遷と歴史を語るが、この変遷、歴史という時間・空間が成立する中で初めて作ることのできる物語は、八点で作る箱の中で成立するシリアルな流れ、すなわち七つということになるのだ。八点には物語はなく、むしろ舞台を作っている。

ここでは八点のうち、一つを交換すると、全く別の物語になる。私はリサ・ロイヤルがいうような、オリオン種族が戦いに明け暮れた人々であるという話は聞いたことがない。アメリカ人の一部は、プレアデスは平和な人々であるというが、支配と植民地化を繰り返したのはほかならないプレアデス種族だし、鷲族としてこれほど高飛車な存在はいなかったし、このように話が違ってくるのは、この八つの恒星を組み合わせた恒星マカバの組み合わせによって、違う箱ができてしまうからだ。同じ単語を並べ替えて、全く違う情感と風景を描く俳句のようだ。

「7戦車」のカードでも御者の頭蓋は開かれ、天空のコンステレーションが見えたが、受動的なままだったし、またこれらの星からの保護を求めていた。この7のバリエーションである「16塔」では、まだ「7戦車」では持っていた王冠を外して、コンステレーションや恒星に向かう飛び出す戦車になったが、私が「0愚者」のパスワークで、暗闇の中にぼんやり輝く九つの区画のマトリクスとしてアンタレスを見たように、「17星」のカードの女性は、八つという恒星マカバを作る部品の「全部乗せ」を体現している。

例えば、出口王仁三郎は、「自分がオリオンから来た」といった。川面凡児《かわつらぼんじ》は、「自分はプレアデスから来た」と明言している。こういうふうに、一つの星から来たという人は多く、その方が複雑でないのでわかりやすいと思うが、恒星マカバは、星型正八面体の八つの点を恒星で作り、この恒星ネットワークの間を行き来できるというものであり、そこからすると、単一の恒星から来たということをいう人は、一段階次元を落としたレベルのことを述べていることになる。つまり一つの恒星の下には、八つの惑星がある。この太陽系マカバは、一つの恒星の下にある複数の惑星の間は行き来するが、他の恒星には飛ぶことができない。

だが、八つの恒星で形成されるプロトコルを前提にして、この中でメインとなるオリオンなり、プレアデスなりを指定し、そこだけ大きく描くのは、その背後のプロトコルを明記した上での単独の恒星指定ということでより親切かもしれない。あるプロトコルでは、オリオンは戦いに明け暮れている。しかし違うプロトコルでは、オリオンはシュタイナーがいうように融合と調和の印であり、同じオリオンでも全く違うということになるのだから。それにオリオンというのは極めて広いためにたくさんの恒星があり、リゲル、ベラトリックス、ベテルギウス、三ツ星などで似ても似つかない。しかも新しい勢力として、オリオン星雲がある。今のところオリオン星雲は全くの未知の領域だ。オリオンにいろいろな定義が出てくるのは、まるで同じ役者があちこちのテレビドラマに出演して、一つの番組では犯罪者になり、違う番組では、刑事になったりするようなものだ。

そういう事情を踏まえてみれば、この「17星」のカードの上空の星は、プレアデス、北斗七星、シリウスなどと限定的にいえないものだとわかる。星は「星の数ほど」ある。

彼女は王仁三郎や川面凡児のように、そこから降りてきたのだが、時間の流れは一方向で考える必要はない。彼女はずっと昔、星にいた。「16塔」が壊れるまで、そのことを記憶喪失していた。ある意識状態になると、それにふさわしい記憶がいきなり折りたたまれた次元の隙間から飛び出してくる。恒星という高次思考センターのレベルに触れると、そこに住んでいた時の記憶が再生されてくる。感情体は恒星をルーツにしている。

男達が溶けて筒になり、私はそれを通じてある星に行き、戻ってきたという体験を書いたが、この星とはスピカだ。スピカはアトランティス時代までは地球と行き来しており、その後断絶した。これはスピカが断絶したというよりも、地球が硬化して、もうつながることが困難になったのだ。

通路がないと思ったのは、現代の地球のレベルでは通路はないということだ。アトランティス時代にはあったのだ。アトランティスの初期、人類は人間の形をしておらず、それは蛇のような形、諏訪大社の御神体のミシャグジのような形をしていたのかもしれない。その時代のスタイルならば、通路はできる。男達はアトランティス時代の思い出の中に回帰したのかもしれない。今のような人間の形では鍵穴が通らない。スピカは太古の通路を引っ張り出せば、地球との道はあった。太古の通路を引っ張り出すような行為は、「20審判」のカードの段階で初めて可能となる。

アストラル体に時間は存在しない。アストラル体は時間と空間の存在する物質界に接触するには、エーテル体の介在を必要とする。アストラル体のレベルでは、正二十面体の三角形はたくさんあっても全部同じで、その違いを認識しない。無数に狐がいても、狐からすると自分は一匹なのだ。どの三角形にも入り込む。この三角形とあの三角形は地域が違うよと認識できるのは、エーテル体を通じて、物質界に関与した時だけだ。

シュタイナーは、人間は寝ている時に、肉体とエーテル体を残して、アストラル体が少し身体位置から離れると説明している。アストラル体が肉体とエーテル体から離れると、ここで既に時間、空間の秩序はめちゃくちゃになって、未来なのか過去なのか、遠い場所なのか、自分の体験なのか、誰かの体験を見ているのか、さっぱりわからなくなる。一秒の間に三日分体験する場合もある。ニュートン物理学が成立可能な物質世界ならば、三日というのは無機的な空白の気の抜けた時間もある。アストラル体の体験は無機的な時間はない。というのも、物質というのはエーテル体とかアストラル体が虚脱したものなので、無意味に時間が経過するというのは十分にあり得るのだ。無機的な時間は肉体だけが体験することが可能なものだ。キアロスタミはこの退屈な時間を描写するのがとても上手いが、エーテル体にもアストラル体にもそんな隙間はない。あらゆるところが充実感で詰まっている。

「17星」の女性は、太古の時代に星とつながっていた。そのことを思い出すには、エーテル体の中にそれを探す必要がある。彼女は壷から液体を川に流している。サーチしているのかもしれない。もし、アストラル体だけならば、過去だとか未来だとかを考える必要はない。私はこの星からやってきたという実感ははっきりしている。物質界は、エーテル体を通じて、アストラル体とつながるので、物質肉体で生きている人の場合、星とのつながりを思い出すには、エーテル体の介在が必要だ。

「15悪魔」のカードで説明したように、この女性の膨らんだ腹には、舌を出してはいないが臍が開いている。臍は臍チャクラと考えた場合には、それは物質的には消えたが、気のレベル、すなわちエーテル体のレベルではまだ健在の臍の緒であり、それは地球と接続されている。ただし物質的地球ではなく、地球のエーテル体としての惑星グリッドだ。

金星との関係

生命の樹のパス対応では、この「17星」はネツァクとイエソドの間のパスだ。ネツァクは金星に対応し、イエソドは月に対応し、これはエーテル体を示している。以前、疲れ果て、エネルギー不足を感じた時、上野のヘミシンクの会に参加して、どうやったらチャージできるのか聞いてみた。

すると「金星を使え」といわれ、映像では、金星からたくさんの虫が降り注いで空間を埋め、それが地上のジャングルジムに降りてくる光景を見た。私はこの虫が「く」の形に折れ曲がっており、また蛆虫《うじむし》のように見えたが、ある日それはオタフクの元型ではないかと思うようになった。オタフクのような虫は、金星から飛んでくる。地上のジャングルジムは、エーテル体であることはいうまでもない。そこに金星から降りてきたものが充填される。

昔から月は餅と関連づけられた。餅のべたべたした感触は、エーテル体の感触にも似ていた。そもそもエーテル体はつなぎ剤だ。小豆は金星の象徴だった。そこで、中に小豆で作った餡が入り、外に餅が、あるいは反対に、中に餅があり、外に餡があるお菓子は、金星と月のパスを象徴しているもので、この「17星」のカードを示す暗号として使うこともできる。新幹線乗り場の売店で、お福饅頭が品切れになったことに怒っている中年サラリーマンを見たことがあるが、彼にはお福饅頭が、気力チャージの大切な食物だったのではないか。

そもそもエーテル体とは物質でなく、気のものなので、「金星から降り注いで、月にチャージされた」と思うだけで効果はある。ヘミシンクでのアドバイスは、「ストリートダンスみたいに、頭を床につけて回転すればいい」というような話だった。「12吊られた男」か、「16塔」の転倒した男のようなものかもしれない。

金星は太陽系の外の恒星との通路になり得るか。金星は、かつては天王星の近くにあったが、何かの衝突によってビリヤードのように突き飛ばされ、今のような地球のそばに来たのだという話がある。科学は物質的な側面でのみ考えなくてはならないので、この話は科学的には荒唐無稽かもしれない。しかし神話的な記憶という点では正しいかもしれない。

ハトホルは、シリウスを介してやってきたという話があり、金星をバイパスしてエジプトに来た。金星をバイパスにすると、心理的には、芸術とか音楽とかにその影響が現れるとみなす。パワーチャージするには、シリウス、金星、そしてイエソドというエーテル体へと充電されると考えるとよいのだ。

ホドロフスキーは、若い妻がいて、彼は彼女を芸術の霊感の源泉だといっているらしい。何とも古い時代の芸術家らしき発言だが、これは金星が若い妻に投影されているということだ。

ユングの六元型では、男性は無意識の部分で未発達のアニマを持ち、これを外界の女性に投影するのだが、この場合、徹頭徹尾、六つの元型は、部屋の中すなわち世界内にあるもので、逆にこの投影によって、人は世界に閉じ込められ、どこにも行けない理由を作る。介護しなくてはならない人がいると旅に出かけられないというようなものだ。シリウスと金星から月へなどという回路があるとすると、この六つの防壁を突き破って、外界から影響が来たというものなので、たいていの場合、むしろ部屋の危機をもたらす。投影した女性の背後に怪物がいるというようなものなのだから。

この金星は太陽系の外とつながっているという見解からいうと、金星から飛んできた虫を、私は最近、「弱っちい虫（ＷＩＭＰ）」と呼んでいる。これは原子で構成されていない暗黒物質で、太陽系の外ではむしろこれこそがメイン要素でもある。科学は流行《はや》り廃《すた》りがあり、永続性がない理論が多いので、ＷＩＭＰなどというと、いつの間にか古臭い発想になってしまうので、とりあえず、金星から持ち込まれるものは、原子に依存しない外宇宙的な物質が含まれていると考えるべきだろう。

この成分は、応身の主成分ではないかと思う。そして重力を持つことができるので、時空間を曲げる。私は応身を見るたびに、時空間が歪むので不審に思っていた。応身がエーテル体で構成されているのならば、物質界の時空には干渉しないはずだ。しかし、彼らがやってくると見事に時空がねじ曲げられるのだ。

17は8のバリエーションで、チャージしたものから溢れ出す。その点では、天空に輝く八つの星は力を蓄積し、そして余剰分が溢れて、彼女に降り注ぎ、この鋳型を踏襲して、余剰を川に流すというふうにしているとみなすこともできる。されたことを仕返すのだ。これはある意味、堤防が決壊するような性質も持つ。「16塔」で、制限はまだ壊れたままだし、社会的な節度というものは考慮されておらず、(別の理由で) 秩序の破壊者になる場合もあるとホドロフスキーは指摘しているが、それも頷ける。

ホドロフスキーのキーワードは、好機、養うこと、神聖なものとすること、ひざまずくこと、生殖力、贈与、霊感、女性性、歌、星のような、宇宙的、エコロジー、水を注ぐ、自分の場所を見つけること、スターなど。これらはみなカードのイメージの断片を拾ったものにすぎないが、しかし占いをする時には役立つということになる。

X VII
LE TOILLE

18

LA LUNE

月

18の数字

18の数字は、1と8を足すと9になるので、9の数字の系列になる。9は「隠者」のカードで、それは精神的な旅をしていたと考えてもよいだろう。「9隠者」は、まだ衣類の中には肌色部分が多く、体は世俗に支配されており（世俗の共有物であり）、探求は精神の部分でしか行われなかった。それを補うかのようにして、18では、今度は下の方を探求するという意味だ。

9が抽象的な探求ならば、18は街の中で探し物をするようなものだ。しかし「18月」のカードの絵柄を見ると、既に存在する品物がどこの店で売られているか探すような探索ではなく、無意識、あるいは下意識の中に入って探していくような、危険な要素も含まれた探索であることが判明する。記憶の奥底、あるいは過去に遡行して、そこから何かを引っ張り出すような印象かもしれない。

絵柄では、月で照らされた夜を描いている。そのため、このカードはどのようなものであれ、すべて、月が支配している領域においての事柄を示している。月は地球を取り巻く衛星で、カバラの生命の樹では、これはイエソド、エーテル体に関係したものだと考えられている。

月が支配するものという点で、このカードは気の領域の中で、エーテル界の中で、何かを探している。人間の日常の生活の中で、このようなエーテル領域においての探索とは、夢の中で探すとか、あるいはトランス状態、すなわちシータ波の脳波になってビジョンを見るという行為で見つけ出すというようなものとなる。通常の日常意識で探索するというのは、このカードの示すものではない。通常の人間脳はここでは眠っているか、凍結されている。この特殊性を忘れないようにしないと、このカードの意味を間違えてしまうと思う。「17星」のカードの女性は感情体なので、空気の中にしか降りることができない。そしてこの空気、エーテル成分において何が生じているのか、この「18月」のカードに描かれているということなのだ。

人間の三層の脳のように、このカードは三つの層に分割されている。一番上の月の領域が眠った人間脳を示すとしたら、二番目は、犬あるいは狼がいて、これは羊脳とかラブラドール脳といわれる旧皮質を示している。一番下にはザリガニがいる。つまりは虫脳だ。ザリガニは上がろうとしているので、旧皮質の犬はざわざわとしている。しかし、絵柄では犬は月から滴り落ちる液体に夢中になっているようにも見える。月の成分によって麻酔効果が出て酩酊《めいてい》状態なのかもしれない。

犬の態度がどうであれ、タロットカードで、犬が出てくる場合には、それは境界線を越えようとしているものがあるという意味だ。そのため、「0愚者」と「18月」の2枚は、踏み越えてはならない境界線を何かが越えようとしている。犬はアラームの働きで、家を守るので、要警戒の場合には騒ぎ立てる。

古皮質、つまり虫脳は、脳の奥にあり、それは古い記憶と結びつくが、人間の記憶の境界を超えたものだ。人間的な記憶とは、文明ができたとか、先史時代には何をしたとか、ある種文化的なものだ。ところが、虫脳の領域は、そうした人間的なものが成立する以前の記憶に関係している。私達は日常の生活では、それに対してブロックをかけていて、上がってこないようにしているが、眠っている最中には、この延髄にあるブロックが外れてしまい、脊髄から古い記憶が脳に上がってくる。日常意識として目覚めている間は、私達は人間の形を持ち、人間として生きていて、それを守ろうとする防衛心が働く。だから、そうでないものはブロックするのだ。

このブロックが働かない夢の時間には、得体のしれない異様な夢を見るが、それは人間的な脳が統合化できないようなものがたくさん含まれているからだ。例外的なものがありすぎると、まとめられない。

例えば、自我が、この見える世界での経験によってのみ形成された人は、もちろん、見える世界においての体験を統合化したり、まとめたりできるが、そうでない領域に関しては全くお手上げになり、無意識あるいは下意識は荒れ放題になってくる。

エーテル体を探しに出る旅

私達の身体は、肉体と、もう一つエーテル体でできている。シュタイナーによると時代が後になるにつれて、エーテル体がぴったりと肉体に張りつくようになり、ほとんど見分けがつかなくなった。特に額では、この二つは重なった。すると、私達が受け取る情報は、物質的なものばかりになる。

肉体とエーテル体がそんなにぴったりとくっついていなかった時には、エーテル体は、特に肉体に沿った形である必要はなかった。それはいろいろな動物の形をしていたと考えてもよい。人間のモデルは画一的で、そのラインに沿わなくてもいいのならば、むしろ意識の機能に従った形になる方が合理的だ。

エーテル体は感受性の体というふうに見ると、このエーテル体が受け取る情報は、宇宙的な広がり感がある。というのもエーテル体の本性はつなぐというもので、宇宙的なネットワーク網につながっているからだ。肉体は「いま、ここ」にある塊だが、エーテル体は、その輪郭から滲み出し、もっと時間的にも、空間的にも広がっている。

どうして後の時代になるほどに、このエーテル体は肉体に重なったのか。現代では、既にこのエーテル体は存在しないという考え方にもなっている。現代では、魂もないし、人間は肉体だけで生きていると考えられている。初期のキリスト教時代には、人間は霊、魂、身体で作られていると考えられているが、時代が後になるにつれて、霊は存在しないというふうになってきた。しかも魂は人間が生まれて後に作られると。

このように全体的に、モノ化していく流れは、地球が硬化していくというプロセスの中で避けることのできない現象だ。霊もない、魂もない、エーテル体もない、あるのはモノとしての人間のみ。この方向は止まらないので、ますますもっと硬化していくだろう。人間の一生の体験は、歴史の復元でもある。誰もが老いると身体が硬化し、水分がなくなり、岩のようになる。

つまり人類の歴史は大きくこの方向に向かっているので、未来の人間はもっと硬化し、水分が欠けて、新陳代謝が弱まり、岩のようになっていく。これは創造の法則が働く限りは、止められない。創造とは、分岐、分離して、数が増えていくことを表す。一つひとつは孤立し、他と理解し合わなくなるが、今でも道を歩いている人を見ても、何を考えているかわからない。孤立はどんどん進んでいるのだ。

ある時代から私達はエーテル体を見失ったと考えてもよいかもしれない。エーテル体は科学的に認識できない。なぜなら、エーテル体は科学で認識する「物質的な」ものではないからだ。それは魂と物質身体をつなぐ、つなぎ剤のようなものだと考えてもよいだろう。

月の軌道は地球よりも少し外側にある。太陽の光は地球に届くものと、月に届くものに二分されており、月に届くものはエーテル体になり、地球に届くものは肉体になったと考えるとわかりやすいかもしれない。地球の輪郭、すなわち肉体よりも外側にあり、人間の形からはみ出してもよいのだ。

月はエーテル体に関係するが、地球には月が一つしかないので、このエーテル成分は圧倒的に少なく、枯渇しているといえるほどであるが、この成分が少ないと魂と身体を上手くつなぐことができなくなり、身体は魂を見失いやすい。これは十牛図でいうならば、身体は牧童として象徴化され、牛は魂と象徴化している。牧童はある朝、牛がいなくなったので慌てたのだ。主にエーテル体を忘れ始めたのは、ギリシャ時代以降だと思われる。それ以前の時代には、エーテル体体験も実体験のように捉えられていた。

「17星」のカードで、唯一外宇宙との扉を通じて、外に出ることの許された感情体は宇宙に飛び出して、星の力を浴びて、その後、地球に戻って来た。もともと感情体は改めて星を発見する必要はなく、もともと感情体の高次な領域は、コンステレーション、恒星などを故郷にしているもので、それらと初めから結びついている。たんに、それをある時期まで忘れていただけなのだ。

「17星」のカードの女性は、この戻ってきた感情体を表し、それは進化から取り残された思考体と身体の不足部分を供給しなくてはならない。それは口を開けて待つ雛に餌を持ってくる親鳥のような印象だ。

この女性は大地に接触しておらず、彼女は赤いスノコの上に座っている。これは身体の中で最高度に進化した性センターの振動密度、法則12の区画でもある。感情体は空気にまで降りることができるので、感情体の持つ七つの法則という点でいえば、恒星から空気まで、七段階の要素をすべて持っている。私達は肉体を空気振動のところに置く生命体として生きていても、何の問題もない。もちろん、肉体を持つ人間からすると、それは目に見えない存在だが、特にそれで困ることはない。私達はそういう存在と頻繁に会っているが、気に留めていないだけだ。

エーテル体は肉体と魂をつなぐつなぎ剤だと説明した。星の影響を受け取った「17星」の女性は、受け取ったものの余剰成分を池の中に流す。これはエーテル界、ガンジス川にたとえたものだ。すると、この池の中から、ザリガニが上がってくる。星の力を受け取った女性は、この星の力にフィットするボディを、エーテル界の中から引き出すのだ。ザリガニは、自分が呼ばれたと思い這い出してきた。

それは象徴的にいえば、「17星」のカードの女性がかつて星に住んでいた時に持っていた身体のことだ。感情体は恒星から空気にまで七つの段階を持っていると書いたが、つまり空気の中のエーテル成分に「一番低い身体」を持っている。この感情体の七つは、上のドから降りてきたものなのでレ止まりで、物質肉体を持つことはないが、しかし空気肉体は持てる。かつて住んでいた時の星の身体を取り戻すと、それは感情体という本質の持つ身体になる。同時に、私達は地球製の身体を持っている。本質の持つ身体と、地球製の身体の両方を持つことで、「19太陽」のカードの二人の子供になる。

地球の肉体は地球の性質からすると、硬化して岩になっていくことは避けられない。地球の歴史の縮小版として、老化して固まる。それに比較すると、池の中から引き出してきたボディは、とても柔らかい。

感情体が星に戻り、また地球に帰ってきた時、鏡像のように自分のかつての身体をガンジス河、あるいは三途《さんず》の川の中に見たが、これは感情体が所有する肉体であり、私達は地球に生まれた肉体を同時に持っているが、これは感情体からすると、自分が作ったものでもないし、地球から提供されているだけで、感情体からすると、見知らぬ馴染めない身体であることもある。そもそも感情体は地球に生まれてきた時、この地球に生まれてきたことそのものを怒っている場合もある。

ドロレス・キャノンは、地球が危機に瀕している時に、宇宙からボランティアを募って、次々と地球に生まれてくるスターピープルが出現したという。このボランティアは、たいてい地球の現状については現場にいなかったので、詳しく知らない。生まれて初めて地球に来て、その時に初めて現実を知り、驚き、ここには適応できないと判断して、早めに自殺したりするボランティアもいる。つまりは、この地球的身体に馴染んでいる感情体などは実はあまり多くはないのだ。

「16塔」で炎の中に登場した新しいアストラル体は、この感情体が作ったものではなく、しかしこの感情体が戻ってきた時に身体に与えた付加ショックによって生成されたもので、つまり地球の素材で形成された最高の部品に、感情体が呼び戻した古いボディが重なったもので、もともとのものを地球素材で作り直したというものだ。身体から外に飛び出すという行為をすると、即座に同時進行で、分身が作られていく。外に行くということで、既に身体との差成分が発生してしまうのだ。しかしその形は整っていない。整えるには、恒星に行き、そして戻ってこなくてはならない。

「16塔」の段階では、得体のしれない妙な塊が発生するだけだ。例えば、アメリカの開拓時代、ヨーロッパで食べていたパンを作るための小麦が不足した。そのため、同じものをトウモロコシで再現してマフィンを作ったというようなものかもしれない。

この地球素材の最高の部品で構築したボディだと、記憶の連続性が保てる。感情体がかつて持っていたボディだけでは、星雲界の記憶はあっても、地球の記憶がごっそりと抜け落ちてしまう。

古いボディについていえば、「17星」のカードの女性は、「16塔」の壁が遮蔽している間は、記憶喪失しており、星と通信できなかったので、この記憶は奥にしまいこまれたままだった。彼女はギリシャ以前の時代に戻って、古い記憶の中から自分のかつてのエーテル体の身体をアクセスする。エーテル界では、この古い、新しいというのはないので、肉体から見た時間として、ギリシャ以前の古い時代だと考えるのだ。

マクロコスモスを探求した人は、同時にミクロコスモスに進展する必要がある。でないと、探求の成果を失うのだ。意識が惑星や太陽系に拡大した時、この太陽系の構造は、ミクロな領域では、原子そっくりであることが判明する。さらに恒星に向かうと、これが原子よりも微細な素粒子の性質に似ていることを発見する。つまり恒星に到達した人は、それを正しく小さな世界に反映させた場合には、ニュートン物理学を超えた量子の身体を持つことが必要なのだ。

量子的な身体こそエーテル体だ。これがないと、私達は星の身体を持てないということになる。「17星」

のカードの女性は、かつて星に住んでいたということを思い出しても、身体が太陽系の中にしかいられない原子で構成されたニュートン物理学的な身体だと、きっとかなりの不満な生き方になるだろう。

量子的身体は未来から過去に来たり、時間の中を自由に動き回ったり、基本的にニュートン物理学の因果法則に従わない。したがって、寸法というものがない。それどころか時間の順序というものがない。昨日の後に今日がきて、明日があるという秩序からは自由なので、今日の後に一か月前が来るとか、昨日は5年先という場合もある。「18月」のカードが、ホドロフスキーのいうようにルナティックな世界なら、この世の秩序などない。

「17星」のカードの女性は恒星探索をして、自分のもともとの場所を思い出したので、すぐさま、それに対応するかつての身体、エーテル体を探さなくてはならない。でないと、また記憶は埋もれてしまう。古い記憶の倉庫に放置されたザリガニは、かさかさで、硬い身体を持ち、まるで冬眠していたようだった。だが、それを拾い上げて興味を抱くと、急速に柔らかい生命的なものに回復する。

タロットカードは順番の時間に従わない

補足的な話で脱線するが、タロットカードの数字の順番は、あたかも物語であるかのように順番に進む。意識がこの順番で変化し、発展し、成長するのだ。しかしこれは、時間の経過に基づく順番ではないことに注意する必要がある。

例えば、私は数年マラソンを練習していた。その結果としてホノルルマラソンでは、62歳くらいの年齢でフルマラソンを、サブ4（四時間以内）で走った。しかしその後一年くらい放置していたので、振り出しに戻った。この場合、また同じことをやり直せば元に戻るだろう。これは時間の順番に従っているわけではなく、退化すると振り出しに戻り、またテンションの高い状態にまで行くと、目標地点に近づく。

タロットカードは、後になるにつれて振動密度が高くなると考えよう。しかし私達の暮らしは、振動密度が高くなる方向に向かっているわけではなく、停滞したり、また発達したりする。タロットカードでいえば、17まで行った人も、ある時期に9まで戻ることもある。時間的な経過の中では、まるでタロットカードをシャッフルしたかのようにランダムに並ぶだろう。日常の生活の中で、タロットカードを数字の順番通りに進む人はあまり多くはないと思う。後戻りして退化しないようにするには、それぞれのカードの体験を嫌というほど味わい尽くし、それに抗体を作り出す必要があるのだ。そうすると、戻りたくても戻れない。

私はしばしば自分のエーテル体を見る機会があった。ある日、ソファでうたた寝していて眼が覚めると、腕だけが外にはみ出していた。つまりエーテル体が肉体の外にあった。その時、エーテル体の指に大きな指輪がはまっていたのを発見したが、それよりも、自分の腕が茶色で、まるでゴリラのような手にも見えたので、自分のエーテル体は動物のようなものだと思っていた。それは十分にあり得るもので、エーテル体が人間の形をしている人の方が少ない。

諏訪大社の宮司はエーテル体が蛇だが、もし彼が蛇でないならば、むしろ宮司としては偽物だ。諏訪大社ならば、エーテル体はミシャグジのようなものでなくてはならないからだ。だいたい私のエーテル体は、茶色と緑色の混じったようなのと捉えていた。

２０１７年の後半になって、ＱＨＨＴのセッションを受けて、「身体はどのような感じですか？」と聞かれて、その時に初めて私のエーテル体は動物の体ではないことに気がついた。それは硬くした半透明ジェルのようなもので、幾何図形模様で作られたような骨の外側に装着されており、青色、あるいは緑色と茶色の混じったようなものだった。ｉＭａｃが販売された時、筐体はスケルトンだったが、あのような感じだ。膝に、何か装置がつけられていて、そこで身体情報はある場所に転送されていた。骨がメインで、その外側に、ジェルが張りついているので、これは見ようによってはカモワン番の「13死神」のようなものにも見える。

それまではエジプト時代に放置されたエーテル体を呼び出し、それに水分を与えて蘇生させようとしていたのだが、その時には、ちょっと腕の数が多かったので、ある種の爬虫類的な身体だと思っていた。だが、ＱＨＨＴセッションで見た時ほど、詳しく見たことはなかったし、ＱＨＨＴの時に見たものならば、これまでのゴリラのような、あるいは爬虫類のようなというイメージも内包可能に見える。一部だけ見たらそう思っても不思議ではない、と。

ホドロフスキーは、「16塔」で王冠が外れ、宇宙に飛び出す炎の中に、肌色の胎児がいて、これは「17星」のカードで完成すると説明した。つまり彼は、この胎児は成長して、「17星」のカードの女性に変化すると考えたのかもしれない。しかし、「17星」のカードの女性は私達の感情体で、そもそも最初から私達自身であり、いきなり出てきたものではない。感情体が宇宙に飛ぶには、感情体の高度な領域、高次な感情といわれるものを実人生の中で育成しなくてはならない。感情体の高度な部分はそもそも初めから発達しているが、私達が暮らしている地球生活の中での感情とスムーズにつながらないといけない。それができないと、私達の低い感情は、この高度な感情部分を覆い隠してしまう。

また、通常の知性は法則48で働き、かなり低速なので、この法則12の高次な感情体験をすると、瞬間的に記憶喪失をする。いわゆるクリックアウトだ。そしてそこで体験したことは覚えていないが、その前後は覚えている。「すごい体験をした」というが、「どういう内容?」と聞かれると、「わからない」という。しかし「すごいことだけはわかる」のだと。

象徴解読などができる知性を育成した人は、法則24で働く知性を持つ。言葉を超えた意味を理解することができる。この場合には、高次な感情12が働いた時、低速知性48よりは、もう少し意識を保つことはできるだろう。法則12で働く知性があれば、高次な感情12で体験したことは、そのまま言語化、意識化できる。学校でどれほど学習をしても、この法則12で働く知性を育成することはできない。それどころか学校では法則24で働く知性を育成することも難しいかもしれない。何か特別に努力が必要だ。

思考が気を失うような、高次な感情、法則12の感情を日常で体験することはどのくらいあるだろうか。一度体験すると、それは同じものを引き寄せようとする。そして次第に増えていく。

感情体としての「17星」のカードの女性は、恒星から戻ってきた時、上のドから下のレまで統一した七つの知覚をすべて兼ね備えた時、初めて「完全な」感情体になる。この段階で、仮にその人が事故死しても、その後、その人はずっと今までと大して変わらないという実感で生き続ける。ただしこうなると、地球に生まれてきた理由というものがない。新しく生まれてきた理由は、新しいアストラル体の身体を作ることで、感情体がかつての星の身体を思い出すという「18月」のカードは、過去に向いたもので、ここにさしたる新しい進展はない。

全くの新しい事態というのは、身体から飛び出し、星に触れた時に、身体のシの上に乗るドの音、不死の身体が生まれ始めるということだったのだ。地球の素材を使ってエッセンスを作り出すが、地球の素材そのものはその後廃棄されていく。

分身作りは一方的にはできない

仙道で、身体の中で気を練り、陽神を作り、頭の蓋が開いて、つまり「16塔」のカードそっくりの体験をして、陽神を身体の外に飛び出させる光景が、炎の中にある肌色の出現と見てもよい。

道教の思想では、食物から作られたようなエネルギーは精と呼び、これが気になり、最後に神になる。ご飯を食べて腹の中で作られた陽神の種は、精から気に変化したものだ。この内側の気の塊が、陽神に変化するというところには、大きな転換があり、そもそも分身、トゥルパというものは、身体の中では作ることができず、それは「外からの侵入」によってのみ可能であるのだから、それは本人が外に飛び出て、星とつながった時に初めて形成される。

これについては、私達は常に主体中心主義になっているという習慣によって、かなり無理解な段階にとどまってしまうのだ。例えば、ある場所に走っていくという時、A地点からB地点に走るのは、自分から自発的に走って行ったものだと考えている。実際には、A地点とB地点の間に糸が張られ、その間を引っ張られるようにして走っている。到達地点が自分を引き寄せている。何事も、一方的な動きというものは存在しない。

私達は肉体生活をしている時、二極化して、主体と客体に分離する。そして主体が私とみなした時、主体からのベクトルだけを意識する。客体も、元は私だった。そして主客はどちらも入れ替え可能で、客体が主体を支配しているケースもある。つまりは、どちらでもよいのだ。

自分から意志を発して、自分はあそこに走って行ったのだという観点は、あまりにも自己中心的な考え方なのだ。そのような感じで、私達はいつも一方的な主体意識に閉じ込められている。これは時間が一方的に動いているということとも同一な出来事だ。

あてもない、未来も見えない一方的なものの見方で、分身を作るのは不可能だ。それは自分と星をつないだ時、星からやってきた。自分と星の関係性において形成された。つまり星だけで作られず、また自分一人でも作られない。それは星と自分の関係性を維持するものとして形成された。

私達は地球製品の身体と、もう一つエーテル体の身体を持たなくてはならないので、そうなると、エーテル体の身体は、星の刻印のされたものになるのが一番楽だ。それは私達の肉体に重なっていたり、ときどき離れたりする。

仙道では、分身を頭から外に出して、慣れてきたら、かなり遠い場所にも旅をさせなくてはならないという。世界中どころか、異次元や異なる時間などさまざまな場所を旅する。おそらくはこれほど楽しい体験はないと思う。であるが、話は反対にした方がよいだろう。世界中を旅して異次元にも行くことのできる存在が、自分のところにやってきた。そして自分と結合しようとしている。自分という主体はそれに乗り換えようとしている。

仙道の修行は、このリアリティの分裂ということが前提だ。これまでのように主客が二極化して、主体に自分があり続ける限りは、身体から外に出ることはなく、また、今までと生活は何も変わらないし、それは妄想に彩られた閉鎖的な人生だ。しかし、驚くことに、彼は身体の外に出てしまうのだ。そして、分裂したリアリティとして、この外に出てしまった分身の目を通して、さまざまな宇宙のことを体験する。つまり自分のリアリティは、身体の外にあるものに分散させることができる。これができるなら、そばにある植物の中に入って、その植物から世界を見てみるということだってできるだろう。これまでの主体とは違う、もう一つの異なる主体の知覚を明確に固めて、安定させるには、この分身を自分と同等なくらいに、育成する必要があるのだ。それが「19太陽」のカードだが、まだその段階では10対9の比率だ。

硬化を共有しない

地球は硬化に向かっている。それにつき合うと人類はみな硬化に向かう。地球の硬化は法則なので、決して引き返せない。蛇が脱皮するように、この硬化する地球から離脱するために、異なる振動密度で生きる分身を作り、それに乗り換えるという手続きが進行するのが、考えられる限り最もスムーズだ。今の体のまま、その振動密度を上げることは可能なのかというと、それはとても難しい。長い間、多くの人がそれについて真剣に考え、結局は二分するのが一番よいと考えた。ミイラや即身仏は、実は、そういう分離の技術だ。

二分して、新しいものがメインになっていくというのが、仙道でいう気化で、分身はある日肉体を飲み込んで、肉体は消えていく。とはいっても、それは今までの次元からすると、姿を消すように見えるだけで、振動密度が少し高いところに移動しただけというものだ。相変わらずご飯は食べるし、寝たりもする。

ドロレス・キャノンが、地球が二分して、振動の高い地球と低い地球に分かれると説明しているが、硬化する地球は、その進行を進めてきた側の持ち物になる。シュタイナーはそれをルシファーといった。ルシファーは努力して地球を硬化する方に向かわせてきたのだ。人間がそれに巻き込まれる必要などないので、硬化につき合わず、分身を作り、もっと柔らかいエーテル的な身体に乗り変えるとよいのだ。

地球は12個存在するというが、二分する地球というのは12個ある地球が7個に廃統合されるプロセスで生じる。老子やニコライ・レーリッヒは晩年シャンバラに移動したというが、これは異なる地球への入り口だ。より振動密度の上がる地球について、私は金星的地球と呼んでいる。

例えば、鞍馬山とか貴船神社近辺にポータルがあると考えてもよいだろう。ポータルはゆっくりと移動する。

三階層のうちの二階層にいる犬は、私達の中にある哺乳動物的な要素だ。二匹の犬は、月からの栄養分を吸収しているとホドロフスキーはいう。私は金星から月に降りてくるワーム、虫型の成分について書いたが、今度は月からエーテル成分が滴り落ちてくる。その下の層にいるザリガニは、硬い殻を持つが、まるで機械製品のようでもある。

私はQHHTで、自分のエーテル体が機械みたいだと感じたが、それは老朽化すると、取り替えるということも想定していた。また、そのエネルギー源は地球の自然界からはほとんど吸収できず、常にそばに浮いていた小型の宇宙船から供給されている。この小型の宇宙船から持ち込まれるエネルギーは、地球の軌道を取り巻く巨大な船団から供給されていて、ここからだけ受け取ることができる。太陽系外にある暗黒物質、弱っちい虫（WIMP）は、金星が持ち込み、この金星の力は月の軌道にあるステーションに蓄積され、そのパイプとして、常に私の至近距離に浮いている宇宙船から私に接続されている。太ももあたりにチューブがつながっている。

地球上においてのパワースポットも食物も全く役に立たないのは、それが地球製のボディではないからだ。人間の形は、アトランティス後期、古代エジプトの初期にデザインされたと考えられているが、これも人工的にデザインされたものだ。つまりは、身体としては自然的に発生したものは何もないと考えてもよい。もちろん、それは過去にも適用されていく。基点があり、未来や過去にそれは浸透していくのだ。しかし遠くなるほど、だんだんと影響は曖昧になる。人間の形は流行の形で、時代によって変化する。ズスマンは、人類は未来には真っ先に鼻が退化すると主張している。物理的な嗅覚は人間には不要で、そもそも動物に比較すると驚くほど未発達で、気のレベルでの嗅覚が重要なので、物理的な鼻は退化して、その作用は松果腺に戻るという。こうした場合にも自然的に淘汰《とうた》するというようなことはなく、計画性とか意図が働く上で変化するということだ。

ホドロフスキーのキーワードは、夜、直観、女性性、宇宙的規模の母、夢、受容性、反映すること、神秘、魅力、想像力、引き寄せる力、妊娠、狂気、詩、不確実さ、位相など。一般的な占いということでこのカードを使う場合、ホドロフスキーが副題につけているように「受容的な女性性の力」として扱うことは多いかもしれない。しかし、ほとんどのケースで、カードの名前の「月」ということだけに依存した定義かもしれない。絵柄には、全くそれとは合わないようなものがたくさん描かれている。そして何よりも人間脳を眠らせて、その監視の目をすり抜けることをしているのだから、何でもありになってしまい、安全性が保てないのは、はっきりしている。

日常意識を眠らせて、虫脳をアクセスするというのは、鳥肌が立つような怖い体験をすることもある。そのことで犬が警告しているのだから、不安なカードだ。

生命の樹のパスでは、「18月」は、ネツァクとマルクトの間のパスで、イエソドが室内と見た時、室外から、ネツァクという感受性を表す場所に、何かが闖入してくるような作用もある。ザリガニは馴染むまでは、ぞっとするようなものにも受け取られる。家に入れてはいけないものを家に入れるということでもある。

19
LE SOLEIL

太陽

19の数字

19は1と9を足すと10になる。10は1と0を足すと1になる。つまり1と10と19は、スタートするという意味があることになる。

この場合、1は世界の中に入って、全く新しい輪廻に入ったということを意味していた。輪廻は一方的に動く時間の中で発生する。双方向時間において、そもそも輪廻は成立しない。19とは、10が一方的な時間の流れの中にありながら、想像的な力がそれには従属しないで自由に働くという人生のスタートだ。それは10が支配する世界では、少し無理な話でもあった。

ホドロフスキーは、タロットを二段にして、二番目は「11力」のカードから始まると書いた。ここでは、10の台の上での1なのだという読み方をした。九進法的な数字の意味として考えると、これは間違いだ。11とは足して2の性質なのだ。10の台に上がった1などロゴスが示す内容ではないので、それは便宜的な都合の話にすぎないと考えていた。

私は一年前くらいから、19とは「19太陽」のカードのように、10の子供と9の子供が一緒に並んで会話しているのだと考えるようになった。

例えば、占星術で、私が大風呂敷の19度と呼ぶものがある。これは活動サインにおいての19度で、ありもしないものを想像して、それに向けて行動し、気がつくと実現していたというものだ。蟹座の19度は、結婚式を執り行う司祭というもので、目の前にいるカップルを見て、「どう見てもこの二人は上手くいかないだろう」と考えても、それは口にせず、「これから幸せな生活が始まります」と宣言する。ありもしない幸せイメージで包み、そこに現実のカップルは引き込まれてしまう。

9がもたらしたイメージを、一方的な時間の流れに支配された10の子供は形にしようとする。10の子供はそのための台座だ。

そのように考えると、ホドロフスキー式の二段で考えるのは便宜的に行動するスタイルで、真実の意味としては足した数字が働くと考え、この両方を考えていくのがよいのではないかと考えるようになった。19は10の台、すなわち一方的に、あるいはオートマティックに動くベルトコンベアの上で、想像の9が機能する。10を日常の生活とし、9を想像的、ないしは創造的な時間とするとわかりやすいだろう。私達は9の子供が手を加えることで、生活全体が少しずつ気力のあるものに変わっていくことを体験している。

例えば、高校を卒業する頃に、息子が「芸術家になりたい」という。親は「それで食っていけるのか。ちゃんと大学を出て、大手企業に就職しなさい。芸術は片手間にしろ」という。この場合、就職して生活するのは、決まり切ったパターンにはまっていくこと、地球的な平均水準の速度の意識と印象活動に同一化していくことを示し、10の子供の人生だ。10は確立された自然的な流れに抵抗しない。「芸術家になりたい」というのは9の子供の人生。人によって、このどちらが優位か、このような例でいわれるとわかりやすいはずだ。9の数字の力を発揮することを諦めると、この19のカードは成り立たなくなる。

手前の「18月」のカードで、星の身体というものを、エーテル界の川の中から引き出した。そしてそれを成長させようとした。それはこれまで持っていた肉体とは異なる出自を持つもので、ザリガニは成長し、「19太陽」のカードでは、尻尾を持つ子供にまで育った。そもそも「星」の子供なので、これは自灯明的な性質を持ち、状況に流される資質ではない。

絵柄を見ると、右の子供は地面の上に立っている。これが従来までの10の子供だ。左側の子供は水の上、すなわちエーテル界に立ち、尻尾が残っている。この二人の子供は積極的に交流している。肉体的な子供は右手で、左の子供の肩に触り、それは「思考の形」を与えようとしている。左のエーテル体の子供は、右の子供の腹に触り、右の子供に「意志による推進力」を与えようとしている。互いが自分の持てるものを相手に提供することで、共に成長していく。

この段階では、この二人の子供が徹底して親しみ、互いに意志疎通することに時間をかけることが好ましい。何年もの間会話するのがよいだろう。達磨大師は9年も対話し続けていたのだ。

「15悪魔」のカードと似ているか

ホドロフスキーは、この図柄は「15悪魔」にも類似していると述べていて、この二人の子供は、かつては小悪魔の二人だったという。「19太陽」のカードでは、両性具有の悪魔は太陽に変わった。そこから暗黒に存在していたエネルギーが、今や白昼に出現するようになった。二人の結びつきは、無意識の情熱から、相互扶助の関係に置き換えられたと述べている。

「15悪魔」のカードの中で、二人の小悪魔には首に枷《かせ》があった。これは真ん中の悪魔の足元につながっていた。これは小悪魔を縛る枷なのかというと、そうでもない。

四つの生命の樹の連鎖は、高さの違いとして描くこともある。すると上位にあるもの足元は、下位にあるものの頭や首などに該当することになるし、首の締めつけは「考え方を支配する」という意味だが、下位にあるものは上位にあるものの影響を自らそのようなかたちで好んで受け取る。

「15悪魔」のカードでは、外に対する押しつけはあった。ホドロフスキー式の10の台の上での数字ということで考えると、「15悪魔」のカードは5の性質なので、この小悪魔はむしろ「5教皇」の前に跪《ひざまず》く二人の信徒に似ている。

図柄としては、「19太陽」のカードは「15悪魔」のカードに似ているかもしれないが、二人の子供に関しては、正直な話、似ても似つかない。それは二人目の尻尾のある子供は、太陽系の外からやってきた星の子供なのだから。

かつてエジプト時代には、太陽神信仰と星信仰の対立があったという。太陽神信仰が政治的に支配力を握った後は、星信仰の人々は隠れて信仰した。「19太陽」のカードの子供は、星の子供なので、それは星信仰の世界では成り立つが、太陽神信仰の世界では、白日の下に出ることはできない。「19太陽」のカードでは、まずは頂点に太陽があり、星の子供は、自分は裏にいるものとして振る舞わなくてはならない。

これまでの歴史で、宇宙的な意識を持つ人は、どのように過ごしてきたのだろうか。この世界の合意的現実の支配する中では、たいていの場合、星の意識は芸術やフィクション、おとぎ話などに封入してきた。それならば人々は受けつける。

特にこの太陽については、真実の太陽というよりは、私達はほとんど一年に一回転する地球サイズに縮小した太陽として把握するので、太陽は地球的なエゴが支配する世界という意味になる。太陽神信仰とは、真実の太陽のことを信仰するのでなく、たんに地球の物質的生活を一番大事と考えることにすぎない。

太陽神信仰と星信仰の違いは、つまりは物質主義的生活と、より高次な精神の働きを取り入れる生活の違いということなのだ。

この範囲の中で、星の子供は肩身の狭い、裏側に住むものとしてフィックション的な存在として活動するが、着々と成長して、やがてそれが10になった時、10と10を足した20として、太陽を覆す勢力に変わる。あるいは、図柄の上にある太陽が、占星術的な、地球が偽装した太陽でなく、真実の恒星としての太陽に回帰することに通じる。

「11力」のカード以後の流れは、だんだんと「10運命の輪」の一方的な時間の秩序を転覆させる方向なので、後になるほど、この自然的な流れに争う力は増加し、神の子羊は、「人間」になっていくのだ。

たいていの人は二人の子供として生きる

かなりの人は、多かれ少なかれ、この「19太陽」のカードのように、二人の子供の協力をしながら生きている。大企業に就職して、夢を諦めた人は、9の子供は瀕死になるかもしれないが、またやり直せばよいだけだ。

西欧型の修行は、日常の生活をしながら、それ以外のもう一つの人格を作るというものが基礎になっている。グルジェフは第四の道というものを提唱したが、これは社会生活をしつつ、一方で「道」に入るというものだった。

東洋型の場合、修行は、日常の生活を捨てて山に籠《こも》る。自分を分裂させず、ワンピース型だからだ。しかし達磨大師は少林寺に籠っても、そこで分身を作っていたので、山籠りの修行先で人格分裂したということで、西欧型と違いがあるように思えない。運動不足を補うために少林寺拳法を編み出したら続々と生徒がやってきて、フィットネスのワークショップの有名インストラクターみたいになってしまい、どこが山籠りしたのかわからなくなってくる。

魔術結社のゴールデンドーンで通信教育などをしていたW・E・バトラーは、銀行の頭取をしながら、お休みの日に魔術師をしていたので、日曜魔術師と呼ばれていた。この場合、いつもの名前ともう一つの魔術名を持つことになる。

二番目の人格は、のんびり無気力な暮らしの中では決して作られない。それは日常に抵抗して作るものだ。しかし繰り返し活用しているので、次第に強固に固まることになるし、人生のメインは、むしろそちらであると実感しているはずだ。肉体的な私というものは、第二の人格を維持するための道具でしかない。

お休みの日に温泉旅館に行って、美味しい食事をして、夕日を見て、「癒されるわ」とつぶやいているような人は、日常の生活の方がメインであり、この第二の人格の育成に関しては、ほとんど何の努力もしていないかもしれない。人間が本当の意味で癒されるのは、この第二の人格が充実した活動をして、日常の緩慢な時間の流れに抵抗した時だけだ。それ以外、マッサージをしても温泉に行っても、人間は決して充実しないし、癒されない。

無気力な日常の暮らしをしている人は、ますます癒される体験から遠ざかり、鬱《うつ》病になる可能性は高い。地球的な肉体的な存在性は、硬化や老化に向かうしかなく、反対方向に進む道は残されていないのだ。

私は毎日何時間も原稿を書いているが、この書いている作業の最中が最も楽しい。書くというのは身体からすると不自然な行為なので、決して身体にはよくないし、実際、15年前まではやりすぎると身体は具合が悪くなっていた。分厚い本を書いた時は、後遺症で2年間は何もできなくなった。いつも崖《がけ》の後ろに、自分が引っ張られるようなイメージがあったが、これは心臓に過剰な負担がかかっていたからだ。本を書いている人にはわかると思うが、書き終わるまでは、ずっと重くのしかかるものがありこれから逃れることができない。ある出版社の編集長も、「結局は、書くというのは無理があり苦しい作業だ」といっている。

しかし、だんだんと私はこの苦痛感というのはなくなった。それが原因で70万字を超える分量を三か月で書いたりするのだが、この書く作業の中に、自分の人生のリアリティが移動して、それ以外の肉体を持つ日常の生活は、おまけになった。つまり身体は書くための装置として働いており、それ以外のことはしてはならず、楽しみを求めてはいけないし、単調な暮らしをするのが最も理想的であると思うようになった。

海外旅行に毎月出かけていた時期もあるが、旅先でしていることは変わらず、観光はせず、毎日スターバックスコーヒーに通って原稿を書くだけだ。海外旅行で違うのは違う空気を吸うということだったので、海外旅行はつくづく無意味だと思うようになった。

これができるようになったのは、身体と感情と思考、つまり馬車と馬と御者が協力体制に入ったからで、書いている時に、身体が抵抗して、「外に出たい！」と叫んだりしない。書いている内容と感情が協力的になると、毎朝、早く書きたくて、カフェに走っていくような状態になっていく。毎日がわくわく楽しい、と。

第二の身体は、エーテル体でできている。エーテル体は生命体と訳するが、この中身は、生き生きとした活力に満ちている。肉体は形骸化した死んだものをぶら下げている。それは植物、鉱物、金属となるにつれて重くなる。

シュタイナーは「鉱物は死物だ」といった。身体が固定的に維持できるのは、この変化しない死物を含んでいるからだ、と。そのため、身体は早く動こうとしても、光のスピードでは走れない。

第二の身体を持つ人は、充実感と気力と楽しみに満ちている。それに比較して、肉体的な生活は繰り返しがあるだけで、この繰り返しを乱されるといらいらする。

反対に、肉体を持つ生活がメインだと思う人はそこでいろいろと楽しもうとするが、肉体には制限がありすぎるので、楽しもうにもたかが知れている。リミッターが強く働きすぎるバイクで、暴走を楽しもうとしてもちっとも面白くない。スポーツ選手も記録を競ってもこれは微々たる差でしかなく、そこに命をかけるのは何か間違っている。

星のルーツを持つ分身は高次な意識につながっている。そのため、そこではアイデアは無尽蔵だし、創造的なことができる。もう一つの肉体は日常誰もが知っているようなことしかできない。食を楽しもうとしても、食材は限られているので、いつも同じものばかり食べている。

肉体の方にウエイトが置かれている人は、第二の身体が主張しても、それに抵抗するので、いろいろと障害もあり、第二の身体の活動はとぎれとぎれになったりもする。つまり若いうちは、この身体の主張が強いということでもある。年寄りになると、生活に刺激を求めず、行動半径は15分までという人が多数出てくるが、そして決まった時間に起きるが、第二の身体が元気な場合には、この方が充実している。

このように考えると、「19太陽」のカードのように人格分裂していくのは、しごく都合がよい。分身が働くのは、特別な神聖な時間だ。

例えば、作家ならば、書いている時間であり、それは人に邪魔されない、孤独な状態がよくて、無限の空間、宇宙に開かれている。しかし世間に戻ると、宇宙とのつながりは断絶する。パーティーに出かけると、そこは横に人がいるが、いつまでも退屈な話が続き、息苦しく、どこかで逃げ出したくなる。関係性が成り立つと、私達は関係性に縛られるので、突破的な要素が欠けていき、冒険がなくなる。そのため、人と長くいることは難しいという人もいる。人と会うのは最大二時間までと決めている人もいる。そうやって、せっせと二番目の人格を育て、固めて、自分のメインとは、むしろそちらなのだというようになる。

肉体の方がメインであると思う人は、ほとんどものにならない人だといえる。「私は岩手県で生まれました」。「私はケンタウルス座のトリマンから来ました」という二重性は楽しいに違いない。ただし、「太陽神信仰の世界では、冗談なんですけどね」とつけ加えなくてはならないが。

ちなみに、私はこの第二の身体をフィックションで扱うという、「隠れ星信仰」の姿勢をある時期からやめることにした。第二の身体が次第に強気になってきたのだ。

二重化の方が正統派

このように考えていくと、私達は二重化しないで生きるというのは、むしろよくないことなのではないかと思えてくる。精神世界では、肉体の振動を徐々に上げて、アセンションするとか、ライトボディになるとかを提案する人がいるが、これは単純には実現できない。むしろ不可能に等しい。私達には人間関係があり、地球の食べ物を食べていて、いつまでも、多くの人と同一の肉体で生き、少しだけ発達しても、また元に戻る。

昔、新宿の朝日カルチャーセンターで講座をしていた時、それまで執筆だけをしている期間は、味噌汁と玄米と梅干しだけを食べるという食事は最高だった。しかし講師をする時に、前に並ぶ50人くらいの気合いに押されてしまう。それに立ち向かうために、授業が始まる前に、隣のロイヤルホストで、シャリアピンステーキを食べていた。単一の身体で、振動密度を上げるというのは、およそ社会不適応者になるし、それはそれで楽しいかもしれないが、反動を作りやすい。たくさんの人と手をつないでいるままで、一人だけ「飛べ」といわれているようなものだ。

そうなると、仙道のように、まずは分身を作り、それを鍛えて、それから分身が、肉体を乗っ取るという手続きをした方がよい。分身は秘密に誰にも知らせず育てていたのだ。それが成人した時に名乗りを上げる。これが1、10、19というおのおのスタートを表すところで、19から始まった生き方であり、次元シフト、振動密度が上がること、アセンションすること、二分した地球に移動することなどは、この完成形の「21世界」のカードが示しているものである。

トゥルパを作るというのが、実は、非常な重大な課題であり、イマジナリーフレンド作りますというようなお気楽な話ではない。地球が徐々に硬化し重くなっていくというのは、そうとうに恐ろしい話であり、人間はそれにつき合う必要がないということを、もう一度書いておきたい。

宮沢賢治の『銀河鉄道の夜』になぞらえて、私は肉体を持つ存在をジョバンニ、エーテル体の身体をカムパネルラと呼んでいたが、知識は常にカムパネルラの家などにあった。ジョバンニは何も知らなかった。「19太陽」のカードでの右の子供がジョバンニとして、ジョバンニが中心になると、川の中にいるカムパネルラを陸地に連れてくる。しかしカムパネルラが中心になると、川の中にジョバンニを連れてくる。

ホドロフスキーは「明るい青の川を一緒に渡っている」と書いているが、「19太陽」のカードの段階でジョバンニが川に入るのは、時期がまだ早いかもしれない。銀河鉄道ではミルキーウェイを二人で渡ったが、「21世界」のカードの段階になると、川へ、すなわち夢の中へではなく、生身で移動する。

「21世界」のカードの絵では、二人の子供が見えないが、楕円の輪の中で一体化している。仙道では、最後に一体化して「気化」するべきなのだから、これが正しい結論だ。

ホドロフスキーのキーワードは、熱、愛、新しい人生、構築、通過、意識、宇宙的規模の父、双子の出産、光を放つこと、渡ること、子供時代、成功、発展などが挙げられている。

XVIIII
LE SOLEIL

20
LE JUGEMENT

審判

20の数字

20という数字は足すと2になり1を相対化するものとなる。ここでの相対化のターゲットは、明らかに10で、20は固定的な時間の流れを相対化するという意味になる。

占星術でそれぞれのサインの20度を説明する時には、外界の偶発的な影響などに振り回されず、常にするべきことを継続できるように練習する度数だと話している。多くの人がしたいことがあっても、さまざまな外的影響によって、それができなくなったり中断せざるを得なかったりしたのだと訴える。人間は一つのことさえ続けるのはたやすくはないのだ。20度はどんなに具合が悪くても続けるということが主眼であり、これは参加者が一人しか来なくても計画したイベントは続行するというような姿勢でもある。それができれば、自分がすることに自信が持てる。つまり意志は環境に負けないのだと。

「10運命の輪」は、一方的に流れる時間の車輪を表していた。これは太陽系の中の惑星が常に一方向で回転することに対応しており、その環境に生きていると、人生はカルマ的なものに埋もれていく傾向が出てくる。ある癖は日ごとに増強され、歯止めが利かない。

カルマとは行為を意味するが、この行為を帳消しにする作用が働かないのだ。また、時間は過去から未来に流れており、過去に過ぎ去ったものはもう取り戻すことはできない。私達は一方向に向かう時間の中では、いろいろなことを忘れてしまう。時間が解決するというふうに時間に依存して、いろいろなことを放り投げる。こうした放り投げたものが散乱して、長期的に見ると、人生はばらばらな動きをしている結果になる。

それに対して「11力」のカードは、意識的になるという姿勢を打ち出した。印象に同一化して自分が消え去り、印象に動かされる機械になることに抵抗する。環境や状況が川の水のように流れていく中で、自分はまっすぐに立つということを「11力」のカードは目指したが、その目的が最終的に果たされるのは、「11力」のカードから十番目の「20審判」のカードで、初めてそれが上手くいくようになった。一方向に流れる時間が10ならば、今度は反対に未来から過去に流れるという反対に動く時間をぶつけて、静止を作り出したり、また時間を反対に動かしたり、ランダムに好みの時間に向かったりする。

私達は人間の想念の力、意志の力などを信じていない。想念も、意志も、環境の力、つまり時間が過ぎていくなどというものには抵抗できないのだと思っている。志があっても人は死ぬ。10までは、結局、意志というものは存在することが不可能だ。しかし「20審判」では、環境から押し寄せてくる力を押し戻して、環境の中に自分の想念とか意志を植え込んでいくことができる。

「どうしてもしたいことがある」。「どうしても欲しいものがある」。こういう時に、多くの人は、「でも、お金がないから……」とか、「時間が足りないので……」とか、「家族が反対するから……」とか、さまざまな理由があって諦めることも多い。しかし、異常にしつこく要求している人は、結局、自分の意志を通してしまうのを見たことがあるはずだ。これを私はしばしば「環境が根負けする」という言い方をしていた。

私はしばしばこの想念が環境に勝つことを訓練課題として生徒に要求することがあった。今の自分の収入よりも高い家賃の場所に引っ越す。すると、収入が増えて、普通に暮らせるようになる、というのも、意志が環境を凌駕する訓練法の一つだ。「20審判」のカードを願望実現のカードだともいう。この今の時間、空間の中にないものを、違う時間・空間にあるところから持ち込んでくるということもある。この世界で、創造的なものは実は存在しない。宇宙には既にすべてのものが最初から存在するので、何か新しいことを生み出すとは、ここにないものを違う場所から持ってきたのだ。そのようなことができるのは、環境に受動的に流されず、意志の力で、環境の中に、違うものを持ち込む力が育ったからだ。

絵柄を見ると、天使がラッパを吹いている。この呼びかけに応じて、墓の中から死者が蘇る。つまり死んでしまったものはもう戻らないのではなく、呼びかけさえすれば、墓の中の死者だって蘇るのだ。これは環境とか偶然性に支配されない「私」というものを作り出すことができれば可能となる。

本来、一方的な時間というものは、太陽系の中の惑星に住んでいる時に成立する。そのため、精神的な意味でこの「20審判」の生き方とは、太陽系の外の、暗闇の中で一人輝く恒星の意識の段階で成立する。とはいえ、実際に住んでいる場所が問題にはならないだろう。この人物は想念の力によって、自分の人生を進めている人であると考えればよいのだ。根本的に、これは依存性がない生き方だ。

私達は自分で意識する以上に、多くのものに影響を受けており、実は「何か考える」ということもできない存在だ。その考えはどこかからやってきた。それが私達を通過しているだけだ。しかしこの「20審判」の存在状態は、反対のものをぶつけて静止し、さらに、少しだけ均衡点をずらして、任意の印象の中に入り込むことが可能となっている。

背を向けた青い人物

カードの絵柄の下にある枠は墓のように見える。生命の樹では、この「20審判」のカードのパスは、ホドとマルクトの間にあり、なかなか感心する配置だと思うが、マルクトはしばしば立方体の箱として表現されることが多い。この立方体の箱の上の蓋が開き、この中から青い人物が立ち上がる。

ホドは右の柱にあるので、能動的な発言などを意味する。これは知性とか言葉を表すセフィラだ。例えば、未来に人間は喉から発する言葉が自然界を妊娠させる、つまり言葉を発する喉は生殖器なのだとシュタイナーがいうが、この言葉によって、マルクト、すなわち死んだ物質界の蓋が開き、中から生命的なものが再生するということになる。

そもそもマルクトという物質界は、人間の意識がそこから抜けることで成立している。私は椅子ではないし、私は机でもない。目の前の雲でもないし、ピンクに光るネオンでもない。これら外界にあるものは自分とは関わりがないと思う。もし私達が、この物質の中に意識を宿らせてしまうと、つまり物質の中から見る視点を持つと、物質界のものは動くようになってしまうかもしれない。そうすると、物質としての安定性がなくなる。

いきなり細かい話をすると、私達が物質として認識できる外界の印象は、私達の意識よりも振動密度が低い、つまり速度の遅いものだ。私達は自分よりも速度が遅いものを対象化できる。同一化から抜け出して、印象を私達が見捨てた時に、印象は過去にずり落ちていき、この残像を、私達は見えるもの、対象化されたもの、物質として認識する。

意識が改めてこの対象の中に入り込もうとすると、物質は流動化し、さらに振動が高速化すると、やがては見えなくなる。

グルジェフ的な思想によると宇宙にあるすべてのものはそれ特有の知性を持っている。ただ人間の速度と違うだけだ。私達よりも遅いものを対象化して物質として認識するということは、極めて高次な存在は、私達の思念をモノとして認識していることになる。人間の思念はレンガのように、ここからあそこに運ぶこともできるものだ。

例えば金属は成長する。金鉱を閉じると、地中の金はあたかも植物であるかのように増える。人間が１秒で考えるようなことが、金属では百年かかるかもしれない。それでも確かに動き成長しているのだ。

上空の天使はこのマルクト、物質界に息を吹きかけて、動かぬ墓石のようだったマルクトから、生命的なものが蘇生するのだ。無関心に追放して物質化、形骸化させるのでなく、反対に、興味を向けることで、死んだものは流動化し、動き始めるのだ。

改めてクンダリニについて

このマルクトはヨガのチャクラでいうと、一番下のムラダーラ・チャクラに対応する。このチャクラの中には、とぐろを巻いて眠る蛇がいる。これが目覚めるのがクンダリニというもので、それは目覚めると脊髄を昇っていくといわれている。マルクト（ムラダーラ・チャクラ）の中で眠るものが目覚めて立ち上がるというのは、まさにこの「20審判」のカードそのものといえる。

左右には男女がいるが、これはヨガでいうピンガラ・ナディと、イダ・ナディで、男女の二極化がされている。カドケウスの図では、この二極化された二匹の蛇は、真ん中の柱の周りを回転している。真ん中の柱は、スシュムナ・ナディで、これは二極化されていない。

クンダリニは、この二極化されていない中央の柱を駆け上がるが、強引に修行などで目覚めさせようとすると、男性的なピンガラ・ナディの方を上がっていくという。そしてこれはさまざまな事件を引き起こす。というのも、二極化されたものは、特定の世界の中でしか機能せず、外にはつながらないということを何度か書いた。つまりこのピンガラ・ナディを上がるクンダリニは、体内から外に出ることができないので、蓄積されたエネルギーが、内部で暴れるのだ。体を壊したり、また行動として脱線したりする。クンダリニのことで、さまざまな怖いことを喧伝していたのは、もっぱらこのピンガラ・ナディを駆け上がる間違った開発の結果生じることで、素直にまっすぐスシュムナ・ナディを上がると、派手な鳴り物入りにはならない。

この「20審判」のカードでは、真ん中の青い人物は、天使の示すラッパのガイドラインの通りに上がろうとしている。クンダリニは、自らは上昇できない。上から来るシヴァが召還しないと、上昇は不可能だ。これは宇宙原理として、下からのものは自力では上がれない。上からのものは自己を分割して降りることができるということから、青い人物は、天使が呼んで初めて立ち上がることができるのだ。

この青い人物の上昇を見て、二極化された二匹の蛇のうち、女性的なイダ・ナディの側は青い人物に肘をくっつけて、「自分も連れてって」というが、しかし目線は男性を見ており、また男性的なピンガラ・ナディの側は、上空の天使を見て憧れている。イダ・ナディは基本的に受動的なので、自分で何かしようとは思わない。

真ん中の人物は二極化されていないという点で、両性具有的に見てもよいが、基本的に、チャクラは、ムラダーラ・チャクラと一番上のサハスララ・チャクラは、外界との通路という意味で二極化されていない作用だ。

二極化されていないという点で、ムラダーラ・チャクラとサハスララ・チャクラは、不思議な作用を持っている。それは外からのものとつながり、外のものを持ち込むことが可能という点で、「この世界にないものを持ってくる」という作用が働くことだ。下には無限の、上には無の壁がある。その向こうにあるものを持ち込むのだ。

私達の意識はどこかに射出することで初めて成立する。だから私からどこかに射出された時、そこに主客の二極化が発生する。この射出されることで働く意識が止まってしまうのは、上は無の壁の場所で、下は無限の壁の場所だ。ところが、クンダリニが働くと、この無あるいは無限の果てから、呼び出されるので、何とも不思議な出来事がたくさん生じる。

このことは絵柄では、まず天使は青い雲に囲まれた範囲から、どこからともなく出現したように描かれる。どこにもいなかったものが、折りたたまれた時間を広げるようにして、無の中から出現した。それに伴って、下の無限の果てにあったものが、鏡のように登場してきた。それもこれまでこの世界にはいなかった。共に青色なので、これらは共通しているものだとわかる。この世界にはいなかったというと間違いやすいので、知覚の壁としての無限の果てにあったものだといえばよい。

エーテル界から呼び出すことと物質界から呼び出すこと

「17星」のカードと、「18月」のカードは、星の力を川に流し、川から星の身体が呼び出された。これは川、すなわちエーテル界から呼び出すので、基本的に物質ではなく、夢の中のような出来事だ。

ザリガニは成長し、「19太陽」のカードの二人目の子供になったが、この子供は9の段階にあり、十分に物質的ではなく、精神的なかたちで働きかけてくるものだった。それは象徴作用と見てもよいし、夢の中には出現しても、目覚めた世界で物質的に道を歩いている子供ではない。物質世界である10に対抗するには、9なので、まだ一つ数字が足りなかったのだ。ヒルコのようなもので硬さが足りない。

しかし「20審判」のカードは、エーテル界、すなわちイエソドで呼び出しているのではなく、マルクト、物質界の墓石に呼びかけているので、一つ下にあるものに呼びかけをしているのだ。私達は、いつもこの事態になることを避けている。

例えば、ユングは、錬金術は心理学的なものだと考えた。しかし錬金術を心理的、象徴的なものだと考えるのは、ユング式の独自発想で、錬金術をしていた人々からすると、首をかしげるような話でもある。彼らは実際に聖なる金属を作ろうとしていたのだ。もちろん、そこに精神も感情も関与していた。

今日の科学は精神とか感情作用を除外するので、何か実験をしている時にあらぬことを考えたことが実験の失敗を導いたとは考えない。古い時代の錬金術では、実験をする人の精神や感情は身奇麗《みぎれい》にする必要があった。でないと実験は失敗するのだ。まだ物質と精神が分離していない時代の体系が錬金術だ。錬金術はもっぱら心理的なものであるというのは、明らかな間違いであるが、現代人は、それは象徴的なことであり、実際にやっていたのだというと拒否反応を起こす。現代では、物質は絶対に精神とか感情とは連動していないと信じているからだ。私達現代的人格は、物質を外化し、それは自分とは関係ないと思うスタイルの中で形成され、たくさんの人がそれに同一化している。

「17星」のカードから、「19太陽」のカードまでは、エーテル領域として、象徴的に考えるのがよかったが、「20審判」のカードから「21世界」のカードまでは、より低い領域に手を出すという意味で、心理的、象徴的なことでは済まない要素が出てくることになる。となると、これをタロット占いなどで使う時には、そうとうに応用的に読まなくてはならない。タロットカードはそもそも占いには向いていない。象徴的に読むことで、それは占いとしてある程度使えるようになるものだ。しかし、象徴的に読むことで、たくさんのことを見落とすことも事実だ。20とか21のカードでは、象徴的に読むことで、最も重要なことが抜け落ちる。

錬金術は金を作る、さらに賢者の石を作るということが目的だった。人体は元素転換の工場だといわれる。元素や原子というものは固定的なものではなく、それよりも微細なものからすると、加工可能なものだ。電荷の数値ダイアルを回してしまうと、違う元素に化けてしまう。そのため卑金属が貴金属に変わるというのは十分に想定できる。量子的なところから考えると、十分に想定可能だ。

例えば、シータヒーリングなどでは、七つの次元の頂点に行くと、そこから下のものは書き換えられるという。元に戻り、それから降りると、違うところに降りることができるということだ。マクロコスモスとミクロコスモスは鏡構造なので、つまりはより小さな量子レベルに行くと、それよりも粗雑な原子、元素は書き換え可能だという理屈だ。上に向かうと、下にも向かわなくてはならないというのは、上に向かうと、それにふさわしい身体に作り変えなくてはならないということなのだ。精神だけが上に向かうことは、やがては自分がばらばらになることではないか。

ムラダーラ・チャクラの中に眠るクンダリニの蛇は、本来、二極化されていない。この二極化されていないものから、二極化に降りる場合、いろいろなバリエーションを持つ二極化の物質（原子核と電子雲セット）に降りることは可能だという意味にもなる。

性センターは本来二極化されていない

グルジェフは、性センターは、その本性として、外界にはとことん無関心なのが特徴だと述べている。この本来の性センターの性質は、その後、二極化して、世の中でいう性的なものに結びついた。性センターは腰に位置している。これはムラダーラ・チャクラの中にあると考えてもよい。それは次の下から二番目のスワディスタナ・チャクラで、男女に二極化する。同時進行として、サハスララ・チャクラは、アジナ・チャクラに降りてくる。子供は小さい時には松果腺中心に生きていたが、思春期に近づくことで、脳下垂体に道を譲るのと同じだ。

元の単性的性センターのままで、中央の柱を上昇するには、横波としての陰陽分化でなく、上と下という縦波の力が働く必要がある。それが天使の呼びかけだ。

「16塔」で、頭のてっぺんの王冠の蓋が外れて、外に開かれるというのは、内的なものが外的に開くという奇跡的な現象、まさに驚くようなショッキングな体験だ。この時、仙道でならば、体内で作っていた気の固まり、いわば外界とつながっていない段階で腹の中で作っていたものという意味で、およそ妄想的なものが、外界にあるものと結びつく。ここで初めて客観性を持ち、そこに本当の意味で、分身、陽神が形成された。「16塔」で、炎の中にある肌色の胎児が描かれるが、まだこの段階では縮んだ風船のようなもので、どこに発展するのかわからなかった。

次に「17星」のカードで、かつての星の身体を、過去の古い記憶から、引き出そうとした。それはエーテル界の池の中にあり、成長して、「19太陽」のカードで、非物質的な子供になったが、それはまだエーテル界に住むもので、物質的な存在ではなかった。

この「17星」のカードで呼び出し、「19太陽」で成長した二人目の子供は、「10運命の輪」の力に対して十分に対抗する力を身につけようとした。それは現実には存在しない想像的なイメージを、10の側の子供に実践してもらうことだった。9の子供はアイデアを出す。10の子供は行動する。ジョン・ディーとケリーのような関係だ。あるいはギルガメッシュとエンキドゥのような関係だ。

「16塔」で、星に飛び出した感情体は、戻ってきて、身体の頂点物質、法則12の性センターがシまで上がっているところにドの音を供給する。ここで身体の上に新しい組織が生まれる。これがアストラル体なのだとグルジェフはいうが、シュタイナーのいうアストラル体とは意味が違うので、混同しないようにしてほしい。

新しい身体は境域の外との関係でのみ形成され、内部的なところでは決して形成されない。万年筆のペン先は、摩耗しにくいイリジウムなどを使うが、これは宇宙から飛んで来た隕石だ。身体のシの上に作られたペン先のドの音はこのように宇宙から飛んできたもので、「16塔」の外れた王冠の代わりに、新しい王冠として機能するのかもしれない。

この身体は、無の果ての、つまり上から来たものなのか、それとも無限の果ての、つまり下から来たものなのかはよくわからない。「17星」のカードの女性が感情体だとすると、それが呼び出した「19太陽」

のカードの第二の子供がエーテル体。そして、「20審判」で形成されるものは新身体だが、これも物質体とはなかなか言い難い。説明が歯がゆいのは、無の向こう側と無限の向こう側は連動しており、上も下も底なしなので、私達の物質という定義もおおいに揺らぎ、物質なのだが物質ではないというしかないのかもしれない。

私達は物質を精神が最後に落ちていく場所だと考えており、存在はそこ止まりだと考えているが、上の無の向こうに行き、下の無限の果てに行くと、いわゆる「蛇が尻尾を噛む」という現象を引き起こしてしまい、どこにもねじ止めされていない中空に浮かぶ存在となってしまう。とても物質が底点とは思えない。

この身体は「10運命の輪」を十分に押し戻すことができる。同じ10なので対等だ。「10運命の輪」には誰も手を出していないクランクがあった。それは「反対に回せるものなら、あるいは手動で回せるものなら回してみろ」といわんばかりだった。「20審判」の段階では、それは自由に回せるのだ。時間をたたんだり、広げたりできる。斜めにも反対側にも移動できる。一方的に動く時間の中には損なわれないというのは、不死性を持つ身体だといえる。

不死性という言葉は相対的で、私達は夏のセミに比較すると不死だ。惑星において不死。太陽系において不死。しかし恒星領域においては不死ではないというものもある。新しいアストラル体は不死の身体だと想定できるが、「17星」や「18月」、「19太陽」の段階では硬さが足りず、「20審判」の段階で、10の子供と同じ硬さを持つようになった。「18月」で呼び出した過去の身体と、それは重なって区別がつきづらい。というより過去も未来もないのだという発想からすれば、新身体としてのアストラル体は、過去の身体でもあるかもしれない。

腰の性センターの力は、この星から来た力と結びついて、新しい身体になるというテーマを追求しないことには、シの音なので、失われたり腐敗したりする。自らは行き止まりで、どこにも行けない。

例えば、この世の中に生きていて、さしたる目的がない場合、私達はすることがなくて、暇つぶしに、細かいことに熱中したりする。この仕事で成功したいとか、あらぬことを考えたりするが、基本的にそれは目的がなく暇だからだ。社会の中で、社会が作り出した欲求とか価値によって、意義を満たそうとして努力したりするが、それらを達成しても、最後はみな失われることはわかっている。失われることがわかっているのに努力したりするのは、他にすることがなく暇だからだ。

性センターは暇だと二極化していく。これは志を失った性センターと考えてみるとよいだろう。天使がラッパを吹いて、そのラッパの示す道筋通りに上昇して、法則6のドの音を手に入れる以外に、本当の意味で性センターの目的はない。それを果たさない場合には、手にしたもののすべては失われていく。このあたりの階層性、つまり「17星」の感情体、18と19の星のエーテル体、そして「20審判」の星の身体という進行をカモワン版のカードは提示しているからこそ、私は驚いたのだ。

性センターが二極化しないで、中央の柱を駆け上がり、「20審判」のカードのように異次元から来た天使と結合するのは、クンダリニの上昇と同じ話だが、グルジェフはクンダリニに関して、それは幻想の産物だと完全否定した。グルジェフが活動していた時代、クンダリニに関する散々な妄想的な話題が流行していた。それらを見るにつけ、クンダリニそのものを否定した方が、面倒がなくてよいと考えたからではないか。

三つの組織がそれぞれ七つの音を手に入れると

３の法則の反映である身体、感情体、思考体のすべてに音階のような7の法則が働いていると考えると、感情体は、太陽でラ、恒星に至ることでシにまで行った。恒星の上にあるものは、グレートセントラルサン、すなわち七つ、あるいは八つの恒星をまとめている中心のもので、アルクトゥルス、シリウス、アルシオン、アンタレスなどが知られている。そこに到達すれば、感情体はドの音を手に入れる。

思考体は、ミで停止していたが、降りてくる感情体の付加ショックで、ファに上がった。太陽がファだとすると、恒星でソ、セントラル・サンでラの音に。前の宇宙との境界線の部分で、それはシに変わる。それは思考実験によっても到達できない宇宙だ。もちろん、感情体は息切れして、ずっとその手前で仮死状態になっている。つまり感受能力を使って、感じたりすることができない領域ということだ。思考は感じることのできないものを追求しなくてはいけなくなる。映像とかイメージとか概念とかも使えない。ロゴスのずっと先にあるものだ。思考はそういうものが大好きで、そういうところの探求に命をかけたりする。

身体は体内でシまで上昇していたので、感情体が降りてくることで、ドに至った。こうなると、感情体と身体は完成するが、思考体は、前の宇宙との関係を明確にしないことには、完成に至らない。もしそこでドの音になると、この宇宙においての、究極の発信者、作り出すものになるだろう。このことについては、私達には想像の及ばない領域だと考えた方がよいだろう。

大天使の意識、高次な思考は法則6で機能しており、これはファないしソの音に該当する部分で、感情体とは違う星をルーツにしていることが多い。身体の頂点、性センターの法則12に働きかけてできたド6の身体は、これまでの肉体に急速に浸透する。そして「21世界」のカードの段階に向かっていく。

ホドロフスキーのキーワードは、使命、呼びかけ、誕生、再生、意識、作品、結合、家庭、超越、表面に現れること、音楽、呼び起こすことなどが挙げられている。

解剖学の三木成夫によると、食細胞のグループは、生殖細胞と入れ替わったりするという話だが、排泄《はいせつ》器官の近くに性的器官が並んでいる。クンダリニの基点は、だいたい男性では前立腺小室、女性では同じ作用を持つスキーン腺あたりにあり、この眠った蛇に、意識が入り込むことで振動を上昇させるのが、クンダリニの上昇だ。眠れる物質から、半眠物質へ、そして覚醒した感情へ。過去へと去りつつある対象化された印象が過去から現在へと呼び戻されるのだ。

クンダリニ開発の最も簡単な方法としては、呼吸法があり、息を吐くたびに骨盤底筋を少し上に持ち上げて、指定の部位を刺激する。性センターが刺激されるのは、H12が活性化することなので、エクスタシーが駆け巡るという現象が生じる。

グルジェフ式に、性センターとは外界に無関心という意味では、この呼吸法のみで、外界に関係せずにエクスタシーが発生すると、次第に外界の男女と関わることでエクスタシーが成り立つという回路が衰えていき、人によってはそれは旧回路になる。つまり外界の関わりは、他にいろいろな面倒なことがまとわりつくのだ。このクンダリニによる生命力の爆発とエクスタシーは道草（左右に陰陽に脱線すること）がないのだ。

ＱＨＨＴ体験で、私はとぐろを巻くマグマの上空にいて、暖かいし、ひどく気持ちがよかった。このとぐろを巻くマグマは、「20審判」のカードの真ん中の人物の頭にあるターバンに似ている。というより同一のものだ。赤色でも肌色でもなく青色というのは、性的なものを活用しないという意味にもなる。

２の数字の関連性で説明すると、「２女教皇」で腰に書物があった。人は、この書物の中の一文に同一化することで、特定のアーキタイプに一体化して、人生が開けていった。「11力」では、この特定のアーキタイプに自己同一化することから離脱して、下半身の書物の中に住んでいた動物と自分を分離した。そこで初めて、自分は特定の動物と一体化していたことに気がつき、その段階で意識的な私が生まれた。

「20審判」では、改めて任意の眠れる動物に息を吹きかけることで起こし、最終的な拠点である恒星へと通路を作り出し、動物はそこに駆け上がることになる。書物、すなわち屏風に描かれた虎が、書物の枠を超えて、宇宙に飛び出していくのだ。願望実現に関係するのは、この女教皇の持つ書物、アカシックレコードの中のどれかのパラグラフを時間・空間の中に解凍していく行為だからだ。

書物には自分に関係のない文も書かれている。それらをランダムアクセスできるということは、クンダリニの拠点も複数あることになる。ヒンドゥーでは、地方女神はあちこちに複数存在していた。タロットの理論からすると、いつもの定番ではない違う女神を起こすことも可能だという意味になる。快感物質としてのドーパミンは腸で作られるという話だが、これも腰のクンダリニを起こすことに関連はあるかもしれないが、ホルモンなどの作用で説明すると、肝心の本質的な面を忘れてしまいそうなので、ほどほどにしておかなくてはならない。

XX
LE·IUGEMENT

21
LE MONDE

世界

21の数字

21の数字は、2と1を足すと3になる。大アルカナカードで、3に関わる数字は、3と12と21だ。3は生産・創造原理として打ち出されたもので、12は偶数化し、内的な生産力だった。すると21はこの両方の性質を兼ね備え、外に対しても、また内的でもあり、この二つが合致したところで成り立つ創造的・生産的数字だ。

大アルカナがこのカードで終わるので、十進数で分類するよりも、3掛ける7という七進法で考えた方がまとまりがよいし、自然だ。だが七進法には私達は慣れていないし、この考え方で見るというのは、いわばすべてを音階で解釈するようなものになる。

古い時代には、特定の音階に対して、特定の感情や意味というものを感じることは多かったと思う。今でも音楽は上昇五度の弾道を基軸にしているといわれている。これはつまり音楽とは高揚感、天に飛び出そうとすることを目指したものなのだと定義しているようなものだ。

この七進法で考えると、「魔術師」から始まる一列目は、「7戦車」で終わる。二列目は「8正義」から始まり、「14節制」で終わる。三列目は「15悪魔」から始まり、「21世界」で終わる。「15悪魔」は世界に自分を分割して投げ出した。額から口から臍から性器から膝から、あちこちに管が飛び出して、環境の中にあるさまざまな対象物に張りつき、環境から手を引くことができないような事態に陥った。

この三列目の完成形態が「21世界」ということになる。ということは、「21世界」では、自分の関係する世界から手を引くことなく、それらを完全に統括できるようなものになっていくことを表しているともいえる。「15悪魔」では引き裂かれ、息も絶え絶えになることもあるが、「21世界」で力不足になることはない。

オクターブのドの音は七番目にシの音となり、シは次のドに自力では到達できず、そのまま出口なしのまま放置しておくと、腐敗したり失われたりする。七進法というのは、最後がシの音になることを意味する。すぐさま、次のドの音の関与が必要になるので、三列目が来なくてはならないのだ。

現存するタロットカードでは、これらは存在していない。シの音とはこれまでのことが終わり、「さて、次にどうするの?」というビジョンが全くない状態なのだ。ドの音は常に出発点であり基盤になる。シはそれが爪の先ほども想像できないことを示している。

「21世界」のカードは、完成のカードだといわれる。しかし果たして完成とは何か、誰一人答えることはできないのではあるまいか。言った端から、それは違うと思うだろう。そもそも人間は一体何の目的で何をしようとして生まれてきたのかもわからない。

私は多くの人から相談を受けていたが(そして最近はもう相談は受けつけないことにしたが)ときどき、「自分の本当の目的は何ですか?」と聞いてくる人がいる。はるばるアメリカからやってきて、成田から急いで飛ばしてきて、いきなり私の前に座って開口一番、「俺の目的って何ですか?」と聞いてきた人もいる。

言語化できるものは、限られた内容で、つまり生きる目的を言語化して伝えると、それは真実を伝えない嘘のものになるだろう。言葉は何か限られたことを示す時にだけ使われるので、この仕事では、こういう間違いをしやすいなどということは説明しやすいが、このトータルな目的ということに関しては、言語で話すのは居心地が悪い。人には天職があるというのも嘘だ。職業とは人工的なものだ。この人工的なものに天は協力的ではない。

ホドロフスキーは、このカードを完成というのだが、実は、もともとは90枚くらいあって、ある日火事で燃えてしまい、残ったのはこのたった22枚でしたといってもよいのではないだろうか。とりあえず、ある段階においての節目ではあるとはいえる。

「21世界」の構図は比較的シンプルで真ん中に楕円があり、その外側に黙示録に出てくるような四つの獣が配置されている。真ん中の楕円は、そもそも第五元素の記号でもあり、それはアカーシャのエーテルとして紺色の楕円、紫色の楕円などで描かれる。

私は中学生の時、朝礼の最中に貧血で倒れた際、自分が胸の真ん中のアーモンド形の茶色の種に回収されていくのを見ていた。諸感覚は次第に消えていき、音も消え、視覚もなくなり、最後は自分がどこに立っているのかはわからなくなった。自分ははっきりしているが、世界の中で自分がどこにいるのかはわからない。ホドロフスキーは、このアーモンド型のものをマンドルラと呼び、二つの円が交差してできた部分という意味では、ヴェシカパイシスに関係するということになる。

人間の本質としての第五元素は、このアーモンド型や楕円で描かれ、そこから、世界に感覚の触手が、亀の手足のように伸びていく。これはアリストテレスの月の上には第五元素があり、月の下には四元素があるという概念をそのまま絵にしたものだ。

世界は四元素でできている。時間や空間などは、この四元素から展開されたもので、第五元素には時間と空間というものがない。第五元素がまずは二分化、ないしは二極化され、次にさらに四つに分割される。分割されると、元の第五元素を復元するためには、一つひとつを巡回しなくてはならず、これが時間の経過になり、また空間的にも、あちこち分散したものが、後には何もなくなるように集合する。

シュタイナーは感覚を12に分けた。そしてこれらを占星術の12サインと結びつけようとして、長い間試行錯誤して、結局、最終決定はできなかった。この12は、3の運動原理と四元素を掛け合わせたもので、つまりこの「21世界」のカードの四つの獣がそれぞれ活動的になると12になるというわけだ。

パスワークの時には、いつもこの四つの獣に質問をしてもらうことにしていた。すると、回答としては、四元素の均衡がどのような状況なのかわかりやすいからだ。四つを均等に揃えると、第五元素、すなわち真ん中の門が開く。しかし四つの元素のどれかに肩入れしすぎると、この第五元素の入り口はみつからない。人生の中で、部分的なところに同一化しすぎて、自分というものを見失ったことになるからだ。

恒星のパスワークというふうに範囲を拡大した時には、この四つの門は南十字で過ごしてもらうことにしていた。宮沢賢治の『銀河鉄道の夜』にならって、南十字の四つの星は、ヤコブの梯子を上がる最初の横木の部分で、ここで四つの均衡を取ることができたら、ケンタウルスに行くことができる。ケンタウルスはどちらかというと、二極化したものを統合化することに関係する。南十字では四つが、ケンタウルスでは二つになるのだ。このケンタウルスの太陽系内出張所がキロンということだ。

シュタイナーは人間が死ぬ時に、境域の守護霊が出てきて、死者はそこに自分を見るのだという。この守護霊は、牛と獅子と鷲と天使が合体したような姿をしていて、死者がいびつな守護霊を見た時に、この四つの均衡がいかに崩れているかを自覚する。その姿があまりにも恐ろしくて、急いで輪廻の中に逃げ込んだ時には、計画性のない生が始まり、時には動物の中に生まれたりもするという話は、シュタイナーではなくチベットの死者の本だ。

そうであるならば生きている間に、この四つの力、門を行き来して、馴染まないものに馴染み、強すぎるものを緩和して均衡を取るのがよいだろう。パスワークで、獅子が「こんな地味なのは嫌だ」といったら、それは火が足りないことを意味する。タロット占いでも、この「21世界」のカードを見せて、クライアントに、「この中の動物が何か語っていますか?」と聞いたら、同じことを答えるだろう。

この四つの獣は占星術のホロスコープそっくりに配置されている。土の元素のピーク点は牡牛座の15度で左下だ。右下は、火の元素の頂点、獅子座の15度で、右上は、水の元素の頂点、蠍座の15度。地に落ちた鷲が蠍だといわれている。左上は、風の元素の頂点で、水瓶座の15度だ。占星術では、真ん中の第五元素は入っていない。占星術では、それを提示することが不可能なのだ。強いていうと、すべての要素を合わせたら、ということだ。

占星術では、本当の意味での太陽も使われない。地球サイズにダウンサイジングした太陽は使う。しかし、これは本当の太陽を理解する手がかりにさえならない。

楕円の卵の中にある存在は絵柄では女性に見える。しかし腰の布で隠されており、実際には両性具有だといわれる。事実、両性具有でないと理屈に合わないことになる。卵は外では四元素に分解した。そのため、創造の段階では、卵の中で単一なものが、二つになるというプロセスが進行する。元の第五元素に戻す場合には、これは二極化されない存在に戻らなくてはならない。

ここまでは理屈通りの単純な話なのだが、原理として4は2になり、1になるというのでは、これまでの「20審判」までの流れというものがあまり反映されていないことにもなる。おおよそ「16塔」のカード以後、一般の生活の中ではほとんど出てこないような状況をタロットカードは語っている。それどころか、「素直に正直に生きましょう」ということが目的ならば、「11力」のカード以後のものさえ意味不明のものだ。そのため、「21世界」のカードで、四元素は統合化され、二極化されたものが統合化されて、単一存在になりましたという通り一遍のものでは連続性が見えないことになる。

卵の中で二つのものが混ぜられていくというプロセスには、男と女の要素が混ぜられていくというありきたりの展開があった場合、ただの原点回帰で、その後の進化も発展もない。

「19太陽」のカードで、物質的な子供10とエーテル体の子供9が会話をしていた。そして「20審判」では、この9の子供は、10の力を持つべく、硬くなっていき、20という数字では、この10と10が時間を止めてしまうところまでいった。となれば、21という次のステップでは、この二人の子供は交じり合うのではないかと考えるのはとても自然だ。

私達はこの単一の肉体で生きている時に、この個体の振動密度を上げたり、アセンションしたりはできないと書いた。環境と関わると、ホメオシタシス的共鳴で、いつも、周囲にいる人と同じになっていく。一人だけ、振動を上げるというのは現実離れしている。そのために、分身を作り、しばらくの間はこの分身を世間から隠匿して育成し、この分身に五感作用を与え、シュタイナー式にいえば12感覚を移し変えて、最後に、この分身が、肉体を飲み込んでいくというのが、仙道の正統派的思想だ。

これは飛躍した考え方に見えるが、しかし、芸術家は芸術作品を作っている時に、新しい自分を形成している。これは今まで生活している自分をそのまま自己表現したものだと考える芸術家は少ない。音楽にしても、その人の意識活動の高度に凝縮した要素、エッセンスを表現する。それはいつも暮らしている自分と等身大のものではない。緩慢に流れていく日常の時間に抵抗して作り出すものだ。つまり「11力」のカード以後のものだ。

この活動の中で形成されていくのは、「高められた私」だ。世間はこの「高められた私」を必ずぶち壊しにかかる。この人は才能があって、自分達は同じように暮らし、食べ、談話し、眠る生活の延長で、作品を作っているのだと考える。そして自分と同じ位置に引きずり下ろそうとする。芸術家は作品を作る中で形成した「高められた私」が最後に自分を飲み込んで、自分はその高められた私になる、ということを理想としているのではあるまいか。でないと生きている意味はないだろう。

このグルジェフがいうアストラル体、「16塔」で炎の中にちらっと見えた存在が、「21世界」のカードの楕円の卵の中で、これまでの私と融合していくのだ。仙道では、分身が肉体を飲み込んで、肉体が消えることを気化というが、それは周囲から見えなくなるということもあるのかもしれない。しかし本人からすると状況はずいぶんと違う。

ドロレス・キャノンは、地球は二分化し、一つは下落し、もう一つは次元上昇したものになるという。ドロレス・キャノンはQHHTセッションの中で、多くの人が、宇宙人と接触した結果として、そこでこの情報を得た。しかし、この二分というのは、ずっと昔から計画されていたものだ。

原初の地球、例えばレムリア期などでは、人間は環境から分離しておらず、空も水も陸地も火もまだはっきりと分離していなかった。この流動状態の中で四肢を動かして泳いでいた。こういう時には人間の輪郭もはっきりしていないので、他のものに入り込むことも容易だった。

地球には硬さがなかったのだ。そこで、硬い存在というのは、クールだと思われ、たくさんの存在が憧れた。創造の法則は分離の法則で、分離したものは孤立し、振動密度が低くなり、物質密度が高くなる。地球は徐々に硬くなった。この硬くなる経過を途中で止めることはできない。今後もずっと硬くなる。人間も奈良時代に比較すれば、現代はもっと硬くなっており、さらに今後もさらに硬くなるだろう。物質的エッジはますます鋭くなり、曖昧さは認められない。人間は自分以外宇宙のどのようなものとも無関係であり、孤立して生きている。

こういう状況の中では、地球上に住む人類は、定期的に、そこから離脱するのだ。地球の硬化に乗って、自分も硬化していく必要はない。ある時期、一気に文明から離れる人々がいて、その文明は急に原始時代に戻る。これは定期的に繰り返されてきたことだとすると、この離脱の方法を提示する必要はあるだろう。

紀元前1万1000年前、あるいはそれよりも手前、琴座のベガが北極星になり、暗黒の時代が訪れると予想した人々はエジプトを捨てることにした。彼らは西に移動する途中で日本にも寄り、これが古神道のようなものができるきっかけにもなった。シフトは細かいものは2200年ごとに起きて、そのうちメインとなる大きなシフトは1万3000年くらい。西暦2000年前後から始まり移行期間は183年なので、私達が生きている間には、まだ地球は完全には二分しない。しかしこのシフトは一斉に起こるわけでもなく、早めにシフトする人もいれば、ゆっくりの場合もある。

仙道では分身、すなわちトゥルパは、肉体に染み込んで、肉体は消える。トゥルパの振動密度が肉体よりも高いのならば、当然、トゥルパの方が浸透性が高い。また肉体が振動密度が低いのは、そもそもそこに植物、鉱物、金属などを取り込んでいるからで、これが「硬化した地球に同調する」のに必要だからだ。トゥルパは鉱物や金属を食べたりしていない。分身が世界を旅して、さまざまな体験をして、この分身でも十分に今後の人生を継続するのに問題はなく、感覚のすべてはこのボディでも機能すると判断した時点で、仙人は分身に乗り換えるのだ。

ここでは即身仏のように、肉体を捨て、分身に乗り換えるケースもあれば、仙道のように、分身が肉体を飲み込んでいくという場合もある。あるいは通常死を迎えて、他の人と何一つ変わらないように見えて、実際にはシフトするというケースもある。通常の死では、これは無理なのだ。

楕円の卵の外には四大がある。この四大は四元素のエッセンスだ。四元素は、この四つの間で栄枯盛衰がある。占星術でいえば火、土、風、水の順番で主導権が交代する。四元素は第五元素を自己分割したものなので、一つひとつは単独で成立できない。それらは他のものと交代する動きの中でのみ維持されるという、つまり動きの中で現出する幻影のようなものだ。

この四元素の交代する有様の中で、時間と空間が形成される。四大は交交し続けるというのが本性で、ここに縦波的なパイロット波が加わると、四大の回転は、螺旋移動に変わる。四大のみならば永遠に円回転するだけだ。この縦波的なパイロット波は真ん中の楕円から生じる。

卵は、周囲の四大の絶え間なく回転していくという力を利用して、希望の方向に移動する。これは直接希望の方向に行くと、壁にぶつかるが、回転しながら移動すると移動は可能だというもので、「14節制」のカードで説明したものだ。

鳥はビルの頂上までまっすぐに上がる力がない時には、回転しながら上昇する。強烈な集中力を発揮して、一気に直進するよりも、回転しながら、緩く移動すると、そこには無理な力がかからない。

大きな成果を達成する人は、たいてい、こういうやり方をする。日々牛歩で進むと、気がつくと、最初に想像もしなかったような境地に至る。挫折する人は、一気に行って玉砕するか、あるいは途中から忘れてしまうかだ。

春夏秋冬を巡回しながら、次の春と前の春とちょっと違う。最初の1ミリのずれは、最後には大きな差になる。この周囲の四大の循環の中で、分身が肉体に一体化するプロセスも、徐々に進んでいくと考えてみよう。

二分された地球での新しい地球とは、私は金星的地球と呼んでいるが、この地球と今までの地球は重なっている。それは別の場所にあるわけではない。つまりこの地球の中にある成分で、エッセンスが作り出した網目の中に生成される成分だ。枯渇した要素の比率が少なく、生命的充実感の比率がより高い世界だ。そこに視点を集中させる。そこばかりが目について、もっと粗雑な要素が目に入らない。そして感覚組織すべてが、そのエッセンスに依拠するようなものになっていくと、人は徐々に新しい地球にずれ込んで、最初は両方またがって生きているが、最後には片方に全部乗り換える。身体の一番重い部分が、新しい地球の振動密度に同調すると、存在の底上げになる。精神や感情が上昇しても、肉体が上昇しないのならば、これらは全く無意味だ。思考や感情が上昇しても、それは肉体が上昇することにはあまり役立たない。

ある時期から、パラレル宇宙ということが話題になった。複数の未来があり、分岐点を通過すると、違う未来があり、それらの選択によって、自由な未来が作られるというものだ。この点では、二つの地球は重なっており、新しい地球に同調するには、自分の思考、感情、身体の注意力がそこに集中することで移行する。

「21世界」のカードを完成とみなしてしまうと、そこですべては停止して、その後のビジョンは何もなくなってしまう。なぜといって、私達の意識は常に何かに射出されることで生き生きと働く。完成地点があると、そこで意識の活動は停止する。完成ビジョンはずるずると移動して、いつまで追っかけてもたどり着かないというのがよい。

完成というものを想定すると、私達は完成というイメージを理解できなくなる。それは完成ではなく死ではないのかと。完成イメージが徐々に変化していくと、私達はそこに完成、完璧という印象を投影することが可能だ。つまり「完成とは？　完璧とは？　よくわからないけど、何かそういうものがあるらしく、ともかくそこに向かって走りたい」ということだ。螺旋状態に進化する「21世界」のカードには、ここまでというものがない。とりあえず、当面の目標としては、振動密度の上がった地球に移動することだ。それは仙道を探求してきた人達が求めてきたことだ。彼らは仙人になって、そこに移動している。

七進法では、「15悪魔」のカードの試みが、完成したものが「21世界」のカードだ。「15悪魔」は、世界のすべてを自分の本質で満たそうとした試みなのだから。「14節制」のカードでは、自分の意志を生活の中で実現する、自己実現、自己達成があった。環境の中に自分を生み出すことだった。それが上手くいった結果、「15悪魔」のカードでは、自分には縁がないと思われる環境の諸々の領域にまで手を伸ばして、それらに自分を染み込ませようとした。しかし力足らずになると、岩の中に閉じ込められた玉藻前《たまものまえ》のようになってしまう。

「21世界」のカードでは、全世界を運搬するということが可能になった。つまり、重い世界に飲み込まれるのでなく、世界そのものの振動密度をシフトさせる。世界に対して自分が勝っているという状態で、「15悪魔」のカードからスタートしたものが成功裏に終わったという話になる。

これは四元素の完全な均衡ということが最低条件で、四つが揃わないと、第五元素のパイロット波は上手く働かない。四人全員が揃わないと、出かけられないというわけだ。というのも四元素のどれかを取り残すとは、この四元素の部品が、今の環境の中に縛られている、「所有されている」ということなのだ。「お金が足りない」といってる人は、土の元素が思いのままにならない。お金は必要なら、いくらでも引き寄せられる。土の元素が自由な人は、このようにいう。そしてお金のことなど、気にもしなくなる。「来いよ」というと、来るのだから。そのため、この「21世界」のカードのテーマでは、四つの力が均衡を持つこと、全部手に入れることは必須条件だ。だからこそ、「南十字に行こう」といっているのだ。

ガラス瓶と棒

「21世界」のカードの卵の中にいる人物は右手に瓶を持ち、左手に棒を持っている。これは「1魔術師」の右手に玉、左手に棒ということと類似している。「1魔術師」の頭にあった帽子、レミニスカートの記号は、「21世界」では、茅の輪のような楕円の上と下についている。上の無と下の無限の両方が扱えると主張しているのだ。上にあるものと下にあるものを照合することで、物質組成を変化させることができるのだから、これは両方とも必要だ。

右手に球体らしきもの、左手に棒というのは、これまでも書いてきたが、ある次元において球体という完結した自灯明的なものは、次の上の次元では棒、線という法灯明的なものになる。さらにその上では、また球体になるということを示している。また下に向かうと、線は玉になる。波動的なものは粒子的なものと変化し、これが残像としての物質を作り出すメカニズムでもあった。

ホドロフスキーは反対の定義をしているが、右手は能動であり、ここに球体あるいはガラス瓶がある。左手は受動であり、ここには棒、線がある。

球体らしきものは回転して移動すると、これは棒とか筒に変化する。筒は丸くなると、大きな球体に変わり、さらに大きな範囲では筒に変わる。球体はそこに止まる節目であり、線とか筒は、連絡し、流れていくものだ。

例えば、私達は生活の中でもいつも節目という目安を必要とする。年、月、日。年度末とか、学年初めとか。だらだらと節目もなく流れていくのでなく、要所要所で、節目、すなわち球体を作りということをする。

「21世界」のカードで振動密度が上がっていく時、次は金星的地球とか、何かしら節目を持つということでもある。しかし節目に留まらない。球体は、すぐさま筒に変えることができる。私達はずっと同じ世界に住むのでなく、節目を過ぎれば、次の場所に行く。

「1魔術師」は右手に卵を持っていたのに、なぜ、「21世界」では瓶なのだろうか。瓶は中身を入れ替え可能だといっているのか。そのように見てみると、この人物は右足だけで立っている。右足は踏み出す足で、能動的足だ。「4皇帝」は左足で立ってお休みしている。しかし「21世界」のカードでは、お休みする気はさらさらないらしい。

私は、クンダリニはムラダーラ・チャクラという物質世界を象徴するものの振動を底上げすると説明する。足元は赤く、靴が赤い時は、その個人が移動するが、足元が赤い時には、足場そのものが活性化している。沈着した足場は地面の色のようにたいてい茶色で描かれるものだと思う。

ホドロフスキーのキーワードは実現、魂、世界、充足、成功、英雄的行為、天才、聖性、踊ること、恍惚、普遍的、達成、全体性などと書いてあるが、この中に踊るという項目があり、「21世界」のカードの人物は踊っているのか。螺旋回転しながら上昇するというのは、フラフープのようにグラインドさせながら上昇することに似ていて、グラインドしながら降りていく「14節制」とは全く反対の方向でもある。

「1魔術師」の段階では、机の前に置かれた四元素は謎の四元素だった。四元素すなわち時間・空間であるので、「1魔術師」は新しい世界の中に生まれて、全く扱い方の慣れていない時間・空間リズム、すなわち四元素を目の前にして、あれこれと考えていた。「21世界」のカードでは、これが自由に扱えるようになり、それを「ぶん回して」違う世界にシフトするということさえできるようになった。

回転しながら振動密度を上げるというのは、即身仏よりも、仙道よりも、はるかにスムーズで自然なチャレンジ方法だと思う。これ以上に温和な方法は考えられない。ここまで優れた体系は見たことない。

卵は移動する

占星術では、12サインのすべてのプロセスが終了する魚座の30度に「巨大な石の顔」というサビアンシンボルがある。

タロットカードの数字は21までだが、サインは30までである。3の数字の関連は、3と12と21と30だ。21は移動性が重視されているが、30は一つのユニットとして固めるということが重視される。この卵は石のように硬いのだ。つまり10と10と10だ。「10運命の輪」が三つあるのと、21の7と7と7で、「7戦車」が三つあるようなものだと思って比較してもらいたい。もちろんこの三つは身体、感情、思考だ。

魚座の30度は春分点の直前にある。春分点は昼と夜の長さが同じになり、陰陽中和して、ゼロ状態になる場所だ。それは終わりと始まりの場所で、つまりこれまでのコスモスが大きな宇宙とつながっている場所でもあり、ここでは12サインの輪が無効化されていく。グレゴリオ暦は、この大なる宇宙とのつなぎ目を封じて、地球世界を孤立させたかったので、春分点など関係ない空中楼閣的なカレンダーを作成した。

12サインは地球と太陽の関係で作られたものなので、地球中心の基準と考えてもよいだろう。するとこの12サインの外には、太陽中心の12のロゴスの輪がある。これについてはもう今までの12サインは使えない。12サインとはあくまで、地球と太陽の相対的な位置関係で形成されたものなので、ここから地球という基準が抜け落ちると、12サインの座標は通用しない。次にさらに上にこの太陽系を12の区画の一つとする大きな12の輪がある。その中心点は、シリウスか、アルシオンか、りゅう座のトゥバンかわからないが、これが巨大な12の輪と考えるとよいだろう。

30の数字が、この春分という無の境界線を越えていくための硬い卵になることだとすると、「21世界」のカードは、すっぽり閉鎖した卵を作ることでなく、活動しながら、だんだんと存在状態がシフトしていくということが重視されている。「3女帝」では、腹の中に卵を抱え込み、「12吊られた男」では、卵の中で孵化していた。「21世界」は、「7戦車」のように忙しく活動しながら、この活動そのものが、自分の住んでいる場所を変えてしまうのだ。

上下のクロスが揃わないと移動はできない

外コスモスと接続する扉としてレミニスカートについて説明したが、これまで「1魔術師」と「11力」のカードで登場した。ここで外宇宙に進行すると、この大きな宇宙が外部にあるものでなく、内部にあるものに変わる。外にあるものを、内に見るという転換は、このクロス部分で生じるのだ。この瞬間は、意識を失うが、それは意識の連続性は、ずっと同じコスモスに住んでいる時だけ成り立つからだ。

大きなコスモスにそのまま進むと、これまでの12のロゴスの輪で作られた世界は分解する。もし、今までのコスモスに依存して、この中で自我や自分を形成してきた人は、この外のコスモスに行くという段階で、その人そのものが分解する。外に出ても、自分が壊れないようにしていくには、外の無に対して強度の高い結晶を作る必要がある。外のコスモスの振動密度が、この自分の結晶よりも優位にある時には、結晶は分解する。圧力で風船が破裂するようなものだ。30の数字では、無に対抗できる硬い卵を作るということが重要だった。いかに壊されないか。

無には多数の階層があり、自分が持ちこたえることのできる無の場所にしか行けない。この結晶がマカバだ。マカバがないと、私達はばらばらにされる。このマカバは、卵の上と下のレミニスカートの交点を閉じたままならば、するすると滑るように移動し、どこにも行きつかない。しかしクロスの交点を開けてしまうと、その向かった宇宙の中に入り込み、その宇宙の中に住むことになる。上と下の交点は、つまりはこの卵は上にまた下にも行くことができるということなのだが、マクロコスモスとミクロコスモスは鏡構造のように対応していなくてはならないというルールからすると、この上と下のクロスが伴わないと、その卵はどこにも移動できないということにもなる。

例えば、私達は細胞を認識できない。細胞は無限の境界を示すクロス記号の向こうにある。無限とはたくさんありすぎて、一つひとつが識別できないという意味だ。大天使から見て、人間は無限の印の向こう側にいる。人間がいくら呼んでも、大天使からすると、まず人間が存在するということが認識できていないので、反応はしない。

私達から見て、下のクロス部分を通過すれば、細胞の中にいる自分を発見するだろう。上と下のクロスがあれば、私達は上にも下にも行けるということは、「21世界」のカードは、そのまま振動が上がるということを示しているわけでもないのだ。どちらにも行けるということだ。上に行くと、無限の向こうの領域も変化する。大天使の例でいったように、私達は下のクロスの向こうには細胞があるかもしれない。大天使なら、無限の向こうには人類が存在する。つまり下が移動できないのならば、また上も移動できないということだ。「21世界」では、このレミニスカートを両方描いているということが重要だということだ。そこからすると、上のレミニスカートしかなかった「1魔術師」や「11力」のカードは、この「21世界」のような丸ごと移動という概念がまだ生じていなかった。また眠った物質を目覚めさせるという「20審判」の体験を十分にしなかったら、ここに至ることはとうてい不可能だった。

「21世界」のカードでは、このマカバ、卵の外に四大が配置されている。つまり旅行中ではないのだ。それはどこかのコスモスに住んでいる。しかし、いつでも移動の準備があるということはちゃんと意思表示されている。

タロットカードの歴史は「1魔術師」で、どこかの世界に紛れ込んでしまった。その後、どうやったらよいのかわからないというところから始まり、「21世界」で、その世界をものにした、そしてその後、移動可能になったということだ。ここで「21世界」が世界に対して統括権を得た、という段階で終わる物語ならば、楕円の上下にレミニスカートを描く必要はない。しかも不安定に右足だけで立つ必要はない。

卵はどこかの世界に定着すると、この球体は角ばった形になり、立方体になる。卵であり続ける限り、どこかに滑っていく可能性を意識していることになる。しかも卵という世界の中では、「17星」のカードの女性も、「21世界」のカードの人物も同じ赤いスノコに乗っている。ただし「17星」のカードでは、膝をついており、膝とは腰と足の中間で、これは誰もがどこかの会社に所属するように、帰依する、所属するという意味を持った部位だ。

「21世界」のカードでは、足裏で踏みつけている。そしてその下に卵が隠されており、新しい小さな世界を作り出していく用意もある。およそ「20審判」以後くらいからは、ミクロコスモスとしての物質の組成などについても、正面から取り組まなくてはならない話になってくるが、今日の科学的視点の延長線上では、それについて上手く進めることができないと思われる。既に述べたように、出発点が間違っているものは、最後まで間違ったままで、真相にたどり着かないと思う。

私としてはすべてを振動論として扱う考え方が、最もアプローチしやすいと思うので、この観点から「21世界」について、もっと細かく詳しく論じてみたいが、そのためには今日の一般的な信念体系を根底から突き崩す必要を感じている。最終的には、あらゆるものは意図とか想念のみで作られているということになるが、これを完全なかたちで説明しきるには、しばらくは時間がかかりそうだ。

第2章

小アルカナ

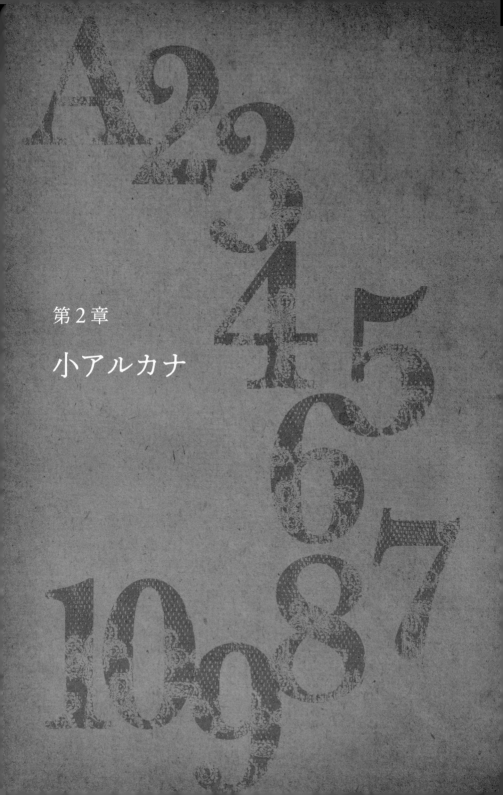

小アルカナカードの特徴

七進法、九進法、十進法

タロットカードは、大アルカナカードが22枚と、小アルカナカードが56枚で構成されている。このうち小アルカナカードは杯、剣、棒、金貨の四つのグループに分かれており、それぞれ1（エース）から10までの数札と、四つの人物カード（コートカード）がある。

大アルカナカードが、「愚者」を外すと21枚であり、これは7枚ずつの3グループに分割することができる。同じように、小アルカナカードも棒、剣、金貨、杯のそれぞれが14枚ずつであり、7掛ける2ということで、全体が七進法で作られていると考えてもよいのではないだろうか。もちろん、大アルカナカードを二段に分けるという発想法は十進法を考慮しており、さらに小アルカナも数札は10までということで、七進法と十進法の両方を参考にするとよいだろう。

例えば、15を1と5を足して6のグループに属するという考え方をしていたのは、正確には九進法であり、十進法だと、15は二段目の5に対応する。九進法は精神の姿勢であり、十進法はより物質的なところでの立場というものに近い。七進法となると音階のようなもので、これは振動の低い高いということで考える。おそらくロゴスとしては九進法が最も精密で、十進法は物質的、空間的、七進法はロゴスというよりは波動的な違いという印象で考えてみるとよいのではあるまいか。

9の中に7の原理を説明したエニアグラム

この7と10に関してはあまり関係がないように見えるかもしれないが、ここでエニアグラムについて言及しておきたい。

エニアグラムとはスーフィの法則図で、グルジェフが西欧社会に紹介した。エニアグラムは円の外側に、1から9までの数字が打たれていて、つまりは九進法だ。この内部に142857 1の順番の線が描かれており、それとは独立したかたちで、3と6と7の三角形がある。内部に描かれたこの線は、1から9まで順番に進む数字に働く背後の関連性を説明している。そもそもエニアグラムとは、1から9までの数字が打たれているが、オクターブ法則としての7の原理を詳細に説明したものなのだ。

内部には142857 11の順番で線が描かれているが、これは0・142857 1……という、1割る7の循環小数の順番だ。1なるものを七つに割ると、その内部では、142857 1が永久に繰り返される。基本的には、7の法則はここだけで働いている。

3と6と9の三角形は、順番に進むこの124578の数字の中で、隙間に割り込むが、これは陰陽中和のインターバル部分を表している。陰陽中和の場所は必ず外部の何かとつながっているという原則がある。

身体オクターブでミの音で止まると書いたが、そこに感情体のドの音が入り、これが3の位置だ。次に感情オクターブはミの音で停止し、次に思考体のドの音が割り込み、これが6の位置になる。このインターバル部分は、前のオクターブの欠陥に対して補正をするために入り込んできたので、言い方を変えると、前のオクターブに対して加減を自由にできる。つまり、コントロールすることができる。感情は身体を、思考は感情をコントロールする。

人間にとって自由になるのは、呼吸と印象だけであるという点で、3は身体に対する感情体の呼吸割り込みで、6は感情体に対する印象割り込みということになる。ただ、9のインターバルも自由性の余地があり、これは食物取り込みと考えてもよい。食物取り込みは、外界のものを体内に取りいれるという点で、真に外との接点を意味する9の数字の場所に合っているが、3と6よりもはるかに危険性も高い。上の9は宇宙との扉だ。

例えば、視点を変えてしまうと、感情の限界を突破できた、これは印象の割り込みによって感情がその先まで進化したことだ。気持ちが変わり、ぱっと明るくなった。

三つのオクターブ、7の法則がつつがなく働くためには、3と6のインターバルが必要だということだ。また音で考えると基音のドは9の位置にあり、七つの音が進むには、この9の位置も加えることになる。七つの法則が働くには、合計で九つの要素が必要だと説明しているのがエニアグラムで、9の後、10に進むと、これはまた新しい1に重ねられる。七つの音が進展するには、九つの部品が必要で、都合、九進法が成り立つということになる。

そうであるならば、10の数の単位で進む数え方の中で、オクターブの時に使われたインターバルの割り込みということを考慮に入れることができるのか。3と6と9は割り込み場所なので、そういう意味はあるのかという話になるが、それは考慮に入れてもよいと思う。

生命の樹はセフィラが10個あり、一番上のケテルと一番下のマルクトは共有されており、この共有ということでは、エニアグラムの9と同じ意味を持っている。基本的には3の位置で呼吸ショックが入り、6では印象ショックが入るということを覚えていればよいのではないか。生命の樹に割り当てられた数字は、ロゴスとしての数字としてはあまり正確なものではなく、むしろ便宜的なところも多い。生命の樹の中では、インターバルとしての中和的な部分は中央の柱に当たる。

ティファレトは6、イエソドは9の数字が割り当てられているが、エニアグラムとの整合性を求めるならば、いつもは表示されないダートを加える必要がある。ダートとイエソドは対称形だ。また、エニアグラムではティファレトに該当する中心が存在しないと考えてもよい。

そもそも十進法（正しくは十進記数法）は両手の指が十本ということから決められた基準だ。つまり形を見て決めた。一方で七つは、例えばピュタゴラスがモノコードで音を聞きながら決めたというふうに波動的な違いから決められた。10以上の数字については、日本語では「じゅういち」というふうにそのまま10までの数字に重ねて読むが、英語などでは「テン・ワン」とは呼ばず、「イレブン、トゥエルブ……」というふうに固有の名称で読んでいく。その意味では、小アルカナカードが10を越えた後で、11とせずに、コートカードにしたことも関連していると考えてもよいのではないかと思う。

11は10に1を足したものではなく、11固有の特性があるのだということだ。

ホドロフスキーは、小アルカナのスート、杯と剣と棒と金貨に関して、本の解釈を読む限りでは、従来の読み方と同じく水、風、火、土の元素に対応させた考え方をしている。杯は心の言葉。金貨は物質的。剣は言葉と知的活動。棒は創造性だと説明している。ホドロフスキーの少し特殊なところは、棒の元素に対して、性的な意味を与えているという点だ。実は正直な話、私にはこれがあまり理解できていない。

例えば、占星術での火の元素とは独立性衝動でもあり、外界の何かと結びつくことを嫌う。愛情で結びつくという水の元素がくっつけてきたものを火の元素は全く気にすることなく退けてしまう。射手座となると、近づいてきたものをボコボコにすると考えてもよいだろう。性的なものは必ず何かと結びつくものであると考えると、水の元素の特質に近い。

また、性的な結合によって子供が産まれることが創造的なものを示しているのかというとこれも違う。プラトンは、人間は地上で男女に分割されたといった。元に戻りたいがために、男女は一体化しようとする。ところが、この二分化に戻ることは不可能で、戻ったと思ったら、上手く噛み合わない、つまり分身ではない異性と結合し、結果として差成分は新しい要素、すなわち子供を産んでしまう。

真の意味で自分の半身的な存在は、地上には存在していない。地上には似て非なるものしか存在しない。子供が産まれるのは、創造的なことでもなく、差成分の拡大でもある。

もし、この差成分、異物の出現が創造的なことだとすると、性は結合を意味しており、それは水の元素に関係し、次に水の中から火の元素が飛び出してくるプロセスと考えてもよいのだ。したがって、性の要素は火ではなく、その手前の結合という水の元素のことを示しており、その後の結果として、火の出現を示さない。

四元素は第五元素を分解したもので、それぞれの元素は単独では成り立たない。つまり独立権を主張できない。それは時間と空間のある場所では、定期的に交替していく。大アルカナカードが第五元素的なものを表すとしたら、それを四つに分解したものが小アルカナカードと考えるとよい。しかし、私達の住む時間と空間がある世界は、四つの分解したもので成り立つので、日常生活という面では、大アルカナカードよりも小アルカナカードの方がより身近だということだ。

四元素は単独では成立できない。そして第五元素に回帰するまでは、四つの間を循環して交替するということが、非常に重要な項目であり、ひとときもこれを忘れないようにするとよいのではあるまいか。四つをコンプリートすると、第五元素に戻るのだ。そしてこの第五元素に戻りたいという働きが、四つの時間的、空間的な循環を作り出すのだ。旅に出たものは、故郷に戻りたいのだと考えるとよいだろう。

四つの元素の交替の順番

この占星術の四つの元素の流れは、水はまずは結合力であり、この結合力が果てまで行くと、最後はすべてが結びつき、静謐《せいひつ》の海、あるいは死が支配する。何一つ動きがなくなってしまうのだ。そこで、火の元素がやってきて、この水面を叩く。水面には波紋が生まれ、この波紋ということ、山のできた水面こそが、火の元素を象徴している。それは一瞬のものと考えてもよい。水の中からエクスカリバーが出てきた時も、波の尖ったものが水面から現れることでもある。

日本の「出雲《いずも》」という言葉は、雲の中から光がやってくることでもあるが、雲は希薄な空気を含んだ水で、もやもやとした無意識領域でもあり、この中からアイデアとか思いつき、意志が発生するという意味で、これも水から出た火だ。特にもやもやの雲は空気を含んだ水で、占星術では柔軟の水の魚座に対応し、そこから登場する火の元素とは牡羊座を表している。

この火の意志は、占星術の場合だと、次は土の中に落とされる。すると眠ったように動かない土の元素は活性化していく。

例えば、牡羊座の力は、牡牛座に入ると、これは身体の中に入った霊のようなもので、牡牛座の資質は一気に開花する。土の元素を元気にするためには、火の元素がその内部に入らなくてはならず、土の元素そのものは、横たえられた土の塊のようなものだ。

土の元素は活性化すると、執着心、限定された場の中に取り込むこと、すべての元素をコンパクトにまとめていくなど、土の性質の本性を元気に発揮する。火の元素は、まるで爆発するようなもので、すると、土の元素はそれを覆い、火の力が暴走しないようにしているとも受け取れる。興奮しすぎた人は冷やすとか、落とすということが必要なのかもしれず、土は基本的に冷やしていく。

土の元素は限られたところにじっとして、メリットをそこに集める。この閉じ込められたような状況に閉塞感を感じると、この土の塊を風化させようとして、風の元素がやってきて、土の塊をばらばらにしていく。風の元素の統括下では、関心は多方面にわたり、これは土の元素を小分けして、砂のようにしたという印象のものになる。土の素材を題材にして、風の元素は、応用的な展開をしていく。

風の元素は、分散して、まとまりのないもの、どこに所在の中心があるのかわからない状態になっていく。知性も多様化すると、その人の精神を不安定にする傾向がある。とりわけ感情は落ち着かない。水の元素は土の元素の器に保護してほしいということもある。カップというのは、水の元素を示しているのではなく、土の器に入れられた水の元素を示しているのだ。風の元素によって、ばらばらにされた土の元素の部品を、一つずつ結合してまとめようとするのが、水の元素だ。これは風の元素が示す知性によって、類化したものを水は結合する。

また別化したものは、違うグループで結合する。風の元素の双子座は兄弟達の戦争を表す。それが行きすぎになろうとした時、水の元素の蟹座が登場し、兄弟達を、父の名の下に母が集合させていく。

水の元素は後に火の元素に交替する。この四つの交替の順番は占星術の12サインの順番で、永遠にこの順番で循環していく。この場合、惑星がそれぞれ違う速度で移動することで、12サインは、時間の中でこの四元素の交代が生じるが、まずは時間外で、モデルが作られ、次に時間が動くことで、この交代が速くなったり遅くなったりしながら実運転に入るということだ。

四元素は、お互いの取り分が全体の四分の一であり、それぞれの元素が増長しすぎると、次の元素がやってくる。反対に不足している場合はどうかというと、受け持ちの時間を引き延ばそうとするだろう。食べ足りない人はもっと食べたい。

この場合、占星術は天体運動によって、時間が来ると自動的に切り替わる。それは心理的、意志的に進む時計とははっきり噛み合わない。これから、と思ったのに次の元素に交替したり、また待ちくたびれてしまったりすることもあり、この点で、天体の運動は、人間の生きた行動とは外れてしまう傾向がある。占星術とは「予定通りに動け」と主張しているスケジュール表で、人間はそれにぴったりと噛み合っておらず、そこに予想外の楽しさとか、また反対に苦痛などが発生する。

例えば、水の元素が愛着とか、結合力だとすると、ずっと一緒に長くいたいのに、火の元素がやってきて、それは反発や分離なので、いつまでも一緒にはいられない、互いが独立性を発揮しなくてはならない事態になる。自発的な意志がなくても、そういう状況がやってくるのだ。より深い結びつきは、より遅い惑星を表しており、冥王星レベルでの愛着ならば、十数年は継続するということだ。しかし火星ならば二か月程度しか続かない。

タロットカードの場合には、この定期的な時間の運行に従うわけではない。それはふいにやってきたり、あるいは長くとどまりすぎたりすることもあるだろうが、その人の心理的な速度と合致したかたちで切り替わる様子を見ることができるのではあるまいか。

　タロットカードが、「11力」のカード以後、一方的な時間の流れに対して、自由になることを目指したものだとすると、小アルカナの四元素の交替も任意な順番でよいはずだ。第五元素は自由なかたちでこの四元素には介入できる。

　占星術は「10運命の輪」を象徴していると書いたが、ここには複数の惑星の公転周期が乗り入れしている。つまり東京駅のように、新幹線、特急、急行、鈍行などたくさんのサイクルの輪が重なっている。そして異なるスピードの輪が、違う輪に干渉したりする。

　冥王星は最も遅い乗り物だが、例えば、２００９年前後から山羊座に入り、10年以上、ここにとどまる。すると、冥王星意識で生きている人、このレベルで何かしようとしている人は、土の元素に長くとどまっている。木星はこれを書いている２０１７年には天秤座にあるが、木星は一つのサインに一年しかとどまらない。天秤座は風のサインだ。冥王星意識が木星意識を利用しようとすれば、大きな土の元素はその影響を、小さな風の元素に持ち込もうとしていることになる。バラエティのある風の元素の要素を、大きな土の塊は飲み込んでいく。たとえでいえば、大きな乗り物は、この中に多数の人を乗せることができるということだ。

　占星術は速い速度のものとしては、例えば地球の自転があり、これだと、一つの元素に二時間しかとどまらない。時間と空間の一方的な流れに支配されなくなってきた人、つまり「20審判」のカードなどの意識を獲得した人は、こうした速度の速いものを活用して、特に惑星の公転のサイクルには支配されないような生き方をしようとする。まるで小アルカナカードを扱うように、今日朝起きて、小アルカナカードを1枚選ぶと、水の元素だったというように。

12サインは、地球と太陽の関係という領域に固定された、アカシックレコード盤だ。地球と太陽の関係から解き放つと、それはもっと広範な範囲を取り込んだディスクになる。

例えば、シリウス軸、アルシオン軸、トゥバン軸などに固定された12ロゴス生地は、宇宙的な体験のアカシックレコードなども入ることになるが、基本の鋳型は共通したもので、大きなアカシックレコードも、12サインも、その構造は全くそっくりだ。このレコードの中のいくつかのポイントを結びつけて結晶化すると、その人の独特の体験というか、物語が生成される。

私達の人生は、特定のアカシックレコードを選んで、そこに時間と空間の動きを加えて、つまり静止画を動画に変えたようなものだ。この特定のレコードに自己同一化して、自己を失うことが人生と考えてもよい。この眠りは死んだ時に目覚めるのだ。死んだ人は、アカシックレコードのどれもを自由に読むことができるというのは、特定のレコード領域の中に眠り込んでいないからだといえる。どこかにはまった人は、違うものは読めないのは当たり前だ。

アカシックレコードは時間と空間のない場所、すなわち第五元素の領域にある。第五元素をベースにして、この中に作られた四元素への分解模様がいろいろな情報に分岐していくのだ。

占星術の場合、この結晶を形成するのに、計算を通じて行うということが特徴で、タロットカードの場合には、エーテル体が引き寄せるというかたちで行われる。エーテル体は結びつけ、関連づける成分であり、ある場所とある場所に綱をつけて、これら複数のポイントが結びついたところが、物語化していく。

　複数のポイントを結びつける作用はエーテル体だが、複数のポイントが結合して、結晶化すると、それはアストラル体を作る。これは時間的個性、つまり体験の個性的展開と、空間的な個性を持つことになる。

LES AS

エースのカード

エースのカードは1の数字を意味するもので、それは始まりを表す。小アルカナカードでは、四元素のどれかが出現するということだ。そして1の数字はまだ方向性がわかっておらず、対象も目標も生まれてはいないので、時には、後にこの性質は流産したり、停止したままになったりすることもあり得る。

1は2の中に埋め込まれない限りは、その後の進展などないのだ。反対にいえば、それぞれの四元素の純粋理念とかを示すということでもある。どんなものも使っているうちに、汚れてくる。この汚れとは、異なる元素との干渉とか利用、分割・細分化などによって生じることで、純粋な元素の性質は失われていく運命にある。

1はまだ汚れていない初心であり、そこに大きな希望や夢を抱くことにもなるだろう。時間が動く中では、それは変形を免れないので、ときどき、使わないまま保管するという趣味も人も出てくる。コレクターは何かの製品を買って、しかし使わず保管したりする。これは1の数字の保管と考えてもよいかもしれない。

1の数字を示す「1魔術師」は、家の中にいて、机のものを遊んでいるが、実際には何もできていない。コレクターはときどき買ったものを開いて、夜中に机の上に広げて楽しんでいるのかもしれない。しかし、それを決して実用しようとは考えない。小アルカナにおいての1は純粋理念の提示と考えるとよいだろう。

棒のエース

「棒のエース」と「剣のエース」は、共に、空中から出てきた手に握られた形で描かれており、何もない空中から出てきたということでは、折りたたまれた四次元の時間の中からいきなり飛び出してきたかのように見える。三次元は平面にさらに縦座標を入れて、三要素を自由に扱えるということを考えると、四次元としての時間要素は、まだ私達には自由に扱えない。

過去から未来へと動く中で身動きが取れない。その点で、私達は三次元的存在とみなすことができる。四次元的存在とは、時間の流れに盲従しないで、自由に動くことができるという意味だ。ここにないものを違う時間から持ってくる。1の数字とは、今までなかったものが、ここに割り込んでくることを示す。

棒は創造意志、剣は知性だとして、これらは地上的な出来事の連鎖、結果、因果とか根拠なしに飛び出してきたということだ。「それまでの結果としてこうなりました」というのは1の数字の意味ではない。

アイデアも意志も無尽蔵といわんばかりで、それに比較すると、土の元素としての「金貨のエース」は有限資源だ。金貨は特定の空間の中にあり、棒も剣も、空間的には限定されにくい。といっても四元素は互いの関係に依存し合うので、土の元素から遠く離れるわけにもいかず、特定の時間と空間の範囲から大きく逸脱はしない。本当は逸脱したいが、四元素の相互依存関係によって、それができなくされているのだ。

「棒のエース」では、棒を持つ手は、図の右側、つまり生命の樹でいえば、左側から出てきて、真ん中にある。そして掌《てのひら》をこちらに向けているという点では、外から来たもの（左から来たもの）が、創造的源泉となり、それは内的なところ（掌の側）から表出したという性質だ。常に火の元素は内側から渦巻き、ここから外界に働きかけるものだが、それは外との関係の摩擦などによっても煽りを受けやすい。特に「棒のエースで」は、この外との関係ということが重視されていることになる。

四元素について考える時には、占星術の体系をそのまま応用するのが最も便利だと思われる。四元素に対してこれほど詳しい体系はないからだ。12サインでは、火の元素は、牡羊座、獅子座、射手座だが、この中で無から火を生み出すものとは明らかに牡羊座で、春分点という、このコスモスの外からの力を受け取って始まる。どこからともなく創造意志が沸いてくるというのは、牡羊座のみだ。射手座は摩擦の火で外との軋轢《あつれき》により強まり、獅子座はずっと続いてきたものを、そのまま維持しようとする火なので、これは竈《かまど》の火のようなものだ。

カモワン版では上に向かってだんだんと大きくなっていく。「20審判」のカードでは、ラッパは下に向けて拡大していた。だがこの棒は上に向かって拡大していき、その先はぱっくりと開いているので、ますますラッパのように見えてくる。頂点が開いているという点では、この火は、最終的な行き先については考えておらず、そこでは受容的になってしまい、問いかけで終わるというような絵柄だ。

火は上位の場所においては受容器になるという話はあまり想像したことがないかもしれない。対比的には、「杯のエース」では、七つのスパイクが空に向けて尖った形で突出していて、この「棒のエース」の形とは正反対だ。また火の元素は、行きすぎると土に落とされる運命にあるので、この上昇すると、ビジョンを失って受容的になるというのは、時には、上位からは何も受け取らないままに、土に引きずり落とされる可能性もある。

興奮して何かしようとしたが、明確な計画はなかった。つまり天の力を受容するという意味では「運を天に任せる」という姿勢で走り出しているのは間違いない。無策なまま走るというのは、火の元素がやりそうなことだ。そう思うと、この「棒のエース」はちょっと頼りないかもしれないが、知性に閉鎖することに比較すると、はるかによいことだとも思える。

途中で三か所、枝が切られていて、つまり異なる可能性があったが、それは途中で断念した。このいろいろな方向に手を伸ばそうとしたという姿勢は柔軟サインとしての射手座の性質になる。右上には鋸のような光が飛び出していて、私にはこれは光というよりも、やはり鋸に見える。

基本的に、四元素は単独では何もできない。その意味で、「棒のエース」も最初の勢いはだんだん太くなり、増長していくが、その後、何かサポートなり助けがないことには、その後の発展性は見失う可能性が高い。火の元素は常に上昇していく傾向がある。地から離れ天に向うというのは抽象化していくということでもあり、それが行きすぎになったすれすれの段階で、土の元素に交替する。

この土の元素との交替は、火の元素を持つ理念が形になったというケースもある。射手座が次の土のサインである山羊座に移動するのは、例えば、政治や経済について学校で勉強していて、その後、政治関係の仕事に就くという例で考えてもよいだろう。現場を見るにつけ、射手座の段階で学習していた理念的な要素はほとんど役に立たないように感じるものもあるし、火の元素の段階で手に入れたものを次々とそぎ落とされる場合も多いが、それでも火の土化ということではある。

射手座の終わりになると次の山羊座に合わせるために、たいていはダイエットする。ラテン語を知っていても、それは仕事には何の役にも立たないのだ。占星術の場合には、このように次の元素に向けて調整していく性質があるが、タロットカードでは、いきなりの転落ということも想定しなくてはならない。

火は火の持つ興奮状態によって何でも判断しようとするので、火の興奮状態を伴うことのない計画性、理論性についてはあまり関心が向かうことがない。計画性というのは風、並びに土の元素の特徴だ。そこが常に行き当たりばったりということを表しているのかもしれない。そしてエースなので、創造的意欲や興奮、精神が燃えることなどが始まったといえる。

高揚状態とか興奮状態の中では、ビジョンが見えるが、この火が下火になると、急に、気持ち、意志、目標意識が萎えてしまい、どうしてよいかわからなくなることは多い。火の元素は記憶の継続性にはあまり関与しない。そして不安定な本性を持っている。

例えば、あるレストランに行き、感激して、「この店は素晴らしい、また来ます」という客は二度と来ないことが多いらしい。「まあ悪くはないかな」という客は、その後も繰り返してやってくる。火の元素は興奮状態が冷めてしまうと、全く反対の考えになったりもする。やはり他の元素の助けがほしい。助けてくれるのは、たいていは風の元素であり、水と土はこの火を消そうと待ち構えている。

剣のエース

剣のカードは風の元素に対応し、それは知識や言葉、情報、知性などに関係する。占星術では、この風の元素は双子座、天秤座、水瓶座に対応する。占星術の場合には、天体の運行は、規則的な時間の経過の中で進むので、時間の頸木に拘束されているか、あるいは個人の生まれた時に刻まれた特徴に彩られていて、自由にアクセスできるように思われない。

カードは、この時間の順番の推移ということを気にしないでアクセスできるので便利でもある。しかし、情報量としては、タロットカードよりも占星術の方が圧倒的に多い。風の元素について考えようとした時に、前出の三つのサインのことを思い出すと、持ち切れないほど大量にデータが出てくる。小アルカナカードにおいては、それぞれの四元素に数字の1から10までの類型があるので、これを活用することで、比較的バラエティは出やすいが、占星術ではサビアンシンボルなどを使うことで、あるいはその骨組みである数字1から30度まで使うことで、三倍の種類が出てくることになる。小アルカナの10個の数字と、サインの30個の度数の意味は、何かしら共通点がある。数字のロゴスを使うので、それは当たり前といえば当たり前の話なのだが。

「剣のエース」の絵柄では、無の中から、つまり雲の中から手が出てきて、剣をつかんでいる。そもそも手というのは、風のサインである双子座の象徴で、指が五本に分岐するのは、情報の細分化を表し、細かい技術などに発展していく。この手の延長線のように剣が延びているというわけだ。

「棒のエース」では、掌を見せていたが、剣のエースでは、手の甲を見せている。ホドロフスキーは、掌は内側の中心的な意志を表明し、剣の側の手の甲は、「周縁的、形式的、反省的、精神的」と説明する。手の甲は体壁の側につながっていると思うが、これは人体では動物系の組織により深く結びつく。掌はそれに比較すると、身体の中にある内臓系、植物系に結びつきやすい。動物系の中心は脳で、植物系の中心は心臓だ。心臓からは血管が身体中に張り巡らされているが、これは植物の伸びていく有様と似ている。

私達は歩く時に、足の裏の前と後ろは接地するが、真ん中の部分は浮いている。もし浮いていなければ、私達は大地に完全に支配されるだろうといわれている。握手する時に、掌を合わせるが、肝心の中心点までは合わせせない。握手そのものが手の内を見せるという意味だが、それでも全部は見せないのだ。自分の内的なものを大切に保管し、外に干渉されすぎないようにしているのだ。そのように、植物系や内臓系は外界から隠されている。これがむき出しになるのが棒、すなわち火の元素だった。

一方で、動物系や体壁系をもっぱら見せている剣、風の元素では、外面的に見えるものを重視する。私達が何かを見たりする時に、体壁系とは、目で見たり、触ったりする記憶が蓄積される。植物系の記憶とは、内臓から飛び出してきた内臓の出先機関の舌が、何かを嘗《な》め回す時に蓄積される。幼児はそのようにして内臓に記憶を持ち込む。それは内的実感を作り出すので、何か見た時、動物・体壁系としては、映像を見ても実感はない。植物系としては、それに伴う実感を確認する。「腑に落ちた」とは、植物系・内臓系に情報が落とし込まれた時に感じることだ。

棒はだんだん太くなるのに比較して、剣は先に行くほど、細くなっている。このイメージは、先に行くほど集中的になるということでもある。そもそも風の元素とは、土の元素を風化させて、注意力を分散させるという性質なので、この集中的になっていくということに解せない印象を感じる人はたくさんいるかもしれない。

土の元素はものとして集合していた。集合したものの一つひとつの性質は違っても気にしなかったかもしれない。そもそも土の元素とは、四つの元素のコンパクトな集合だったので、この中に風、水、火などが入り混じっていた。しかし、風の元素の分類法、視点はまた別のものだ。

例えば、土の元素の集合性は、同じ空間とか地域で固まっているということかもしれない。剣のカードは、土の元素の塊を解体した後、風の元素の統一性で改めてまとめてしまうのだ。

片付け屋さんに仕事の依頼が来た。トラック二台分の荷物を運び出した片付け屋さんは、荷物をばらばらにして、この中で、カメラはカメラでまとめ、万年筆は万年筆で、書籍は書籍で分類してまとめた。このカメラ、万年筆、書籍というふうに共通項でまとめていくのは、風の元素の役割だ。土の元素が、空間的に同じ位置とか、同じ地域ということでまとめられているのならば、風の元素のまとめ方は、全くのところ種類が違うということなのだ。

ホドロフスキーは剣のカードが示す精神とか言葉はロゴスを示していると説明する。ロゴスは言葉の先にあるもので、むしろ数字の方がロゴスに近いが、これは雑多なものの集合の中にあって、類化性能を発揮する。類化性という点では、剣は先に行くほど、鋭く単一化されていく。棒のカードは、興奮状態の中でいろいろ思いついて、途中で枝を切るのは、類化性という点では徹底しておらず、むしろ応用的派生物をたくさん作り出してしまうからだ。

ホドロフスキーは棒のカードを、創造性と呼んだが、創造性とは数が増えることであり、やがて創造されたものは、一つひとつは孤立し、互いの関連性を見出せなくなる。だが「棒のエース」の段階では、思いついて増やしても、途中で断念しているし、それどころか本流の棒も、途中で口を開いてとどまる。自分で見知らぬものを生み出すための受け皿に変わるのだ。剣のロゴスは、断念することなく、先まで伸びていく。基本的に棒の元素、火の元素というものは、意志をつらぬくということはできない性質でもある。

この言葉、ロゴスの戦いを示すのは風・柔軟サインの双子座だ。柔軟サインというのは定義が変わっていくという意味でもある。双子座は数え度数の8度とか9度あたりでは、価値の転覆を図る。これまで信じられていた概念、常識、通説を突きぬいて、その矛盾点を暴き、時には反対の意味に変えてしまうこともある。視点を変えて、違う角度においての類化性能を発揮すれば、それはたやすいことかもしれない。

双子座が兄弟の不毛な争いといわれるのは、転覆に次ぐ転覆が続く場合もあるからだ。これまでのロゴスのつらぬく座標線に対して、違うロゴスの座標線が戦いを挑む。ある線を違う線が横断したり、分断したりするのだ。困った状況でも、視点を変えていくと、むしろこれは最高の状況だったと気がついたりする。

エースは始まりなので、このカードは、「新しい視点が発生した」と考えてみるとよいだろう。思いもつかなかった視点が、いきなり雲の中から現れた。そのロゴスの座標線をつらぬくことで、事物の新しい関連づけが始まる。これは発見などでもある。

王冠をつらぬく、あるいは王冠が取り巻く

剣のエースのカードは、王冠をつらぬいているが、それは一体、何だろう。まず王冠は円形の形をしている。この円形に対して、剣はその中心点に入る。宇宙の次元の階層の結びつきを螺旋で説明していた人がいる。この概念は昔からよく知られたものだ。一つの線は、円形になる。この円形はより大きな螺旋の一部になり、ここでは大きな円が描かれ、それはまたさらに大きな螺旋の筒の一部になる、という具合だ。

このように考えた時、王冠は円形で周縁部であり、中心は剣だ。剣を太陽、王冠を回転する惑星の軌道と考えてもよいだろう。本質と質量というものは、自動車のエンジンと車体のようなもので、周縁は重力に該当し、中心はシモーヌ・ヴェイユ式に、恩寵《おんちょう》と定義される。

そもそも、剣はロゴスで突きぬくというものだったから、この中心的な意義を巡って、その周縁には派生物が発生していくということだ。それが綺麗に円形になった時には、派生物には乱れがない。そしてこの王冠は、剣のレベルよりも一つ下の次元にある。

アーサー王伝説を考えた時、まずは剣による統一があった。このロゴスの力によって統合化された世界において、アーサー王は王冠を手に入れた。あるいは、周縁に十二人の騎士が取り囲んだ。この点では、「棒のエース」は、その最後の段階で、より上位の影響を待ち受けて、口をあけて待機する受容性を発揮するということに比較して、剣、風の元素は、つらぬいた先に、周縁的なものが引き寄せられて、下界にまとまった世界が生み出されるというふうに考えられる。

シュタイナーは、大天使は一つの言葉の体系を受け持っているといった。日本語のルーツは中国で作られた混成なので、日本語は一つの言語霊を持っていない。つまり、日本には統一的なロゴスがなく、大天使は存在しない。したがって、日本は他国の主張に対して、根本的に対抗する力はなく、腰砕けだ。そもそも、これは最初からある時期が来たら解体する予定で、言語霊が根つかないように設計されたものだ。とはいえ、国は人工的なもので、言語霊が統括する民族というようなものとは違いがある。この大天使をヘリオスと呼んだ場合には、その周囲には12の小天使としてのデイモスが取り囲んでいる。日本の軸がアマテラス、すなわちプレアデス的な意志ならば、日本には大天使が存在する。しかし、瀬尾律姫が中心ならば、これは流れる川のように中心点を崩す性質なので、明確な言語霊が存在しない方がスムーズだ。

一つの次元の軸に対して、直交する形で、下の次元が関わる。さらにその直交する形で、二本の小枝が生まれている。剣も合わせると、都合、三つの次元の関わりが描かれていることになる。

「金貨のエース」では、このうち、王冠と同じ素材の金貨と、そこから伸びる蔦が描かれていた。という点では、「金貨のエース」の中心点に、「剣のエース」が隠されているのかもしれない。風の元素は、土の塊を解体して、共通ロゴスという新しい視点で分類しなおした。

となると、再構築された土の元素、金貨が、剣の周縁部分であるとみなしてもよいことになる。この剣のロゴスが共通の意味があると関連づけたものは、やがて水の元素によって結合していく。水の元素が台頭する段階で、剣の元素は疲れ果て、水の元素が次第に優勢になる。思想は繰り返されると、やがては感性に変貌する。

風の元素は下に二つもの次元をぶら下げてしまうので、負担が大きい。それに比較して、「棒のエース」は、無駄な枝を切り離し、最後はマル投げになってしまうということでは、何かしらお気楽に感じてしまう。

剣は最後の最後までロゴスの統一性にこだわるので、気が抜けないし、頭も疲れてしまうのだ。たくさん人がやってきて、解釈や意味を求めていく。

杯のエース

杯は水の元素に対応している。とはいえ、小アルカナカードの杯は器に入る水なので、水の元素だけでなく、保護する土の元素の器もセットだ。水の元素は結合力で、それは愛着とか、情緒とか、感情とか、気持ちの問題を表している。こうした気持ちの範囲というのは、誰でもそこそこ限られているもので、全世界の人に向けるわけにはいかない。

そこで、限定された範囲というものがあり、それは小さいほどにその内部の水は濃くなっていくが、この限定範囲というものが土の元素の保護というものである。すべての元素のコンパクトな集合としての土の元素を、風の元素はばらばらにしてしまった。そして風の元素の持つロゴスで、改めて類化した後、水の元素はこの風の元素が分類したものを結合し直す。

例えば、風・活動サインの天秤座は、人づき合いのサインだといわれる。いろいろな人に会う時、「これは共通で似ているね。しかし、この面は全く違うね」と、人や自分のことについて品評する。「同じ考えですね」というと、風の元素は喜ぶかというと、そもそも風の元素は、意味の共通点を求めているわけではない。むしろ、言葉・ロゴスとしての分類をしたがっており、意見が違う場合でも、これは対極にあるという点で、共通項で括られるなどとも考えていたりする。あるいは三角形でまとめたり、グラフを作ったりする。いろいろな剣であちこちの角度から刺すというのが好きなので、とりわけ共通面で共感するということに執心しているわけではない。

天秤座の後に水のサインである蠍座が来るが、これは水・固定サインとして、一度結合したものは二度と離れない。これは天秤座で人をさまざまに識別し、ある点で共通面があると、その共通した要素を強化するために、水の元素として、相手と結合していくことを示す。

風の元素としては、共通性を発見したとしても、それで結合しようとしない。むしろ複数の座標で結ばれたものなどをマルチに扱うことができたのに、水の元素は、単一の座標で結びつく方向に向かい、それは風の元素が疲弊した段階で、主導権を握るようになる。せっかく、いろいろな業種の人を集めて婚活パーティしたのに、失業者組が固まってしまったかのようなものだ。砂を分類した中から金が見つかったら、それを集めてインゴットを作るようなものなのだ。他の人はレアメタルを集めるかもしれない。という点で、風のサインが衰退した後に、複数の水のグループが作られると考えてもよいかもしれない。

「杯のエース」とは、この「結合体の始まり」とみなす。とはいえ、結合体というふうに外面的に見ないで、内側から見れば、愛着の始まり、気持ちの盛り上がりの始まり、愛情のスタートと見てもよい。杯である以上、気持ちが問題なので、かたちはどうあれ、というものであり、つまりは外面的にはよくわからないかもしれないのだ。何を思っているかは見ただけでは誰にもわからない。

カモワン版の「杯のエース」のカードは絵柄が複雑すぎて、素朴な愛というふうに見ることができない。水そのものは結合すると同じ水になり、差異性が消えていくのでシンプルなものだ。

その点では、このカードでは、その水を保持する土の元素としての器の方が絢爛豪華《けんらんごうか》で、まるで寺院のように作られている。あたかも水の元素でなく、それを保護・保持する土の元素の方が大事だといわんばかりだ。実際に水の元素の内実、気持ちのようなものはなかなか察することができない。本人は実感するにしても、だ。そうした場合、この説明のつかないものに対して、付随するもの、周縁的なもの、飾り、外面的な現れを華美に、派手にする癖があるのではないかということでもある。

水の元素はそれを盛り上げるために、過剰に飾り立てる傾向がある。たった二人のことが、世界よりも大切とか、大げさに拡大していく、つまり気持ちとか感情というものは、等身大にそのままにしておくと、萎縮するので、ありもしない方向であれ、大げさにしていくということが、充足の鍵かもしれない。

式典は豪華な方がよい。図柄では水は外に漏れている。外に振りまかなくてはならないのだ。その一例が、派手な結婚式で、たった二人が、ただ一緒に暮らすことになりました、ということのために、どうしてあれだけ鳴り物入りで宣言しなくてはならないのかというくらい贅沢なことをする場合もある。花を投げて幸せをわけるという儀式も、これは水を漏らしているということにほかならない。

寺院に似た建物の頂点に、七本のスパイクが立っている。このうち、一本は中心にあるように見える。こうした配置はずっと以前、中心に大きな水晶球を置き、周囲に六角形になる配置に小さな水晶を並べるのが流行したのを思い出す。水晶の結晶を、さらに外面的に再現することで、水晶の力を強化するというものだ。図柄の詳細から見れば、この寺院のような建物が六角柱になっているようには見えない。

六角形は三角形と三角形の結合で、この互いの三角形を結びつける要因も、水の元素の性質である共通したものが結びつくというものでもある。六角形は引き寄せる性質がある。

水の元素はその限界まで行き着くと、火の元素に交替する。火の元素は離反や独立の性質を持つし、深く結びついたものでも、誰にでも死が来るように、いずれはお別れするというのがはっきりしているが、これは動きのないものに動きをもたらそうということから来ていた。動くというのは離反するという意味でもある。どうして水の元素は火に交替しなくてはならないのか。それをずっと続けることはできないのか。もちろん、四元素は全体の四分割なので、それは決まった分というものがあり、それを乗り越えてまで続けてはならないということと、水はすべての動きを止めてしまうので、あらゆるものの活動力を減じてしまうのだ。

四元素は基本的に、土・水グループは、風・火グループと対立している。水グループは、結合してじっと動かないが、風も火も外に広がったり飛んだりする。この動きを封じてしまうのが水だと考えよう。雑多な影響と騒がしい喧騒の中で疲れ果てると、静かに休憩したい。静かに休憩するというのが水の元素の性質であり、それは同質のものと結びつき、違和感のないところで休息する。違和感というのは風や火からすると歓迎するものだが、水からすると好ましくない。

他の元素と同じく、水の元素の力は期限つきだとして、エースは始まりであり、最初は崇高で、天から祝福されたものであり、それには深い意義があるのだというところから始まる。誰もが何か愛着が始まる時には、これまでにない、新鮮で、純粋で、深い意味を持つものだと感じている。それに飽きてくるとしたら、それは水の元素が結びつけたものがつまらないものなのではなく、風や火の元素が干渉し始めた末期にあるからにほかならない。あるいは土の元素が、範囲を狭くしてしまい、広がり感を失ってしまったのだ。そのため、水の元素、「杯のエース」でのスタートというのは、小さなところが始まりましたというよりも、この絵柄のように過剰に強調されたところから始まる。

長編アニメーション映画『君の名は』というのが評判になった。多くの人が、最後の結末のシーンでは失望した。今まで出会うことのなかった男女が、奇跡的に出会うというシーンが最後に来て、その展開に失望した人々は、「これまでの不思議で劇的な経緯は何だったのか？」という疑問を感じた。この結末の後には、二人が仲良く暮らす普通の展開しかない。つまり予想のつかないような物語は最後に誰もが予想がつくようなものに落とされ、もう意外性は発見できなくなった。しかし誰でも、一方では、安心して眠りたいという気持ちを持っているためにこの二人が実際に出会ってほしいと思っている。

風の元素は、水の元素に交替する。その後、火の元素に交替する。分裂傾向のある風の元素から水の一体化に入った瞬間が感動的なのであり、水の元素が疲れていくと、今度は火の元素の反発・離反というものを歓迎したくなる。占星術であれば、水のサインの終わり頃になると、もう離れたくてしようがないのに、留まらざるを得ないということで、退屈、不満、疲労、辟易《へきえき》という状態が強まるが、水の元素は、このように始まりと終わり頃で感じ方が違うのだ。もちろん他の元素でも同じことだが。「杯のエース」は始まりなので、それは感動的で夢に満ちたものに見える。

金貨のエース

プラトン立体は元素を示す

プラトン立体では、立方体の正四面体が土の元素。正二十面体が水。正八面体が空気、すなわち風。正四面体が火の元素に割り当てられ、これらは違う元素に転換可能だと考えられている。

これは一つの正多面体の中の平面の形、例えば三角形が、違う結晶に転換できるということだ。第五元素に対応する正十二面体は、宇宙のためにあり、環境のためにはない。それに中にある平面図形は五角形なので、それは他のどれにも転換できないので、特別扱いになる。

四つの元素のうち立方体の土の元素は、平面は正方形であり、これは他の風、火、水の元素のように三角形ではないので、交換はできない。これは可動性のある風、火、水をある枠の中に閉じ込めるという作用だからであり、いわば器、ケージ、箱、部屋ともいえる。太陽系の惑星では、この閉じ込める力は土星にある。木星と土星の間に正六面体が成立するからだ。

私は大アルカナカードの説明のところで、八点を抑えた六つの面を持つ部屋を世界の卵とか、一つのコスモスと定義した。世界の卵は、初めは球体とか楕円の形だが、これが定着すると、やがては立方体になる。

シュタイナーは、地球は正四面体が実体だといったが、面が風船のように膨らんで球体になったという考え方で、正四面体がエーテル体の実質。そして物質的には球体だと説明しているようなもので、プラトン立体からすると、火の元素で見た側面だ。

リサ・ロイヤルは地球は正八面体だと説明し、私もヘミシンクの会では、地球の実体は正八面体のジャングルジムのようなものと見たが、これは風の元素から見た地球だ。土の元素から見たら地球は立方体だ。

「金貨のエース」は総合性でもある

一つの世界が立方体を象徴しているとして、小アルカナカードの示す土の元素は、具体的なサイズ、範囲などを決定づける。つまり、大アルカナで表現していた世界とはその定義であり、実際にそのコスモスの寸法を決めるのは小アルカナカードの土の元素だ。

土の元素の決めた範囲の中に、風、火、水の活動がある。となると、それは現代の人間の感情、意識、思考などは、身体の中にあり、身体が死ねばそれらはみな消え去るという肉体中心主義になってしまうので、これは正しくない。つまり身体という土の元素の中の範囲でおとなしく働く風、火、水もあれば、それからはみ出す場合もある。

しかし、はみ出したとしても極端にははみ出さない。極端にはみ出すと、四元素のまとまりはばらばらになり、それは存在の解体だからだ。また体外離脱のように、ある程度離れても、すぐに戻ってくる。分離する幽体は、火の元素のようなものだ。

土の元素は、その人の活動の基本的な枠、制限を示しており、それは人により大きかったり、また小さかったりする。身体のサイズが土の元素ともいえず、拡大したい人は、大きな不動産を持ったり、また大きな組織を持ったりする。これは『新世紀エヴァンゲリオン』で、大きなプラグスーツ（パイロットスーツ）を着るようなもので、大きな土の元素を表すことになる。精神はいくらでも拡大可能なのだから、大きな土の枠の内部に染み通る。自動車を買って毎日乗り回しているうちに、社内いっぱいに自分の感情が拡大するが、この段階で車サイズの土の元素になったと考えることもできる。

タロットカードで描かれる金貨は金属でできている。グルジェフの生きとし生けるものの図表では、振動密度の高いものから、神（無）、大天使、小天使、人間、哺乳動物、無脊椎動物、植物、鉱物、金属、無限となるが、この中で金属は最も振動密度が低く、物質密度が高い。この低い物質は、何物もその中に閉じ込めることができる。そしていろいろなものを分断できるが、分断という方向に話を振ってしまうと、剣のカードにもなってしまうので、ここでは金貨とは常に円形だと考えておこう。

低い振動密度というのは限定性を表し、限定性を打ち破ることはなかなか難しい。この金属は法灯明グループ、つまり伝道性の高い、筒のグループで、同系のもっと振動密度の高いものが植物で、「金貨のエース」の絵柄では、植物の蔦が伸びている。

金貨というものが金属の中で頂点にある金でできているものだとすると、これはより上位の力を引き寄せる受信器にもなる。古代王権で金を大切にしていたのは、王が上位の次元との中継者になるという基本的な考え方があったからだ。金属の頂点は、金属よりも上にあるものとの扉になるという意味で、中国では金は進化すると龍になると考えられていた。

今日では金は経済の取引材料としてしか考えられていない面があり、この金本来の特性については、多くの人は意識しないが、無意識の内に金の真の価値については感じている。植物の持つエーテル的引き寄せる力は、つまり世界のあらゆるものにつながるというラインと、上位のものを受け止め、形としては円形、球になっているという図式の組み合わせは、土の元素においてのエース、すなわち物質的なことについて何か新しい始まりがあります、という以上の意義を持っている。

エソテリックの門

ホドロフスキーは、三重の円の中に蓮華《れんげ》が描かれていることを重視する。この蓮華の図だが、四つの花弁が取り囲み、中心に円形がある。そもそもエソテリックの図というのは、四つの方向からの入り口があり、真ん中に上昇の扉があるという図式として活用されていた。

富士山式にいえば、四つの登山道があり、どこからでも入れるというものだ。そして、これは火の道、水の道、土の道、風の道があった。火の道とは哲学的に探究する道で、水の道とは信仰による道だ。土の道は、例えばサドゥのような肉体的苦行の道を表し、風の道は応用的な第四の道といわれているものだ。

そもそも土の元素が、特定の狭い範囲の中に、風、水、火などを封入するという性質であるから、ここでは、金属の中の頂点である金はより上位の世界を受け止める器であり、植物的な蔦を持ち、そしてエソテリックの門であるということを強調し始めると、どんどん土の元素のエースというカードの基本から離れてしまう。

土の元素のエースである、というロゴス的側面だけでとどめておいた方がよいのか、それともマルセイユ版のカモワンバージョンについて、詳しく言及した方がよいのか、これはカードを持つ人が決めればよい話だ。ロゴスから離れていけば、ローカル性は強まるので、それは寿命が短いタロットカードになりカモワン版の小アルカナカードもこのローカル性をかなり帯びていると思う。大アルカナに関してはそこまででもないように思う。

ホドロフスキーは、このカードについて、「進化した存在はその世界から離れることなく自分自身の完成を開始することができる」と述べているが、これは「21世界」のカードに通じたものでもあり、つまりはタロットカード体系全体の特質でもあるが、世界から離れることがないからこそ、大アルカナ後半部分で分身を作るという特殊技術が必要とされることにもなった。これ以外の解決の方法は、私には思いつかない。この点ではタロットカードは第四の道に属するものだともいえる。道のたいていのものは世俗から離れなくてはならないのだ。

このカモワン版の図柄の特殊性も加えて考えると、「金貨のエース」は、全体性を内包するところでの土の元素という限定された場、つまり小さな世界でありながら、その中に宇宙を全部含むところの場を得るという意味になる。これだけで、もう既に土の元素が示す実際性、お金儲け、商売、実業などのスタートなどというものには適合しにくい面が出てくる。

例えば、経済というものを考えた時に、この経済分野の中で、宇宙的なことをすべて学ぶことができるかというと、それは微妙だ。お金は社会が作り出した人工的な基準だが、そのことで、人のエゴが強まり、戦いがあり、時には殺人もあり、人に分け与えずという性質はより高まり、人はそれぞれが閉鎖的になった。資本主義は搾取することで成り立つので、搾取するものがなくなると資本主義は崩壊する。経済が残る限り、地球社会は決して進化はしないと言い切ってもよい面がある。そのため、この悪癖はいつかはやめなくてはいけない。経済の中でも、どのようなものの中でも、宇宙的な全体性を学習できるというのは、空中楼閣的な抽象論かもしれない。カモワン版の「金貨のエース」は、その点で、限定された土の元素を示してはいないのだ。

「1魔術師」は世界の中に入った。そしてこれから具体的に何かしたいがまだ何も始められず、方向性は「2女教皇」の段階になるまでは待たなくてはならず、机の上にある玩具をあれこれ弄り回していた。この机の上に金貨、杯、剣、棒のエースが置いてあるとみなしてみよう。エースのカードは常に「1魔術師」のカードに従属している。つまり「1魔術師」の一側面と考えてもよいのだ。「1魔術師」は、あまり慣れていない地球の四元素の中で、まずは金貨、土の元素からスタートしてみようかと考えたのだ。

「金貨のエース」には、地球独特の土の元素の特質がある。他のどこにも見つからない妙な習慣とか風習とか、癖、法則のゆがみなどがたくさん見受けられる。土の元素は限定を意味するので、それは他のどの場所でも見られない偏ったものを示す。土の元素とは物質であると考えることもできるが、科学はこの物質ということについては正面から見たりしないことも多い。鉄といわれると、要素分解して考え、目の前にある硬く重たい鉄板を直視したりしない。

この正面から直視しない視点で分析するという姿勢は、主に風の元素、剣のカードの特質だ。土の元素に興味を向けた人は、物質的視点、触ったり見たり、感覚的にアプローチしながら、その可能性を開拓しようとするし、寸法とか大きさとか、空間性とかは重要になってくる。

伸びていく植物の蔦

金属と植物は法灯明という点で同系に属すると書いた。ヴィルヘルム・ライヒの考案したオルゴンボックスは、空気中のエーテル成分を凝縮するボックスだ。外の箱を植物性の素材で作り、この中に金属の内枠を作る。植物性はより振動密度が高く軽い。植物は空気中のエーテル成分の末端、沈殿部分なので、そこでエーテル成分を引き寄せ、さらに内側にある金属で、振動密度は落とされていく。すると、密閉された箱の内部には、時間の経過とともに、ねっとりした濃密なエーテル成分が蓄積されていくという構造になる。それはエーテル成分を濃くするか、あるいは低い振動に落とすという意味になり、空気中の曖昧なエーテル成分にとっては、地獄に落ちるというような効果を発揮する。

私は二十代初めに、街頭でタロット占いをしていた時期があるが、こういう時にはいろいろな人がやってくる。ある人から「家に古い鎧《よろい》が置いてあるのだが、続々と不気味なことが起こるので何とかしてほしい」といわれたことがある。街頭でタロット占いをしているだけで、こんな依頼が舞い込むのだ。

鎧を撮影した写真を見せてもらったが、何か怪しげなものが付着しているのが見える。それで、私はオルゴンボックスを渡して、「鎧の前に置いてほしい」といった。こういう場合、鎧の周囲に漂うエーテル成分は、オルゴンボックスに吸い込まれてしまうのだ。依頼者は一度体を壊し、その後回復した時には、鎧の呪いらしきものは綺麗さっぱり消えてしまったという。エーテル成分は、存命期間が長いので放置していると、いつまでも影響がある。それこそ人の寿命よりも長く続くこともある。

ネットの通販などでは、鉱物と金属模様を組み合わせたものを販売しているが、この場合には、鉱物は金属よりも一つ振動密度が高く、また管、線のグループではなく、自灯明なので、鉱物が溜め込んだ動物磁気を、金属模様としての文字の表す方向に放射する。

「金貨のエース」のカードの場合、この金属と植物という、共に伝達性質のものが組み合わされ、どこにも蓄積されるものはなく、植物から振動密度が濃くなって金貨に伝わるか、金貨から振動密度が高くなって蔦に伝わるかいずれかだ。つまり、ここには動き、強い伝導力が発生する。金貨が持つ意義は人に伝わり、この土の元素においてのスタートした意志は、すぐさま人に伝わっていく。つてを引き寄せ、次のチャンスにすぐに結びつく。

植物の蔦は、閉じられない円形の形になっていて、金貨からまるでレミニスカートのように交差しながらつながっている。蔦は円を作り、さらにその内部に円を作ろうとしている。さらに先の方で枝は分岐もしている。途中に節目もある。円は円を作り、さらに分岐しという発展があるが、この蔦は反対方向に伸びていく二つのグループになるので、対立した方向に発展する。先に花があるとしたら、それは小さな節目を四種類作り出すことになる。これは内側の円のエソテリックの四つの入り口の、外面的な反映物でもある。

これだけ大量にさまざまな部位が描かれていると、タロット占いでこのカードが出てきた時、どこに注目するかで、さまざまなイメージが出てくることだろう。明確になっていることは植物を描いてしまったために、それは外部に、横に伝わってしまうということだ。レミニスカートの形に近くなると、本人のあずかり知らないところで発展することもある。

LES DEUX

2の数字のカード

2の数字の小アルカナカードは、基本的には「2女教皇」のカードを、四つの元素に分割して説明したものだと考えてよい。大アルカナは第五元素に関係するとしたら、それは時間・空間の特定の範囲の中に適用されるものでなく、普遍的な意義を持っている。それを小アルカナでは、地上の時間・空間があるところで、ある程度、具体的にどう変化していくのかを考えたものになる。

2の数字は曖昧で、それは形になったり、行動したりという段階には至らない胎動の段階であり、「2女教皇」では、自己の身体的資質の中に深く入り込み、その潜在的な可能性について模索していた。といっても「2女教皇」が探索するのでなく、女教皇は本を持ったままじっと座っているだけだ。「1魔術師」がそこに至ることで探索が始まるというわけだ。「1魔術師」は、閉じ込められた洞窟の中を見て、そこに壁画とか文字が描かれていることを発見したのだ。

2の数字の段階では、明確な知覚に上がってくるよりも、何か感じているが、しかし、くっきりとは認識できないような状態だ。というのも、明確に認識することは、既にそれは可能性の多くを切り捨ててしまった段階でもあり、ここでは徐々に浮かび上がってくる、まだ無形のものが形を取ろうとする経過段階であることが大切なのだ。

「２女教皇」のカードを説明する時に、これは占星術の牡牛座に似ていると書いた。牡牛座の中では、例えば、19度に「新しく形成される大陸」というシンボルがあり、また続く20度には「雲を作り、運び去る風」というものがある。内奥から浮かび上がるものは確実である。しかしそれを言語化するのに、雲の形に何かのイメージを重ねたり、壁のシミに何かを見たりするという行為が必要で、それはいきなり言葉にならないのだ。

そのため、２の数字のカードについて考える時には、沈黙の中で耳をすますとか、何かちょっとした兆候に注意深く気がつくような姿勢が必要だ。小アルカナでは、これがそれぞれ四元素に分配され、それぞれの元素に応じて、姿勢が違うが、無形のものに注意を振り向けておく必要があるということだ。

慣れてくると、この２のカードにとまどうというよりも、むしろ好みになっていくだろう。なぜならば大きな可能性の宝庫なのだから。

棒の2

このカードについてホドロフスキーは「このカードは未だ実現されていないエネルギーの蓄積、処女性、思春期の最初の時期であり、またあらゆる作業の最初の段階も表している」と書いている。

棒は火の元素に対応するので、ここでは言葉を探しているのではなく、創造衝動が徐々に高まっていくという気分を表している。

2の数字は、1の数字が方向性を持ち始める段階だ。1は始まりだったが、それがどこに向うかはわからなかった。急にそこで立ち消えになる可能性もあった。しかし、2の段階で、備蓄されていた素材のどれかが活性化されようとしていて、運動が始まる前のエネルギーの高まりが見られる。

火の元素は精神の高まりとか、興奮状態を表す。火の元素は静謐の水の水面を叩いて波紋を作り出し、その波紋そのものが火の元素の性質であると説明したが、つまりそれは一時的にしか働かない傾向があり、常に叩いていないと波紋は消え去る。

私達は記憶というものがあり、意欲が消えても、目標とか記憶がはっきりしていると、そのまま継続して取り組む。しかし火の活力と実感そのものを自分の行動の指標にしている人は、この火の興奮が弱まるにつれて、何もする気がなくなり、目標も忘れていく傾向がある。だから「棒のエース」では、先がぱっくりと開いていた棒が描かれていたのだ。

四元素に関しては占星術の12サインを考えて見ると、細かく詳しく参考にできると書いたが、火のサインである牡羊座、獅子座、射手座について考えてみよう。2の数字なので、それに関係した各2度は、牡羊座が「グループを楽しませるコメディアン」、獅子座が「おたふく風邪の流行」、射手座が「白い波の帽子に覆われた大洋」というもので、火の元素はゆすぶりということが主な性質で、牡羊座では、これが身体が震えるという笑いのゆすぶりになっている。「棒の2」について考える時に、この三つの度数を参考にできるのだ。

2度は常に素材をかき回しているが、具体的にそれをどう使うかということについては今のところあまり考えていない。獅子座では、興奮が他の人にも伝染し、射手座では、お祭りのどよめきを表しているのだが、興奮が高まり、これから何か起きそうな雰囲気を醸し出しつつ、予定があるというわけではない。むしろ火の元素の力が強い人は、それを何かに使ったり方向づけたりする前に、この火の力の高まりそのものを楽しもうとする傾向は強いはずだ。

スポーツジムに通って、いろいろ身体を鍛えている人に「何のために？」と聞いても、答えられない人はたくさんいる。マラソンで、大会での記録を打ち立てることを目標にする人は、そのためのトレーニングとして選ぶことはできるが、目標がない場合には、ただむやみに苦しい運動をするだけだ。ここで湧き上がるもの、そのものが楽しいという人はかなり多い。

「棒の2」の数字は、二つの棒で描かれる図式は多い。カモワン版の場合には、これが十字型に交差している。二つの棒といわれると、火を起こすのに、木をこすっているような光景も思い出させる。摩擦を起こし、熱を帯びて、火は強まるというのは、占星術では射手座の性質で、これは火と火をぶつけるという意味で摩擦の火といわれる。だから対戦型のスポーツは射手座のものだと考えられる。そして互いに攻撃することで、対戦する両方が、ますます火の力が強まるという性質がある。火の元素は反発力でもあるので、相手を叩くと、それは相手の反発力を高めてしまう結果になるのだ。

異なる元素の間ではなく棒、火の元素の中での2の数字というものの解釈は、なかなか難しいが、2の数字は一つのものが二つに分かれ、互いの相対的な関係が互いを動かしていく。一つの瓶の中のものを二つに分けると、片方が移動すると、それに連れてもう片方も動かざるを得ない。そして、この二つの関係において、固定的なものは皆無だ。「こうすれば、ああする」とか、「こう言えば、ああ言う」という具合に永遠に、互いの関係は流動する。これが摩擦の火を表す射手座では、そのまま試合をするような光景になり、相手がこう出たら、次は、自分はこういう作戦で出る。さらに相手がこう出たら、自分はこうするという具合に、互いが相手によって態度が変わるのだ。

例えば、二人の人間が言い争って、どこにも決着がつかない泥仕合のようになることも2の数字が示す性質だ。もし、棒や火の元素が怒りなどを示す時には、この二つの棒の摩擦は、互いが怒りを煽り、第三者が入らないことにはまとまらない。つまり2の数字は3に至らない限りは、決して方向性が決まらないのだ。ここでは悪夢のような状態にもなってしまう。

2の数字には永遠に決着というものはないのだろうか。火の元素は、土の元素に取って代わるので、その意味では、疲れ果てておとなしくなるという決着もある。火の元素は拡大し、上昇し、一つのところにじっとしていることはないので、火と火の摩擦の間で、話がどんどん大きくなるということもある。計画の段階で話が大きくなりすぎても、ある段階で土の元素が叩き落すので、心配はないともいえるが、ここではエネルギーの無駄というものはある。エスカレートして壮大な話になったのに、次の日になると忘れてしまうというようなことはよくある。

ホドロフスキーは、棒、火の元素について、性的および創造的エネルギーと考えているが、この世で創造されるものは何一つなく、それはどこか、よそに既に存在するものを持ち込んできただけだという考え方も根深い。新しく作られるものはないのだ。というのも、時間と空間のない世界においては最初からすべてがあり、それは時間と空間がある世界においては、位置が移動してきたというものになるからだ。棒は植物であり、それは伸びてくる。今、ここになかったのに、次には大きくなって、目の前にそびえている。棒、火の元素は熱感でもあるので、この熱感が今までよりも大きく拡大し、冷えた空間を押しのけていくということに快感がある。このどこからかやってきたものが二つ、時には衝突したり、また互いに磨き合ったりしながら、拡大していこうとするが、予定は決まっていないので、どこに転ぶかわからないまま増強されていくのだ。

敵対するもの、抵抗するもの、違和感のあるものがあり、その結果として、何もないよりも、より火の力が強化されていくというのが「棒の２」であり、火の元素が反発力でもあるということからすると、隣に違う火の力があると、それは最初からもう反発していると考えてもよい。

少し変則的であるが、グルジェフの物質定義についてここで持ち出してみよう。振動密度の低いものから、高いものへの順番でいうと、水384は空気192に上昇し、次に火96になり、次に思考の48へと変化する。

この火を情念の暗い塊、ある種の動物磁気とみなすと、空気の中に熱気のあるものが混じっており、猫はそれをじっと見ている時には、人間の目からすると、何もないところを見ているように思う。あらゆる物質には知性が存在するという点では、この動物磁気は、無機的なものでなく、そこに精神とか思考とか、あるいは感情が存在する。

火は常に精神性とか、高揚感などを表すとしたら、無機的な火など存在せず、イワタニのカセットコンロのガスの火でさえ、そこには何らかの精神が存在すると考えるべきだ。無機的な火とみなしてしまうのは、私達が自分を自然界からプロテクトしようとして、自分の中にある火は特別なものであり、自然界の火に格別な意味などない、と差別化するからだ。主体と客体というふうに二極化した段階で、こういう姿勢が生まれてくる。

空気192の段階は、私達の身体では吐く息というものと、外から持ち込む吸う息というもののすり合わせが生じており、その摩擦によって、いわば空気の陰陽が結合することで、そこに一つ上の次元の火が宿る。そのため、今度は火の段階で、陰陽のすり合わせがあると、この陰陽の対消滅的な場に、その上の振動密度である思考48が発生する。いろいろ火をぶつけている時に、つまりそれぞれが押し合いへし合いしている時に、たまたま陽の火とそれに上手く噛み合う陰の火が結合すると、そこにアイデアや思考が発生する。意欲や興奮という火の元素の段階では、まだアイデアとか理解、思考にはならず、ある種の衝動の刺激し合いのような段階だ。

「棒の２」は、このような思考が生まれる前の衝動の突き合いのようなものでもある。突いてはいるが、まだ言葉にならない。興奮や燃え上がるものはまだ言葉ではない。

ちなみに身体の中で、空気、熱、思考が上手く通路ができている人は、どこか空気の違いがあれば、そのままそれを言語内容に翻訳することができる。四元素は、その人の中で、上手く結びつきがあると、その人にとっては違う元素に転換するのはそう難しいことではない。

剣の２

剣というと西洋のものは直線的、日本のものはなだらかな角度で湾曲していると想像すると思うが、そもそも、宇宙には直線は存在しない。直線はその前にも先にも無が存在するが、そのような孤立したものでない限りは、大きな視点から見ると、それはゆっくりと大きな円を描いている。直線を想定するとは、自分以外の他のものすべてを考慮しないということであり、その姿勢はその人を孤立の中に追い込んでいく。直線的に考える人はどのようなことでも必ず挫折する。どこからも助けは来ない。

風の元素を剣に例えていくのは、知性の類化性による。豚肉と、牛肉と、鶏肉と魚肉があると、これらを肉という線で結んでいくことができる。剣は予想外の角度から突き抜く。今までは気がつかなかったような視点で類化していくと、思わぬ意義が生まれ、新しい産業とか新しい発見とかが発生する。

類化する知性は、結果的に、同一ではない、違うものという認識も作り出す。これは同じ、これは違う、これは似ているけど違う。私達は動物にしても、類型化されたところで識別し、これらをなしに判断することもイメージすることもできなくなってしまった。何か食べる時も、これは脂質、これは炭水化物、これはタンパク質などと考えたりもする。あたかも最初からその定義があったかのように思い込む傾向があるが、この分類は明らかに人工的で、ある日それが根本的に間違っていたということがわかるかもしれない。分類法は時代の変化の中で変わっていくし、似ても似つかない定義に変わることもある。

カモワン版の「剣の2」のカードの剣は湾曲している。直線は単純に、同一のものを探して、それをつらぬくが、湾曲しているものは、変形しているが、同一であるというところの類化性を探索する。よく知られているたとえとして、ドーナツとカップは同じだという分類をしていく。円形はホロスコープのように、そこに種まき、成長、形になる、結論というような節目を持ち、一つのテーマが生まれて死ぬまでのサイクルを表している。つまり、一つのものが、種の段階であったり、成長して形が膨らんでいたり、また明確に形になったりする段階を経過している場合でも、それらは共通の線で、剣で結ばれていると判断することだ。つまり変容の経過を見据える剣であるといえる。

カモワン版のカードでは、こうした湾曲した剣が、ヴェシカパイシスのように、二本交差している。

ヴェシカパイシスとは、二つの円のそれぞれ中心点を、相手の円が通り抜ける図で、集合部分になるアーモンド形の中では、縦線と横線が黄金比になっているといわれている。一つの円は、共通のロゴスの四つの経過を含んだ上での剣であるということからすると、二つの円の交差は、異なるロゴスが交流し、そこから第三のアーモンド形の空間が生まれ、それは黄金比的に、何か不思議な状況で、新しい意味、意欲、思考などを生み出していくのだ。

これを生み出すには二つの円が必要だ。この円はカモワン版の絵のように断片でもよい。二つを比較して、じっと黙っていると、真ん中に何か生み出されるものがある。黄金比というのは、まるで湧き出てくるように発生するものを表す。それは増長して膨らんでくるか、あるいはずっと深く沈潜していく気分になるかどちらかだ。

知恵が生まれようとする瞬間。人によっては、これは霊感が降りてくるというかもしれない。これは黙っていても降りてくるのでなく、二つの円を用意するという必要がある。

例えば、私は本書を書いている時、ホドロフスキーの本を読んでいる。すると特に何も考えなくても、ホドロフスキーのいうことを読み取りつつ、そこに違うものが発生する。批判でも同化でもない別のものが、ここに生成される。

この「剣の2」の能力が開発されると、あるいは好きになると、その人は無尽蔵の知恵というものを得ることができるだろう。言葉になる前の何かもやもやしたもの。既に定義されているわけではないものから、定義されるものへ変化していく段階。人によっては、これは最も大切な時間というかもしれない。私にとっては最も大切な時間だ。誰にも邪魔されたくないと思う。暇な時間がたくさんあれば、これを頻繁に活用することができるだろう。

しかし、それでもこれは3ではなく2なので、生まれてきた知恵という結果が問題なのではなく、この生まれようとしている経過が大切なのだといわなくてはならない。つまりは結果として生まれてきたものは排泄物のようなものかもしれず、そのことに関心がないという人もいる。工作する人の中には、作ってしまうともう関心がなくなり、すぐに手放す人がいる。作る時が楽しいのだと。ここでも知恵が生まれようとする時が重要なのだ。

カモワン版のカードでは、このアーモンド形の中心点から、八つの花びらと八つの茎が発生する。大アルカナカードで、八つの点を集めて、一つのコスモスが発生すると書いた。この図柄では、二つの円を結びつけることで、この結合した中に、新しいコスモスが引き寄せられると考えてもよいかもしれない。

八つの点で構成されたコスモス、宇宙、世界は、まだ私達には未開拓のものがたくさんある。私達が知っているものはごくわずかというよりも、実はほとんど何も知らない。まるで湧いて出るようにアクセスされた新しい宇宙の中をこれから探索しよう。

「棒の2」のところでも説明したが、この宇宙に創造というものは存在しない。それは既にどこかにあるものを持ち込んできたのだ。そういう意味で、この「剣の2」は、新しいものを呼び込む性質を持っている。「棒の2」と「剣の2」は相互交換的の作用があるように思う。「剣の2」は、中心点に火が灯る。それは新しい意欲を刺激する。一方で、「棒の2」は、火と火のすり合わせによって、新しい剣、すなわち思考が生まれてくる。そもそもが棒と剣、火と風は、お互いに煽る性質が強いので、これも当然なのかもしれない。

湾曲した剣がヴェシカパイシスを作るという図柄は、ウエイト版の「剣の２」よりもはるかにわかりやすい。ウエイト版の場合、目隠しされ、背後の海から無意識に押し寄せてくるものがあるが、それは交差した剣によって、しばしば葛藤を作り出す場合がある。

杯の２

カモワン版の「杯の２」のカードの絵柄は複雑で、小アルカナは数札だと単純には言い切れないような様相を呈している。そしてこの絵柄に踏み込んだ解釈をしてよいのかどうか判断に迷う。

ロゴスとしては杯と２。情報量はこれだけというのが正しいからで、カモワン版は余計なものをつけ加えすぎている。タロットカードはロゴスを表すものではない、と考えるならば、それそれで勝手に絵柄を変えればよいということでもある。その代わり、長生きしないカードになる。

上部に描かれた二匹の動物は、ホドロフスキーによると二匹の魚だ。日本でならば、これはシーサーとかシャチホコかもしれない。この動物は、中心にある赤色と青色と黄色の色が混じった花を舐めている、あるいは舐めようとしている。左の魚の舌は花弁に当たっているが、右の魚は当たっていない。

二匹の魚というと、黄道十二獣帯の魚座を思い出す。二匹が反対向きに交差する魚を描いた図柄については、ユングによると、魚座の時代の最初の千年は宗教の時代であり、後半の千年は科学の時代であると定義されているが、私は魚座といわれると、シュタイナーとアルバート・ズスマンの12感覚論での、魚座は味覚を示しているということを思い出す。

魚は舌そのものが水の中を泳いでいるのであり、それは水の中にあるものを味わっているというものだ。それはしばしば対象とか環境と溶け合ってしまう。魚座は身体では足を示しているが、この足とは巨大な舌だ。それは大地を舐めており、欲張りな足は、いろいろな地域を舐めて味わっている。

二匹の魚、あるいは龍が舐めようとしている中心の花は、頂点に置かれており、何らかの成果とかエッセンスでもある。人間の身体で考えると、身体が形成した最高の物質、性センターの法則12の成分がこれに当たる。性センターは、本来、性の分化をしておらず単一の性を持っている。それは未完成の元型的な個性を持っており、その人そのものの象徴的表現であるということだ。ここに上位の宇宙の力が種を植えつけると、その人の失われることのない元型的なボディが生まれて、それは不死性を表すアストラル体と呼ばれることになる。

上位の宇宙の力は、この性センターの個性的な姿、つまりそれは見えないところではあるが、魂の形のようなものを永遠化するのだ。この宇宙的な力の介入がない時には、それはいつか腐ってしまう果物、落ちていく花になる運命にある。それは太陽系の外から出ることはないし、太陽系の中にあるということは輪廻の中にあるという意味なのだから。太陽系の中にあること、太陽系の外にあることは、時間の中にあるものと、永遠化されたものという違いがあるのだ。性センターは外に出ると、アストラル体になる。

舌は肝臓の出先機関で、舌は食物と一体化しようとしているとズスマンはいうが、一体化はもちろん食物が体内に入った段階を示しているので、舌で舐めている時にはまだ一体化しておらず、一体化したいという表明をしているだけだ。

このカモワン版の絵では、地下にいる二人の天使と不死鳥は、そのまま上に描かれた二匹の魚と花に、鏡像のように、照応しているように見える。不死鳥はもちろん死んでもまた蘇る永遠性を表しており、これは不死のアストラル体ということを予感させるのかもしれない。

杯の示す水の元素は愛情を示す元素であると考えた時、愛情とは、自分以外に何かと結合する時に感じる、あるいは発生するものだ。男女でもよいし、あるいは人と犬でもよいし、人とモノ、道具、美術品とか建物でもよいが、結合することで喚起されるものだ。

棒とか剣では摩擦を生じさせることで新しいものの胎動、蠕動運動が始まろうとしているというものだったが、同じく杯のカテゴリーでは、舐めること、しかしまだ一体化しない段階で、予感させるものがある。

２の数字はまだ何か生み出すという段階ではないので、ここで二つのものが結合して、新しい展開が生じましたということをいいたいのではない。味見しているだけだ。本来は、舌で味わうことが重要なのは、舌の上に乗せているものが、毒物ではないかとか、傷んでいないかとか、そもそもこれは食べることのできるものなのかどうか、危険かどうかを判断しなくてはならないということで、それは検査の意味もある。花を見ているという点では、背後に永遠性を感じさせる何かを予感しているが、実際には踏み出せない。

杯は水の元素であり愛情を示し、愛情とは何かと結びつくことが多いということと、性センターの完成のように、単一性を持ち、より上位の宇宙との結びつきを作ることで結実するということは、もちろん、話として噛み合っていない。

花が、身体が生み出す最高の物質、性センターを表すとして、男女が結合して、この性センターを刺激することで、子供が産まれ、この子供には確かに個性の萌芽があるが、これはたいていの場合、性センターの挫折を表す。性センターは上位のものを受け止めて、永遠性に到達したい。そのために、自身は地上に対する無関心を維持して、単一性に回帰しようとする。この願いがかなわない時に、性センターは地上に子供を産む。そして自分ができなかったことを、子供に引き継がせようとする。あるいは余力があって、両方してしまう人もいる。

この魚、あるいは龍は花を見て、それを舐めているのは、そのまま結合してしまうと、この性センターの使い方の安易な結末に至り、そうすると永遠性というものが失われる。むしろこのままでいた方がよいのではないかという迷いを示している可能性はある。地下で二人の天使が広げた布、あるいはカーテンの中には不死鳥がいる。左の天使の左手と右の天使の右手が、赤色の茎を作るが、天使は人間ではないので、人間のように死せるものではない。人間は天使にはなれない。天使と不死鳥は識域下で、理想のモデルを提示しているが、それを人間がそのまま再現するにはどういう工夫が必要なのか。

ホドロフスキーは、この「杯の２」は、近親相関的な愛を表すといい、また二匹の魚は自我の自己愛的な分裂を示すというが、これは自分の中にある異性的な要素と結びつくということを暗示しているのかもしれない。男性は自分の中の女性を、女性は自分の中の男性と結びつく。こういう姿勢ならば、性センターは高次な力と結びつき、不死鳥的な力を得ることにもなる可能性がある。というのも、これは二次的ではあるが単一性を再現することでもあるからだ。単一性でありながら、その単一性に至るために、自己の中に二極性を結びつける。それは決して外部にあるものに結びつくことではない。私は「14節制」の説明で、そういう方向性もあることには言及した。

死せるものとして家族を作る方向に行くのか、それとも相手に触れないまま、永遠性に向かうのか、二つの道を表しているのかもしれない。このカードを「味見するだけで食べないカード」と呼んでもよいかもしれない。それはこのカードの性質の一面を表明しているのだと思われる。

赤い血の中から伸びてきた精神的な青の茎は、実際の血の結びつきを作らない。血が混じることなく、自身の持つ単一の血の中から、二つに分けたものがあり、それらを精神的な、あるいは心霊的な段階で、結びつける。２の数字は予感をさせながら決して実現しない段階にとどまるということも考えるならば、愛情などを意識しながら、決して実際のかたちの上では何も進まないというようなことを想定してみるとよいのではないか。

自身の心の中の異性あるいは対象物と結びついてもよいが、それをかたちにしている外界の実在の対象物とは結びつくに至らないのなら、ホドロフスキーのいう自己愛的な分裂というような印象が強くなる。

これまで、しばしば「杯の2」だけは特別と解釈されており、それは理想の協力関係とか、愛情とかいわれていたが、2の数字は常に不完全なものであり、どこに転ぶかわからない状態であるというふうに定義を統一した方がよい。実現しないものの中に永遠性を予感させるものがある。

私達はこういう可能性について、あまり考慮してこなかった。何でも形にしなくてはならないと思い込んでいる。いつどうしてそういう考え方になったのかわからない。形にするとか、着地させるとか、地に足をつけることがよいことだと思い込んでいるが、実際にはそれが正しいとは限らない。

金貨の2

これまで棒、あるいは剣において、ないしは杯においても、二つのものを接近させるか、すり合わせるかで、何か新しいものが生まれ出ようとする胎動があり、しかし決してまだ生まれてくるわけではなく、その予感段階を感じているというような説明だった。とりわけ、「杯の2」では、二人の人間が結合するのでなく、結合しようという意欲がありつつ、その直前で踏みとどまり、そのことで生まれてくる力、実感というものの方が、実際に結びつくよりも貴重だというような印象もあった。舐めただけで、食べはしないのだ。

そもそも、2の数字は大アルカナでは、「2女教皇」で、彼女は神殿や寺院から決して外に出ないし、生命の樹でも左右の陰陽の柱には触れない。行為したり、触ったり、到達したりすることもなく、しかし、出口は開いていないが蠕動運動は始まっているというような状態でもあった。

例えば、何か欲しくて買い物したいけど、わざと買い物しないで、この品物を買いたいという欲求を味わっているという段階でもあるのかもしれない。3になるともう行為の中に堕ちてしまった。

この点からすると、「金貨の2」も、何か動きが生み出されるわけでもなく、二つの金貨が結びつけられた。この結びつきは、二つの金貨の回転方向が逆転するかのように結びつけられている。

この図柄は、中国の陰陽魚の図にも似ている。金貨は互いに自分の方こそが陽の側であり、相手は陰の側だと思っているかもしれない。そもそもが、人間が二極化されて主体と客体に分かれた時、主体が主導権を握るように見えて、実はそのようなこともなく、2に分かれると、どちらが主導権を握るということが不可能なのだ。お互いが相対的に動く。どちらが意志の発信者かわからない。

金貨、すなわち土の元素は、風、火、水など四元素すべてをコンパクトにまとめたもので、こうした総合的に成り立ったものが二種類接触し、しかも互いが自分を中心と思いながら、反対側に回転する。そしてここでは「棒の2」のように、争い、葛藤、摩擦、互いに煽るというような要素はほとんど見られない。

歯車の場合も、二つの円をくっつけて回すと、回転は反対方向になる。接触していると反転するのだ。鏡の前に立ち、鏡の中を、自分を見ながら、身体を回転させると、似たような感じだ。円全体を見るわけでなく、常に接触面とか正面だけを見ていると、こういう関係になる。したがって、この二つの金貨の関係は、互いは鏡に映った自分かのようだ、ということだ。そして抵抗もなく、気がつくと、反対に回転している。接触が重要でそこだけを見ていると、互いが反対方向に回る。

この二つの金貨は、こうやって、ずっと回転していそうに見えて、その実、ベルトは途中までしか巻かれておらず、輪が完結する前に、めくれて、青い裏面が現れ、そこから花と茎が生まれている。これは交流をちゃんと最後までし終わらずに、途中で、既に交流の成果を互いが自分の場所で打ち出そうとしている。しかも土の元素である金貨にもかかわらず、それは青い色の強い、精神的なあるいは知識的なものでもある。

一つの元素は必ず違う元素を生み出す。この場合、一番わかりやすいのは、棒は剣と、また金貨は杯との親近関係があり、そして、次に、棒は金貨を、金貨は剣を、剣は杯を、杯は棒をという循環だ。中国の陰陽五行では、木、火、土、金、水という流れがあるが、西洋式には、火、土、風、水だ。ここでは、中国の金を、西洋の風の元素に置き換えてしまうと、順番は同じになる。

私は陰陽五行についてはあまり詳しくない。あるサイトでは金とは、外からのエネルギーを取り入れることで、体内を浄化するため、外界との境界線を示す皮膚と関係があると書かれている。植物でいうと呼吸器の役割を果たす葉、季節は秋、時間は夕方、五臓は肺。これらは皮膚、秋、夕方という点では、天秤座に関係し、また肺は双子座に関係する。という意味では、西洋的な風の元素に似ていると考えることもできるかもしれない。土は金を生み出す。土の元素は風の元素を生み出す。

互いが、回転方向が逆になるというのは一方が増える流れにある時には、片方が減る流れにある。回転が反対になるということは、一方で増えるものは一方で減り、また価値観において、一方が物質的になるほど、反対側は精神的になっていくということでもある。私は太陽系の中では、惑星は一方的に回転するので、カルマ要素は増加する以外は考えられなくなると説明していた。ある行為をスタートすると、その行為はやめられない。だがこの二つの金貨は、一方は増やし、一方は減らすということを目指し、なおかつそのことに両方が抵抗していない。あまりにも物欲がひどい人を見て、自分はこれはしたくないと感じて、反対方向に転じるというふうにも見える。

そしてこのカルマの最後の結果を見る前に、知識や言葉を生み出そうとする。途中までで十分にわかったのだと。相手に対する情報は、最後までつき合わなくても、もうわかる。土の元素は基本的には閉鎖的なので、それは外部的なものとは最後までは関わらないのかもしれない。

異なる金貨の交流というのは、円とドルとか、ルピーとリンギットのような異なる貨幣での接触ということも想像できるが、信用度による力関係がある。交換はとても効率が悪い。

ホドロフスキーはこの「金貨の2」を「物質の霊化を実現」しようとするものだと説明している。図の下側には、三匹の蛇がいて、これが物質の霊化方向を暗示しているのだという。霊化するのに二つの金貨が必要だということなのだ。少なくとも、この物質の霊化というのは、同じようなタイプの人を見ているうちに、自分の欲求の追及に飽きてしまうとか、相手は自分を見ているようだ、まるで鏡に映したようだ、と感じているうちに、自己同一化から覚醒してしまうということもあるかもしれない。町を歩いていて、肥満した人を見て、ダイエットを決意するようなものだ。

金貨を、土の元素とは切り離して、金属の金だとすると、それの霊化とは龍に変貌することだ。しかし、この回転方向が逆になることで、霊化されていくという話の方が面白い。二つの金貨を並べて陰陽魚のようにしてしまうと、土の元素のアイデンティティが崩れてしまうというのは興味深い。ある種の自己崩壊のようなものだ。そして「金貨の2」も「杯の2」も、その元素の持つ性質を、自らの成分で覆しているように見えるところが、2の数字の性質が持つ特有性なのかもしれない。

こうやってカモワン版のカードについてあれこれと推理していると、本来の小アルカナのカードの普遍性からどんどん離れてしまう。

LES 2 DEUX

LES TROIS

3の数字のカード

3の数字の小アルカナカードは、「3女帝」のカードを四元素に分割したものだ。「3女帝」は、思いついたものを休みなく生産、出産、イメージ化する作用でもあり、ホドロフスキーの見解によると、全く無計画の爆発のようなものだった。

これは存在の軸、コアがないということと引き換えで、コアがあると、この休みない生産性は停止してしまう。この計画性のない生産性は、やはり占星術の三番目のサインである双子座に似ている。双子座は風・柔軟サインで、無計画な知性の分散化でもあるからだ。しかし双子座は風のサインであり、この風などという四元素が対応するのは占星術のサインが十二進法であるということから来ており、十進数であれば、こうした3とは風の要素などというものは加えられない。

ホドロフスキーは、「3女帝」の能動性には二面性があり、生と死に向かうと説明する。十進数で並べた大アルカナ、すなわち1から10までと、二段目の11から21までで、「3女帝」は二段目の「13死神」と対応するからという理由だ。数字の意味としては、むしろ九進法で、「13死神」は1足す3としての4の数字のバリエーションであり、実に安定していると考えた方がよいが、空間的位置づけにおいては、十進数の方が有力ともいえるので、10の台の上に乗っかった3であるという解釈になる。

ここでの3の数字は自分が乗っている10の数字に対して、対抗意識を抱き、3の数字が持つ流動化、つまり生産したり創造したりする時に必然的に訪れる、これまでの地盤が揺らいでいくという要素を10の土台に振り向けている。

13からすると、足元にはいらない硬直性が堆積しているのだ。生命の樹の配列では、陰陽の横木として、「3女帝」は、「16塔」と共鳴している。生命の樹のパス対応でも、3の数字には創造と、その背後にある流動化、時には破壊性というものが意識されているのである。

棒の3

たいていの場合、2の数字から3の数字に変わるとほっとすることが多い。出口が見つからないまま悶々《もんもん》とする状態から3に至ると、進む方向がはっきりして、そのまま単純に走ればよいからだ。

三角形を3の数字の空間版と考えた時、増えていく三角形は、A点が少ない状態。B点は多い状態。そしてC点は自分の場所とイメージしてみるとよい。Cは、A点からB点へという視点を持つことで、増やしていくという意義を感じる。A点に自動車があり、B点にトランスフォーマーがいると、自動車はトランスフォーマーに変身するという視点が発生する。これらはみな単純な転換だ。

2の状態では一つは自分であり、自分の姿勢が変化すると、相手も変化するので、方向も決められず、どこに行くか、模索がひたすら続くので、人間の生活としては、これはひどく苦しい状態かもしれない。3では変化するものを、自分は振り回されないで見ることができるし、成果をはっきりと自覚できるので、気分的にすっきりするのだ。

そうなると、興奮状態を示す棒、火の元素の3では、ただひたすら興奮が高まり、特定の方向にどんどん走っていくということを、そしてそこには何の屈折もないということを示すことになる。棒のカードは精神としては単純で、もうお馬鹿とさえいえるので、ここでは屈折した解釈はあまり必要がない。

カモワン版のカードでは、棒のカードと剣のカードが対比的に配置されることが多いようだが、剣は外側から内側に向かって取り囲み、棒のカードでは棒が交差していて、ここから外側に広がるような配置になっている。実際にエースの段階でも、持ち手は、棒は掌、剣は手の甲というところで、反対の姿勢があった。棒は中心で三本が重なり、上に三方向、下に三方向伸びている。これらは中心点では、紺色で合わさっているので、精神的な面では共通した目的があり、そこから六方向にそれぞれが赤くなって、衝動的に、あるいは生命的に、大地に、天に飛び出していく。そして行き先は黒いので、それは明瞭になっていない、意識の暗闇の領域に留まっている。

黒色あるいは白色というのは色彩には組み込まないといったのはニュートンで、ゲーテは白色も黒色も立派な色だと主張した。意識の境界線を越えた、もう自分ではわからなくなったものは、「ホワイトアウト」とか「ブラックアウト」といわれる。判断がつかないのだ。精神的な紺色だったものは途中から赤色になり、そして果てにおいてはブラックアウトする。

幼少期に、外を歩いていて、工事現場に電気が流れたままで、割れている電球を見つけた。それを見つけた私は、おそらく割れた電球の中の電極に触ったのだと思う。その後、急に視界が狭まり、意識を失ったという記憶がある。子供がどこかで泣き叫んでいる光景は誰でも見たことがあると思うが、この段階で、誰が何をいっても、子供にはもう聞き取れない。もう何も機能しなくなったような状態になるのだが、大人はこの精神状態を理解していないと思う。叱ってもそれは何の改善策にもならないのだ。これらもブラックアウトか、ホワイトアウトを考えるのに少しは参考になるだろう。

「棒のエース」では、先は口を開いており、それは受容的なものだった。それは無計画に、興奮だけで走っても、その後は「天にお任せ」ということだったが、この「棒の３」においては、赤色が黒色に変わる。この赤色と黒色というセットは、間にオレンジ色という緩和剤があるから穏やかにもなるが、赤色と黒色が直接関わると、赤色の力が限界を超えるという意味になる。もう許容できないものに至ってしまった。エスカレートして、これ以上は耐え切れないものになった。

例えば、子供が赤色と黒色をセットで描くと、赤色はお母さん。そして黒色は限界を超えるという意味で、耐え切れないくらいお母さんに叱られた、お母さんの暴力は恐ろしいということにもなる。お母さんの暴力とは実際に手を上げるより感情面での圧力であることが多い。棒のカードでは、さまざまな数字のカードでこのパターンが続くということも意識するとよいかもしれない。

棒と剣はあらかた黒色が示す無に向かっていく。広がりすぎると、最後は何もなくなる。これは風や火の元素のもの普遍的な要素ではない。これはカモワン版カードでのみ言及されるもので、つまりローカルな意味であり、どこでも通用するものではない。

「棒の2」で膨らみすぎた欲求は3ではけ口を見出したのだが、この上に三本、下に三本で、棒は左右の方向では空白というのは、「10運命の輪」のカードでの車輪のスポークの形で見たことがある。「棒の3」では、この空白の右横と左横に、赤い種と、そこから発する黄色の植物がある。そもそも棒は、木の棒なので植物だ。この左右の植物は直線的に伸びているわけではない。まっすぐに伸びた直線的なものは孤立しており、それはどれとも関連づかない。左右の植物は湾曲しており、それは関連性、あるいは経過とか変化というものに柔軟に対応している。中心の紺色は、この植物の一番外側の紺色と共鳴し、青い種を作るので何か素直な面がある。一方で直線的な棒は、そのまま暗闇に突き進む。

上下方向の位相と、それに対置する左右方向においては姿勢が違うということにもなる。

例えば占星術に詳しい人ならば、上下とは縦社会でもあり、集団に関係することで、横とは地平線ラインで、それは横の関係、縦の関わりではない公平な交流などや、個人の個性的な活動などを意味すると考える。社会に対しては攻撃的とか野心的であるにもかかわらず、身近な関係においては、穏やかで理解力のある、つまり赤い茎は、最後は紺色に変わり、しかも内側には黄色がある、気持ちは明るく素直で物わかりがよいということにもなる。そして横方向は、拡大していくので、個人的な部分では受容性が高いとも考えられる。これもカモワン版の絵柄の特徴なので、カモワン版はそういいたいということだ。

火の元素は、精神性の強さが現れていて、例えば、占星術での牡羊座、獅子座、射手座の初めの方では、強い抽象性、哲学性が強調される。3の数字を考える時には、占星術ならば、サインの3度の意味を参考にするとよいだろう。

ホドロフスキーのいうような、時に「棒の3」のカードは暴力性に走るという要素は、全体を覆うわけではないし、むしろ比率としては少ない。火の元素は、実用性の少ない精神性とか形而上学的なものというものがひどく好きなのだ。「棒の3」はそういう方向に屈折なく、そして衝動的に走る場合も多いということを意識した方がよいだろう。

剣の3

3の数字は多彩な生産性・創造性を発揮する。その場合、その行為が一つだけで終わるということはなく、休みなく、同じ生産性が続くということだ。長期的に見ると、そこに計画性はなく、その場その場で思いつくことを広げていくというのが、この3のカードのもとにある「3女帝」の性質であった。しかし剣、風の元素は創造性ということを想像しにくい。イメージとしていうと、同じサイズのものを内部分割して、識別の項目が増えるというような性質だ。分量が増えるのが棒のカード。そして剣のカードは分量を全く変えずに、この中で定義が増えるというような違いだ。創造というものが何か数が増えるというようなものだとすると、剣はむしろ、一つひとつがより小さくなっていくという傾向がある。

カモワン版の図柄では、「剣の2」の時と同じようにヴェシカパイシス風の二本の剣があり、この真ん中にあるアーモンド型の中に剣が直立している。このアーモンド型が、縦の寸法と、横の寸法が黄金比だとすると、縦が1の時、横の寸法は0・618であり、横の寸法が1だとした時に、縦の寸法は1・618になる。0・618は、内側に沈潜し、深めていくが、縦寸の1・618は、妨害を受けることなく、エスカレートしていくという作用が働く。拡大方向においての黄金比というのは、不思議な抜け穴を持っているかのように、どんどん増長していくのだ。

つまり「剣の2」のアーモンド型が描かれていた時には、アイデアとか知識がだんだんと湧いてくるプロセスが大切だったが、そのまま連続して、「剣の3」では、アイデアが出てきた時に、それを展延させたり、拡大したり、派生物を作り出すということに関係する。そして剣の先は、このアーモンド型からはみ出していく。しかもこの剣は赤く、剣の性質にしては珍しく興奮を伴っているということになる。

このアーモンド型は「21世界」のカードでは、人物を囲む楕円だった。上下のクロスした部分は、レミニスカートの作用で、主客が逆転したり、上の無と下の無限の境界線を作ったりしていた。一つの思考は、このアーモンド型の内部でしか働かないが、上のクロス部分を乗り越えて、剣が飛び出してしまうと、それは境界線超えということで異常な段階に至る。知覚が消失してもなお、剣はその先に進むのだ。つまり本人が気絶して、もう何もできなくなっているのに、まだ剣はその先に進む。しかも１・６１８の力で、それは本来のものならば止められる場所でも止められない。

ずっと昔、ヘルメス著といわれる『エメラルド・タブレット』という本を読んだが、そこでは、ヘルメスは外宇宙に旅をしたかったが、通常の手段では決して外に出ることはできないと書いてあった。何か特殊な工夫がないことには、外に脱出できないのだ。力任せに出ようとすると、壁に押しつけられて、自分がそこで押しつぶされてしまう。この場合、増長しても叩かれない黄金比的な要素というのが、外に飛び出す鍵と関係があるのかもしれない。

となると、この「剣の３」とは、超越的な知性、発見力、また意識を失っても、その先に進んで行くというような本人不在でも働く意志の作用など、いろいろと突破力めいたものを持っているのではないかということになる。知性を発揮することの醍醐《だいご》味《み》は超越性を発揮する知性によって、全く新境地のもの、未知のものを探索することにあり、「棒の３」ではそれがいかんなく発揮されるので、剣は赤くなるのも仕方がないかもしれない。

それに剣の両脇には植物も伸びていて、これは副産物、派生するものがたくさんあり、多様さも十分に発揮される。そもそも３の数字には邪魔されるものが少なく、どんどん勝手に暴走するという傾向があるので、ここでは知性の過剰さ、ほかの要素である土、水の傾向などを抑え込んで、純粋に追及していくということが強調されていくのではないだろうか。

ホドロフスキーは、「赤い剣は能動的、熱狂的、理想主義的、無制約的な知性のシンボル」だと述べており、この作用を、四つの花が保護しているという。四つというのは安定した環境因子であり、いわば四つの方位の守りのようなものかもしれない。剣の先は境界線の外に突き出しているという意味では、出発点の土台に関しては安定したものが支えているということになるのだろう。中空で、不確かな仮説から始まるものではなく、何か具体的にしっかりとしたものから、どんどん発展して、境界線を突き抜けてしまうということだ。これを例えば、この剣は、何らかの専門分野とかカテゴリーの中から出発したと考えることもできるのかもしれない。

剣の先は黒く広がる。ホドロフスキーは、知性というものは最終的に無を目指しているというふうにいうが、例えばロゴス、ロゴスの先にあるものというのは、イメージとか映像を伴うもののないところに向かう。これをメンタル界というのだが、ここでは音も光も映像も存在しなくなる。そしてシュタイナーは、人間はこの神界、メンタル界こそ、安らぎを感じるのだという。メンタル界の下には、アストラル界があるが、そこには色もイメージもある。しかし少しでも色がかかると、それは何か汚染されたように感じるのがメンタル界特有の感じ方なのだ。

剣や棒のカードがどんどんそうした無の領域に行きたがるとしたら、先が黒く広がるというのも、頷けるかもしれない。棒や剣、つまり火や風の元素に対して、妨害となるのは、杯と金貨、つまり水と土の元素であるが、これらは火や風の元素の足を引っ張るとしたら、この無の暗闇に行くことを食い止めようとしているとも考えられる。

物質条件とか気持ちとか、利害とか、愛情とか生活などで食い止める。食い止めるものがないのならば、いつまでも走り続け、そして何もないところに行くのだ。それは本当に満足感のあるものに至ることだ。しかしそこで存在性が消えるということでもない。イメージや映像、音、何かの印象を伴うことのない存在性というのは、確かなものがある。むしろ印象が伴うと、いつもそれらは偽物くさい。これは剣のカードの人が思うことで、他の元素の人がそう思うことではない。

何にしても、一つの元素ののびのびとした暴走は、たいてい、他の元素をないがしろにするか、犠牲にする傾向がある。３の数字は単純な増殖性質なので、ますます他の元素をないがしろにする傾向は強まるだろう。

杯の３

「杯の３」と「金貨の３」のカードでは、杯も金貨も三角形の形に配置されている。これまで棒と剣に対しては、３という数字にもかかわらず、わざわざ三角形配置を避けていたような感じもある。これは棒という火の元素、また剣という風の元素は、それぞれ外に飛び出す性質で、何か特定の形に収まりたがらないということから来ていたのかもしれない。

一方で、杯と金貨、すなわち水と土の元素は、狭い範囲に集合していく傾向があり、何か器とか形とかにおとなしく収束していく性質だ。剣も棒も、その先は暗闇であり、無であった。しかし杯も金貨も、そこには行きたくない。

つまり、杯と金貨は、外に広げない。杯の示す水は結合したり集合したりするし、金貨が示す土の元素は、コンパクトにまとまり、閉鎖的になっていく。それはエゴが集中していくという傾向でもある。

杯は、純粋に水の元素を表さない。水は器に入っていて、器は土の元素の入れ物なので、これは水と土の元素の共同なのだ。大きな器だと大きな範囲の水になり、小さな器だと、小さな範囲の水になる。水を入れる器として、一番小さなものはカップだ。複数の人を入れてしまう器はお風呂などがある。また大浴場はもっと数が増える。池や湖などは、大きな器であり、その池や湖がある地域の集団的な個性とか土地の特徴とかを色濃く持っている。そしてもっと大きな器としては、大洋などがある。

タロットカードの小アルカナのカードの杯は、そのサイズについては一言も触れていない。そのため、「杯の3」にしても、バイカル湖と琵琶湖と諏訪湖でしたという人がいても不自然ではない。それは集団意識に関係するような意味が出てくるということだ。

人間は肉の皮膚の中に水を溜め込んでいるので、人間も杯と考えてもよいが、水は基本的に愛着や愛情、情緒などを示しているので、愛着を通じて結びついた三人の人というふうに見てもよいかもしれない。男性よりも女性の方が、水が多いと思われているだろう。そのため、この「杯の3」は三人の女性とイメージしても遠くはないかもしれない。

日本であれば、この三人の女性の神話表現としては、宗像三女神《むなかたさんじょしん》が有名で、それは海の交通を守るといわれている。弁財天もこれと結びつけられているが、やはり三人の女性だ。

３の数字は生産性、創造性、生み出すことなどに関係するので、情緒や共感、感情などの膨らみを示していることになる。弁財天にしても、もともとはインドの水の女神から来ており、子供を産むとか食べ物を供給するというようなことは、土の元素に対応するので、ここでは特に物質的なことを強調しなくてもよいのではないかと思う。水の元素の高次な領域のことを考える時には、ここでは「杯の３」というよりも「杯の王妃」も意識するべきかもしれない。弁財天を神話的な存在とみなすならば、「杯の３」よりも「杯の王妃」に当てはめてもよいだろう。

三角形はどんどん盛り上がったり、加速したり、跳躍的になるという性質がある。感情面での盛り上がり、つまり和気《わき》藹々《あいあい》と共同的に働くなどに関わりやすいだろう。また、３は２に戻らない。つまり２特有の深刻なもめ事や解決しない堂々巡りなどは生じない。

３を考える時、例えば、占星術での正三角形の一角、１２０度のアスペクトなども参考になると考えるならば、１２０度は気持ちのよい、楽なものだけを見て、ハードな衝突を嫌うということを思い出してみるとよいかもしれない。「杯の３」は楽しく、気持ちよいことだけを見て、暗い要素を見ようとしないのだ。常にイージーに流れるという批判は、３の数字特有のものに向けられたもので、面倒くさくて嫌なものは知らないふりをする。

ホドロフスキーは、「理想的な愛が失敗した後は、深い失望が続く」と書いているが、３の数字には、このような失望は存在しないし、あってもそれを見ないようにする。

ピュタゴラスが音階を探す時に、モノコードを分割して行ったが、三分の二の場所は上昇5度で、これは高揚感を示すソの音だ。三角形、三分割というのは常にハイテンションであり、天に飛び立とうとする性質なので、その足を引っ張るような影響に対しては拒否するだろう。そして飛び上がって、どんどん上昇しようとするということは、現実を見なくなり、夢の中に入り、愛情面でも、理想主義的になるということを示すだろう。現実に戻るとは4の数字が示す事柄だ。4は対立したものに直面するのだから。

カードにおいて、植物の茎は、二重のハート形を作り出している。マカバというのは、チャクラをそのまま頂点にした図式と考えてもよいのだが、この場合、星型正八面体は、八つの頂点を持っており、チャクラは七つだ。というのも、八つの点のうち、上の正四面体と下の正四面体を結ぶ対角線のようにして、二つのアナハタ・チャクラ、つまりハートチャクラが存在する。これは実際のアナハタ・チャクラでは、内側の小さなアナハタ・チャクラと、外側の大きなアナハタ・チャクラに分割される。

大きなアナハタ・チャクラのものは下の正四面体に属するもので、それはより身近な生活の中で、身近にあるものとの親密さを示し、中にある小さなアナハタ・チャクラはより大きな範囲であり、上の正四面体に関係したもので、それは大きく広がったビジョンの中で発揮されるものだ。小さなチャクラの方がより大きな範囲を持つのであるが、これは博愛的な性質と考えてもよいだろう。

3は2に戻りたがらない。その意味では、この「杯の3」の和気藹々とした関係は、異性同士では発揮しにくい。2は相手次第で自分も変化し、それに、関係性を切り離すことが困難な事態に陥る。だが3の数字はそういう深い結びつきを作らないことも可能だ。いつでもハイテンションにしておくためには、互いに深くは触れないということも重要なので、異性とは違う、男性同士とか、女性同士などの方が、このカードの性質を発揮しやすいだろう。

常に生産する、つまり「杯の３」として、常にハイテンションの感情を生産し続けるためには、二人になってもならないし、四人になってもならないともいえるだろう。

ヘミシンクで、四人のガイドに囲まれるというメソッドがあり、ここでは四人でなくてはならないので、三人の弁財天にもう一人を加えようとしたことがある。それまで、ヘミシンクに頻繁に弁財天が出てきており、そのため、ここでもそれに登場してもらおうと思ったのだ。この三人の弁財天は、ミンタカ、アルニラム、アルニタクというオリオン三つ星に対応しており、これらの意識をアクセスしたことと同じ意味になる。

しかし、実際に四人にして呼び出してみると、一人は男性で、しかも不釣り合いに身長が高い人が立っていた。これは大黒天ということになるのかもしれない。この段階で、３の数字の性質は終わってしまう。４の数字はホドロフスキーによると、三つは共通点があり、そこに異質なもう一点が加わるのだという。

プラトン立体式にいえば、三人は三角形を持ち、四人目は四角形の平面を持っており、明らかに三人とは異質なのだ。３は３のままであり続ける限り加速し、高揚し、楽しいことを続けられる。

金貨の3

ホドロフスキーは、「金貨の3」では、三つのうち上にある金貨が内向する配置にあり、物質への沈下とか、妊娠期間という闇に向かっているという点が、「杯の3」とは違うのだと説明しているが、宝物は世界の中に埋められたままだという。それを発掘する旅は、いわば埋蔵金を探していくようなものだ。3の数字は必ず生産的な成果を生み出すものなので、これは探し続けていつまでも宝物が見つからないという消耗する事態を表さない。

占星術では、土の元素というと、牡牛座、乙女座、山羊座の三つを表す。埋蔵金ということだと、これは牡牛座の資産を意味する。それは先祖から遺伝的に受け継いだもので、身体の中に深く埋め込まれており、休みなく働きかけることで、徐々に開発されていく。一気に開発されることはなく、表層的なものを使い切ると、そこから下の地層に入り、それを使い切ると、また下に入る。より下に行くほど、それは集団的な強いパワーのものになっていく。表面的なものとは、家系的な資産かもしれないが、より深く入ると、それは民族などの資産に拡張していくからだ。

もちろん、そうやって開拓したものを活用することで、金品は十分に得ることができる。なぜならその人の才能や特技が収入に結びつくのだから。

牡牛座は身体の中に埋め込まれているが、山羊座は均衡感覚、直立するものなので、自分が生まれたり住んでいたりする土地の資産だ。地場産業をするというようなイメージかもしれないが、同時に伝統なども受け取ったりする。

金貨、すなわち土の元素は基本的に閉じている。それは対人関係などには気を配らない。自分のメリットに集中しており、人に分け与えない。したがって、「杯の3」のように誰かと協力関係になる必要などなく、自分の身体に聞くとか、土地に聞くというような姿勢を続けても何の問題もない。閉鎖的で不愛想な暮らしをすることに反省する必要はないのだ。

ウエイト版のカードでは、「金貨の3」には秘儀伝授的な要素とか、また高度な達人技という要素もあるようだが、それは余計な脚色だ。だが伝統を受け継いで、生産的な3を発揮するとか、潜在的な資質を開拓するという意味では、誰もがチャレンジできるようなものではなく、その人だけが許されたもの、所有したものという性質は強い。

例えば、これが特権階級的なものとして、金は同じ金を引き寄せる。同類の人々が共鳴し合う性質はある。

ホドロフスキーのいう「物質的富と宇宙的意識という両義的な面を持ったシンボルを探しに行く古代の英雄の門出を表している」ということでは、宇宙的な意識は、自分が属する古い家系の背後にある。日本でも今はもう絶滅したかのように見える旧家は、たいてい太陽系の外の恒星などに関係がある。古代エジプトの神殿が、たいてい星と関係し、星との通路になったように、日本でも同じ通路がある。それらはあたかも脳の奥にある記憶のようでもある。こうした古いルーツは、たいてい物質性と深く結びついている。

物質性というと、とりわけ重たい密度のものとは、鉱物や金属などだが、夜空に見える多数の星のように、鉱物は古い記憶を引き継いでいる傾向がある。金貨は金属だが、金は星の力の受け皿にもなる。金は太陽に対応しているといわれているが、この場合、太陽は下に対しては太陽であり、上に対しては月の役割を持ち、金は受け皿の側だ。

土の元素を示す牡牛座には、4度で「虹にある金の壺」というシンボルがあり、4度なので、これは定義であり、運動はその手前の3度「クローバーが咲いている芝地に足を踏み入れる」というもので、自分の資質が展開していくものに抵抗しないで入り込み、それは背後では、天との虹の契約が成り立っているとみなすとよい。「金貨の3」では、物質的豊かさと宇宙的、あるいは精神的価値づけは分離できない。むしろ物質と精神をわけて考えるという習慣が発生する前の伝統を表しているのかもしれない。

「杯の3」のカードと違って、植物の茎は青色が多い。そこに赤色や緑色の房がある。また上の方では、紺色の実をつける。発展していくものは精神性とか、哲学性ということになるのだろう。茎は関連性を作り出すが、上にハート形を作ることと、下に鏡像のように同じものを作る。地下を発掘すると同時進行で、上空に広がっていき、そこで関わりができるものがある。

私はよく社会的に開いている人は宇宙的に閉じているという説明をする。これは地球世界が宇宙的に孤立しており、その結果として、社会的なところでの活動とか共感に向かう人というのは、この地球の自閉性をより色濃く帯びて、閉鎖的になっていくということを主張したものだ。宇宙的に開かれるには、むしろ社会的には、例えば、引きこもりとか、閉鎖的な生活をしていた方がましなケースもある。

「金貨の３」は社交性もなく、人間に対しては心も広くない。この生き方の中では、むしろ上空に拡大していく茎があり、それは宇宙的な結びつきを作り出す可能性は大きいかもしれない。誰かと二時間話すよりも、その二時間をＪ・Ｓ・バッハの「無伴奏チェロ組曲」を聴いていた方が、意識は宇宙的に広がる。バッハは高次な感情を刺激し、高次な感情とは宇宙的なものの受け皿として働くからだ。

金貨、すなわち土の元素は行き着くところまでいくと、剣、風の元素に乗っ取られる。風の元素は、土の元素をいったん解体して、この中から使えそうなものを抽出してまとめ、そのエッセンスは宇宙の無に向かって飛び出していく。この素材を大量に確保し用意しておくのが金貨、土の元素だ。

西欧的な発想では、土の元素とは落ちたもので、精神的な探索にはむしろ邪魔なのだと考えられているが、実際には風の元素が活動するための資材は、土の元素が用意する。この「金貨の３」では、地下にある資源を掘り続け、またそれらを消費するほど、より深い資源が発見できるのだと考えよう。金貨、土の元素は有限資源なので、消費するとなくなってしまいそうだが、実際には３は発掘なので、予想外のものが掘り出され、掘り出すためには、目前のものを消費して残らなくした方がよい面も多いのだと思われる。

実際に牡牛座は、消費し、失うほどに、より大きなものを手に入れる。今持っているものを大切に維持すると、より大きなものは入ってこないという性質がある。

LES QUATRE

4の数字のカード

4の数字の小アルカナカードは、もともとは「4皇帝」に従属するもので、4枚を全部合わせて、この大アルカナカードになると考えるとよいだろう。4は普遍性とか、拡大、普及、集団意識などに関係する。同じ型のものを拡大するとなると、違和感のあるものをみな退けて拡大することになり、たいてい拡大は停止する。しかしそのつど、違和感のあるもの、異質なものを飲み込んでいくかたちでの拡大は、受け入れつつ広がるという意味で、4の数字は異なる立場のものも飲み込んで砕いて消化する。

その点では、胃袋のようなもので、最初の異物噛み砕きは、歯で行われるかもしれない。

領地を拡大し、住人がたくさんいるという意味では、アメリカの太陽は蟹座で、しかも飲みすぎ食べすぎの度数で、果てしなく太る4の数字の性質が現れた国だと考えてもよいのではないか。強力な敵対勢力がないなら、最後は、地球はアメリカになってしまう。

十牛図の第四図は、この拡大のための葛藤の部分に焦点が当てられている。

蟹座のサビアンシンボルでも、拡大のためには自分の小さなエゴは壊さなくてはならず、そこには痛みがあるなどを細かく表現している。

4は伝統的なものを理解し、教養も増えるということがわからない人もいるかもしれないが、数字のロゴスはそこに多様な意義が展開されていくことは当然だ。

棒の4

4の数字は安定や維持、確実、堅実、物質性などを意味するもので、東西南北、春夏秋冬というふうに、地上リズムは基本的に、この4の性質を含むことが多い。そこでホドロフスキーは、この4の数字の小アルカナカードは、どの元素においても、不活発とか、変化しないということを述べていて、変化は次の5に期待するという言い方をしている。このホドロフスキーの考え方は硬直しすぎており、明らかに間違ったものだと思われる。4の数字の理解が極めて乏しいものだとしかいえない。

ホドロフスキーは、例えば棒のカードでは、すべては順調であるが、型にはまってしまう可能性があることを指摘する。反復は熱意を冷ましてしまうというのだ。そのため、4の数字の段階は越えていくべき通過点だと説明する。だが「4皇帝」のカードはそう単純なものではない。火の元素、そして反復という点では、何百回も繰り返されていく演劇公演というのもある。演技者は熱意がなくなるかというと、反対に、ますます熱が高まる。繰り返しによってますます熱くなるのは獅子座の火だ。4のアラビア数字の記号について見てみよう。これは4の数字の基本である十字（十）があり、次に頂点と左端が、斜めの線（／）で結ばれている。

占星術でいえば、十字とは、左端は火、右端は風、下端は水、上端は土の元素だ。水と土は仲がよいので、これは集団意識という縦線を作り出す。火と風は仲がよくて、個人の個性や、他者との交流という横線を作り出す。仲が悪いのは、火・風グループと水・土グループの間のことだ。しかし、アラビア数字の4は、この仲が悪い関係を斜めで結ぶラインを作り出しているのだ。そもそも4の数字は、この自分にとって合わないものを飲み込んで消化していき、そのことで、徐々に勢力を拡大するという性質を持っている。「4皇帝」のカードで説明したように、対立物を飲み込んで巨大化していく本性だ。

もし、占星術の位置関係をそのまま借用してしまえば、特に、アラビア数字の4は、左端が火になると、上端の土と関わろうとする。左端が風だと上は水。左が水だと上は火。左が土だと上は風だ。必ずしも一個ずつの対応について考える必要はない。火・風グループは、苦労して、水・土グループを飲み込もうとする。反対に水・土グループは、火・風グループを飲み込もうとする。

世の中は四元素で作られているので、この敵対元素を飲み込むということをしないのならば、排除し続ければ、自分は領土を拡大できない。影を残すと、それが壁になり、それ以上は前に進まないのだ。ああでもない、こうでもないと工夫しながら、敵対元素を取りこもうとする。これは十牛図では、第四図の牽牛で、牧童と牛が戦いながら、仲良くしようと踏ん張っている姿を表していることと同じだ。

「棒の４」では、もともと風の元素である剣とは仲がよくて、扱い方の難しい水・土を食べようとするが、四元素が対等になることはなく、棒の、すなわち火の元素がメインで、この視点で他の風や水、土を扱うだろう。棒の元素を通して他の元素を扱うというのは、それなりに曲げて解釈したり、扱い方が荒っぽかったりはするだろうが、しかし無視はしない。

一人で戦う戦士のような人が、子供の玩具を買って家に戻ったが、子供の趣味が理解できないまま、おかしなものを買って帰ったかもしれない。しかしちゃんと忘れずに、買ったことは買ったのだ。

拡大増殖する、そして平定する、すべてを平均化するということが４の数字の本性だった。そしてこの平均化、均一化ということだけを見れば、退屈で、いつも同じように見えるが、実は世の中は休みなく、四元素の栄枯盛衰で成り立っているために、平均化、均一化をするためには、数々の変化を乗り越えなくてはならない。

人体の中にある脾臓は、日々変わる栄養の変動を吸収して、内臓組織に決まった栄養を与えるようにする調整器官だといわれているが、そのために、脾臓は休みなく形が変わってしまう結果になる。多すぎれば蓄積し、少なすぎれば放出するので、休みない変化があるのだ。そう考えると、４は退屈というよりも、海の波の上に乗って、常に同じ高さをキープするように、休みない努力が必要だといえる。

４は日々新しい食料を取り入れようとする。ホドロフスキーのように大アルカナを二段組にして、十進数で解釈する場合には、４は二番目の段の14と共通したものとなる。しかし、九進法のように足していくことで考えると、４は10以後においては、13と共通するか、あるいは裏表の関係になる。４は食べて増えることだった。それは肥満を呼ぶかもしれない。13は断捨離とか、ダイエット、無駄なものを減らすことだった。4は偶数なので、それは取り込む。13は奇数なので、外に吐き出す。4は取り込むことで平定し、13は掃除することで、本質的な要素を敷衍して拡大する。4の数字は裏には13が潜んでいるのだと考えてもよいかもしれない。

例えば、4の数字を示す蟹座は、仲間を増やそうとするが、飲み込むのが無理と判断すると、反対に徹底して排除する姿勢に変わる。仲間でなければ殺すというのは、蟹座の裏側にあるもので、新選組のようなものも蟹座集団であると考えるとよい。

増殖する。対立物を飲み込む。安定を作るために自分が不安定なものを吸収するショック緩和剤になる。仲間でなければ殺す。これだけでも4はバラエティが高い。ただしここで注意しておきたいが、仲間でなければ殺すというのは、狭量な4のことを示している。一緒にいようと誓ったのに、そういった直後に、会社に行くために家から去っていく夫は裏切り者だと決めつける。これは明らかに心の狭い4なのだ。

4は集団意識から力をチャージするという意味がある。集団性は個人に比較して、蓄積しているエネルギーが大きい。そこでウエイト版などは、木々に囲まれたのどかな田舎での暮らしをしているようなイメージの絵柄を書いている。棒は木なので、森林、草木の生い茂る場所でのナチュラルな暮らしという中で、生命力をチャージしているということも考えられる。

H・D・ソーローは『森の生活』という本を書いたが、粗末な小屋の中に少ない荷物を置き、森の中でのんびりと暮らしたが、こういう時に、いつも哲学的なことを考えていた。棒は火の元素なので、思想的、哲学的な要素も強いのだ。集団ソースから力を引き込むと膨大な活力が手に入る。

「棒の４」は、火の力のチャージを意味しているということが最も大切な意義ではあるまいか。４は膨大な力を持っているのだ。

剣の４

「剣の４」については、ホドロフスキーは、精神を安定させて物質生活を組織化できる知性と考えている。それは科学的な知性の基礎でもあるという具合に。そしてこれは自閉した合理主義に傾斜する可能性もあると考えているようだ。

４の数字は物質的な世界の基礎を形成するので、剣が示す風の元素が、この物質的な安定感に向かうというふうに推理していくことは不自然ではない。しかし、風の元素は、そもそもが物質方向に対して迎合するものではない。というのも物質的生活とは、精神の活動が不活性になり、ある程度、形骸化したところで成り立つ面も多く、剣のカードとしてはあまり面白くないと感じている場合もある。それは土の元素に対する迎合にほかならない。剣のカードは迎合する気はさらさらない。

４の数字はもっぱら物質的なものに占有されていくというものではない。むしろ、本来の意味としては、四つの要因の均衡、あるいは融合でもある。4の数字は、普遍的な性質を持ち、誰にも共通した基盤というものであり、つまりは個人を超えた力を持つ、あるいは個人を超えたより大きな範囲のものにつながっていくという性質を持っている。

剣、すなわち風の元素において、個人の範囲を超えたものとは何だろうか。もちろん、それは自分の都合だけで考えるわけではない客観的な知性ということだ。それは言葉やロゴスなどをより純度の高い状態で極めていこうとする。この場合、個の意識の凍結ということが必要にもなってくる。

個人的にあれこれと忙しく考えることに忙殺されると、より大きな思考や知恵はやってこない。個人は眠り込み、そしていつもは使わない高いレベルの知性が働くことで、より普遍的な知恵に至るのだ。個人意識が完全に消失すると、そもそも個人としては活用できない知識になるので、個人が眠る、また個人が目覚めるという繰り返しの中で、瞬間的に、大きな知恵を捉えるということになる。

占星術を参考にすると、天秤座という風のサインでは、もっぱら知識の探求に特化された段階というものがあり、14度に「正午の昼寝」と15度に「環状の道」というサビアンシンボルが表現している。正午の昼寝はずっと考えていても回答が見つからない。そういう時には、疲れて果てて、どんよりと頭が働かなくなるものだが、眠り込んで目覚めると、急に回答が見つかることが多い。疲れ果てるというのは、実は思考が、いつもの個人の範囲を超えた状態に向かおうとしていることだ。意識の枠を広げようとし、結果的に、個人が停止するように仕向けられてしまったからだ。

いつもの個人の知性は、範囲の狭いところでしか働かないので、それではとうてい手に負えないものを扱おうとすると、個人意識は息切れするのだ。環状の道とは、こういう無意識との接触というのを定期的にしたもので、つまり日々の睡眠と目覚めのサイクルを利用して、大きな仕事を成し遂げている人の暮らしだ。

大きな知恵を手に入れるために個人のスイッチを切る。4の数字は、対立する元素を飲み込む性質があると述べた。風は火とは仲がよいので、対立する元素とは、水と土だ。土は個人の生活の範囲を示す。水はそれにふさわしい気持ちや愛情、心理、情緒などだ。つつましく小市民的な暮らしをしている人は、そのサイズなりの火と風しか持っていない。四元素は常に均衡を取っていて、人により多少はアンバランスでも、そう極端に逸脱したりはしない。地味な暮らしをしているが化け物のような知性を持っている人というのはいる。しかし、土と水は協調関係であり、風の拡大に対して、水は必ず抵抗する。

今日の私達は、思考を偽装した信仰とか、知性を偽装した感情などによって生きている。これはよくないケースだが、悪くないケースでも、感情が知性に規制をかけるというのはある。純粋に知性を働かせる人はいないので、知性の拡大をする場合には、まずは水と土を拡大するということが前提になる。広い心があれば、広い知性が発揮できるのだ。

非個の意識に入るには、土、水、火、風のすべての拡大が必要だ。土の拡大とは、たくさんの人が集まる集合的な場に自分の拠点を置くことだ。そしてそれにふさわしい感情や水を持つ。

ウエイト版の「剣の4」は、戦士が横たわっている光景が描かれていたが、それはある意味、正しいのではないかと思われる。しかし、このウエイト版のカードを呼称する時によく使われる戦士の休息という言葉はふさわしくない。いつもの剣という知性をお預けして、より大きな剣を持つこと、そのためには頭と心と身体を眠らせることが重要だということだ。

ちなみに、私達は自分で思考すると考えている。しかし私達は個人として思考力を獲得することはない。もし、身体のように、一人ひとりが違うものを持っているように、思考が一人ひとり違うものを持っているとしたら、私達は誰とも会話できないし、共通の認識も得ることができず、意志疎通はほぼ皆無になる。

思考はどこかからやってくる。それは共有物であり、共通の鉱脈からやってくるものなのだ。一人として所有権は主張できない。思考はそのように共通しているのだが、それらが個人に訪れる時に、個人はそれぞれ違う場所にいて、違う身体を持っているので、そこで個人なりに歪曲が生じて、あたかもそれぞれの人は違う思考を持っているかのように思い込むというだけなのだ。

ホドロフスキーは、4の固定性、変化しないことを開放するのは5の数字だと考えているが、基本的に性質として、5は放出する。それは何か外部のものを吸収することはない。そこで4はその前のチャージと考えるとよい。チャージするには、自分よりも大きな力の強いものに接する必要がある。

ノートパソコンをコンセントに接続して、電力を充電するように、4ではチャージし、そして5ではパソコンを外に持ち出して、電力を消費するのだ。5は4の性質を開放するが、その分、力も喪失していく。5はそもそも失うことの喜びを感じていて、このための資産は4によって得ている。つまり、4が上手く活用できないと5は枯渇するということだ。その分、4はより大きな普遍性を獲得すればするほど、5の活動はダイナミックな活動ができる。

４を吸収と考えた時には、例えば、たくさん本を読み、たくさん情報を手に入れている人も、それに当たるのだろうかと考えてみると、もちろんそれも該当する。ただ、「正午の昼寝」とか「環状の道」というような、無意識との接触によって、より大きな鉱脈とつながることに比較すると、たくさん本を読むことは、やはり比べ物にならないくらい狭い範囲のものであることは明らかだ。なぜなら、多くの人が書いている本は、やはりその人の個人意識の範囲に制約を受けて書いている。似たもの同士で、書いているということになるので、それは意識を拡大しない。ちょっとだけ視点を変えていますという程度のものだ。

また、ホドロフスキーは科学的知性の基盤と表現しているが、科学的知識というのは、この個人の視点というものを維持することで成り立つ。個人の視点というのは、自分以外のものを排除することで成り立つ。つまり皮膚の牢獄の中にある視点だ。結果的に、それは物質だけを認識できる視点というものに閉じ込められ、それ以上のことは理解できない知性になる。これは４の数字と矛盾することにもなりかねない。

４はより集団的で、より普遍的な源流と接続することだった。科学的思考とは、個人に閉じ込められ、皮膚の牢獄の中に住む人が進めていく世界観なのだ。科学は主体と客体という二極化の姿勢からスタートするので、光に近づくと重力は無限に拡大するという具合に、いつも二律背反の考えに縛られており、その意味では、人を狭い場所に閉じ込める性質がある。４の数字そのものはそんなに狭いものではなく、個を超えた、すなわち二極化を超越したものにも向かう。疲労や眠りを通じて、大きなところにたどり着くのだ。

そのため、４は科学を超越するということも想定内にしておかなくてはならない。

剣と棒のカードは、最終的に無に向かおうとする傾向がある。突き詰めていくと、最後には何もない。剣と棒はここに開放感を感じる。もちろん、水と土の元素と一緒に暮らしている限りは、この風や火の元素の欲求は十分には発揮させてもらえず、ちゃんと家に帰らなくてはならず、ちゃんとお金を入れなくてはならないのは明らかだ。

杯の4

ホドロフスキーはこのカードの絵柄では杯が「高所への憧れ」を示していると書いている。杯は水の元素で、それは愛情を示すが、上に向かっているということは、伴侶でなく、「自分自身よりも高次な存在」を求めているのだということになる。

それが満たされない場合でも、4の数字は安全と安定を求めるので、例えば長い結婚生活などで、互いに愛を失っても長続きさせることができる。

ホドロフスキーによると、発展しない愛は凝固せざるを得ないということだが、地上生活において、発展する愛とは何だろうか。水の元素は結合力を表していて、この水の元素の欲求だけを満たそうとすると、最後はすべての動きが止まった静謐の水となり、それは死を表している。愛が死に結びつくドラマは昔から大量に作られてきた。四元素は、この水の元素の性質の暴走を許さない。火は反発し波風を立て、風は分散して気を散らし、土はほどほどの、この程度だろうという枠の中に閉じ込めて、感動のないものに仕立て上げる。

土と水の元素は、等身大の小さな範囲の中に収縮する性質がある。土の枠に入った水は、水の元素の暴走をする時でも、目の前にある小さなところでそれを発揮しようとする。目の前にいる家族や長く関わる相手に対して発揮しようとする。すると家族と近親者にのみ愛情を降り注ぐようなタイプの人が出来上がる。

４の数字は、対立する元素も取り込もうとする本性があるため、風や火は、果てしなく外に拡大しようとする。こうした要素を水の元素が取り込もうとすると、水の示す愛着の対象をもっと大きな範囲のもの、非個人的なものに拡大しなくてはならない。水の元素の性質そのものに固執すると、風や火によって、この水の性質は否定される。しかし、風や火を飲み込もうとすると、どうしても水の元素の包容力、適応範囲を拡大しなくてはならない。４の数字はより普遍的で、果てしなく普遍化するものに向かおうとする。誰かに対する愛というものに向かうのではないとすると、反対に、目の前にある愛情生活などに、退屈さ、充足できない要素をたくさん見つけ出すことにもなる。

ウエイト版では、この実生活では求めても得られない愛情を求めて、いらいらしている、あるいは不満を持っている姿を表している。雲の中から出てきたような、ありもしないものが欲しい。疲れ果てているという姿だ。疲れるというのは、それまでの個人の姿勢を捨てて、より大きなものに自分を開く時に生じる特有の反応だ。つまり今までの個人というあり方に疲弊し、だから、個人意識を喪失する段階に、すなわち、眠りに入り込む。疲れというのは、大きなものを受け入れる前駆症状なので、このウエイト版のカードの人物が疲れているとしたら、それはより大きな愛、あるいは広がる愛を求めているという意味になる。

地上生活において、より高次な愛情を求めるというのは、誰か人間に期待しても、それは五十歩百歩のものとなり、しばらくすると、勘違いでしたということになりやすい。地上に存在しないものとの関係においての愛情生活となると、まずはその人の訓練が必要だ。誰もが想像上のものを、物質的に身近なところに引き寄せたい。夢で見たものは、現実に目の前に現れてほしい。事物と象徴は常に密接に結合していて、これらを別個に扱える人は少ない。想像的なものやビジョンで体験したことは、そのまま実生活とは結びつけない、というよりも実生活に持ち込みたい欲求を抱かないということならば、高次な水の元素を引き寄せることはできるだろう。土は必ず水を制限するので、実際的に、物質的に体験するものは、常に失望をもたらす。実際のものに持ち込んで、そして失望するというのは、水と土の共同関係によるものだ。

この水と土を結合させてしまうという癖がない場合には、例えば、特定の何かとの愛情のある関係というのは、相手が身近にいなくてもよいということになる。地球上のどこかにいれば、それで満足ということだ。近くに引き寄せたいのは、土の元素の欲求だ。親密な共同関係にある人達が、実は実際には一度も会ったことがないというようなケースはネットなどを使うと当たり前になる。ときどき動く映像を見て、会話したりするだけで、もう十分という人はたくさん出てくるだろう。宇宙的なチームということを想像した時、ここでは最初から一度も会ったことのないところで成り立つチームというのはいくらでも想定できる。

より高次な水の元素の要求を抱きつつ、それを身近に引き寄せたいと願うのは、矛盾した願望だといえる。身近に引き寄せる、すなわち土の元素に負けるということなのだから、それならば、水の元素の高次な領域の導入はままならない。

４の数字は、より普遍的で集団的なリソースとの接続だ。そのため、ここでは個人的な水の元素の欲求をいっそのこと断念してしまうとよいだろう。集団的なものは、節目があって、村、町、県、地方、国、大陸、地球、太陽系、銀河系などいくつかの層に分かれる。愛国心というのは、国という単位のものに対する愛着だ。「私達はこの複数の階層のすべてに愛着を持つ必要があるのか？」という話になるが、答えとしては、すべてに愛着を持つ必要はない。より大きなものは、その中により小さなものを含んでいる。そして特定の層に格別な愛着を抱くことで、その層をクローズアップしているのだ。

政治家は国の価値観を強化する。しかし、他の人はそれに便乗する必要もない。「杯の４」は、より拡大されたものに愛着し、そこからの活力を引き込むことを意味する。水の元素というのは、しばしば「気」の力とか、サイキックなもの、エーテル成分、動物磁気などにも結びつけられやすい。土の器に閉じ込める必要もないということならば、いくらでも拡大できる。そして利害というものは土の元素が作り出すので、土の器に閉じ込めないのならば、利害は絡まない。

地球外生命体と接触したいという人は少数いる。それでもなかなか出会えないという時、実は、土と水の元素が、それなりに狭い範囲でとどまっていることが原因だ。同化する集団意識が、地球範囲の中にある時には、それよりも外側にあるものを知覚として捉えることはない。水の元素、感情のあり方が、接触できない理由だといえる。

私は二十代の頃に、ひたすら空気の中にある匂いを基に、異界の存在と接触したいと思っていたが、自分の中にまだ普通の人の範囲の土の元素、水の元素などの愛着を残していたので、十分に目的は達成できなかった。そういう人は、異界の存在にしても、物質的に目の前に現れてくることを望んでしまうのだ。これはそうとうに矛盾した願望だ。したがって、この普通の人として、つまり個人としての欲求とか願望を捨ててしまえば、実に簡単に目的は達成される。会いたいと思う時には、会えないが、会う気がなくなると、いつもそばにいる、というような感じでもある。

金貨の4

ホドロフスキーは、「金貨の4」のカードの中心には、不死鳥が描かれていることから、金貨すなわち土の元素の安定性の確保のためには、休みない死と再生の作用が必要だと説明している。つまり、投資が必要で、財産は生命的な流れを持つのがよいのだと。

ウエイト版では、男が金貨をがっちりとつかんでいるような映像が描かれ、お金をつかんで離さないようにも見える。４の数字は土台という意味では、お金とか物質とかを、生活の基礎に据えているというものになり、それを捕まえて離さないというような意味とは違うと思われるので、ウエイト版のカードの絵柄は勘違いではないかとも思われる。ここではむしろ金貨を基盤にして、何かをするということが示唆されているからだ。

カモワン版のカードの場合、真ん中に不死鳥を描いた部分があり、周囲に四つの金貨があり、この配置は、合計で五つとか、また「21世界」のカードの配置にも似ているということにもなる。真ん中の要素は、たいてい周囲の四つを支配する。したがって、ここでは金貨というものが不死鳥に支配されているということになり、死んでは生まれ死んでは生まれを繰り返すということに、４の数字の安定性があるということだ。じっと持っていると価値は死ぬ。休みなく、運用するべきだという話になり、占いとかで使われれば、このカードが出てくると、資産による生活の安定と、その資産の新陳代謝が起きるように促しているということになる。

資産を増加させるには、この資産に拡大元素を持ち込まなくてはならない。占星術では、例えばお金は土のサインである牡牛座に関係するものと考える。その支配星の金星も、お金に関係する。この財産や持ち物などを傷つけるのは、火と風の元素、水瓶座と獅子座だ。水瓶座は所有を嫌い、また獅子座は浪費するというのか、外に放出するのが好きだ。ところが、この水瓶座と獅子座を取り込まないことには資産は増加しない。

例えば、運動する時に、筋肉を傷つけると、再生する力が高まり、より筋肉は強くなっていくという話がある。これは歯茎に関してもいえるらしく、少し血が滲《にじ》むくらいにレーザーで傷つけると、強くなるらしい。

牡牛座と水瓶座の関係は、手に入れて、失い、また手に入れて失うというサイクルを作り出す。そこで徐々に財産が目減りしていく人と、増加する人がいる。回転資金として、財産を運用するには、押し入れの中にじっとお金を持っているのでなく、いろいろ転用を考慮しなくてはならない。土の元素の中の風、火だと、それは失うが新しく得ていく。もし風、火の元素が土の元素よりも勝っていれば、行き先は無の方向に仕向けられる。土の中の火、とか土の中の風は増やす力があるかもしれないが、風の中の土とか、火の中の土は失うことが多いということだ。

いずれにしても、4の数字は、拡大増殖原理と、敵対するものを取り込むこと、集団リソースの接続が特徴なので、「金貨の4」は、じっとお金を握りしめて動かない人ではなく、風の元素や火の元素を利用して、もちろん水の元素とも仲良く、だんだんと大きくなっていくというのが持ち味だということだ。

私は長い間、お金という価値を労働と結びつけており、お金を手に入れるというのは、ちゃんと働いて稼ぐものであるという信念体系を持っていた。それは父親からの影響であると思われる。お金に対して、意識的に取り組まなければ、この信念体系は崩れることなく、ずっと続くだろう。

しかし、ある時期から、仕事したり労働したりすることと、お金はまた別物だと思うようになった。そもそもが計算通りにならないということもある。私は会社員（サラリーマン）ではないので、規則的に同じ金額が毎月入るというものでもない。朝に、新宿の地下のルノアールで原稿を書いていた時があり、いつも隣に同じ顔触れの若者のチームが座っていた。彼らは、ネットワークビジネスをしており、口癖が「働いて金を儲けるのはバカだ。お金はいかに労力を使わずして稼ぐかということが大切だ」といっていた。必ずしも彼らのいうことが間違っているとは思えなかった。

仕事も労働もお金の取得とは別の目的で行われることも多く、お金もまた働きなどとは無関係に動く。むしろ仕事をお金のためにしている場合には、仕事は手抜きになる可能性は十分にある。

私はある時期には、お金には聖霊みたいなものがついていて、このノームと仲良くなれば、なぜか不思議とお金が近寄ってくるという言い方をしていた時もあった。西欧でいわれる虹のふもとの金の壺に関係した妖精のおじさんがいて、このおじさんが金の壺のありかを教えてくれるが、一筋縄ではいかないという話も関係あるかもしれない。

小アルカナカードは、四つのエレメントに関係していそうなので、そうすると、金貨の妖精のようなものは、人物カードに現れるかもしれない。しかしまた「金貨の4」も、集団リソースとの接続なので、お金のなる壺というふうに見てもよい面もある。ノームと仲良くなると、お金が増えるというのは、体験的にみると、そうに違いないといいたくなる。

このあたりでは計算が合わない。勤め人は、毎月同じ金額のお金が入るので、支払いの封筒に小分けしたら、その後どのくらい残るかは、きっちりと決まっている。でもノームと関わると、このルールは壊れる。

占星術でいうと、お金の取得力のピーク点は、牡牛座の15度にある。これはホロスコープを八分割した場所にあり、「21世界」のカードの雄牛が座っている場所だ。経験的にいうならば、私の進行の太陽がここを通過した時にお金のルールが壊れてしまった。その後、収入を減らす努力をしているが（なぜならたくさん持つと重苦しいのと、税金が増えるから）、それでも、もう既に労働とお金が結びつかず、しかもお金は不規則な動きばかりをしている。

お金の心配ばかりする人はたくさんいるが、お金イコール労働の代価というのは、たんなる思い込みなのでやめた方がよいし、土の元素に対して親密感を抱くことは重要に思われる。

集団性に接触する4、それと金貨のカードに不死鳥を入れてしまうあたりが、カモワン版のカードが、これについて何かもっと言いたげな、という雰囲気を感じる。お金を否定しない宗教性というのは、西欧には少ないかもしれないが、東洋にはいくらでもあるだろう。

LES 4 QUATRE

LES CINQ

5の数字のカード

5の数字は、空間的な図形としては五角形に関係する。これは頭、手二つ、足二つの人間の姿にも似て、そこには性器が組み込まれていない。性器が組み込まれると、これは「水」という文字の形に似て、6の数字になる性器がまだ発達しない5は、子供のようでもあり、子供は性の発達を始めると、急におとなしくなり、外界とか他者を気にするようになる。暴れん坊の女の子も、6歳になると急にしおらしくなるのだ。

外部に気を使うことなく、一人で気ままに好きなようにするというのが5の性質だ。

また、星の形は五角形で描くことが多い。星とは恒星のことで、惑星ではない。五番目の獅子座の支配星は太陽で、これは恒星だ。星は熱源を外界に依存しないで、一人で熱く燃えている。依存しないで輝くというものが5だが、小アルカナでは四元素に限定されているので、すると、根拠なしで一人で熱いというものではなく、何らかのかたちで他の元素に依存しているケースが多いということになる。なぜなら、四元素は一人では成立しないからだ。

棒の５

ホドロフスキーは、棒のカード、すなわち火の元素に関して、性的なものと結びつけているが、火の元素の表す精神性とか高揚感、興奮作用とはイメージとしてなかなか結びつかない。火の元素の性質は、火のイメージでわかるように、大地から上空に上昇していく。つまり具体的なものから抽象的なもの、哲学的、思想的なものだ。

哲学とか思想は、概念的な言葉を使うことで地域性が弱い。つまり大地から離れているということだ。そもそも火はあまり物質的に見えない。こうした要素が、５の数字で外に拡張していくことを示している。

５の数字は空間的なイメージでは五角形ということだ。自分から外に主張するが、しかし外からの意見は取り入れない。この場合、吐き出してばかりという点では、エネルギーの取り入れ口は、外界にではなく、異なる次元から内なる回路を通じて取り込むというほかはない。これは内面が大切という意味ではない。内面には何もない。ただ、異次元的な外との接点は、内側にあり、目で見た外側というのは、むしろ私達の主観宇宙であり、外界との接点はほとんどない。

この構造が「５教皇」の性質を作り出していた。彼は神と人の仲介者であり、人の意見は考慮に入れず、神という上位の次元から持ち込んだものを地上に振りまいた。また五角形は、一片を他の線が横切る時に、黄金比の比率になる。この黄金比は、エスカレートしても叩かれないという性質で、５の衝動は調子に乗ったり、エスカレートしたり、それを食い止める要素があまり見受けられない。自ら抑制ができないということだ。

したがって、棒の、すなわち火の元素の5とは、楽しくなって、一人でしゃべり笑い、人の意見は聞かず、自分に酔ってしまっている状態と考えるとよいだろう。５の性質は、失うこと、放出することの快感があり、男性の性的感覚は基本的にこの放出することの快感に関係する。

しかし、棒は、性的なことには直接は結びつかない。ここでは失うことの楽しさというのは、５の性質であり、それはしばしば男性の性感覚に似ている。もし、この棒が性的なことに関係するとなると、女性の性感覚についても考えなくてはならないが、女性は性の場面で徹頭徹尾、失うということがなく、枯渇するという体験もあまりないはずだ。

ホドロフスキーは、「性的な力を瞑想の技術によって、昇華していき、霊的掲示の扉を開く」と書いているが、５の数字は吸収することがなく、常に放出する以外はしない、という特性からすると、瞑想によって昇華するというのは、最も難しいことのように思える。まさに5の数字に似つかわしくない説明をしているのだ。ただし、放出することでしか実感しないということからすると、失うことを繰り返すことで、学習・昇華していくということはあり得る。ということは、禁欲でなく、放蕩《ほうとう》の果ての方が、学ぶことがあるということにもなりやすい。

５の数字の習得方法とは、自分が神のまねごとをすることだ。作り出すことの行為の中で、作り出す姿勢の洗練化をしていくことだ。つまり何か見て学習などしないが、例えば自分で物語を書き、書いている体験の中で「なるほど、そうだったのか」と理解したりする。吐き出すことの中に学習があるのだ。

しばしば瞑想は受動的な姿勢を必要とするので、能動的な瞑想、吐き出す瞑想というものがあれば、その行為の中で、だんだんと自分を上昇させるということはできるだろう。

例えば、毎日ダンスをして、このダンスの中で、高揚感を高めていくことだ。

ホドロフスキーが、この５に昇華という要素を認めたのは、ただただ「５教皇」のカードに関連づけたからにほかならないと思われるので、この「放出する行為の中で、放出することを高度化する」ということにおいては昇華があると説明しておこう。

ウエイト版のカードでは、「棒の５」については、昇華するとか瞑想するなどというものとは全く反対の絵柄が描かれている。簡単にいえば、ウエイト版カードは、喧嘩《けんか》を描いたようなものだ。５は人の意見を受け入れず主張するのみ。こういう人が五人も集まれば、自分を主張し続け、うるさい喧嘩のようになるに違いない。しかし、火の元素の人は、これをするとすっきりする。

これを続けると、次第に洗練され、昇華するかもしれない。怒りとか攻撃心を鎮めるのは、話し合いではなく、疲れるのが最もよい。疲れるというのは、今までの自分を捨てて、より大きなものを受け入れたくなった準備状態を示している。今までの自分の姿勢の比率が減っていくこと、負けていくことが、疲れるという気分を醸し出すのだ。

哲学者のマーク・ローランズはオオカミを飼うことにした時、オオカミが家具に噛みついて壊してしまうので、仕方なしに、一緒にマラソンをすることにした。オオカミは疲れ果てると、家具に噛みつかなかった。これも昇華だ。

ホドロフスキーはもう一つ、このカードは欲望の道を探求すると書いているが、他の人を押しのけて欲望の道を探求するには、土の元素が必要だ。土の元素は枠を作り、エゴを作り、分け与えないという性質を作り出す。自分のところにメリットを引き寄せるが、他のところには渡さないという土の元素の感情は、「人生の中で一番悲しかったことは、隣の家に蔵が立ったこと。人生の中で一番うれしかったことは、隣の家の蔵が焼けたこと」といったある老人の言葉がわかりやすいだろう。

棒の、火の元素は、土の元素を嫌い、この囲い込みができない性質なので、他の人を押しのけ達成する欲望の道をなかなか歩けない。気がつくと、共有していたりするからだ。悪ガキが一緒に遊んでいるという光景かもしれない。「棒の5」の人の喧嘩とか対戦は互いに楽しくてしようがない。

しばしば五角形は防衛ということに関係する。五稜郭やペンタゴン、その他に世界中に防衛に関係したものには五角形がついて回る。魔術の世界では、五角形は護符だ。戦って防衛するというものは、この「棒の5」に関係しやすいものだろう。攻撃は最大の防御であるというのも同じだ。

「棒の5」は、「5教皇」のカードの火の側面のみを引き下ろしてきたものだと考えて、ここから応用的に推理する必要がある。引き算式に考えると、自分のメリットを考えるという土の元素の要素が欠け、結合したり一体化したりする水の元素の根性が欠落し、冷静に考えるという風の元素の性質が足りなくなる。後先考えず、人の気持ちをうっかり忘れ、盛り上がり気分のみで走っているということだ。

日本では、近年ますますマラソンとかジョギングをする人が増えてきた。皇居では毎日およそ二千の人が走っている。どこにいっても走っている人を見かける。このランニングをする人は、かなりの比率で家族に問題を抱えているというか、息苦しい家族からの拘束から逃れるために、まるで、「走って逃げている」ようにランニングしている人が多いらしい。「今日は20キロも逃げてやった」といっているのかもしれない。逆にいえば、走るモチベーションは、家族に問題があるほど維持しやすい。怒りがあると根気が続く。走ることとは、空間に棒を突き出すように、自分を前方に突き出すことだ。全員が家族に悩んで走っているはずはないと思うが、ランニングも「棒の5」が表す項目の一つには違いない。

剣の5

ホドロフスキーは、知的活動の上で、「初めて精神が他者との結合を受け入れ、自らの彼方、自らの小さな知的世界の外部を見つめようとしている」という説明をしている。これは絵柄では、赤い剣が、菱形の隙間から外をうかがっているというイメージから来るらしい。中心には赤色があるが、その上下には青色が入り、個人的な見解が、外の意見を考慮しているという配置なのかもしれない。

　このカモワン版の小アルカナカードを見ながら、解説を書いているうちに、カモワン版のカードの絵柄については、およそ無視した方がよいのではないかと思うようになった。意味ある象徴を隠したというよりも、無機的な模様を描き込んでいる比率の方が高いのだ。そして時折、何か特別な意味をそこに盛り込もうとするが、その組み込み方は気まぐれだ。

そこで、むしろ絵柄には構わず、数字と四つの元素だけから説明するというふうに、基本に戻った方がよいのではないかと思われる。つまり、ここでは剣と5という数字だけから推理した方がよいということだ。もちろん、カモワン版は大アルカナカードに関しては、とても興味深く、完成度が高いと感じる。といっても、それが最終的なものだと思えない。他のデザインのカードはもっとでたらめだ。

ウエイト版のカードのデザインでは、ホドロフスキーのいう「初めて精神が他者との結合を受け入れ」ということとはまさに正反対の姿勢が見られる。5は一方的な主張ということを表していた。五角形は防衛であり、他者、あるいは外部のものが入り込んでくるのは次の6の数字だ。

6に至るまで、5は他者を理解しない。同じ列に並ばず、必ず自分は人よりも上にいる。高所で、スーパーな自分を維持しているのだ。同列に並んだとたんに、このパワーは失われ、自分は他の多くの人と同じような平凡な存在に化してしまう。それがとても怖い。これが5の感情だ。

ウエイト版では、剣らしく、感情を交えず、自分の計画や知識、見解を押し出していく。ここには人との協調という姿勢がないので、たいていの場合、相手と物別れになる。ネゴシエーションというのは交渉で、互いが妥協したりするが、5の数字では、こうしたすり合わせはしない。一方的に打ち出した見解を曲げることはしない。それで離れる人がいたら、それはそれでしようがないという姿勢なのだ。「5教皇」

のカードでは、教皇と信者がいたが、教皇は信者の意見を聞くことはない。

カモワン版の小アルカナのカードのデザインは無視した方がよいと書いたが、それでも少し参考にしてみると、ここでは真ん中の剣が立ち、周囲に、二本ずつ合わさった剣が取り囲んでいる。真ん中の剣を外すと四本の剣があり、これは4の数字の意味が成り立つと考えた時には、4は他の元素を飲み込み、より拡大して普遍的になっていくので、多くの人の意見を取り入れて、他の可能性を考えるという余裕が生まれる。そしてそれらを考慮した上で赤い剣を持ち出すのだ。ここでは真ん中にある赤い剣が、全体を運んでいくパイロット波だ。

ウエイト版のカードの絵柄ほどには、棘が立っていない。ウエイト版は、そもそも剣のカードに関しては、明らかに悪意がある描き方をするので、この偏りは見ていられないくらいだが、具体的に占いの現場でカードの映像を目の前に並べられると、無視することもできないので、やはり違うデザインに描き直した方がよいだろう。カモワン版は他の人の意見は聞く耳はある。その上で、結局は自分の見解を押し通す。あるいは聞いたふりをして、結局は押し通す。上部では、青色や紺色の中を赤色の剣が貫通するので、ここでは摩擦は避けられない。その外側にオレンジ色のフィルターがつくと、内部での摩擦を、外には隠して、温和な状況であるというふりをするということも表しているかもしれない。

剣は風の元素とした場合、類化と別化の両方を活用するので、ここでは別化、分離、似たようなものを、実は違うと考え、あるいは細かい違いをはっきりとさせるということもあるので、無闇に丸く収めようとする根性は持たない。一緒に、いつも丸く収めたいというのは水の元素の本性で、面倒なことは嫌だというのは土の元素の特徴だ。

風の元素に分裂はつきもので、方針の違いから、政党が二つに割れるというのも、風の元素の性質だ。姿勢を明確にした結果として、お別れすることにしました、というのは火と風の元素にあるもので、しかも5の数字は、自分の本性に忠実に、正直に気持ちを表現することであり、正直な気持ちを出した結果、道が違うことが判明したので、お別れします、というのはこの「剣の5」だろう。5の数字の性質を、どの元素で発揮したのかにより、全く違う結果になるということであるが、それがトラブルに発展したり、発展しなかったりするのは、細かい対処の仕方の問題であり、5の数字のロゴスの問題ではない。

剣は風の元素であり、これは言葉に関係した元素だ。例えばネットで炎上しましたという時には、炎上という言葉からして、棒、火の元素であり、多くの人が興奮作用を伴って、非難の書き込みをすることだ。不注意、人の気持ちを配慮しなかったことから炎上するのだが、不注意は棒の火の元素が持つものでもあり、風の元素の場合には、不注意というよりも、意図的に人の感情を逆なですることはあるだろう。ぼんやりして炎上しました、というのは少ないと思われるが、棘のある言葉によって炎上しました、というのはあり得る。剣はいずれにしても、水の元素と土の元素を傷つけるのは変わらないのだから。

「剣の5」を出さなくてはならないのに、それが出せなかったという時に、それを抑え込んでいるのは、水の元素かあるいは土の元素だ。水は嫌われたくないし、土は外に影響が波及するのを面倒だと思っている。この「剣の5」を強く打ち出さなくてはならない時はあるはずだ。剣のカード、風の元素は、最終的には水の元素に飲み込まれていく。風の元素が類化性を発揮して、共通のものを見つけ出した時に、それらは水の元素によって結合してしまうからだ。

新しい結合を生み出すために、わざわざ、一度分離、もの別れをしているようにも見える。となると、時には新しく違う相手と結婚するために、今の相手と別れようとするというような場合もあり得る。しかし、これは水に飲み込まれる風であり、とりあえず、ここでのテーマは自分の意見を冷静に主張し、そのことで、他の人とか、違う意見を押しのけるというようなものである。

杯の５

カモワン版では、「杯の５」はちょっと豪華な描き方がされている。ホドロフスキーは「熱狂的な愛」という説明をしているが、熱狂的な状態に至るには、棒、火の元素の介入が必要だ。火と水が加わると、煮えたぎる湯というようなものになるが、水の元素だけだと、耽溺《たんでき》にはなっても熱狂にはなりにくい。

５の数字は放出、失うこと、外に広げていくというもので、水は情緒や愛情だとすると、気持ちとか愛情を外に漏らす性質になる。５の数字、あるいはその空間的な表現の五角形は、相手を特定できない。つまり自分から外に出る行為が重要で、それがどこに向けられるのかはっきりしないし、そもそも、外をはっきりと識別していないので、愛情とか情を、特定の相手を意識しないで投げかけるというものになる。

水の元素は感情とか気持ちなどと解釈されやすいので、すると、これは「気」とかサイキック力、エーテル体、動物磁気、オディックフォースなどと関連づけられる。「気を使う」という言葉は実際に相手を気にかけて、自分が持っている気の力を漏洩することだ。全く気を使わない人は消耗しない。

私は20歳前後に、街頭でタロット占いをしていた時期があり、この時、最初は自分の側で「気を使う」というやり方をしていたので、タロット占いは消耗する作業だった。確かに、他のタロット占いの人に聞いても、なかには生きていられないくらい消耗するという人もいた。普通にタロット占いをしていると早死にするという意見もあった。タロットカード占いは、エーテル体をかなり活用する。エーテル体は生命体と訳すので、エーテル体を使うとは、生命力を使うという意味だ。

ある時期から、自分の気を使うのはやめようと考えた。占いをしてもらう人は、何かしてほしいから依頼してくるわけで、ならば占いをする時に、依頼者が自前調達するべきなのだと。お金を払ってください、また気も払ってください、ということだ。その方針にしてから、相手は倒れかかるように身体を私の方に傾斜させてくる人が増えてきた。

私が占いをしていたのは原宿の街頭だが、たまたま神智学協会の会合があったらしく、そのグループが私のそばを通りかかり、このグループの中に知り合いがいたので、後で聞いた話だが、チームで指導的な立場にある霊能者が、私を見て、邪悪な存在だといったらしい。それは、私が、タロットカード占いのクライアントの胸から臍にかけて「気」を引き出し、それを丸めて、タロットカードの上空で回転させていたというのを見たらしいからだ。私としては「占いをしてほしいのは客なのだから、私が自分のものを使う必要はない」と考えた結果が、この光景なのだ。

よく治療師は自分のエネルギーを使うと消耗するという。その場合、エネルギーを宇宙から引き込み、自分はその通路になる、ということができれば、その治療師はむしろ治療をしている間にますます元気になる。しかし、タロット占いの場合、質問は極めて個人的なことなので、これは宇宙的な力というよりも、その質問者が持つ「気」の力を活用するのが最も好ましい。宇宙的な力は小分けしにくい。

「気」の力は、水が低いところに流れるのと同様の動き方をする。そこで、私がタロット占いをする時に、何か思い入れしたり、相手に関心を抱きすぎたりすると、力関係の問題で、気の力は私から流れていく。そのため、ちょっとした姿勢の変化によって大きく流れが変わってしまう。自然界の影響を受けすぎてしまうと感じた時には、この「気」の力を、水晶球を通じて持ち込むということを覚えこんだ。毎日タロット占いをしていると、こうした細かい気の変化に気がつきやすい。日常の生活をしている時に、水晶を置いて、「違いはどうですか?」といわれても、わからないことは多いだろうが、タロット占いをしていると、そのことに敏感になる。

対象がはっきりしないままに気持ちや情緒、感情、気が、放出されていくという「杯の5」は、しばしば危険な事態を引き起こす。「5教皇」は、やってくる信者を選別できない。6においては、相手ははっきりしている。「5教皇」は気の力を宇宙から引き出す。しかし「杯の5」が、そうした力の源泉と結びついていない場合に、すぐさま枯渇する可能性もあるかもしれない。ウエイト版のカードは、このような力の源泉とは結びついていない閉鎖された姿勢のままで気の力を垂れ流して、五つのバーのうち三つが空になった様子を表している。５は常に大げさにしてしまう傾向があるので、気の放出も盛大だ。

ニコロ・パガニーニは、ハイティーンで華々しくデビューし、社交界でもてはやされ、性的な遊びがすぎて、腎虚《じんきょ》になり、冬でもコートを着ていなくてはならないような状態になったという。ミゲル・ネリは、このことでパガニーニは悪魔の音楽を作ったので、それを聴いてはならないといったが、実際にパガニーニを聴いても、悪魔の気配はない。特例として、消耗しすぎた人は、自我がクラッシュし、そのことで、稀に、宇宙的な回路が開くという。これはオースチン・スペアの意見だ。魔女の集会はそのためのものなのだという。

もちろん、このチャージというのは、「杯の４」のカードの問題だ。４が強いと５では枯渇しない。４が弱く５が優勢だとすぐさま枯渇する。宇宙的な回路は５ではなく、４の段階で開いておくべきなのだ。

ホドロフスキーは、カモワン版のカードではハートは地上的なところに描かれているので、これは物質的次元で働くという。カモワン版ではそうであるが、「杯の５」ということだけでは、そのような事実はない。というよりも物質的な場合もあれば、天上的な場合もあり、また中間もある。賛美というのは、水があちこちに漏れて、大判振る舞いをしていることだ。

５の数字では、放出する瞬間の楽しさや喜び、快感というものが基礎になっており、それがやめられない人はずっと５の数字のカードにとどまる。

金貨の5

ホドロフスキーの解釈では、「金貨の4」は物質的硬直を示すことがあり、するとこの5のカードがその危機を払いのける力があると書いている。4はより大きな鉱脈に接続するという性質があり、4はチャージであり、5は放出だ。資本を増加させるために貯金を投資するということをホドロフスキーは説明しているが、これはある種のリスクを伴う。

占星術で考えると、金銭は2ハウスが示す項目だ。それに対して、5ハウスと11ハウスは、この2ハウスの資産を消費する傾向がある。お金を儲けて、競馬やギャンブルに使うのは5ハウスの行為だ。また起業や投資も、5ハウスに関係するもので、冒険的に資産を増やそうとして、多くの人がチャレンジするが、成功例よりも失敗例の方が多い。特にギャンブルであれば、一時的に大金が入っても、トータルに見ていくと、大きなマイナスになることが多い。それでも2ハウスの資産を、ちびちびと貯金するのでなく、大きく拡大するには、5ハウスと11ハウスの刺激を取り込むしかない。11ハウスはまだ到来していない未来に対する投資でもある。なくすことで、より大きく手に入れるという、いわば器の拡大というのは、その人の人間性そのものを大きく変化させることを要求する。ただしそもそも、投資とか収入の拡大に興味を持っていない人には、そもそもがこの危険なチャレンジは一生縁がない。

ウエイト版のカードが面白いのは、５は放出であり、浪費であり、最後は全部失うという側に注目しており、それ以外の救いは、背後のステンドグラス以外は思いつかないというひどい描き方をしていることだ。ホドロフスキーは投資をしろといい、ウエイトは一文無しになるといっているのだ。

ところで、火の元素や風の元素を強めたい人は、このウエイト的な、金銭を失うということについては悪く考えない。何か金銭というもの、土の元素は、足手まといに見える。そこでお金が入ると、急いでなくそうとする人がいる。お金がなくなると、その分、精神の自由があるように見えてくる。実際に、四元素の関係からするとそうだ。土の元素が充実すると火と風は弱まっていく。また水の元素も、火と風を弱めていく。こういう火や風の元素の強い人は、物質とかお金がなくなるほどに、元気になっていく。

そもそも作家がホテルに缶詰めになるとは、目の前に何もなくなることですっきりして創作がしやすくなる効果を得ることであり、部屋の中の荷物も減れば減るほど、創作力が強まってくるのはどうしてだろうと疑問に思う人は多数いる。

ウエイト版の絵柄で疑問なのは、雪の中の光景かもしれず、これは寒々しいので、火と熱が足りないとみなす。しかし土が消耗すると、その分、火というのは強まっていくのだ。再生力の強い人は、一文無しになると活動的になり、働く意欲が強まる。戦後の焼け跡で元気な人が多かったのはそういう事情だ。ウエイト版の解釈は、土に依存している人が、土を失うケースを述べているというわけだ。これはこれで限定ケースなので、使い物にならないカードだ。

ウエイト版の図柄では男女が歩いているところで、真実の愛と解釈する人もいる。つまり物質的に保障されていないところでの関係は、気持ちが最優先され、他の夾雑物《きょうざつぶつ》によって誤魔化されていないということだ。しかし、男性は左足を怪我しており、これは受容性が奪われているということで狭量だ。もしこのようなだらしない男女を描かないのならば、物質を消耗しすぎて貧しくなることで火と風の元素がどんどん元気になっていくという読み方もできる。男女関係も、むしろこの方が盛り上がる人もたくさんいる。

お金や物質は有限資源なので、放出するといつかはなくなっていく。

例えば、金を発掘するという前提で、お金を５の数字らしく大判振る舞いする、しかも期間限定で、ということならば、お金をなくすることと引き換えに、気分は高揚していく。

私は二十代の頃に、一か月の収入が五千円にもならなかった時期があり、道端の草を食べるという時期もあったが、その時は毎日のように体外離脱をして、また精神的、思想的なことしか考えられなかった。というよりも、異界の存在とのコンタクトにほとんど関心が集中していた。あたかも体はないかのような暮らしをしていたのだが、それはとても気分がよいもので、充実していた。放置しておけば、身体の維持には支障があったろう。

ところが、ある人はそれを貧しく、底辺的な生活をしているという側面のみを見ていた。私本人はその土の元素から見た部分が全く自覚できていなかったといえる。風、火、水、土の四つの視点があり、その人がどこから覗くかで、このウエイト版の「ペンタクルス５」、あるいは「金貨の５」は違って見えるということになるだろう。

ウエイト版の場合、ステンドグラスがあり、それは光り輝いている。「５教皇」のカードが、四元素に分解したものの一つがこのカードなので、土の元素を失うことで、宗教的恩恵が強まる、あるいはどん底にいる人には救済があるというような解釈をする人もいるだろう。ホームレスには、教会から無料で食事が提供されるなども。

「窮すれば通ず」という言葉があるように、極限まで行くと、大逆転する力が湧き出てくるということもあるのだが、この場合には、確実に窮する場面まで行く必要がある。多くの人は、途中の段階で、これが限界と思うかもしれない。限界の認識の程度によって、この逆転の力の加減が決まる。

かつてゴールデンドーンの解釈では、「13死神」のカードは、夜明け前と考えられ、不毛になることで、その後、急に開けていくことを意味していた。受動的にではなく、わざわざこれを体験しようという人はあまりいない。しかしこの大逆転癖がついている人は、物質のダイエットのリバウンドを起こす。全部なくすると、前よりもさらに増えてしまうのだ。

「金貨の4」で、お金とか物質には土の精霊がついていて、計算通りにはいかないと書いたが、どう考えても納得のいかない動きをするというのはよくあることで、ここで完全放出することで、急激に入ってくる人もいるのだ。

LES CINQ 5

LES SIX

6の数字のカード

6の数字はロゴス的側面だけを見ると、自分の意識の活動スタイルに最も適した具体的な環境が見つかり、そこと結びつくという意味になる。そのことで、人は世間とか実際的な世界に降りていくことができる。それは「5教皇」が地位を失い、信者と同等の立場になるようなことでもある。

外と本気で関わらないからこそ保たれていた高い地位は、外界と関わることで、外界の対象と同じサイズになってしまい、いわば平民になってしまうのだ。世の中にはいろいろな考え方とか人がいて、ここには共通の見解がない。

6の数字の中に入ると、何が本当で真実なのか、全くわからなくなるということも出てくる。極端な話、地獄に落ちるというような意味も出てくるだろう。フィットするものに入り込むということで、結果的にこのようなことになってしまうというのもあるのだ。

多くの人は、6のカードは天使が矢を射て、運命の人と出会うなどと考えるかもしれない。小アルカナカードにおいての6の数字は、それぞれの四元素において、呼応するものを見出し、この関係性の中に没入するということを示している。

棒の6

これまで私は小アルカナの6のカードについては、生命の樹でティファレトを表す数字なので、精神と物質をつなぐ、その人の生き方の目的性、スタイルなどを表していると説明していた。これは、小アルカナカードは、生命の樹のセフィラに該当しているということから決めていたものだが、タロットカードは、生命の樹のパスやセフィラに対応させるのは最優先事項ではないことと、生命の樹の数字に対してもいろいろと疑問があるという点で、やや疑わしい面があった。

生命の樹のセフィラの数字は、数字そのもののロゴスからすると、何かしら間違いであるように思われる。むしろ生命の樹のセフィラの番号はたんなる通し番号だ。そこで生命の樹の数字を除外し、数字のロゴスと棒、剣、杯、金貨という四種類の分類だけで意味を考える方を優先するべきであるのはいうまでもない。

棒のカードは火の元素に対応し、それは高揚する精神性、拡大していく意欲、創造的なアイデアが湧き出ること、しばしば実際性を考えないことなどを表している。実際性を考えないというのは、もともと火の元素は実際性と物質性を表す土の元素が嫌いだからだ。実際性に欠けていることが欠陥なのではなく、実際性に迎合すると棒、火の元素の気分が盛り上がらないので、わざわざそうしているのだ。

世の中は実際的なことだけで動いているわけではない。それに土の元素は結果を重視するが、結果を重視する姿勢は、種を植えるという段階の創造性を萎縮させる傾向がある。今までのことを守って暮らせばよいと考えるようになってしまう。因果という点では、火の元素は因の側にあり、土の元素は果の側にある。土の元素はすべての元素の総合なので、火の元素を否定しているわけではなく、ただそれを身の程に応じて小さくしようとしているだけだ。

6の数字は空間的には、つまり幾何図形的には六角形に関係する。これは自分の側の三角形に対して、環境や相手、客体などから、対応する三角形が呼び出され、互いに敏感に呼応する関係が構築されることを表している。ぴったり噛み合った場を見つけ出してしまうのだ。そしてこの三角形と三角形は2の性質が発揮され、つまり3掛ける2として、互いに相対的に、相手に振り回されるようになり、最後に関係を切り離すことができなくなる。

つまり棒の、火の元素の精神は、それにふさわしい火の元素に反応するような場を見つけ出し、そこで喜び、自分がしたいことのすべてを、相手がレスポンスしてくれることで、ここから離れることができなくなる。火の元素なのだから、この関係は、常に興奮とか、ノリとか、無計画性とか、純粋な精神性とか、抽象的な哲学性とか、つまり具体性のない概念で考えるとか、加速度がついたような生活とかになっていくのだ。カップルでいえば一人が何か冗談をいうと、もう一人が大げさに笑ってウケてくれるような。

ウエイト版では、これは「凱旋《がいせん》カード」といわれる。つまりは働いた分だけ、対象の側で成果が現れる。すべては気力と根性で運営するというような姿勢が強調されている。反対にいえば、受動的、無気力にしていると、いかなることも上手く運ばないどころか、どんどん停滞していく。そういう環境を選んで生きているのだ。つまりその人には、そういうものしか見えていない。だから、親が残してくれたビルのオーナーとなり、家賃収入だけで暮らし、毎日が暇で、しばしば友達と釣りに行くのが趣味で、チャレンジの必要がない人生で、徐々に鬱病になっていくような人のことは目に入らない。むしろそういう人を見ると、軽蔑《けいべつ》するべき存在のように見えてくる。

この６の小アルカナカードは、「６恋人」のカードを四元素ごとに分割したもので、より具体的、なおかつ部分的と解釈するべきなので、その点では「６恋人」のカードに現れてきた混乱というのも考慮に入れてもよいかもしれない。

「６恋人」のカードでは、フィットする相手を選ぶ時に、迷い、勘違い、思い過ごしなどもあり、ある相手を選んでも、途中から違う相手になったり、というような世の中にありがちな混迷というものも加えられていた。それに人間の意識の三分節の扱い方に間違いがあり、三つの組織はどちらが主導権を握るかわからなくなり、思考に対して衝動が支配的になったり、感情が思考の代用になったり、行動がダメージを受けていたり、思考が感情を押しつぶしたり、乱戦状態になっていることから、収拾がつかない事態も引き起こすような絵柄だった。

ということは、「棒の６」でも、早合点でよく間違いを起こすということもありうることになる。火の元素は基本的に早計なので、よく見たら、勘違いだったということは一度ならずあると思われる。おおよそ冷静でなくクレージーなのだ。失敗は恐れない。それよりもチャレンジだ、といつも考えている生き方だ。

ある会社の社長に対して、契約している会計士が、いつもはらはらしていて、心配していた。会計士は「いつも綱渡りばかりで、失敗したらどうするんだ」と。しかしその社長は、成功するとか失敗するとかは、最初から重視していなかった。この仕事は遊びであり、いかに面白くするかが重要で、そもそも儲けるのが目的ではないと。

ホドロフスキーは、このカードについて、「性的出会いの美」を表していると述べているが、ごく一部にこういう意味も含まれるかもしれない。それは5パーセントくらいなのか、それとも、もっと比率が少ないのか多いのかわからない。ただそれが主流ではないことは明らかだ。なぜなら性的なことに、棒、すなわち火の元素の要素を使わない人は多数いるからだ。

多分、ホドロフスキーには性に対するロマンがあるのだろうが、これは日本人には少ない傾向で、「やっぱり外人だからそう考えるのでは?」と思う人もいる。性に対して身体の快感を求めるのは土の元素だ。愛情を求めるのは水の元素。征服欲みたいなものを満たしたいとなると風の元素だ。自分のロゴス的性質によってすべてに透徹《とうてつ》したいという欲求が剣の要素にはあるからだ。そして精神の高揚という棒の要素を全く介在させないことはいくらでもあり得ることだ。性は子供を産むという創造に関係するといっても、そもそも子供を産むのは創造なのだろうか?

棒は興奮作用であり、６は、環境とか自分に噛み合うものを発見することを表すので、ここには大きな喜びとか舞い上がる気分とか、ハイテンションな状態があり、とうてい冷静でないし、出会って三時間で結婚したとか、高速な動きをすると思われるし、そのことを「どのようなことがあったか聞いてくれる？」と友達にいいたくなるような出来事が多発するだろう。

落ち込みと興奮の落差は大きいかもしれない。６の数字には安定した気分の持続というものはないからで、状況に嵐のように振り回される。

剣の6

剣のカードが風の元素を表すとして、すると自分の側の知的な三角形が、それにふさわしい客体や場、相手、シチュエーションを発見し、その交流を喜ぶという配置になる。

地球上に住む上で、人間の存在性は二極化される。二極化されると、主体と客体に分離し、客体とは環境だ。主体は環境を見ており、この環境の中でいろいろ生じることを経験として記憶する。

グルジェフは、人は自分のエニアグラムしか見ないといったが、六角形は、自分の三角形が引き寄せた環境の側の三角形以外が存在することを認識しない。最初から、こういうものしかないと思っている面がある。視覚は思考の反映で、私達は自分の思考の中にあるものしか見ない。知らないものが目の前にあってもそれには気がつかない。

風の元素は知的なものや言葉、情報などだとして、例えば科学的な思考の人は世界を見て、「どれもこれも、科学理論の通りに動いているように見える。何て科学は正確なのだろう」と思うかもしれない。つまり、それ以外で働いているものは目に入らないのだ。人間の注意力は驚くほど狭いので、実際に自分の夢想以外のものを発見することは難しい。風の元素は、考え方や思想だとすると、この考え通りに動く世界を認識し、そこから出ることができないケースもあるのではないか。

カモワン版の「剣の6」のカードは、棒のカードと見間違いするような絵柄なので、ちゃんと見分けないといけない。というのも、湾曲した剣の楕円の枠の中に、植物が描かれており、根っこが切り離されている。切り離された植物の上には、三方向に葉、あるいは花などが伸びていて、根っこがないものから成長していく光景が描写されている。植物は棒のカードにも関係し、それは火の力である。しかし、この創造的活力は、どこにも根を持たないので、中空から、生み出されたものだ。生み出したのは、剣、風の元素の6であり、つまり知性とか思想、言葉の抽象的な働きが、それ自身を忠実に再現するような創造性のモデルを空中に作り出したということだ。

つまり、この「剣の6」は、自分の知性のスタイルにふさわしい事象または対象を、実在する環境の中から選び出すのではなく、いわば実験室で作り出したというようなものなのだ。こうした空中楼閣的なやり方は、剣のカードからすると、かなり好みのものでもある。

例えば、占星術では風の元素というと、双子座と天秤座と水瓶座だが、水瓶座は風・固定サインだ。それは山羊座の否定から始まり、特定の場所とか環境に依存しない生き方を作ろうとする。地上ではない、中空に張られたネットワークに足場を持ち、地上には降りてこないような生き方が理想だ。

水瓶座の7度に「卵から産まれた子供」というシンボルがあるが、母との臍の緒は最初からなく、卵は空中に浮いている。肉体的に九州で生まれても、感情面とか感覚面で、その実感はほとんどない。こうした姿勢の中で、8度では「美しい衣装を着た蝋人形」というシンボルが出てくる。生身の人間はいらないのだ。このような感性の人は、いずれＡＩ（人工知能）が発達した時代には、かなり細かいことができるようになったロボットと暮らすということの方が楽しいかもしれない。

大地から切り離され中空に浮かんだ植物は、剣の性質の知性実験から形成された。剣、風の元素に生きている人からすると、それは十分にリアルであり、生身の女性歌手が歌うよりも、初音ミクの方がより親しめる。

剣のカードなので、棒のカードのようなノリと思いつきで考え出すことではなく、あらゆる観点から十分に考え抜かれたものかもしれない。そうやって作り出された植物すなわち棒、すなわち火の元素は、水瓶座の9度なら「鷲に変化する旗」と表現されており、記号化されたものが、熱を帯びて、鷲に変化する。それは生命的なもので、人工的とはいえ、とても自然な動きをするし、花もつける。

例えば、流行は自然発生するというよりも企業が企画する。統計でこういうタイプが一番受けると判断されると、オーディションをして、適合する人材を選び、チームを作り、それを売り出し、宣伝も効果的にして、自然発生的にこのチームが大人気になりましたと盛り上げる。

ウエイト版のカードでは、船を船頭さんが漕いでいて、背中を向けた人が船に乗っている。これは計画的にゆっくりと動いていくというものでもあり、その真意は最後になるまでは見せない。計画はいくつものプランがあり、つまり船が移動するコースには、いくつかのものが用意されており、天候の状況によってはこちら、というふうに選ばれていく。

「剣の6」からすると、「棒の6」の方針は信じられないようなことかもしれない。そこを進めば必ず失敗するとわかりきっているのに、「どうしてそれを選ぶのか?」と。棒は失敗してもそれは気にしない。つまり興奮できるかどうかが問題なのだから、上手くいっても、興奮できないのなら、やる意義はないのだ。剣のカードでは、自分の思考の通りに物事が進むのが好まれる。間違った場合には、それはそれでまた新しい情報が手に入る。風の元素においては、真偽という基準はない。真偽が存在するのは土の元素の特性であり、風の元素からすると、偽も情報の一つなのだ。

ホドロフスキーは、「剣の6」には、内面化とか孤独というものがあると説明している。例えば、知性実験によって、六角形の一方の三角形、すなわち対象を作り出すという行為は、素材を大地から取り出すことはないかもしれないので、そうなると、誰にも接触しない生活の方がより効率的かもしれない。誰かと関わりたいというのは水の元素の欲求だ。この感情とか気持ちということに関しては、とりあえず剣のカードは、第一義的な価値を持つものではなかった。いらないというのでなく、それは第一義的ではないということだ。食事も自然なものでなくてもよいし、むしろ工業製品でもよいくらいだ。

アメリカのアップル社の現社長は、いつもプロテインバーばかり食べていたらしいが、毎日食べていると、それはとても自然な食事内容に見えてくる。スタッフはときどき社長をレストランに連れて行こうとしたが、しかし社長からすると、虫がついているかもしれないような食べ物を選ぶ理由がない。

杯の6

6の数字は呼び合い、結びつく関係を示している。それは「6恋人」のカードの四元素分割版だといえる。ホドロフスキーは、「杯の6」も「剣の6」も自己陶酔的になりやすいと述べているが、杯の場合には、相手がいるので、自己陶酔にはなりにくいのではないか。純粋に自己陶酔的なものといえば「剣の6」だ。

杯、水の元素は気持ちや感情、情緒などを表す。6の結合力とは、六角形での三角形と三角形の呼び合いなので、互いが気持ちの通じる水の元素の強い者同士の結びつきに見える。水の元素は一体化とか結合性質なので、そこに混ざりものがあると、痛みとして感じる。そのため、この六角形的な関係は、互いの気持ちを極端に純化しようとする作用が働き、一点でも嘘があるとダメとか、澄んだ水を通して相手を見るような関係になり、行きすぎると、これもまた異常なものになる。というのも、人間は四元素をすべて統合化した第五元素的な存在であり、水の元素以外のものを排除すると、それらは影になり、生きる上でさまざまな妨害をしてくるものになる。

水は結合力だとして、火は反発力だ。つまり、それは結合したものを引き離す。風の元素も、分散するので、やはり結合したものを逸らして脱線させていく。身体は組織が結合したものだが、水の元素に対して火の元素が介入すると、それはどこかが切れて怪我になりやすい。くっついたものが離れる時には、くっつきたいという欲求の部分から見ると、痛みが発生する。土の元素はコンパクトにしていくので、そこには生活というものがあり、水の元素の結合を純化しようにも、そこにお金が足りないとか、働かなくてはいけないとかの話が入り込んでくる。

世間とは雑多なものではなく、むしろ四元素のすべてが入り込んでくる場で、一つの元素からすると、ノイズがどんどん入ってくる場に見えてくるということなのだ。せっかく「杯の6」で純度の高い結びつきを作ろうとしたのに、なぜか20年間も離れていたなどという話も出てくるだろう。他の元素との関係で、いくらでも複雑になる。

ウエイト版では、子供が二人で花を持っているという絵になる。水の元素を純化していくと、結局、それは子供のような純朴さ、素直さ、原点回帰になるので、この絵柄はふさわしいかもしれない。二人だけの世界ができてしまい、他の人は立ち入れないところが、相互陶酔的になるということと、関係において極度に敏感になり、相手のちょっとしたことにも反応するので、これはとても面倒くさい話になる。

水の元素は「気」のレベルの物質なども意味する。そこで動作していなくても、ふっとした気持ちの変化も、相手は察知する。ごくわずかの目線の動き、呼吸の乱れ、空気の変化などはすぐに伝わるだろう。他の人はこういう関係性を気持ち悪いというかもしれない。水の元素の危険なところは、行きすぎると死に至るということだ。それを次に来る火の元素が救済する。

占星術では、水の元素とは、蟹座と蠍座と魚座だ。蟹座は活動サインなので、積極的に関係性を持つ。蠍座は固定サインなので、一度関係すると、断ち切るのが難しい。魚座は柔軟サインなので、自分では積極的ではないが、反対に、まとわりつかれることも増える。これら水のサインはどうしても愛着とか、好きになるとか好かれるとかに関心が強まってしまう。ただし相手は人間ではない場合もあるので、そうなると人目にはわからない。

「杯の６」は結びつきの動機が、愛情とか気持ちだけということは、それ以外にどのような障害があってもものともせず結合するだろうし、そこだけをじっと見ているので、相手が自分にどのような被害を与えても、気持ちに揺るぎがないのならば、すべて許すべきかもしれない。「杯の６」が多め、少し多め、普通、少ないというふうに、他の元素との比率を考えてもよいのかもしれない。

６の数字は、環境との関係で、何か変化があるたびに、常に「杯の６」の方向を選んでいるので、最後は望んだ通りの人生になっていく。人生の選択の連続であるということからすると、「杯の６」の人は気がつくと、まさに「杯の６」の人生になっている。物事が上手くいかないという人がいたら、それは違うものを選択しているか、あるいは違う元素を選ぶか揺れているからだ。

ところで杯、水の元素は、「気」のレベルのもの、エーテル体なども示していると書いたが、気持ちとか情緒、感情などは物質的に見えるものではないし、そもそも物質的なものを必要としないケースもある。象徴を事物から切り離して、象徴そのものを扱える人もいる。

西洋魔術をする人は、五角形は防衛であり、六角形は召喚だと考えている。六角形は、自分の気持ちに相応するものを、空気の中から引き寄せる。有害なものを引き寄せる人がいるとしたら、それは自分の側の三角形が原因だ。生じた結果は、自分をそのまま見ていると思うとよいのだ。

ユングのいう六元型で、男性はアニマが無意識になり、女性はアニムスが未発達な無意識部分となり、それを異性に投影することが多くなるということだが、事物と象徴を結びつける習慣のある人は、具体的な異性に投影する。しかし象徴をそのまま、事物に結合しない人は、イメージの中に、この投影した幻像を作り出したままになる場合がある。軽いものは「イマジナリー・フレンド」といい、エーテル体まで活用した本格的なものは「トゥルパ」と呼ぶ。前者はすぐに消えることが多く、おそらく後者は本人よりも長生きする。

ホドロフスキーのいう自己陶酔的なものは、この他人には見えない分身が形成された時に、最も極端なものになるだろう。そもそもこの幻像は、作り出した本人の生命エネルギーを消費する。

胎児が、母体から栄養を取るようなものだ。若い頃から、全く異性に関心はなくなったという人が少なからず存在する。このような場合、不可視の相手がいるからという場合もある。物質的存在としての人間は四元素を全部含んでいるので、極端な関係になりにくい。しかし、非物質的存在は、純粋にエレメンタルとして機能することもあり、すると人間的なものわかりの良い接触は難しくなるし、容易に異常事態に陥っていく。しばしば生命の危機を体験する。

こうした現象は古い中国の本などには詳しい記述がある。『聊斎志異《りゅうさいしい》』などでも事例は見受けられる。こうした非物質的な異性との接触は「鬼交」と呼ばれ、一時、台湾などでは流行したらしいが、純粋に「杯の6」を体験したい場合には、他の元素を全部持ってしまう人間よりも、水のエレメントの生き物を相手にしていた方が純化された体験になりやすいだろう。

とはいえ6の数字のカードは、具体的に相手との関係を表すだけとは限らず、主体と客体の関係という意味で、自分と環境、事物、現象との関係であり、どのような時でも人生の選択は、この「杯の6」の性質が主導権を握るという意味にほかならない。

金貨の6

小アルカナに関しては、ホドロフスキーの説明は意味不明の内容が多発し、しかも短い文章で明らかに手抜きの内容も出てくるが、この「金貨の6」についても、ホドロフスキーが批判するウエイト版の絵柄の方がノーマルでわかりやすい。しかし、ウエイト版の多くがそうであるというわけではなく、剣のカードなどに対しては許しがたい偏見がある。私が思うに、小アルカナの半数以上の比率で、ウエイト版のカードは使わない方がよいと思われる。

カモワン版のカードでは、6枚の金貨は、真ん中に四つ配置され、上下に1枚ずつ置かれている。四つで「金貨の4」のカードのように基盤を作り、その前提の上で、「忘我の実現を求めて」「過去と未来、高次の意識と無意識、マクロコスモスとミクロコスモス、光と影」に向かうと書いている。つまり、そういう方向にお金を支払いするということだ。となると、日本で、精神世界とは金持ちの道楽といわれているように、実生活としての四つの金貨の配置を超えて、金貨を通じて、自己拡張をしているということになる。それは贅沢というものだ。

6の数字は自閉するのではなく、外界や環境、対象に向かい、そこで自分にフィットしたものと結合する。この結合の仕方や価値観が、四つの元素タイプに分類されるのだ。そこで「金貨の6」では、人生の進路とその選択を、金貨、すなわち土の元素の基準で判断する。金貨はモノなので、いつも見えるものばかりで、これほどわかりやすいものはない。

以前、「主婦の仕事は給料にするといくらになるのか?」という議論があった。子育てなどもすると、とんでもない労力がかかり、夫の「俺が稼いで食わしてやってるんだ」とは、口が裂けてもいえないような状況であることは明らかだが、金銭価値で判断するというのは、「金貨の6」らしい判断法だ。そして、この方が、曖昧さがなくて公平である。

愛情や気持ちに依存して、不正をするのは水の元素。「棒の6」だと志。「剣の6」だと将来展望のビジョンというものでもあり得るが、「金貨の6」だと、この見えない価値観で誤魔化すということができなくなる。しかも土の元素というのは、この中に風、火、水という元素がコンパクトに封入されている。どれもこれもがほどほどの範囲で入っているのだ。ある意味、バランスの取れた判断法をしていることになるのだ。

ずっと昔、私に個人的に教授をお願いしたいという人がいた。「授業料に関しては、いくら高額でも出す」という。その人の言い分では、「払ったものは必ず取り返すということで、習ったことを活用して、仕事にして、たくさん儲けるのだ」というのだ。「金貨の6」は、精神とか意欲とか愛情などに関して、金銭的、物質的、実用的価値で判断するので、混乱することは少ない。

ホドロフスキーのいう上と下に金貨がそれぞれ配置されているということでは、上にあるものは、精神的または宗教的なものに向かう。一方で、下に向かうものとは何だろうか。既に真ん中には4枚の金貨があり、これが物質的基盤だと解説が済んでいる。となると下に向かうのは、物質的に向かうということよりも、さらに下にあるものに向かうということにもなる。

ホドロフスキーは、「自らを他者に開いていく」カードだと説明しているが、下に向かう金貨は、もっと低いところ、もっと地下的なところに向かっている。したがって、ここでは常識のラインを越えてしまう可能性はある。それこそ地下世界に向かう。しかし、正直な話、金貨そして6ということだけで意味を考えるべきであり、このカモワン版の「金貨の6」の図柄は余計なことを語っている。ロゴスからの逸脱、基本から逸れたもので、無視しても一向に構わない。ただ、映像には反応すると思うので、「本来、このカードの意味は？」という点では無視するべきだが、実際の占いの場面では反応してしまうということだ。

ところで、この「金貨の6」の基にある理念は、「6恋人」のカードだが、この「6恋人」には、上空に矢を射ようとする天使がいて、6の数字が持つ六角形的な関係に、天の意志が関与していることを示唆している。つまり、自分で選んだつもりだが、予定調和的に結びつくべきものに結びついてしまい、他の選択は、実はなかったのだと。

グルジェフが西洋社会に紹介したスーフィのエニアグラムは、九つの原理について説明しているが、このうち、私達に見えるものとは、六つの原理だけで、それ以外の三つのものは、視界に入らない。それは見えないパイロット波で、これが6の数字の結びつきを采配しているが、それについて人間の側では気がつかないのだ。そこで、「6恋人」のカードの絵柄は、実は9の数字の法則を表現しており、見えるところでは6だということなのだ。

「金貨の6」では、物資的に見えるものですべてを判断しようとすると思われるし、そこに霊的導きとか、天使の介在などという謎の仲介的なものはないと思うはずだが、それでも9の法則は働いている。例えば、全くお金がない人なのに、ある大きな目的を抱き、「どうしてもそれをしたい」と言い続けると、つまりその目的をひとときも忘れず意識していると、それを果たすために必要な金銭や物質がいつの間にか手に入ったということになりやすい。「金貨の6」においては、どのようなことも、金銭的または物資的な成果に変換されなくてはならないので、友達の助けなどというものではなく、土の元素を表すものが手に入ったとか、何かそういう目に見える成果が必要だ。エニアグラムでいうと、それは破線の三角形で描かれた天使の矢が働いているのだ。

６の数字においての主客の結びつきというものは、自分では選択などできないし、それは必ず９の法則で働いているということを十分に知っている人が、「６恋人」のカードのデザインをしたのだ。選択しているつもりでも、選択なんかできるわけがないと。

６の小アルカナでは、どの元素でも、この破線の三角形の天使が機能しているということも明らかであると思われる。どのような時でも、対峙しているものに対しては、私達は直接結びつかない。そこには必ず、橋渡し的な作用が働いていて、これが触媒として、隠し味的なもう一つの三角形を作り出しているのだ。

LES SEPT

7の数字のカード

7の数字は、音律の七つの音とか、虹の七色とか、チャクラの七つとかに見られるような、宇宙法則を示している数字だといわれる。音階で考えると、七つは上のドから下のレまでか、あるいは下のドから上のシまでで、それぞれの「欠け」があるといえる。この「欠け」があるからこそ、目標地点に向かって積極的に飛び出る、伝達する、という運動性が生まれるのだ。

七番目の天秤座は、外界に対する働きかけが積極的で、誰かに話しかけようとする。それは自分が目標に決して到達できないことがわかっているからかもしれない、ということも含んでいる。完成地点に到達できるのならば、あらゆるものの動き、運動性は止まる。つまり、7はどたばたとうるさいとか、じたばたしているとか、駆け抜けようとする力を表している。

小アルカナカードでは、それぞれの四元素で、この活発な動きというものを示す。

棒の7

小アルカナの7は、「7戦車」のカードを四元素に小分けしたもので、「7戦車」の意味から逸脱することはない。7の数字は音律のドからシまでの音のように、伝達する、駆け抜けるというもので、世界内で動いていく有様を表す。

ドからシにしても、上のドからレに降りるにしても、どちらも寸足らずで、これがいつまでも動き、運動し続ける性質を作り出している。そして目標は永遠に達成しない。ずっと達成しないということが大切なのだ。というよりも、そもそも達成するべき到達点が何かはわかっていない。わかっていないものに向かって走っているのだ。もしこの達成する目標がわかっていれば、そもそも走らない。

そもそも、私達は何か行動する時に、将来にわかる意図というものに引っ張られて行動しており、何か目標とかを決めても、実は、それは場当たり的に思いついたものにすぎず、真の意図ではないことが多い。決めた目標は実現しなくてもよくて、とりあえずそういうスローガンを立てたにすぎず、それが実現することなどあまり多くはない。真の意図は常に違うところにある。

どこに着くかわからない、あるいはどこにも着かないかもしれないで走ることは、走る行為そのものに意義を感じないことにはとてもやる気になれない。ランニングする人は、目標がどことか、あるいはタイムや記録を目指してということを考える人もいるが、そのことで走り続ける意欲を維持することは難しい。走ることそのものの楽しさや快感、何か日常では得られない境地が得られることで、続けることができる。それはランニングハイになり、脳内麻薬で楽しくなるのだというのも、的を外れている。これは側面的説明だからだ。側面的説明は、いつもそのものを説明しない。

例えば、科学的なものの見方は、目の前にある鉄を、構成因子で説明したりして、鉄板そのものを直視しないといわれているが、ランニングそのものの楽しさを、身体の痛みを緩和するために脳内麻薬が出るからだと説明するのは、剣の、風の元素らしい逸脱でもある。風の元素は、あちこちの視点に逸らすことが好みだ。

「7戦車」のカードは、行動すること、走ることそのものに意義がある。しかも世界内。箱の中に閉じ込められた中で走るハムスターだ。惑星の回転に依存して、自分では動いていないが、自分で動いていると勘違いしている。つまり、世界内の新陳代謝を活発にしている。もし、彼が車輪を手に入れてしまうと、世界の外に走って行ってしまうので、今のところ、馬車が大地にそのまま括りつけられているのが正しい。

この性質の棒のカード版が「棒の7」だ。カモワン版の小アルカナカードのデザインは、型にはまった類型的なものなので、これを象徴解読すること自体が無益に見えるが、赤色の中心は、紺色と空色の網目に挟まれている。そしてまた赤色になり、最後は黒色になる。紺色とか青色は、遠い色で、赤色とか黄色は近い色だ。近いというのは個人的に身近に感じること。この個人的に身近に感じるものを、遠い色、紺色、空色が分断する。赤色と青色が格子に組み合わされることは、多分、神経的に摩擦を起こしやすく、というのも、身近なものと非個人的なことが混ざってしまうからだ。

カードの中心あたりはチャクラでもアナハタ・チャクラとか心理的中心なので、ここで個人的なことと、非個人的なところでの葛藤というのがある。

そもそも7の数字はいらつきやすい。というのも、ある方向に走るというのは、落差があるからこそ走ることができるのであり、この落差は、行動意欲を刺激し、また怒り、ストレスなども刺激する。

例えば、収入格差というものがあると、人は怒るだろう。でもそれは意欲を刺激することもある。

ウエイト版のカードでは、高台に男性がいて、下から突き上げる棒に対して、高台にいる男性は余裕を持って下界を見ている。この場合、高台にいるのは、その人の行為が活発に有意義に維持されているからで、その振動の高さによって、自分が高台にいる。棒の、すなわち火の元素においては、自分を有利に立たせるのは、地位とか金銭とかではなく、高度な活動をキープするとか、走り続けるという意味なのだ。このタイプは、怠慢になったり、休憩したりすると、たちまちのうちに力を失い、自信がなくなり、自分はもうダメかもしれないなどとつぶやくようになる。

上に対しても七本の棒を突き出し、下に対しても七本の棒を突き出し、常に活動的であれば、自分のいつもをキープできるのだ。それはとても疲れることかもしれないと思う人がいるが、そのように考える人は「棒の7」のことがわかっていない。

シュタイナーは、数学とは、山羊座と射手座を組み合わせたものだといった。これは山羊座というのは直立・均衡感覚で、固まった座標を打ち立てることだ。それは活動性の死を意味する。その一方で、射手座は運動感覚で、筋肉を使い、移動し続ける。したがって定義し、次に移動し、また定義し、また移動するというのが、この内訳だ。山羊座は土のサインで、射手座は火のサイン。「棒の7」においては、土の元素は停止命令のような作用をもたらし、そうすると、急激に活力がダウンする。つまり座標に向かって走るのではなく、ただ走る行為の中で感じることが、この立場をキープすることにつながるのだ。

カモワン版のように、棒を突き出した先が、赤色から黒色へと変化すると、これは明らかに極端な表現になっていく。紫の先に黒があり、また赤色の先にも黒色がある。つまり、一つのコスモスの上と下の限界点を超えた時に、それは知覚の限界点を超えた黒色になる。ここにほどほどさがなくなるということになるのだが、カモワン版の決まり切ったデザインを象徴解読してしまうと、こういうふうになりかねないので、あまり読まない方がよいだろう。

葛藤から始まり、そして極端な表現で終わりという「棒の7」は奇妙で、時には残酷さも発揮する。この「棒の7」の人は休憩することを恐れる。お休みするとエンジンが止まり、すると立場が転落する。

剣の７

占星術では５ハウスは主観芸術で、７ハウスは客観芸術だ。これはハーモニックでも同様で、ハーモニック７になると、それは開花するもの、他の人から認められるような現れ方をする。５の場合には、まずは他人の反応などを気にしておらず、自分の中にある動機でのみ働きかけをするので、周囲は拒否反応を示すこともあるのだ。

剣のカードとは、風の元素であり、それは言葉や知識、情報、開かれた視野などを示すということは、７の数字では、その人の言葉が人に受け取られ、認識されることを意味する。ただし、７は完結しない。つまりドからシ、あるいはドから降りてレまでなので、とことん伝わったということではなく、そこに向かっていることがわかる、という種類のものだ。

確実に伝わると、ここでこのサーキットが閉じてしまう。それは７の数字の死を意味するので、７である限りは、伝わろうとして向かってくるものがあり、それはまだ届いていない、運搬中であるということである。５の数字の場合には、自分からの動機しかないので、相手に向かっておらず、それはどこか見当外れのところに飛んで行くのかもしれない。

カモワン版のデザインでは真ん中の剣が青くなっており、それぞれ奇数の「剣の３」、「剣の５」ではこれは赤い剣だった。「剣の6」では切り取られた茎だった。囲まれた六本の剣の中に、この青色の剣があり、先は外に飛び出している。遠い色としては、紺色よりも青色の方が集中力は弱い。紺色とか濃い青色は、凝縮した精神とか知識を表すが、空色はぐっと一般論的で、多くの意見に迎合したものであることが多い。赤色と黒色の剣の包囲、あるいは青色と赤色の格子という葛藤の中から出てきた剣の空色の先端は、既に力が弱くなっているようにも解釈することができる。

これはあくまでカモワン版の図版に対する解釈であり、本来の「剣の7」というものの正当な意味ではない。

ウエイト版の場合は、戦場からこっそりと剣の束を持って逃げ出す人を描いており、裏で画策するとか、人を騙す、出し抜くなどを表すカードとされている。基本的には協調することではなく、自分で自由に決めたいということでもある。5の数字においては自分で勝手に決めていく、ある意味、空回りするということで、まだ他の誰かとの関係が壊れるというところまで至ることはなかったかもしれない。しかし、7は関係性を既に作り出した段階で、一人で勝手に決めていくということもあるので、それが背信行為とか、欺くということに結びつくという話だが、このウエイト版のカードも、ひどく偏ったものであることはいうまでもない。

そもそも「剣の7」に逃げ出すという意味がないのだ。ホドロフスキーは「棒の最大の能動性はすべてを作り出すことであり、剣の最大の能動性はすべてを空にすることである」と述べているが、棒は増やす元素であり、一つ、二つ、三つ……と増えていく。それに比較して、剣という風の元素においては、一つのものを内部的に二つ、三つ……と分割する。

それは類化や別化により、ある一つのかたまりを見て、中にスパイスが20含まれていて、この食材とこの食材があるというふうに分析するような姿勢に見えてくる。たくさん増やしすぎると、無限になる。たくさん分析しすぎると、最後は無意味になる。末端部においては、全体と切り離された無機的な要素としての無限性が現れてくる。そのような意味では、棒も剣も、行き着くところまで行くと無となる。これは視点が逆になっているだけなのだが、少なくとも、剣、あるいは風の元素は、一つのかたまりを要素分解して、関係性の意義そのものを壊してしまう場合があるのだ。

7はある方向からある方向への関係性を構築すること。しかし、要素分解することで、ここに決まり切った関係性の名前が失われてしまうことがあるのだ。「友達」といった時に、「では友達とは何だ？」となり、その定義についてあれこれと考えた挙句、友達の関係に必要なルールなども成り立たなくなる。

占星術で風の元素の一つは双子座で、これは柔軟サインだ。つまりこれは定義を次々と変更していき、意味の固定されたものがなし崩しになることも多い。双子座は意味の転覆ということをしたがる。そして約束とか、信頼性の高い関係を壊したり、下剋上したり、思い込みの弱点を突いたりする。双子座の8度はストライキの度数だが、資本家を打倒し、その財産を労働者が奪うことを意味しており、何か価値があるものを見ると思わず引きずり落としたくなる度数だ。それは9度あたりでピークになり、認められたものは否定するという方向に行きかねない。

「剣の7」には敵前で逃げ出すという意味はない。しかし関係性の意義を壊してしまう性質はある。あれこれ考えてみて、結果「それは無意味なんだ」と言い出すようなものだ。7の数字は常に走るので、知性がずっと走ると、あれこれあれこれ考え、こねくり回し、結果的にとんでもない結論にもなったりする。7はじっとしていられない。放っておくと、正反対のことをいいかねない。

人間は火、風、水、土の四元素で成り立っているので、このうちどれか一つを取り出し、それを強調すると、いずれにしても「全体的意味」というのは失われる。どの元素からアプローチしても、それは全体性を破壊する。風の元素の壊し方は定義や意味、言葉などが不穏な動きをすることだ。7はじっとしていられないので、一番の味方が、ある日どこでどうなったのかさっぱりわからないが、敵だと思われていたりする。

7がいつもいらいらしているからなのだといえば、それで納得するものなのかもしれない。黙ってぴたっと座っていることができない。

私は子供の頃に、親から望遠鏡とか、腕時計とかもらうと、即座に分解し、いつも組み立てることができなくなった。つまり壊さずに持っていたものは何一つないともいえる。これも「剣の7」の意味に含まれるかもしれない。

杯の7

小アルカナの7の数字のカードは、すべて「7戦車」のカードに従属するもので、その四分割のものである。「7戦車」は、特定の星系に保護され、天に対しては頭が開放されており、決して閉鎖的なものではない。保護されているが、しかしそれを意識化できない段階にある。何か保護されている感じがあるが、それがどこなのかわからない。そして世界の内部を活性化していく。つまりどこかよその世界に向かう意志はない。

「剣の7」でも、知性の方向から乱反射するように、あるいはどこまでも屈折するように働くかもしれないが、これは世界を多彩にするということにも貢献する。ありあまる剣の力が、あちこちを刺したりするのだ。

この点で、情緒や感情、愛情、気持ちなどを示す杯のカードも、7になると、「7戦車」のような活発さが現れていく。つまり単純に、情緒の戦車というふうに見てもよいことになる。実際的なことに積極的に向かうのならば、それは金貨の、土の元素の戦車だ。情緒を示す杯の戦車では、実際的なことに向かうよりも、まず水の元素そのものが活性化しており、何に向けてというよりは、水の元素そのものの変化に目を向ける。しかも愛情のターゲットがはっきりしている場合は、「杯の6」の方がふさわしいだろう。

杯は、比較的受容的であるとすると、「7戦車」のカードが上空でつながっている天空の力、コンステレーション、恒星の力を目いっぱい受容すると考えてもよいのではないか。それらはいちいち地上的な行為をすることの活力源になるが、星の力を受けた上で、地上で何か具体的な行為に転換するのは難しい。なぜなら、星の力は、地上的なものに変換できるほどには限定されていない。

例えば、星の力を受けて、地上の街づくりをして、それを夜の星座の模写の形にしていくというのはあり得るかもしれない。竜安寺石庭や、ピラミッド、江の島の神社、さまざまな建築物が、天空の星を象《かたど》ったものであった。

ホドロフスキー式に、大アルカナを二段に組むと、10の台の上で、「17星」のカードも、7の数字に照応するものになる。「7戦車」では、天空の力に開かれておりながら、その影響は全く無意識だったのに比較すると、「17星」のカードでは、その力を受けて、そのまま地上の池に、すなわち共同体に流し込むということをしている。

「17星」と「7戦車」の違いは、まず「16塔」の段階で、いったん実際に星に飛んで行ったという経過があることだ。「17星」のカードの女性は一度星に飛び、そこから戻ってきた。「7戦車」で漠然と思っていたことを、「17星」のカードではっきりと意識的に受け止めている。

「7戦車」の杯のカード版で、星の力を受けながらも、具体的にその状況について理解できておらず、受け止めた力を、思いつく限りに地上活動の中でちりばめていくというのが「杯の7」だ。そしてそれは気持ちの世界で行われていく。

ウエイト版のカードでは、多彩な夢見が行われているような絵柄だった。いろいろたくさん思いつくが、それらはみな夢想的で、現実には実現しにくいというもので、これを否定的に捉える人が多かった。しかし、これを否定的に見ることはできない。というのも、いろいろ夢想するが、現実にはそれは形にならないというのは、土の元素のカードでいうことであり、そもそも杯のカードにおいては、そのように形にすることを想定していない。それは気持ちの盛り上がりであり、夢想の段階で広げるので十分だ。

実際的な世界では身体は重く、ちょっとした荷重にも耐え切れない。温度にしたって、50度以上になるともう身体は耐え切れない。二十時間くらいしか起きていられない。何も食べないと空腹で動けなくなる。こんな制限だらけのところで、水の元素の夢見は、そのほとんどは実現できるわけはないのだ。「ピラミッドを見たい」というと、数秒しないうちに見ることができるようにならなくてはいけない。

「杯の７」で、まるで乱射するように夢見たことは、夢日記をつけるか、創作で書いていくか、絵にするか、歌にするか、ブログに書きまくるかで表現すればよいのだ。生身で何か実践しようとするのは、土台を間違えている。

「７戦車」も「17星」も７の法則の適用ということを表していて、「７戦車」は地上のドからスタートするので、一番上はシになり、天空に届かない。「17星」は天空から降りてきたので、上のドから始まり、下はレまでで止まり、空気にまでしか降りてくることができない。どちらも併用することで、７の法則を持ち込むことを意味するのならば、この「杯の７」においても、心理や感情、情緒などで７の法則を表すことが好ましい。

音楽は、基本は七音階で、たくさんことを多彩に表現できる。半音ごとに分解して十二音技法という時代もあったが、どういうわけか、無秩序が支配して、情緒の決まった定番的な表現がしづらくなった。結果として、また衰退して、今は七音階の音楽ばかりが横行している。私は個人的には十二音階が好みなのだが、リズムが壊れていくというのが、どうも解せない。

例えば、この「杯の7」のカードは、七音階で多彩な音楽をたくさん作るということも、このカードの表現の一つだと思う。多彩にするには、現実原則とか土の元素の影響を受けすぎてはならないのだ。土の元素の要素が入り込むと、時間と空間の制約が大きくなり、サーカスやパレードのように賑やかに広げることができない。

ウエイト版のカードの解釈にありがちな、実らないもの、という意味づけはここでは使わない方がよいだろう。土の元素の価値観から見ない方がよいのだ。

7の法則は、下から行くと十分に上に届かない。上から降りると、地上には降りてこないというものだったが、夢はどちらなのかというと、夢は肉体から遊離している。シュタイナー式にいえば、寝ている時、アストラル体は肉体から離れていく。エーテル体は肉体にとどまる。とはいえ、アストラル体の体験を肉体に伝達する触媒はエーテル体なので、身体にぴったりと張りついているわけにはいかず、身体の周囲に漂うようなかたちになる。

アストラル体が離れても、自我がちゃんと機能すると、これは明晰夢となり、アストラル体験に書き込みをすることができる。つまり、それは正統的な経験であると分類される。肉体から離れているので、そして低限はエーテル体なので、夢は、上のドから降りてくる七法則を取り込むことができる。

個人的な話であるが、私の夢は、多くの宇宙知性との会話が毎日続いているという状態だ。いろいろな異次元的な要素が入り込んでいるので、これはとても多彩だ。となると、これこそ明らかに「杯の7」の状態であるといえる。これらは上のドから降りてきて、下はレ止まりの、空気あるいはエーテル体までしか降りてこないので、何一つとして形になることはないし、地上の生活には何一つ貢献しない。むしろ貢献すると困ると私は思っている。地上生活は、一つの機械の世界で、肉体を維持するのに決まったルールが必要で、予想外のことが起きてはならないし、時計が規則的に動いているのとあまり変わらない。そこで何か面白い刺激が起きても、それは著しい制限を加えられている。地上でレジャーをしても制限がありすぎて、あまり面白いようには見えない。

水の元素と土の元素を混ぜてはならない。土は土、水は水だ。そして風は風、火は火だ。これらを混同しないで使い分けすれば、それぞれの元素は対立物で苦しまなくて済む。火をしようとした時に水をぶっかけたり、水を土の世界で実現しようとしたり、という混同をすると、それぞれの可能性はおよそ台無しになると思われる。すべては期限つきで、違う元素に交代するということを意識した上で、「杯の7」も積極的に活用するのがよいだろう。

小アルカナのカードは、四元素に分解したものを表しているので、これは世界の中にあるものという限定、ないしは世界に向かうものという限定があり、つまりは「10運命の輪」のカードよりも先に進まない。だから、小アルカナの数札は10までしか必要がない。反世界的四元素というのは聞いたことがないので、11以後の展開はないのだ。ということは、「杯の7」の夢見も、ひねくれたものはあまりないといえる。ひねりのない夢見は趣味にうるさい人からすると、あまり面白みがないかもしれない。

金貨の7

ホドロフスキーは、カモワン版のカードでは、中心部に三角形配置の金貨が3枚あり、外側の四隅をそれぞれ金貨が包囲しているということから、四角形の中の三角形ということを取り上げている。

四角形はタットワでいうと土のプリティヴィで、黄色の正方形で表現される。中にある三角形は、火のテジャスで、赤い正三角形で表現される。土の中の火というのは、火が拡大することに制限があるが、同時に、風にあおられない竈の中にあるようなもので、長持ちする。

土の元素は冷・乾という定義だが、中に火があるので、やや熱・乾というものになる。火は拡大・活性化の作用があるし、精神的に意義があるものを示す。土は内部から拡大しようとする働きかけを受けることになる。土の元素の最も弱点といえるものは、保守、停滞というものだったが、ここでは増える土という傾向を帯びることになる。

北海道の阿寒湖に行った時、火山の熱が伝わる土地があり、そこで、真冬でもコオロギが生きているという話だった。湖は暖かく、長いゴムスーツを着て、湖の中に立って釣りをしている人を見かけた。成長力のある土ということになる。

「金貨の7」は「7戦車」のように突進する土の元素という意味だが、これは生産量を上げていくことを表している。だからウエイト版では、たくさん生産される作物を描き、そのそばで、考え事をしている男を表現していた。土の元素には、水の元素のような気持ちや情緒がこもらない。棒の作用のように興奮もない。だから、生産量が増えても、そこに感動がないと言うことに不満を感じている男だ。

気持ちのこもらない製品の量産は、今日の工業製品のようだ。とりあえずコストを下げて、量産する。作れば作るほど、後悔するところが出てくる。金銭的には喜ばしい成果が得られるが、他の元素からすると退屈ということだ。

ホドロフスキー式に、火のこもった土ということを考えると、反対の意味になる。火は意欲だし、盛り上がりだし、創造的な気分に満ちている。これを土の元素に封入することで、気合いの入ったしろものがたくさん増殖していくということになる。火の元素は土に閉じ込められて息苦しさを感じると、その腹いせに、土の生産品を大量に作り出し、模擬的に、爆発しているかのように見せかけて、代替的に満足する。

ホドロフスキーは、これはキリストがマリアの胎内に入ったことと結びつけており、なぜそんなところに話を持っていくのか意味不明だが、しかし、その結果として、キリストがマリアを聖なる存在に変えたという部分だけは考慮してもよいかもしれない。つまり、内部にある活性要素は、土の元素の質を上げる傾向があるという点だ。それは特に無気力な性質を改善する。土の元素はある意味、死んだものだが、ここでは死んでいる比率が少な目なのだ。しかし、この火が含まれた土という見方そのものが、明らかにここでは間違っているともいえる。つまり、「金貨の7」ということだけで考えるべきだからで、カモワン版の絵柄は脱線だが、7なのだから、活発な土という意味は残る。

7の数字が示す積極性や能動性、駆け抜けるような力、押しの強さは、すべて金貨、土の元素で表現されなくてはならず、「杯の7」のように夢の中でとか気持ちだけというのは許されない。常にそれは証拠物件を提示しなくてはならない。これだけやりました、と目の前に見せなくてはならない。

カモワン版の図柄の話に戻ると、三角形と四角形の関係は、まるで波動と粒子のような関係にも見える。事物はすべて波動と粒子でできている。するとカモワン版、あるいはホドロフスキー的解釈の「金貨の7」は、波動的要素が強い粒子ということになる。これは油断のならない物質であるということだ。波動になることを待ち構えている粒子。どちらかというと波動的なものは量子に近く、粒子はニュートン物理学の領域に近い。量子的になると、およそ時間と空間、寸法などの秩序は乱れて、計算通りにはいかなくなる。

このカモワン版、あるいはホドロフスキー的なカードは、真ん中に三角形があり、外側に四角形があると説明されているが、しかし、中心のある五つのユニットと、上に二つ、あるいは下に二つという配置にして、5足す2というふうに解釈することも可能なのではないか。

5の法則は、仲介的な要素が何か二つ加わると、7に変貌することができる。

例えば、「5教皇」は、単独では地上に何も伝えられない。そこに二人の信者が加わり、昔懐かしい言葉でいえば、彼らがアッシー君になることでどこにでも行ける。2の数字は潜在的資産という意味もあり、5の数字は地上の潜在的資産を、自分の遊び目的で活用する。5は真剣すぎない。基本は、自分の都合だけで考える。となると、逆に天上に二つあり、地上に居座る5は、それらを遊ぶということも考えられる。

5の数字と7の数字は、主観的なもの、客観的なものという対比があり、それは思い込みが人から見えるものになるか、あるいは、ならないままかの違いだ。「5教皇」も、信者がいないのならば、彼の活動はただの思い込みで、誰も相手にしないかもしれない。

LES HUIT

8の数字のカード

8の数字は圧縮するとか、統合化するとか、生命感覚を高めて、より高度な意識状態を獲得するというような性質を持っている。

日本で8の数字は「幸運」とか「末広がり」といわれていたのは、エネルギーが蓄積されて、より優位な人生へと導かれていくからだ。もちろん、忍耐強さとか、溜め込むまでは待つという点で、浪費をしないし、目的を持つと、それを確実に達成するなどということも出てくる。

反対に欠陥があるとしたら、柔軟性がないとか、周囲に振り回されないというのが、マイナス面と見られてしまうということだ。これらはほとんど8ハウスや蠍座の特質と変わらない。数字のロゴスとして共通しているからだ。

小アルカナカードの場合には、これを四元素に分けていく。占星術の場合、蠍座はもっぱら水のサインなので、他に、風、火、土の元素において数字の8はどうなるのかという違いが、小アルカナカードでははっきりと説明されていく。風の元素ならば、知識が蓄積されていく。

ウエイト版などでは、元素の違いによって否定的だったり肯定的だったりするが、そのような違いは存在しない。それぞれの四元素の領域で、パワーを溜めるというような感じで、シンプルに考えていくとよいだろう。

棒の8

8の数字の小アルカナカードは、4枚とも、「8正義」のカードに従属し、その部分的な表現である。したがって、「8正義」のカードの絵柄が、全体的にゆがんでいて、何かしら考え方の偏りを表しているが、本人は気がつかないという要素があるとしたら、この小アルカナの8のすべてにおいても、その傾向は含まれているということになる。とはいえ、これは8の数字の本質面ではなく、カモワン版のカードの持つ特殊な特性だ。

8の数字7と違って、外に広がろうとする気配はない。オクターブでいうと下のドの音と上のドの音を手中に収め、七つの法則を思いのままのサイズに封じ込めることができるのだ。7は世界内を駆け回るという性質だが、この世界のサイズを小さくすると、その小さな中を「7戦車」は駆け回る。小動物を買ってきて、小さな箱の中で飼っているというようなものだ。つまり8とは、立方体の箱そのものの役割を担い、そこから7を決して逃さない。

この立方体の箱は、ここでは棒の、すなわち火の元素でできている。炎で作られた箱を想像すると、これは火事場で、火に囲まれた情景を連想する。あるいは棒のカードなので、木の棒を組んで作った立方体の箱だ。8は内側にエネルギーが集中する。8は蓄積、凝縮などを意味する。

例えば、八番目のサインである蠍座は、1度に「満員のバス」というシンボルがあるが、これは一台のバスに、乗車率120パーセントくらい人を詰め込んで、観光に出発し、感動を全員で共有するというものだが、感動はバスいっぱいに詰まっていく。

蠍座は生命感覚のサインだが、それは充実感とか感情の圧縮でもあり、詰めるほどに濃くなる。炎で囲まれた箱、あるいは炎で作られたバスの中に詰め込まれて、火の元素が示す精神性、高揚感、抽象的で概念的な哲学性に向かうことなどが凝縮されていることを表している。

私はこの原稿を毎日1万字くらい書いている。休憩時間なしにずっと書いていると、やはり意欲は集中し、意欲は高まり、これに比較すると、日常の状況というのは退屈で、気の抜けたもので、そこに集中性がないので、できる限りそれを減らして、集中的な書く作業に戻ろうとする。

8の数字は、エネルギーを散らすことはない。なぜなら、それは箱だから。もしくは圧力窯のようなものだから。圧力窯の中では、玄米の殻も簡単に破れてしまう。こういう状況では、日頃は思いつかないようなものもたくさん出てくる。アイデアとか考えというのは、精神が集中すると、そのレベルに応じたものが出てくるものなのだ。

囲まれ、漏らさない中では、精神は密度を高め、活動力は加速する。また、もし外に飛び出すことがあったとしても、溜め込みが強いので、飛び出す時の勢い、速度は上がる。

こういうことを踏まえて、ウエイト版のカードの図柄は正しいだろうか。棒が空中を飛んでいる有様を描いたこの絵は、素早く飛んでいることを理解できるが、そもそも８の数字の溜め込み、圧縮ということが前提として描かれていない。溜め込み、バネが強く押し込められて、そして飛び出すということが、ここでは強調されなくてはならない。しかも火の元素がそのように圧縮するのだ。まるでそれは爆発するかのように強力だ。しかも、８の数字なので、実は飛び出すことではなく、その前の箱の中に日々蓄積され、圧縮されていくということが主眼だ。

８の数字は17と違って偶数であり、圧縮しても飛び出さず、そのままさらに圧縮することができるという特性がある。濃縮還元ジュースは、運搬費を節約するために、現地で取れた果物などを乾燥させ、圧縮し、思い切り小さくして運ぶ。そして到着した工場で水を入れて元に戻す。この縮めるということが、８の数字では底なしでもあるということだ。それに小屋を小さくするのなら、中の住人も一緒に小さくすればよい。

そう考えると、ウエイト版のカードの絵柄は、こらえ性がなくなり、外に棒が飛び出してしまった。それは８の数字の失敗を意味するかもしれない。８の数字は、この我慢するというのも大きな特徴なのだ。蓄積ということと我慢というのは密接に関係しており、我慢できないのならば蓄積できない。ウエイト版の「棒の８」はダメな「棒の８」を描いており、つまりはこれを描いた画家の性格を描写したのだ。

創作でいえば、推敲に推敲を重ねて、文章をどんどん短くしていき、無駄を省き、さらに新しい内容を詰め込み、ということを繰り返していくことを意味することになるだろう。8はあくまで内向きだ。

ホドロフスキーは、「官能性は昇華される。我々は散り散りとなっていた状態から凝縮した状態へと移行する」と書いている。これはリビドーの昇華らしく、「目下の創作行為へと自分の全エネルギーを注いでいる」状態であり、「次にやってくるのは、変化か死かのどちらかである」と書いている。

8の数字を説明するために、蠍座を引き合いに出したが、蠍座においては、この変化と死は同じ意味だ。つまりこれまでの人格が死に、新しい人格が形成される。この古い人格が死ぬまで、圧力をかけ続けるのだ。2度に「割れた香水瓶」というシンボルがあるが、香水瓶とはこれまでの人格で、バスに詰め込まれた挙句、割れてしまったのだ。つまりこの「棒の8」は、これまでの人格が死に、新しく変容するまでは、集中と圧縮をやめないという意味も成り立つ。ウエイト版のカードのデザインは、死ぬ前に逃げ出した。

もし論戦をするなら、この「棒の8」は、相手に死をもたらす力でもある。蠍座は怖いサインだといわれているが、それは力を溜め込んでしまうからだ。果たしてこれが昇華の作用なのかどうかわからない。しかし蠍座には、昇華という項目も後に出てくる。23度に「妖精に変化するウサギ」というものがあり、ウサギはどんどん子供を産む官能性の象徴だ。それが物質的には非生産的で、洗練された生き物と思われている(実際には見たことがないのでよくわからない)妖精に昇華されていく。この洗練は、閉じ込められた器の中で、千回の蒸留により行われる。箱に閉じ込めることが、繰り返される蒸留に結びつくのならば、それは昇華する。

剣の８

「８正義」のカードでは、片手に天秤を持ち、もう片方で剣を持っている。そのためまず比較したり、考えたりして、その後、決定としての剣を持ち出す。一度剣を持ち出してしまうと、二度と変更はない。しかし「剣の８」は、最初から剣で、しかも八本あり、剣で作られた立方体ということになる。天秤による比較はなく、剣すなわち風の元素が示すロゴスや言葉、知識、情報が、世界を取り囲むのだ。というよりも、言葉や知識、情報によって作られた世界がここにある。

私達は身体、感情、思考の三つで形成された生き物だが、思考が優位に立つ人は、感情というものは思考によって形成された範囲の中で働くと考えるだろう。それは間違いではない。ある段階においては、思考の未発達部分を感情は助ける。

これはグルジェフのエニアグラムでは、思考のミの音に対して、宇宙に飛び出し戻ってきた感情が付加ショックとして働くということだ。その後、思考が高次な思考にまで発達すると、もう感情は追随不可能になる。感情はずっとあるところにとどまり、思考の向かう場所には到達しない。

この究極のロゴス、というよりロゴスの先にある思考の力は、感情の性質を作り出し、感情はこの思考の作り出した枠組みの中でのみ活動する。しかしもっと普通の、低次なレベルにおいては、通常の思考は、感情ほど敏感でも高速でもなく、感情の助けがないと、ほとんど何も思いつかない。

「剣の８」の知性は、果たしてどちらの側なのかは、全く指定されていない。この知性とか言葉が、身体とか感情とか、世界を縛り、身動きできなくしているのか、それとも、大きな宇宙を作り出し、保護する力となり、この中で、身体や感情は楽しく遊んでいるのかわからない。

ウエイト版のデザインでは、最も低質な段階を表しているようだ。ここでは予断とか知識が、女性というわば、柔軟な受容性とか感情の象徴であるものを拘束している。

「お化けが怖い」というと、お化けは存在しない、お化けなんて非科学的だという人がいるとする。そのことで、お化けに遭遇した時の、ドキドキ感を味わうチャンスは失われる。心霊的なものは存在しないといわれると、感情は失望する。というのも、感情は未知なものに出会いたいという気持ちを抱き、反応すること、楽しむこと、ドキドキすることに一番興味がある。心霊的なものとは見えない世界のことで、これは感じるが肉眼では見えないという意味だ。見えないけど、気配を感じる。こういう時に活用できるセンサーとは感情しかない。感覚器官はここでは役に立たない。

左脳と右脳という議論が昔あった。女性は全体に右脳が強いわけでなく、言葉の左脳の方が強い。男性は言葉の左脳よりも、直感的な右脳の方が強い。しかし、女性は右脳と左脳をつなぐ脳梁が太く、その結果として、右脳と左脳の連絡がより強く働くのだ。その結果として受け取った印象に飲み込まれていく率が高まる。

右脳の直感的要素が強く、言葉の左脳が弱い人は、堂々巡りをすることが多く、だいたいいつも同じパターンのところを巡る。というのも、左脳が言葉で定義すると、それをもとに、次の場所に行くことができるのだが、左脳が弱いと、右脳は同じ場所をうろつくのだ。言葉で決めてしまうと、だいたいそこにはもう戻らないというか、決まったことは放置する癖があるのだ。「自転車とはこんなものだ」とわかっている人は、町の中でいちいち自転車を見ない。そのため、左脳的な言葉による定義は、それを踏み台にして次に行くことのできる台座を形成するのだ。

低次な状況を表すウエイト版の「剣の８」のカードは、女性の行ける場所をどんどん追い込んで、狭くしている。これはとても息苦しい。しかし本来、「剣の８」にそんな作用はない。というよりは、間違った使い方をすれば、このようになるということだ。だからこのカードを描いた人の知性とは、こんなひどい状態なのだと考えた方がよい。つまりこの人物は、知識は女性の直感を台無しにすると考えている。そして良からぬ教育は、人の感性を壊していくと見ている。

タロットカードは、こんな下世話なことに活用されるものではない。本来の意義を提示するべきだと考える。ただし、占いだけに特化し、世間的な話題だけに終始するのならば、このカードのデザインでも使えないことはない。とはいえ質が悪すぎるので、私ならば使わない。

８は圧縮し、凝縮し、昇華の方向にも持って行く。ホドロフスキーは、剣のすなわち風の元素は無に向かっているというが、実は、それは正確な話ではない。土や水の元素から見ると、無に見えるが、言葉の先、ロゴスの先にあるものを目指しており、無に見えても、実際にはそれは無ではない。ただイメージで追跡できず、感性とか感情でも追跡できないので、それは無に見えるのだ。

高度な思考が到達した領域に、感情はついていけず、その手前で感情は仮死状態になる。思考がこれは無ではないと言明しても、それについて、他のものすべてが、それを確認できないのだ。カバラはこうした領域について果てしなく追及しようという根性があるので、無の相対性ということについては詳しい。

「剣の8」は、突き詰めて突き詰めてというふうに、知識の面で純度を高める。「棒の8」では増やしていくというものが、剣では、余計なものを除去するという方向に向かうと、減らす力が働き、浄化という作用は、むしろより高度な精神の世界に入っていくという意味になる。8の数字は余計な脱線をしないという性質があるので、ファジーな揺らぎ成分がない。

ホドロフスキーは、このカードは、最終的に仏教の空を目指しているというが、それは時と場合により、読み方を変えていくべきだろうとは思われる。徹底して突き詰めていくということで、中途半端ではないことも多く、時には人を追い詰める面も出てくるかもしれない。理論的矛盾を突くというのは簡単そうだ。

杯の8

この杯、すなわち水の元素の8について説明する際にも、占星術の八番目のサインである蠍座の特徴を参考にしてみよう。牡牛座、獅子座、蠍座、水瓶座という固定サインはちょうど真ん中に、固定サインが示す四元素の所有のピーク点がある。蠍座の場合、そもそも黙示録で、四つの獣のうちの、鷲を示す場所で、地に落ちたた鷲が蠍といわれている。そして蠍は力を溜め込み、内部に、強力な生命感覚、充実感を作り出すことで、だんだんと振動がせり上がっていき、もともとの鷲の場所に回帰する。これは蠍座の支配星である冥王星が、太陽系の外との扉を表しており、外宇宙との接点を作り出す場所だともいえる。

「杯の８」とは、水の元素を、８の数字らしく立方体の箱の中に蓄積し、凝縮していくことで、外の領域とつながる場所に到達するということだ。ウエイト版の「杯の８」では、またもやそれを否定的に捉えた。外の領域と接点をつけることは、この世から退去することであり、それは夜逃げのようなものなのだと。しかし鷲と接点を作ると、これはこの世界においての権力を得ることにも通じる。それはしばしば強烈な支配力である。しかしタロットカード占いでは、絵柄にも反応するので、ウエイト版を使う限りは、その絵に影響を受ける。その都度、誤謬を取り除くのは大変だ。

人と人のつながりや集団性を形成するものとは結合力を示す水の元素なのだ。「剣の８」は無に向かうとしても、水の元素と土の元素は決して無に向かうことはなく、有限の世界とかこの世間から退くような気分を最初から持っていない。

水の元素は感情とか情緒、心理、気持ちなどを示すので、８の数字の箱の中に入ると、そこで気持ちはどんどん濃くなり、凝縮されていく。そして早くも個人の人格を壊してしまい、もっと奥にある本心とかを引き出して、それと深いところで結びつくようになる。何か深い絆を作られてしまうと、誰もがなかなか逃げられない。密室的な愛とでも呼べるだろうか。このような風通しの悪いところで、密度の高い関係が形成される。

「棒の８」では、変性か死かという話だったが、水の元素での死の彼方には、さらに深い心霊的な結びつきがあるということだ。水の元素は結合、一体化なので、どこまで行ってもそれを追求する。

このカモワン版のデザインでは、真ん中に二つの杯があり、上に三つ、下に三つという配置になっている。これはしばしばこれまでも説明してきたマカバ、すなわち星型正八面体の構造のある側面について描いたようなものでもあるかもしれない。上から来た男性型の正四面体と、下から来た女性型の正四面体は、真ん中で結びつくが、その時にアナハタ・チャクラあるいはティファレトは二分された構造を持つ。上の正四面体の一つと下の正四面体の一つがアナハタ・チャクラを作ることで、合計で七つのチャクラを表していることになるのだが、真ん中では、大きなアナハタ・チャクラの中に、小さなアナハタ・チャクラが包まれた形になる。

小さな方は上からのもの、大きなものは下からのもので、大きなものは身近な対人関係においての包容力のようなもので、小さなものは、もっと広範な範囲で働く博愛的なものだ。というのも、そもそも上の正四面体は、具体的な環境に接しているものではないので、具体的な誰かとか、対象がないのだ。下の正四面体は身体的な生活をしているところで芽生えたものなので、そこには知り合い、身近な人、家族、つきあう人などとの関係での包容力が形成される。

このカモワン版においては、ある意味、中心で揺れ動くアナハタ・チャクラが存在しているということにもなる。

例えば、政治家になって、国のことを考える人でも、まずは家族のことを最優先するかもしれない。あるいはそれを犠牲にしなくてはならない場合もあるかもしれない。この選択をすることで、上の正四面体と下の正四面体は結合し、また呼吸する。

蠍が上昇して鷲になった時には、この個人的な配慮の要素は消え去っていく。つまり、この「杯の8」は、いろいろサイズがある。そもそも水の元素は結合、一体化ということで必ず集団化する性質があり、弱肉強食の原理が働き、大きなものは小さなものを飲み込む。「杯の8」は、増大化する傾向があるのだ。そして外宇宙の力が入り込むと、さらにこの力は強まっていく。

鷲というのは、かつて鷲族といわれたプレアデス、とりわけアルシオンの象徴だともいわれた。日本でならば、プレアデスというのは、アマテラスのことだ。それは農耕生活を創り出し、定住し、集団化し、都市を作り、労働を作り、ヒエラルキアを作り、というふうに社会化の方向に向かった。スサノオがアマテラスの畑を荒らしたのは、こうした権力構造を批判する精神がスサノオにあったからだ。上から来た正四面体の力が優勢になると、集団化の力はより大きくなるだろう。

「剣の8」が知性を突き詰めること、「棒の8」が意志の浄化という点では、「杯の8」においての浄化とは、感情を根底的に煮詰めていくことであり、これはさまざまな感情体験をしていくことが必要だ。しばしば8の数字の感情というと、深層心理などにも関係するが、深層心理は極めてもしようがない面がある。というのも、それには果てがない、終わりがないのだ。ある段階からは個人という領域を超えて、さらに先に進み、すると感情は個人とは離れた非個人的なものとなり、自分で耐え切れないところまで行くが、しばらくすると慣れてまた先に行こうとする。

8の数字のカードには、底なしの要素があるというのは、どの元素においても共通している。これは密度を高めることに底なしになる、という意味で、時には深刻であったりすることにもなる。

金貨の8

カモワン版のカードのデザインについて、ホドロフスキーは、外側の4枚の金貨は物質的安定を、この中にある4枚は霊的な四角形を作り出すと説明している。4枚のセットの柱が二つ立っているようにも見えるし、また陰陽二極化した2枚が、四つの階層にまたがっているようにも見える。どの視点に合わせたらよいのか、正直、よくわからない。ただ各々の金貨をパーティションで切るようにして、隙間に植物が配置されている。そしてどういう配置であれ、金貨が8枚並んでいるということは、8の数字の圧縮、集中、管理などの性質であることははっきりしている。

蓄積を意味するという点で、ウエイト版では、見習工の絵を描いており、これはこつこつと学習することで技術が身につく、それに具体的な技術とはたいていの場合、土の元素に関係したことであるということなのだろう。若い人が学ぶということについては、「金貨の8」そのものにはそういう意味はない。が、生命の樹で、この8は知性を意味するホドのセフィラに関係するので、勉強する、練習する、知識を蓄積する、また学生のようなものだという性質から考えたのかもしれない。

ウエイトが在籍していたゴールデンドーンは、小アルカナの数字をそのまま生命の樹のセフィラに対応させたので、8のカードでは、必ずホドのセフィラの意味が含まれている。このウエイト版だと何となく頼りない、見習的というイメージがあるが、「金貨の8」の数字、そもそも8は完全管理力のようなもので、最も安定し、確実であるのだから、解釈の食い違いは大きいかもしれない。金貨なので、この安定性はとりわけ物質的な面で発揮されており、生活に困るなどということは少ないだろう。

金貨を8枚並べているという点では、土の元素の力が、集中、圧縮し、密度を高めていると同時に、8という数字がこの世界の立方体を形成している要素であるということでは、世界が物質的に安定しており、そこに立って活動しようということだ。硬いコンクリートの家に住んでいるというイメージで考えてもよいだろう。

ホドロフスキーは、すべての金貨のカードにおいて、崇高な意味とか霊的な意味を含ませている。本来、金貨は、棒や剣、杯のどれよりも霊性は少ない。金貨という土の元素の中に、コンパクトに風、火、水が含まれていることは何度も書いたが、これはある程度、総合的であるということを説明したものであり、霊性ということを重視しているわけではない。

グルジェフは、どのようなものもすべて物質として扱う。そこで高次な思考、つまりメンタル界的なもの、高次な感情、つまりアストラル界的なもの、発達した専門家的悟り、通常の思考・感情や本能なども、すべて特定の振動密度を持った物質とみなす。知識も物質であり、それはあっちからこっちに移動させることができる。すると、もともとあった場所から知識は失われる。

知識は有限だとも考えられている。知識にはそれに伴う集中とか、場が必要で、それがなければ知識は維持できない。そのため、それは有限だと考えても不思議ではない。ある場所が急激に原始時代のような状態に戻り、かつての隆盛の影も形もないという場合、それは知識が違う場所に運ばれたのだ。

つまり物質とは、結晶化して、安定して存在する振動物質ということだ。金貨のカードは土の元素、物質を示すが、しかしその振動密度については言及しない。そのため、極めて高度な振動密度を持つものでも、結晶化したものは金貨のカードで表現することも可能だ。

もしウエイト版のように、徒弟とか見習工のような姿で、金貨を扱う人を描くならば、それは今の自分よりもさらに発達したものを手に入れようとしている姿を表していることになる。そして具体的な技術というよりは、知識でもあるかもしれない。知識を物質とみなした時の話だ。

8の数字は囲い込みを示しているので、自分が手に入れたものを、人に分け与えたりしない。というのも、人に分け与えるというのは、集中性を失うことだからだ。8は集中性であり、これが分散してしまうと全く8の数字の意味をなさない。知識はどこにでも広げることができて、誰にも教えることができると思う人は多いと思うが、知識はそれを扱う人の意識のあり方と密接に関係する。それを扱う人がそれを扱うにふさわしい意識の振動密度を持たない場合、想像を絶するような変形されたかたちで扱われることもしばしばあるだろう。時には全く正反対の意味で受け取られたりもする。つまり知識は、誰にも公平に与えることで、損傷が生じることもあるということだ。二度と使えないものと化す可能性もある。

８の数字は密度を気にする。意識の密度は、高めるほどに、今までは理解できなかったことが理解できるようになる。すると、密度を高めるために、知識も限られた場でのみ使えるように配慮する。これは占有という意味ではない。あちこちに公表することで破損する危険性を防いでいるのだ。

今日、「秘伝」という言葉も地に落ちたのではないか。内容を見て、秘伝とはとうてい思えないものが多く、たいていそれは高額で販売するための口実になっていることも多い。「金貨の８」は、こうしたまがいものではない、実際の秘伝について学んでいる姿だとも受け取られる。それは漏らさないという８の姿勢から来ている。

８の数字を考えるために、占星術を参考にすると、これは八番目のサインである蠍座とか８ハウスなど、あるいはハーモニック８などがある。８ハウスには伝授される、遺産を受け取る、後継者になるなどの意味がある。それは多くの人に散らすことなく、その人に受け取られるのだ。それはその人にだけ与えられ、他の人には与えられていない。これは８の数字そのものに、散らさない、浪費しない、それを維持することができるという性質があるからだ。

細かくいうと、８ハウスで受け取ったものは、５ハウス、あるいは11ハウスからの90度のアスペクトなどがあると散ってしまうか、浪費されて跡形もなくなることもある。

土の元素はこの中に風、火、水の元素が封入されているということは、土の元素とは、バッグのようなものだ。それを持ち運ぶことで、この中にある風、火、水も持ち運ぶ。そこで、何らかの物質を知識の入れ物として活用することも可能だ。

例えば、よくいわれるのは「水晶は過去の何かを記憶している」ということだ。シュタイナーは、鉱物は土星期の思い出を維持すると述べている。土星期とは極めて古い時代を示しているが、鉱物は死んでいて、死んでいるから、記憶をそのまま加工することなく維持できる。となると、水晶にしても、そこに記憶や知識を埋め込んで、それを運ぶということも可能だということになる。

この場合、読み取り器があれば、読むことができる。スティックメモリーは、それ専用の機器があれば読める。水晶の中に蓄積された知識は、その知識の振動密度に相応する振動密度を持った人、プラス水晶の持つエーテル物質を視覚化、言語化できる要素があれば可能だ。この二つは別物で、水晶のエーテル物質を視覚化、言語化できても、書き込まれた知識を解読できる知性水準がない場合もある。読み取りする時に、すぐに読めないかもしれないが、それは問題とはならない。何か月もかかることもある。あるいは何年かかかっても、それも問題にはならない。

水晶にとって、こうしたエーテル物質に刻み込まれた情報は、水晶の高次な意識を表すものなので、それを死守しようとする。すべてをかけて守ろうとする。水晶以外にも、さまざまな物質は、この中に、火、風、水の元素の要素を持ち、重要なものを持ち運ぶことのできるバスケットとみなすことができる。「金貨の8」のカードは、そういうものを持つ、手に入れるというふうにも解釈はできる。そしてそれを容易に人には渡さない。しかしふさわしいと判断した人がいれば渡すか、分けるだろう。

ホドロフスキーは「物質に埋め込まれた精神はすぐれて能動的であり、物質的な生と霊的な生のなかで同時に作用する」と書いている。「この両世界の相互作用が、完全な形での繁栄を生み出すことになる」とも書いているが、となると、このカードを体現した人は、知識はあるが、貧しい暮らしをしているというステレオタイプのものではないことになる。

私は宗教的でありつつ、物質的に繁栄している人といわれると、たいていアジアにいる人を思い浮かべる。華僑などだ。というのも西欧社会においては、キリスト教の影響なのか、物質を否定するあるいは蔑視する傾向があると思われ、どうしてもエッセネ派のように貧しく孤高な生き方を想像してしまうからだ。

何年か前に夢を見て、折口信夫の思想を正統的に実践している人は、東南アジアに分布しているという内容で、その分布の詳しい地図も見せられ、ほとんど日本には残されていないということが興味深かったが、ホドロフスキー式の考え方である限りは、この「金貨の８」に関しては、ありきたりの、今までの通念では見ない方がよいということだと思われる。霊性や知識を持つ人は貧しいと考えてはならないのだ。

9の数字のカード

9の数字の小アルカナカードは、「9隠者」の四元素分割版だ。時間と空間のあるところは、第五元素が四元素に分割され、四元素は第五元素に回帰したいために、時間の動きと空間の区別などを生み出していく。動き、盛衰などが発生するということだ。

こうした中で9の数字が働くと、探求するとか、旅をするとか、エッセンスを求めるなどの行動性が発生する。占星術では9の数字は射手座、9ハウスなどだが、射手座は身体では筋肉を表し、それは運動する力でもある。どんなものにも長く密着することはなく、反発し、跳ね返し、動いていく。人生を前に進めていくという作用であるとも考えられる。時間と空間のあるところで、どんどん前進していくのだ。

8がじっと維持するということに比べると、大きな違いがある。9は、人生はすべて旅であると考える傾向がある。

平成の時代を駆け抜けた女などという言い方があるが、駆け抜けるのは9の数字なのだ。

棒の9

小アルカナの9のカードについて、ホドロフスキーは「危険と新しい建設」というサブタイトルをつけていて、もともとの「9隠者」にも、危機、通過、叡智という言葉をつけているので、9の数字そのものにこの危険というイメージがまとわりついているようだ。どうして危険なのかというと、8の安定という場から離れて、未知の旅に出てしまうからなのかもしれない。

「9隠者」は「処女性の男根」に導かれて旅をする。男根は本能で行動し、頭では自分がしていることを理解していない。処女性というのは、どういう誘惑にも乗らない、そしてかつてそういう経験をしたことがないということだ。誘惑とは、旅の過程で、さまざまな陰陽の場に引き寄せられる可能性がある。その時にわき目もふらずに、通過しなくてはならない。自分が求めているものは、かつて一度も体験したことがないし、目標地点をそもそも理解していないので、求めているものを説明できないのに、本能を頼りに歩き続けている。

危険というのは、間違った場所に到達してしまう可能性。そこで疲れて旅を続けることができなくなるということだ。つまり男根でなくなる。間違った場所に到達してしまうと、処女性を失う。「9隠者」は、自分にとって完璧にフィットした「10運命の輪」を見つけなくてはならない。あるいは九進法で生きている「精神の世界の住人」ならば、「10運命の輪」に到達することなく、永遠に砂漠をさまようのがふさわしいし、そもそも「10運命の輪」に落ちないためにさまようのだが、このさまよい続けることを危険とはいわない。どこか間違ったところに転落することを危険というのだ。9に生きている人には、10に落ちることは人生の失敗なのだ。

棒のカードは火の元素であり、火の元素は火を燃やしている時だけ機能する。つまり高揚した状態、興奮した状態、精神的であり続けている時に見えるものがあるが、火が消えてしまうと、たちまち暗闇に取り囲まれてしまうということだ。火の元素ほど不安定なものはない。

「棒の9」では、この精神の高揚がある時だけ、自分の旅をすることができて、疲れたり、気力がなくなったり、安心を求めたり、故郷に戻りたいと思ったりした時に、最大の危険が訪れる。何もかもが見えなくなってしまうと、自分が求めているものとは違うところに、何を思ったか落ち着いてしまう可能性があるのだ。9の数字はとても贅沢なものだと考えてもよい。つまり生活したり、食べたりすることをまだ十分に満たしていない人は、9の数字の意味を追求するのはずっと先だ。8の数字は、生活の安定とか世界の中でしっかり生きることだった。その後に訪れる9は、既に十分に8を手に入れた人なのだ。むしろ9は最後の数字なので、究極のものを探していると考えてもよい。

「棒の9」では、「9隠者」のカードで、隠者が手に持ったランタンの明かりがクローズアップされていると考えてみよう。占星術では、9は射手座とか9ハウスと考えると、それは思想や宗教、哲学、教養などだ。これらの思想によって暗闇を照らしながら、探し続ける。

ウエイト版のカードでは、九本の棒が立てられており、そのうち一本を手に抱え、傷ついた男が立っていて、周囲を警戒しながら見ている。まず傷ついているということが意味不明だ。もう一つはこの男は旅をしていない。じっと立っている。9の数字は奇数であるから、待ちの姿勢は取らない。

棒のカードはそもそも火の元素なので、その本性は楽天的で、とてもアバウトだ。火は上昇していくので、大地から離れて、空に向かう。大地は具体的な細かいことを表し、空は細かいことを一切問わない。空に向かう火は、徐々に生活の具体的なものから離れていき、すべてを抽象化、精神化しようとする本性がある。そういう人は、細かいことをいわないし、細かいことが気になる自分を嫌う。そういう点からして、このウエイト版のカードは、「棒の9」にはふさわしくないどころか、全く間違えている。

むしろ危険を顧みず、自分の火の実感のみを頼りに、無謀な探索をしていくというイメージで考えた方がよいのだ。ちなみに占星術の射手座というのは、火・柔軟サインで、形を変えていく火、摩擦の火であり、対戦スポーツに適合しているので、勝負で傷ついたりはする。足の骨に、チタンの棒がねじ止めされている場合もある。しかしそれがメインに出ているということはない。怪我をする人もいれば、しない人もいる。

ホドロフスキーは、このカードについて、「勝負か死か」という態度を持ち、「非の打ちどころない行為を実現する戦士」を思い起こすという。「棒の9」は高潔な精神ということは十分に考えられる。

ところで生命の樹では、この9はイエソドを表している。これは月の場所で、その上にあるケテルからのすべてのセフィラの影響が、このイエソドに封入されている。そして下にあるマルクトは物質肉体であり、ここにはイエソドの影響はさほど反映されていない。今日の医学で、健康のことを考える時に、もっぱら肉体のマルクトのことを考える。人間にとって肉体は、工業製品とかロボットのようなもので、規格は万人同じだ。手が二本、足も二本、指は五本、頭がついていて、という具合に、多少の違いはあっても、大まかには同一の型番の製品だ。

しかし、イエソド以上のものは、その人の精神とか感情とか、個性とかがあり、これがマルクトという同一規格のロボットに乗っているのが人間だ。同じ形をしている人間なのに、人それぞれの人生が違ってしまう。つまりその人の人生の旅というのは、イエソドが運営、推進させており、その中には、ケテル以下のすべての要素が含まれている。人生がこれこれこういう方向に行きました、というのは、イエソドが牽引している結果であり、もしマルクトが主導権を握ると、食べて寝て、他の人と同じことをして、という以外には何も思いつかないことになる。人を政治的に管理したい時には、人間はマルクトの生き物であるとみなすと都合がよいわけだ。人間はジェネリックなのだ。

人生を運営する時に選択するものとしては、心理的には6のカードだった。これは生命の樹では、胸にある。そして心理的に自覚がなくても、無意識に気がつくとそこにいたというのは、イエソドの9の力のなせる技だ。人間が自由意志を発揮できるのは、エニアグラムでは、食物摂取9と、呼吸3と印象6の三つの場所だった。それ以外は自由意志の発揮できない機械部分だ。この3と6と9のインターバルは、生命の樹に置き換えると、中央の柱、ケテル、ティファレト、イエソドになり、セフィラの番号では、1と6と9だ。

肉体は入れ替わる。しかしイエソドから上のものはそう早くは入れ替わらない。だから、何度生まれ変わっても変わらない本性というのは、月の身体の特性だ。実際にはイエソド以上のものも入れ替わるが、この入れ替わりの時期がやたらに長いといえる。

私は占星術のハーモニック９とか、あるいはアスペクトの40度は、変わらない本性という具合に説明しているが、この小アルカナ９の数字にかなり近い。だいたいにおいて、その人にはそれはかなり無自覚なことも多い。ずっと続けているものに自覚というのは芽生えにくいのではないだろうか。

「棒の９」は燃えるような高揚した精神によって、旅をしている。そうすると、それにふさわしい場所に行き着くのは当たり前だ。棒の、すなわち火の元素をもとにした価値観なので、そこで、風や水、土の元素にふさわしい場所に行くわけはない。

剣の９

ウエイト版では、ベッドから起き上がり顔を覆っている人物が描かれて、その背後に剣が九本並んでいる。ホドロフスキーは、こうしたウエイト版のカードの絵柄が持つ偏見、特に剣に対する異常な扱いが嫌いらしい。

私の場合には、ひねった読み方をするので、こういう絵柄でも気にならないが、しかしやはりビジュアルには無意識に影響を受けることは避けられないという点で、このウエイト版は採用しないことが好ましい。

小アルカナカードに関しては、最も偏りが少なそうなものとしては、ウエイト版のように絵札にしたものでなく、やはり数札で、つまりマルセイユ版などで考えていくのがよいと思われる。ホドロフスキーは、このどれもこれも似たようなカードについても、細かい象徴について解読しようとする。果たしてそうするべきかどうかについては、私はいろいろと疑問は感じる。

大アルカナは、趣旨は極めてはっきりしている。しかし小アルカナに関しては、四元素と数字の意味を組み合わせたもので、それが大アルカナとセットになるのは不自然に見える。小アルカナカードをトランプとして切り離し、大アルカナカードのみを独立して扱うのが正当な扱い方のように見える。

例えば、ホドロフスキーは、「剣の8」までは、無に至るための精神集中を歩んできて、そして「剣の9」の段階では、世界へと進入し、それと一つになるために主観のとらわれから離れる準備をすると書いているが、こうした解釈は、カモワン版の小アルカナカードのちょっとしたデザインから、その根拠となるものを引き出そうとする。私には、こうしたホドロフスキーの小アルカナカードに対する姿勢には、納得できないものがたくさんある。とりわけ金貨のカードに関しての行きすぎた思い入れはどうかとも思う。

9の数字は10の手前にある。10は「10運命の輪」で描かれているように、一方的な時間で回転する具体的な世界であり、惑星生活とか、カルマの世界、時間と空間が存在する世界だ。9は自分にとって最もふさわしい10の世界に落ちなくてはならない。だから、旅の途上で、自分の本性とは筋違いの誘惑には乗ってはならない。「９隠者」では、衣服の裏が肌色で、肉欲の誘惑に負けてしまう危険性を描いているが、これは９のロゴスに対しての余計な妨害やいらぬ心配で、カモワン版カードは、こういうノイズをたくさん描き込む。私はやめた方がよいのではないかと思うが、カードの絵柄の作者の持つ偏ったマインドが、こうした余計なことを描いてしまう原因だ。人間の意識の部品は九つあり、９の数字の段階では、全部持っているということだ。オールインワンの人は、環境に依存しすぎておらず、気楽に旅ができる。全くしがらみがなくなったのだから。

この環境の因果法則からするとウナギのようにすり抜けて旅をする９の数字は、棒、剣、杯、金貨という四種類のスタイルがあり、それぞれの四元素の本性に従って転んでいくということだ。もちろん、「剣の９」の人は、その性質にふさわしく、10の段階で、剣の帝国に到着し、そこに骨をうずめる。

大アルカナカードでは、グノーシス的人間宣言をして、「11力」のカードの段階で、環境の部品になることを拒否するので、「10運命の輪」から去ることになるのだが、小アルカナカードとは四元素に分岐しており、四元素とは時間・空間のある世界でしか成り立たないので、むしろ四元素こそが時間・空間を作り出しているので、小アルカナカードには、10より先の未来はない。この最終到達地点としての10に近づきつつあり、もうその帝国にすれすれで接近しているのが９でもある。

剣は知性や言葉、情報などを示す風の元素であり、ここでは食べたり、人と愛情関係になったり、生活したりということはあまり重要な項目ではない。ウエイト版を採用すると余計な偏見がありすぎて好ましい結果にはならないと書いたが、それでも私がウエイト版の「剣の9」のカードについて、これも悪くないと思ったのは、剣というのは風の元素であり、風の元素が元気いっぱいに活動するとは、他の棒という精神の高揚、杯という愛情、金貨というほどほどのコンパクトな日常の生活の規則性をさほど意識することなく、例えば思想的なアイデンティティに人生の進路をすべてかけてしまうというような姿勢が明確に打ち出され、それは、火、水、土の元素からすると、苦痛な緊張感をもたらしてしまうことは確実だからだ。

私達の楽しい暮らしとは、四元素が均等に揃ったところで実現できる。しかし風の元素が過剰に張り出してしまうと、しかも9の数字らしく、「風の元素が、人生を運営するメインのパイロット波になってしまう」と、生活者としての要素が失われていき、これは悪夢を見るような状況でもあるということだ。言葉、概念は、感性のほどほどの限界点を突き破る。日々の規則的な暮らしという土の元素の持つ安定したリズムは堕落以外の何ものでもなく、命あるものが思想を持つのでなく、思想が命あるものを乗り物として利用しているということになる。

ちなみに悪夢というのは、悪い夢ではないことも多い。夢の内容そのものでなく、その夢を見た人の感性や感情がパニックを起こしたのだ。つまり本人のリアクションが悪夢なのだ。初めて見たことなので、あまりにも驚いたというものだ。女性が泣くのは、感情の調整をしているという話がある。悲しいから泣くというよりも、今準備と調整をしているので少しお待ちください、という合図だと。悪夢のリアクションはそれと似ており、二度目に同じものを見てももう悪夢にならない。風の元素の力が、水の感性、土の感覚の限界点を突き破った時、内容がどうあれ悪夢になる。

風の元素は風の元素であることが喜びであり、しかも9の数字ということは、生活の中で9の体験をするというふうに部分的にならず、丸ごと全部が9によって運ばれることであり、つまり風の元素が他の何よりも優勢であり、支配的であるということだ。だから「剣の9」の人は、悪夢を見ても、心配も動揺もしないどころか、ちょっと良かったと感じるかもしれない。人間は食って寝て、そして死んでいくロボットではない。明確な言葉、思想によって生きる存在だと考えている。悪夢を見るというのは、実は能力でもある。

H・P・ラヴクラフトは、一週間に何度か悪夢で声を上げて目が覚めていたという。ラヴクラフトのお父さんがエジプトメーソンの会員であり、メーソンの秘密文書を持っていた。それを受け継いだラヴクラフトは、その文書に書かれていた古き支配者達の訪問を受けていた。今の時代の神々でなく、古き神々は、境界線の向こうにいて、この境界線を突き破られることで、心理的、感情的、身体的バランスが壊れてしまうのだ。

私はタロットカードを扱い始めた二十代の最初の頃から、タロットを触る際に、何度かある種の怪物の侵入という夢を見ていたが、その時ラヴクラフトのことも知っていたので、この私が見ている存在も、古き支配者なのかと考えていた。その考えの一部は正しい。正しくないこととは、古き支配者は、通常は境界線の向こうから、こちらの世界に入ることができない。しかし、私が接触していた存在は、この境界線がなく、向こうとこちらを行き来できている。ホラーを描く作家、スティーヴン・キングは、古き支配者と接触したものの恐怖を『ペット・セメタリー』で描いているが、これは人間の感性とか思考、感情がひどく狭い範囲で働くようになってしまったので、範囲を超えたものに対してはパニックを起こすということを描いたもので、古き支配者に邪悪なるものがあるわけではない。

ウエイト版の「剣の9」の絵柄は、悲しく苦しい悪夢を見たのでなく、風の元素が、火、水、土の元素の範囲を凌駕して、風の元素が身体やら感情やらを支配し始めているということを意味しているのだ。そして10の段階まで行くと、身体もより深くそれに飲み込まれる。風の元素で生きている人達は、思想が身体化することをいつも夢見ている。

芸術家が作品の中に飲み込まれたいと思うケースがあれば、それも同じだ。ウエイト版のカードは、「剣の9」が力を発揮した時、水の元素や土の元素を根拠に生きている人はこういう反応をしますよ、と描いているのであり、「棒の9」と「剣の9」の人は、もちろん、このようなイメージでは決して受け取らない。特に「棒の9」は、「剣の9」の体験を賛美するに違いない。ここまで偏見だらけの絵柄を勝手に描いたパメラに対して、ウエイト博士が許容したというのはウエイト博士の罪でもあると思われる。

杯の9

カモワン版のカードでは、下の三つの杯の位置にある葉が垂れ下がっているので、古い愛を捨て、上の六つの杯が、上空に向けて、より大きな感情の次元に向かっているという説明がされている。つまり、9は3足す6なのだという解釈だ。

本来、9の数字は三つの三角形で構成され、陽の1―4―7、陰の2―5―8、中和の3―6―9で表現されることが多い。このうち一つの三角形を沈没させ、あるいは犠牲として捧げて、残りの二つの三角形を、天上のものに向かわせるというのは、何かしら難しいテクニックに見える。とはいえ、いいたいことはわかる。

私はしばらくの間、恒星探索講座というのをしていた。これはシータ波の脳波になって、つまり変性意識に入って、恒星に飛んで行くというものだが、この場合、たいていすんなり飛び出すことができない面がある。そしてすんなり飛び出せなくても、イメージは確実に見るので、つまりすり替えイメージを体験するということも出てくる。

障害になるのは、感情面だ。感情というのは非常に幅広いもので、上は恒星に達するが、下は怨念とか、暗い情念要素までまたがり、つまりは七つの階層を持っていると考えるとよい。恒星に行けない人は、この地球生活において、世間的な、身近な人との関係においての、排他的感情を抱き、重苦しい感情体験にかなり時間を奪われており、ここから逃れたいために恒星探索をしたいという動機も出てくる人がいるが、恒星探索しても、それから逃れることはできない。

七つの階層の感情があるという点では、それぞれの人が、この七つのレベルで、あるところは太く、ある場所は弱いというふうに分布があるが、いわゆる低い感情というものが多すぎると、恒星の探索どころではない。恒星探索をするためのセンサーは、高次な感情であり、これは感情の七つの音でいえば、ソの音だ。ソの音は上昇5度ということも関連して、「天に昇るような気持ち」を表している。そしてラの音は実際に天に昇る。だがレの音は、「あの人がこんなことを言った。絶対に許さない、仕返ししてやる！」というような感情でもある。否定的感情を抱かないことが大切といっても、否定的感情は誰でも抱く。

問題は、恒星探索をしようとした時に、あの人は絶対許さないという感情が邪魔をしないことが重要で、レの音が、瞬間的に、ファの音くらいまで上昇していく回路が、その人の中で太くできているかということだ。そのようなことに構ってもしようがない、それは出口のない感情だ、それよりも、恒星探索はもっと楽しい。そのように正直に思えるとよいのだが。

このためにはおびただしく感情体験をしなくてはならない。すると、七つの感情の階層は、筒抜けに行き来できるようになり、つまり消化と昇華の高速回路が出来上がる。どのような種類の感情体験もするべきで、そこで低い感情に対しての抗体が形成されるとよいのだ。低い感情を避けることはない。だが、それを見ても、瞬間的に興味を失う。

「杯の9」は、感情とか愛情とか情緒という面で、9の数字が持つ旅を足止めしないように、軽快で楽しい感情で満たされるようになる。重苦しい感情があると、旅をやめて、そこでもめごとに時間を使うのだ。感情はセンサーなので、ちょっとしたこだわりがあれば、その人はそこから身動きが取れない。

旅ができる感情というと、実に稀なものかもしれないと思う。愛情という名前をつけたが、実情は強い執着心のようなもので、その人はどこかに縛られているかもしれない。9の数字は、具体的な対象を持たないことが特徴だ。つまり誰かに対して、何かに対して、強い感情を抱かない。そして、感情はホドロフスキーのいうように、「かつて我々を養ってくれていた感情が我々をつなぎとめており、それを犠牲として捧げ、喪に服し、その後より大きな感情の次元へと向かって行く」ということになる。

この場合、恒星に到達する感情、ラの音は極めて高次な感情なので、たいていの場合、それを体験することで、瞬間的に記憶喪失し、何も記憶に残らないことが多いが、それを恐怖と見ないためには、低い感情の調整が必要だ。低い感情を抱いている人は、その執着心で、この高次な感情を破壊的なものとみなす癖がある。自分の暗い感情が自己保存のために、前面に、防衛的に表出してくるともいえる。

９の数字は旅を表し、この旅が、今日考えられる限り最も高度なものである恒星への旅とは限らず、もっと日常的な旅かもしれない。しかし、どちらにしても、９はつなぎ止められないのだ。それが最大の特徴だ。

ウエイト版ではこれは「ウィッシュカード」といわれる。背後に九つの杯に囲まれた中に、太った男性が座っている。楽しい人生を表しているのだが、これを官能的快楽と読む人もいる。９の旅を食い止めてしまうような官能的快楽だとすると、それは「杯の９」にはふさわしくない。

もし、官能的快楽が成り立つとすると、音楽を聴いた時の快楽や走っている時の快楽、飛んでいることの快楽などだ。例えば、富士山の近くで高飛車に乗っていたりした時のものなどもあるかもしれない。

いずれにしても、９は外の環境との関わりで生じるものを示さず、常に持ち運べるかどうかで判断するべきだ。官能的快楽が、外の環境との関係で、拘束を生じさせるものだとすると、９の数字の人は乗らない。あるいは拘束を無理やり断ち切ろうとする。拘束は、8かあるいは次の10で生じるので、9の段階にはそれは含まれない。9の場合、いずれ去るということが前提だ。単独で体験できるものでなくてはならない。

ちなみにクンダリニ症状というのは、自分の中で生じる。これはより高次な意識と、腰から上がるものが結合することで発生する。つまり、人の手を借りることは何もない。そして、道を歩いている時でも、唐突に楽しさとかエクスタシーのようなものが生じる。これは「杯の9」にふさわい体験でもあるかもしれない。杯は常に感情とか気持ちの問題であり、クンダリニ症状は必ずそこに強い影響を与える。それは頭の蓋を開いてしまうので、「16塔」の体験だともいえる。

金貨の9

9の数字は、人間に必要な基礎的な要素の1から9まですべてを手に入れたことで、その人を環境依存から解き放ち、自由に動くことができる状態を実現する。すべて持っている人は、気楽にどこにでも行けるという意味だ。

ホドロフスキーは、このカードは8足す1ということで解釈しており、8個の金貨に囲まれた中に新しく種が生まれてくるというような意味で、子供や新たな仕事、遺産、運命の急転、健康の回復などと書いている。

８の数字は一つのコスモスを立方体とみなし、これを支える八つの点を示していた。小さなコスモスも大きなコスモスも、この八点が決めることで、そのサイズが規定される。この八点で支えられたコスモスは、六つの壁を持つ。この六つの壁は対抗する面が、陰陽に二極化されており、つまり二極化されたものが三つグループがあるということだ。この二極化が統合され、単一の中和原理になるというのは、それぞれ三つのグループの中点ということで、立方体の部屋のちょうど真ん中に当たる。

もし、ホドロフスキーの解釈のように、八つに対してのプラス１が、この「金貨の９」だと想像してみると、真ん中の陰陽中和のポイントである九番目の点は、外宇宙に開いており、外に出て行くこと、さらに外から入ってくることを表す。一つの世界は陰陽で成り立っているので、陰陽が中和されてしまうと、この立方体の遮蔽が無効化される。それは外から何でも侵入してくることのできる部屋にもなる。しかし、またこの中心点は立方体の箱そのものをどこかに運ぶことも可能になる。九番目は唯一、外宇宙との扉という考えは、エニアグラムと同一だ。生命の樹は十進法なので外宇宙との接点は１のケテル、10のマルクトになる。

これは金貨、すなわち土の元素そのものを向上させることができるのかというと、それは可能だが、同時に下落させることもできる。また投げ出して外に出て行くこともできる。金貨で作られた立方体の向上というと、単純な話、収入が上がったり、生活レベルが上がったりとかが想像できるだろう。

私達は生活が安定している場合、ある意味、壁で阻まれていると考えることができる。安定しているというのは変化しないこと、変化に抵抗することだ。そのため変化させようとしても固い壁に阻まれて身動きが取れない。これが8の数字に関係するものだとすると、9というプラス1の要素は穴をあけて、突破する性質を与える。そして突破する以上は危険も出てくる。

頑張って働く生活では一か月に百万円の壁が越えられないという話を聞いたことがある。これは時代によって相場が変わるので、今はいくらなのかはわからない。しかし労働と収入が結びつき、常に連動している場合には、一人の労働力は限られており、ある限界からは脱出できないだろう。労働と金銭を切り離し、足し算が掛け算になるとか、発想法を変えない限りは、そこから抜け出すことはない。

ある価値観というのは、あるテーマに対しての二極化された概念だ。この価値観を変えるには、一度二極化を統合化し、違う設定にして、改めて二極化する必要がある。二極化というのは相対的関係性で、その関係性は永遠に変わらないということを表す。そのため再設定するには、まずは関係性をゼロにしなくてはならない。立方体の真ん中にある中点は、この二極化をゼロ化する性質、すなわち外宇宙との唯一の接点なので、そこを通じて枠組みを変えていくということだ。

急激に収入が上がるきっかけをつかむ。といっても、これは「金貨の9」について象徴的に述べた話だ。旅する金貨ということで、ここでは精神的だったり、知識だったり、愛情面だったりすることを考えてはならない。

ウエイト版の「金貨の9」は、豪奢な生活をする女性の姿が描かれており、玉の輿《こし》カードとか愛人カード、ブルジョワ、有閑マダムなどいわれているが、これらは労働と金銭が結びついていない。共産党的二極化の価値観がない、お金の奴隷になっていないということだ。このウエイト版のカードにも、「金貨の９」の意義が、部分的に描かれていると考えるとよいだろう。

ホドロフスキーは「出産、新しい次元の創造」というが、中点で出産した時に、この新しく生まれたものは、立方体そのものを運んでいく性質があり、それまでの８がじっとしているわけではない。というのも数字のステップは、前の数字を踏まえて次の段階に行くわけで、８を取り残して９が生まれてくるのではなく、９は８を飲み込んで次に行くのだ。

例えば、労働と金銭を切り離して、次に、９独特の危険な旅、上昇するかもしれないし、下落かもしれない状況に入り、すなわち８の緩衝器を外して、経済の面での賭けをする。金貨なので経済とは限らない。物質的なことのすべてだ。この中でどんどん生活が変わっていくという面白さを体験するだろう。決して壁は超えられないのではなく、むしろ壁を容易に超えてしまうために、反対に、安定性が犠牲になるということだ。

願望実現のコツを知っている人は、しばしば無謀な賭けに出る。そして他の人があっと驚くようなことをしてしまう。そしてそういう人は、ときどき、ひどい暮らしをしていたりする。精神状態がそのまま生活に反映されてしまうような傾向がある。

生命の樹でイエソドとマルクトの関係は、卵の中身と殻のような関係だ。９のイエソドの運営する旅は、殻のない卵が出歩いていたりするようなものだ。「金貨の９」は、９の数字が金貨に化けたのかと思えるふしがある。つまり、精神とか感情がそのまま金貨に反映されていく。とても物欲が強くなるかもしれない。そして元気な時にはどんどん豊かになり、気力を失うと、最悪の生活になる。物質とは本来はこういうものだったのかもしれないと思わせる面がある。

ウエイト版のカードのデザインに不快感を感じる人は多数いるわけだし、この「金貨の9」に対して大きな誤解が生まれる。ひねった読み方を好み、正面から読みたくない人は、ウエイト版を使ってもよいかもしれない。しかし「剣の9」とかを見て、悲惨で嫌だと素直に思う人は、ウエイト版のカードを使ってはいけない。そういう人は、「13死神」のカードを見ると、「死ぬんですか?」と聞くし、「16塔」のカードを見ると、自分の家が火事になるかもしれないと思うくらい、そのままで解釈してしまうので、ウエイト版のカードが持つ根深い偏見に太刀打ちできない。

「金貨の9」は面白いカードだと思う。私達の金銭観念や物質観念を打ち破ってしまう要素が潜在している。物質は死んでおらず、生きていると感じることのできるのが、「金貨の9」だ。旅に危険はつきものので、緩衝器を壊してしまった故の自由と不穏さがある。

9
LES NEUF

LES DIX

10の数字のカード

10の数字は十進法であれば、最後の数字だが、九進法の場合には、二番目の1として、新しい世界でのスタートになる。それは1に比較すると、ずっと限定された狭い場においてのスタートだ。

これは「10運命の輪」によく表現されている。ローカルな場の中で活動をスタートするという意味では、占星術の山羊座とか10ハウスの意味とも似ている。ローカルな場での活動という点では、そのローカルな価値観の中で成立するさまざまな印象からのメリットも受け取ることになり、これが成功するとか、利益を得るとか、満足するということにも結びつく。しかし同時に制限されているとか、束縛されているということも強く意識する人が多いだろう。この制限を自覚することで、大人意識が成長するということにもなる。

私達は無限ではない。私達はごく小さな存在にすぎないということを自覚して、それを踏まえて、小さな世界で活発に活動するということになる。諦観もあるということになる。

棒の10

数字の10については、九進法のように、構成要素は1から9までしかない場合には、1と0を足して1となり、これは新しい出発になる。

占星術の場合、十番目とは10ハウスあるいは山羊座になり、それは具体的な社会環境の中に入って、そこで仕事したり、共同生活したりするということになる。これは会社に入ったり、何か新奇な場所に入ったりすることで、1に比較すると、基本的にはより小さな範囲において、あるいは限られたローカルな場所でのスタートだ。「10運命の輪」が、特定の時間サイクルの環境の中に参入することと対応する。

十進数で考えた時には、これは1から試みたことが完成し、そこでまとめられている。私の場合、この二つを一緒にして、これまでの試みがまとめられ、もうそれについては二度と検討しない、そしてそのまま次の大台のスタートがあると解釈している。「十把一絡げ」という言葉があるが、まとめて固めて、それを一つとみなすのだ。

しかし、小アルカナカードの数札は10枚しかないために、これはまとめていくという意味しか成り立ちにくい。占星術の場合、十二進法のような構造なので、11は、10に対しての対抗や反抗などの姿勢が打ち出されるのはわかりやすかったが、これは足して2だからであり、10で完結すると、この後の展開はわからない。というよりも、もうないのだ。

終わりといわれると、衰退して後は死しかないというふうに思いがちだ。これが金貨のカードならば、完了したらそのまま保管します、というふうに考えられる。ところが、棒のカードとは、火の元素であり、常に自分で燃えていないとその存在意義そのものが失われてしまうカードでは、終わりや死というものをどうやったら迎えられるのかという話になってくる。元気がなくなり衰えるというのとは違う。というのも、それは火の元素というよりも、私達の生命の活動について考えた場合であり、火の元素そのものが、その元素そのものでありつつ、ストップがかかり、その後はないということを想像しなくてはならない。

大アルカナでは、10以後のカードもあるが、小アルカナにおいては四元素に分割されたものであり、それは時間と空間が存在する世界においての儚い活動を表現していた。いつまでも続くわけではなく、すぐに違う元素に主導権が移動する。

ウエイト版の絵柄を考えてみると、重たい荷物を持ち、前方が見えなくなり、限界に来ているという状況を表現していた。荷物を持つということでは、土の元素のものを抱え込んでいるということも考えられる。火の元素に対して、重みになったり、ブレーキになったりするものは、水か土の元素で、気を使いすぎるか、あるいは負担がかかりすぎて身動きが取れなくなるという状態だ。棒のカードそのものに負荷をかけるという項目は入っていない。棒のカードはあくまで火の元素として高揚し、精神的になり、その活力がいつまでも燃え盛るということしか考えられない。

この点からすると、この火の元素の活動を終わらせるための何かが生じていると推理しなくてはならない。そして既に書いたように、火の元素にとって天敵でもある水と土の元素が、のしかかってきて、水は足を引っ張り、土は閉じ込めようとする圧力がかかる。

火の元素について考えるために占星術を参考にすると、牡羊座は、春分点からやってきて、この世界にまだ馴染んでいない。そのため、この世界に参加しようとして、どこかにきっかけを欲しがる。で、環境に入るという6度では、「一辺が光り輝く四角形」というシンボルが登場する。牡羊座が環境に入るには、環境の象徴としての四角形のうち、火の元素のところに自分が同一化するしかない。世界に自分を張りつけるのだ。すると、たちまちのうちに、対立する水、土の元素が対峙してくる。これは何をしても、重く、負荷がかかり、まるで世界を自分一人で背負ってしまったような気分にさせられる。

この段階ではまだ抽象的な存在なので、例えば、嵐が来ると、それは自分の責任のように感じてしまうとか、世界で紛争が起こると「すみません」という気分になってくる。つまり四元素という世界の構成要素の一つになることは、まだ個別化された存在になっていない段階からすると、自分の責任範囲というものがわからない。

私はこれをよく「ヘラクレス・コンプレックス」と呼んでいたのだが、個人化されていない段階の火の元素の人はよくこういうふうになる。安請け合いをし、何でも一人で抱え込み、無理をするが、そもそも火の元素はいつも燃えていないと自己確認できないので、ほどほどの暮らしができず、いつも忙しすぎて休憩もなく、過労死するような状態に自分を追い込んでいく癖がある。精神はまだいくらでも背負うことができるのだが、身体はついてこれない。

このカードについて、ある人は、助けが必要と説明し、他の人は、困難を乗り越えると成功があるという。つまり、それぞれの読み手が自分の中の火の元素の加減について見極めようとしているのだ。クライアントによって、このカードのような状態が適していることもあれば、全く向いておらず、すぐに投げ出すという場合もある。

火の元素においては、そもそも活動することに意義がある。つまり何かしても、最後の達成イメージというのはあまり問題になっていない。

例えば、ある会社の社長が、次々とリスクのある仕事に手を出したとする。会計士は、失敗したらどうするんだとはらはらする。しかし、社長はそのことを気にしない。成功することに興味があるのでなく、楽しくチャレンジすることに興味があるのだ。

火の元素とはこのようなものなので、ここで10というまとめの数字が登場すると、これは火の元素と相性が悪くなる。「ここでまとめてください」とか「ここで終わってください」というのは、火の元素からすると、いきなり自己確認できない場に置かれることになる。燃えている実感だけで自分の存在を確認していたのだから。走ることが目的の自動車にとって、停止するというのは、自分の存在意義そのものを否定されることだ。

困難を乗り越えた後に成功します、と考えても、この成功イメージが思い描けない。成功というイメージと、火の元素が結びつかないのだ。成功を、ある程度の節目とみなすと納得できないわけでもない。マラソンで「ここが20キロ地点」と書いてある標識を見て、その後も走り続けるというのならわかる。

しかし10の数字はそういう小さな節目ではない。ウエイト版のカードで考えると、まだ頑張れる場合には、さらに負荷を増やして、完全に停止しました、というところまで行かないと、10の数字にはならない。火の元素については9がし続けることを止めないでいられる完成であり、10の段階に至ると、それは死しかないと考えてもよいだろう。静かな暮らしはない。残るは爆死しかないというようなものだ。四元素原理主義でいうと、そういう解釈になる。そこでウエイト版カードのようなイメージで考えると、負担は増え続け、まだできるなら、さらに負担は加わり、死んだという段階で、そこに10の数字をマーキングすることになるだろう。

この世には9の種族と10の種族がいる。9の種族は子孫に伝えず、砂漠の中で暮らし、定住しない。10の種族は都市を作り定住し、子孫に伝える。棒のカードが10の種族になるということは、存在意義を否定されたことになるのかもしれない。

剣の10

ホドロフスキーは、この「剣の10」について「精神が統一へと至った」と書いているが、剣のカードの人からすると、10の段階はなかなか喜ばしい面があるかもしれない。剣は風の元素であり、それは言葉やロゴス、知識、情報などを表している。すべてに意味を求めるという点からすると、人間という肉体を持ち、体力にも限界があり、頭もときどき働かず、休息が必要で、という生き物のかたちは、どうにも納得のできないしろものだ。

剣のカードの人からすると、ロゴスが肉体化したような生存形態が望ましい。生命の樹では、イエソドという「気」の身体は9の数字が当てはめられ、マルクトという物質肉体の領域が10の数字だった。「剣の9」まで至ると、無意識領域とか、感情、本能、感覚などに、剣の力が及んだので、生活者としてはストレスが高いが、しかし剣の人間としては、それは充実したものがあった。

10の段階に至ると、これはマルクトという肉体領域にまで、剣の力が降りてくる。これは正確には浸透してきたという方が正しい。ウエイト版のカードのデザインでは、身体に剣がそのまま突き刺さっているという点では、心身が、剣の理念で統一化されるということを、大げさに描いていることになる。

たいてい、知性とか思考は剣の理念で統一されていても、感情がいうことを聞かず、哺乳動物のようなリアクションを取り、身体はさらに剣の理念には全く従わないのだが、ここでは、この思考や感情、身体を、剣が刺しつらぬくということが生じている。水の元素の人、土の元素の人からすると、それは不自然だというかもしれないし、不幸だと考えるかもしれない。しかし棒のカードの人ならば、そう悪くはないと感じる。

例えば、シンプルな哲学理念を抱き、ソーローが好きだといいつつ、それでも、ゼロカロリーのコーラとポテトチップスを常食していたりすると、これは明らかに矛盾していると思われる。自然食を身体の要求に従って食べるというよりも、理念によってそうしている人は多数いる。スティーヴ・ジョブスが、果物しか食べなかったというのも、果物が好きだからそうしたとは思えない。甘すぎるし、量が多すぎて肥満しそうなので、私はアメリカからの逆輸入のマクロビオティックの食事は食べることができないが、我慢して食べている人もいる。

剣のカードの人は、身体を思想によってしつけ、この思想に沿った身体改造をするはずだ。思考とか思想はしばしば間違いを起こす。というよりも人間の思考というのは間違いをしないということはあり得ない。後になると、必ず「あの頃は誤っていた」というのだ。成人病が増えたのは、間違いなく明治以後の政府の食事指導の結果であるが、これらも最近になってやっと間違っていたと気がつくようになってきた。

剣ないしは棒のカードからして、間違いかどうかというのはどうでもよいことだ。それよりも、理念によって、思考、感情、身体が統合化されることが好ましいので、早死にするとわかっていても、果物だけを食べるような暮らしをする。

人間的感情は気ままなものだ、というのを剣のカードの人は決して許さない。そして実際に気ままでない、思考、感情、身体の統合化された状態というのは実現可能だ。

占星術の例で挙げてみると、剣、すなわち風のサインでは、こういう理念による支配というのが一番好きなのは水瓶座だ。25度では「右の羽がより完全に形成されている蝶」というシンボルがある。羽というのはオーラのようなもので、感性や感情の部分だ。右は意識的な領域。つまり、多くの人は無意識に働き、放置されている感情作用にしても、水瓶座の人はそれをコントロール下に置こうとする。その結果として、

26度、「水圧計」というものが出てきて、自分を正確な計器として扱うことができる。この時には身体も感情も、すべて正確な装置のように働くので、ちょっと何か感じたとしても、それは正しく何かをキャッチしているのだ。心身の働きにおいて、気のせいというのがほとんどなくなるのだ。

身体機能を、思考とか感情とぴったり噛み合い、同調させるには、難しい面があるのは、身体は、地球上の食物を取り込み、この食物成分は、本人の思考や感情には決して従うことがない、そのようなものなどかまってはいないという異物だ。そのため何か食べるたびに、コントロールできない要素が生じてくる。これを完全に解決するには、いわゆる応身というエーテル体を身体にするしかない。

身体を持ちつつ、自分の心身を完全に剣の統一化に置くには、休みなく身体に剣を刺し続けることをすればよい。ヨガをして、正しい食事管理をして、しかも食物を精密に吟味して、怪しいものは摂取しない、松果腺クレンジングして石灰成分を追い出し、珪素系のものを取り入れ、水晶のような体にしよう、ライトボディに近づこうという努力は、成果があるのではないか。

思考面までは、管理しても、その後、ゼロカロリーのコーラとポテトチップスを摂取している人は、剣の力が身体の胸とか腹くらいまでしか達していない。足の下までつらぬくには、身体の管理は必須なので、この「剣の10」は抜かりはない。

ウエイト版のカードのイメージからすると、悲惨な印象を抱く人もいるかもしれないが、喜ばしい場合もたくさんある。ホドロフスキーのこのカードに対する説明は、他のカードと似ており、相変わらずよく意味がわからないが、剣のカードに関してさんざん自閉的だといっていたのに、ここでは開かれている方向に向かっていると述べている。どうやら、ホドロフスキーはこのカードが気に入っているようだ。

私はよく冗談で、このウエイト版カードの絵柄は、鍼《はり》治療なのだと説明していた。代々木の鍼治療院に通っていた時は、鍼はかなり痛く、結局、自分には適していないのだと思った。身体が金属に対して拒否反応を起こすようだ。しかしそれでも、鍼治療は、身体の中に蓄積された余計なものを取り除き、身体の経絡の流れをよくするという意味では、「剣の10」は鍼治療といっても限定的すぎる説明ではあるが、意味として間違いではないはずだ。私も個人的には、この「剣の10」はある意味、理想的なものでもあると考える。ロゴスの身体化ということを多くの人が憧れてもいる。

杯の10

ホドロフスキーは「感情的要求……その暗部である怨念を持った……は停止する」と書いている。そして「満ち足りた心は行動のための力となる」と。感情のオクターブは七つの振動の階層を持ち、一番低いものは暗い情念であり、それはいつでも自分は不当な扱いを受けているとか、自分は閉じ込められているという感情だ。それはどのような他人に対しても共感しないし、誰に対しても悪意以外は抱かない。この感情的要求が停止するには、この感情が常により上位の階層の振動に昇華していく回路が機能している必要がある。その点で、10の数字は完成を意味するということから、感情や情緒、気持ちなどが充足するという点では、回路は上手く働いているのだろう。

例えば、幸せな愛情生活とか、子供がいて家族がいて、仕事も上手くいき、というふうに他人事から見て感情が満足しているように見える暮らしが実現しているとしても、これは杯の、すなわち水の元素の完全な充足には至らない。というのも、水の元素は土の元素ではなく、かたちの上で満足で安定していたものだとしても、その要求というのは現実離れしており、それを地上生活では決して満たすことなどできないからだ。

感情のうち、頂点にあるものは高次な感情といわれているもので、これは崇高な、感動的な、口では表現できない、他のどのようなものでも例えることのできない性質のものだ。この感情を日常的な生活の中で充足させようとすると、その機会は非常に少ないし、一度でも体験すると、それを追求することにすべてをかけるようになる。芸術に接すると、それを満たすことはできることも多い。というのも、芸術というのは、具体的な対象を求めないで、自律的に、この高次な感情を刺激するという構造を持っているからだ。日常の暮らしにおいての幸せな充足というのは、この高次な感情を希釈したようなもの、気の抜けたものともいえるものだ。むしろ高次な感情を体験している人からすると、感動の密度が薄すぎるので、毛嫌いするようなものでもある。

「杯の10」という時に、果たしてそれは何を求めており、何が充足しているのだろうかと私は疑問を感じる。ウエイト版のカードでは家族がいて、子供達がいて、平穏な暮らしを絵にしている。これに充足というものを感じる人はどのくらいいるだろうか。一部にはいるが全員ではないだろう。つまり、これはこの絵を描いた人が、個人的に、これに満足を感じると思ったにすぎないのだ。

「杯の10」をどうやって絵にしてよいかわからない。カモワン版では、下に三つずつの杯がな並び、縦に三段組み合わされ、一番上に、横になった杯が大きく描かれている。10の数のうち、実体は九つまであり、そこに0という虚の数字をつけ加えることで、これまでの9までの旅を停止させ、輪を閉じた。10は探求を終わらせる、死なせるものであり、それは節目になる。もちろん、小アルカナにおいては、節目というよりは終了で、これまでのように追及してはならないということを明言している。

九つまでの杯は上に向かう。腎臓はその内部の小杯は上に向かって雨を受け止めるような形になっており、腎臓とは受容性、それを感動して楽しむこと、もっぱら感情とか情緒とか、喜びとか、感動などに関係している。一番上の杯は横になっているために、それはまるで、お酒を注いでくれる人に、「もうこれ以上はけっこうです」といったようなかたちになっている。

そういう点では、「自分の器にはもう注げません。おなかいっぱいです。これで終わってください」というふうに宣言しているようにも見える。日常的な生活においての満足は、断念によってもたらされる。要求すると果てしがない。そこで、自分でこのあたりだとストップをかけると、その段階で、十分に満足という気持ちを感じることができるのではないか。

感情の頂点にある高次な感情センターを働かせると、日常の生活のすべては退屈で、それに執着する気持ちも失せてしまい、もっと宇宙的な達成、つまり恒星に向かうという欲求が生じる。しかし、小アルカナとは、四元素に分割されたものであり、それは世界から離れることのできないものなので、大それた要求はしてはならない。この生きている世界において、すべてを満足させなくてはならないと思われる。となると、自分の知覚の封印、ほどほどで手を打つという必要がある。ほどほどで手を打つと、そこそこの満足感が得られる。

追及して達成できたから満足なのではなく、果てしないものにどこかで歯止めをかけることで満足するのだ。そうなると、「杯の10」とは適当なところで終了するものと考えるとよいことになる。諦めが悪いと、それは果てしがないことを自覚するのだ。

横たえられた杯は、下から数えて四番目で、中には四つの葉が描かれている。ホドロフスキーは、4の数字は3足す1と考えていたが、プラトン立体の四元素も、火、風、水は中に三角形があり、それらは交換可能であり、つまりは親縁関係があったが、土の元素のみが四角形であり、他の元素には置き換えができなかった。四元素は、土の元素のみが異質で、4とはその点で3足す1なのだ。ここでは、一番上に、この土の元素に対応するような杯が置かれ、下にあるものすべてを閉じるような形になっている。これは墓に埋めるというようなイメージかもしれない。

私達は西暦年号を使っているが、今は2000年代だ。これは四つの階層になっており、一番上の桁はミレニアムといわれる。ミレニアムが1の数字の時代は終わり、今は2の数字の時代で、二つの勢力の支配の下にあるという意味にもなりやすい。

四つの階層が、ヨガ式に、下から馬車、馬、御者、主人ということならば、下の馬車、馬、御者を統括する四番目の主人がおり、それはこの下の三つに対しての統括する力を得ているということになる。三つは運動原理だが、四つは、それらを停止させる性質がある。そういう意味での封印なのだ。そしてそれ全体の意味を定義する。定義されたものに私達は意義や満足を感じる。つまり平和な家庭、結婚、子供がいる、家を手に入れたなどのイメージに、そもそもが満足とか幸せを感じることはなかったのに、これを誰か「主人」の位置にある人が定義し封印したために、この鋳型に、象徴的な満足を感じてしまうようになってしまったのだ。これ以外のどのような形態もあり得る。型を作ってしまうと、そこに意義を感じ、満足を感じるだろう。

例えば、探求の旅をし続けて、最後には砂漠で野垂れ死にする、というスタイルがあっても、それを定義して鋳型にしてしまうと、それを模倣する人がたくさん出てくるし、それを最後まで全うすると、そこで全うした、満足したという気持ちを感じることができるだろう。

これほどほどの場所で、それを節目にして、そこでそれ以上のものを断念し、そのことで満足を得た。これが「杯の10」の特徴である。棒のカードではそのようなわけにはいかない。杯のカードでは、すべては心と感情の問題なので、この断念は満足であるということが重要なのではないかと思われる。水の元素は、猫が箱に入りたがるように、何かの鋳型に入りたがる。だからこそ、小アルカナカードにおいても、器の中に入る水として杯のシンボルで描かれる。

水の元素は無形のものなので、何が満足かは、器に決めてもらわなくてはならないのだ。

金貨の10

10の数字は、それまでの1から9までの追求・探索がまとまり、それらを固めて一つのパックにしてしまうというような作用だ。しかも小アルカナカードでは、10が最後で、その後がない。そこで、この10には打ち止めという作用が働く。これ以上の発展はもうない。

大アルカナカードにおいては、「21世界」のカードは完成といわれていたが、しかし実は打ち止めではなく、その先が果てしなく存在するということを予感させている。小アルカナカードの10は打ち止めであり、また九進法であれば、1足す0で1となり、新しいスタートにもなるが、ホドロフスキー式の十進法であれば、これは終焉《しゅうえん》であり、その後続くには、全くの変質が要求される。

金貨は物質的な土の元素を示すので、それは停止ということも不自然ではない。ホドロフスキーは「おそらくは繁栄の終わりである。すなわち、我々はここで物質的生において受け取ることが可能なものすべてを手に入れたのだ」と書いている。ホドロフスキーはこのカードに、「21世界」のカードの図柄を重ねているが、それはこじつけにすぎない。実際には「21世界」のカードには一つも似ていない。何をどう説明するのであれ、「世界」のカードは21であり、それは3掛ける7の発展性を持っている。

一方で、この「金貨の10」はいわば、埋蔵金のように、そこで停止し、それ以上増やそうともしていない。

これを基礎にして別の次元での新しい何かをスタートさせないと、このカードは朽ち果てていくものだ。ホドロフスキーのいう四元素循環の順番とは違うのだが、占星術の四元素順番を使うと、土の元素は、ばらばらにされて、風の元素に受け渡される。これを風化という。ものを材料にして、風の元素は、その中からさまざまな新しい定義や知識、情報を作り出す。

例えば動物を見て、いろいろな種類の動物の種に分類することについて参考にしてみよう。この場合、いろいろな視点によって、モノ素材は、どんどん姿を変えるということが重要だ。大きな財産を築いた人は、それをもとにして、何か施設とか団体を作り、多くの人に貢献するような仕事もできるだろう。つまり、金貨のカードとしては、これはもう終わりの段階に来たので、さらに金貨のテーマを追いかけるのでなく、この金貨という元素においては停止し、これを肥やしに違うものを育てることを要求している。

占星術の場合、10という数字は山羊座、10ハウスなどで使われる。山羊座は冬至点からスタートし、太陽がこの冬至点を通過する頃は、寒くて乾燥しており、すべては硬化する。山羊座の支配星は土星だが、これは金属でいうと鉛に対応し、死んでいく金属といわれている。

ウエイト版のデザインでは老人が描かれているが、これも死んでいきつつあるものを意味する。このカードでは、アーチ状のものも描かれ、土の元素の中に、すべてが取り込まれて、身動き取れないようになっていくという光景にも見える。このカードでは、ペンタクルスが生命の木のセフィラ（複数形はセフィロト）の形に配置されている。生命の樹は10の中枢で作られているとは思うが、１のケテルは上の宇宙の10のマルクトで、10のマルクトは下の宇宙の1のケテルだ。つまり外宇宙との接点は、1と10にあり、このことは、生命の樹は、発想法としては、九進法に近いということでもある。

このカバラ式では、小アルカナの10はみな10マルクトに結びつけられる。そして10のマルクトという下の宇宙との扉に接触すると、構造的に上の宇宙との扉である1のケテルにも共鳴する。生命の樹配置にする限りは、この「金貨の10」は、異なる宇宙との接触に活用される門で、これまでの世界において、それは老化し、死をもたらし、別の領域に移行する。

一つのコスモスの部品をすべて揃えてしまうと、このコスモスに対しての反発力が働くという原理がある。私達が地球にいられるのは、ここで何かが足りないからだ。この足りないものを地球的な生活の中で、外界に求めている。しかし部品が揃うと、自動的に反発力が働き、環境から追い出される。地球が嫌がり、嘔吐《おうと》するという言い方をしたこともある。物質的な生活を求めてきた人はここで満期になり、今までの持ち場から追い出される。

10の数字は満期になることで、あまり深く考えなくても、この段階に来ると、これまで興味を持っていたことに飽きて、続けることが嫌になるし、それでも続けようとすると、自分の維持そのものが難しくなる。なぜなら、人間の意識はたえず何かに対して射出することで働くので、満期になった時には、その対象に射出することができなくなり、それでも続けていると自身が昏睡《こんすい》する。

私はたくさん本を書いているが、これは常に新しい題材があるからこそ可能なことだ。もう何百回もいじり回して知り抜いたことについて本を書いてくれといわれると、依頼されたからにはそれに取り組むのだが、私の活動力そのものは停滞し、昏睡に近くなり、それでも適度に気晴らしをしながらも続けようとするので、かなり異様な試みになることを、何度か体験した。どこから気力を引き出せばよいのか全くわからないという状態になるのだ。これについて、同じような仕事をしている人が、「飽きたら、もうやめてしまうのか」というような非難がましいことをいっていたのだが、新しく開拓していくということが私の著作の姿勢の基本なので、どうにも誤魔化しようがないし、この非難した人を見て、夢遊病のような状態でも続けていくことができることに、むしろ私は驚いている。

「金貨の10」は、金貨というレベルにおいて、もうこのように死にかけていて、早く新しいところに向かわなくてはならないが、10の数字が生命の樹のマルクトに該当するのならば、このマルクトの壁を突破してもよいのではないかと思う。すると新しい世界、新しい展開が訪れる。マルクトは物質ということを意味しているので、このマルクトを突破することは、物質の生成の根幹に至ることを示す。

私達は物質という時に見えるものを基準に考える。マルクトは知覚の無限の壁を作り出しているので、この無限という壁を突破してしまうと、物質のミクロな組成の領域に立ち入ることになる。私達の意識は無限の壁の前で停止する。しかしこのマルクトを突破すると、無限の先に、さらに意識が働く余地を生み出すことになるので、物質の組成の微細な領域に、意識が働く場があるということを見出すようになる。これは物質という固い定義を打ち壊すことになる。つまり言い換えると、10で満期になった時に、「もうその取り組みをやめないと、それまで扱っていた対象そのものを壊していくことになるよ」というものだ。

「金貨の10」は、金貨という土の元素においての追及の完成なので、収入のピークになったという場合もあるかもしれない。なかには、人と比較して、驚くほど金額が少ないのに、もう「金貨の10」になってしまった人もいるかもしれない。つまり自分にとってのそこそこ、これが限界点だと考えるとよいのだ。それ以上は追いかけるなといわれているのだ。

四元素は、本来の第五元素を四つに割ったものなので、それ自身は不完全なものだ。不完全なものをとことん追求するのはお勧めできることではない。それはほどほどでよいのだ。とことん追求しても、最後はそれを失うという運命なのだから。

LES DIX

10

コートカード

コートカードは人物カードだが、小アルカナカードの棒、剣、杯、金貨の四つの元素それぞれに4枚存在する。この4の数字は、四元素ともある程度共通しており、春夏秋冬、東西南北のように地上の時間、空間の基本的な枠組みを表している。

私は、この四つの枠組みの中で、四種類の人物像を提示するコートカードの扱いには困っている。そもそも人間は、環境の四元素という4の数字とは違い5を象徴とする。頭一つ、手二つ、足二つの、あたかも星型のような印（☆）は、五角形に見えるものだし、星が故郷であり、自由性を象徴とし、日本語の漢字ではこの星型は「火」に結びつけられていた。たまに生殖器を組み込むと、下にもう一つ頭がついて、六角形になり、これは日本語の漢字では「水」に結びつけられる。人間は、この厳霊《いずのみたま》（五角形）と、瑞霊《みずのみたま》（六角形）の配合のイメージで、大地や環境を示す4の数字の上を歩き回るが、決して人間を4の数字に組み込むことはできないものなのだ。

しかし、人間を環境の部品とみなすと、四類型の中に当てはめることができないわけではない。コートカードは、小姓、騎士、王妃、王と四つしかないので、これを実際の人物などに当てはめるにはかなり無理があり、人間の部分的なものの何かを示すもので、決して人間そのものを表現することはない。

そもそも小アルカナは、四元素に分解したもので、これは第五元素の部分化であるから、小アルカナは、大アルカナによじ登るための、地上的な生活においての手がかりのようなものを提供する。そのような部分的な要素に、さらに四つしかない人間像を当てはめると、これはかなり息苦しい話になってくることは間違いない。

かつて地上には、カースト制度のようなものがあった。これらは人間を環境の中に歯車として組み込むための基準を作り出した。アーリア人が先住民の肌の色を識別するために使ったのが始まりで、こうした類別は形や言い方が変わっても、今日の社会でも似たものはどこの国にも存在すると思われる。純粋なローカルルールなので、それに従うこと自体が、お互いの可能性を奪うことにはなるのだが、４に向かいたい人間はこれが好きなのだ。

となると、四元素ごとの、四つのカーストにも似た人物カードはどのように分類すればよいのだろうか。古いカーストを持ち出すのは現代では不適切であり、このカーストはローカルルールなので除外するとしたら、宇宙的な意味での人間意識の階層を持ち出すのが一番妥当ではないかと思う。しかしこのタロットカードを考案した時代に、考案した人々がどう考えていたのかわからない。偏狭なカーストの思想を持っていたのかもしれないし、あるいは根底的な意識、すなわち宇宙的な意識の階層について考えていたのかもしれない。今日の世界観では、この意識の階層について考える人はほとんどいない。振動の違いによって事物を識別する習慣がないのだ。だが、未来にはまたこの考え方を取り入れることになるだろう。

私は以前からタロットカードについての本をよく書いていた。そこでは、この四つの階層については、グルジェフの振動密度を示す法則番号で、分類した場合もある。グルジェフの法則の図はアリストテレスの生命の階段をもう少し細かくしたもので、神1、大天使6、小天使12、人間24、哺乳動物48、動物磁気や月など96、空気192、水384、木768、鉱物1536、金属3072というものだった。この数字は大きくなるほど、振動密度は低くなり、物質密度は高くなる。これらの数字には、水素番号としてのHがつくが、今となっては、水素という言葉を使うのは妥当ではないので、私はHにするか、あるいは法則という名前をつけて使う。

人間はH24が中層重心、あるいは法則24という言い方になる。この図式に基づき、小姓はH48、騎士はH24、王妃はH12、王はH6と分けた。それに加えて、小姓の下に人間以前のゴラムとしてのH96がある。人間の意識の進化としては正確な認識の仕方だが、この場合、小アルカナの図柄の若者、馬に乗った人、椅子に座った女性と男性というイメージがあまり合わないともいえる。とりわけ、H6の段階には男女というものが存在しない。しかし人間の発達段階としては、これ以上に精密な考え方は存在しないと思う。実際には、身体の振動密度、感情の振動密度、思考の振動密度をすべて分けて考えていかなくてはならないのだが。

もう一つの分類法について考えてみよう。古代インドのバラモンの思想では、人間の一生を、四住期（アーシュラマ）として、学生期、家住期、林住期、遊行期に分けた。つまり地上の四つの原理というのは、時間にも、また空間にも適用できるものであり、すると、この四つの人物カードというのも、人間の一生の四つのサイクルを絵に描いたものだと考えられる。

人物類型としては型にはまりすぎているので、私はこの時間サイクルの中での四つに割り当てた方がよいのではないかとさえ思う。人は社会に出て仕事をするようになりそれなりに成功すると、Ｈ24成分は充実する。またＨ12は今日の世間では余計なもので、Ｈ６はさらに余計なものだ。つまりそれらは狭い社会の中に組み込まれ得るものではなく、仕事とか社会の活動から引退した段階での方が発達しやすい。

バラモンが力を握っていた時代には、人間の高度な意識を表すＨ12とかＨ６は、世間から引退し隠遁《いんとん》した段階で取り組むものだった。仕事をしながら、社会的な輪の中に存在しながら、同時にこれらを発達させるのはとても難しいことだったからだ。ある時代から、社会に参加しながら同時に高次な意識を発達させるという二本立てを考えるようになってきた。

グルジェフは、これを第四の道というが世間の中で仕事をしながら、同時に「道」に入るのだ。それは極めて高度な技能を要求されることになるが、しかしカルロス・カスタネダの著作ドンファンの本に出てくる、忍び寄りの術、第一の注意力などを活用すると、世間に適応するための仮想人格を持ちつつ、道を究めていくということも可能になる。これはある意味、嘘つきになるということだった。

ホロスコープの場合、一つの円は一日、一年、一生などと相似象であると考える思想だが、実際に一つの円を人の一生に当てはめるのは少し難しい面がある。これは今日の「人の一生」という定義が、本来のものからかけ離れてきたからだ。私達は物質的に生まれて、物質的に死ぬまでを一生と考える。すると、少しホロスコープと帳尻が合わない面が生じる。ホロスコープは宇宙的なサイクルについて考えるものだった。世間的な人生ということとは食い違いが生じるのだ。

アーシュラマに合わせてみると、東の地平線から南中のMCまでを学生期とする。これは生まれてから、学校を卒業し、社会に出て行く直前までだ。MCから西の地平線までが家住期で、これは世間で仕事をする。また子供を育てたり、家を持ったりする。社会は特定の場所に成り立つもので、これを家と解釈してもよい。西の地平線からICまでを林住期とみなし、家を子供に渡し、自分は林に住むのだ。ICから東の地平線までを遊行期とする。これは今日的にいうと、死後の世界にも通じている。

林住期は森林に隠棲《いんせい》して修行をする。遊行期では、決まった住居を持たず乞食《こじき》修行をする。

シュタイナーは、エーテル体は植物を借りていると述べた。エーテル体は植物にとても似ていて、ある種の光の渦とか線、網目のようなものだ。林住期とは、人間の肉体が死んで、エーテル体になった時期にも相応すると飛躍して考えてみよう。もちろん、身体的にはまだ生きているが、しかし世間から見ると、もうこの人は引退し、既に「終わった人」なのだ。さらに特定の住居を持たず、乞食になるというのは、動き回るので、ある意味、アストラル体にも近くなる。アストラル体は動物を借りている。一人の人間をエーテル体、アストラル体込みで考えるのは、むしろ自然だ。今日人間を物質体のみで考えているので、これは人間をごくわずかな部分だけで識別していることになる。

林住期も、遊行期も、人間の肉体を持ち、まだ生きてはいるが、しかし生存の軸となるものが、エーテル体、アストラル体に移動しているとみなすとよいのだ。林住期も、遊行期も、非物質の世界との中途半端な関わりが生じ、境界線に住んでいるような感じが伴う。そういう存在を現代ではきっぱりと切り離し、エッジがはっきりしているもの以外は認めないということになった。それは個人主義が原因だ。個人の視点というのは、主体と客体をはっきりと分離して二極化し、つまり輪郭を明確にすることで他を排除することで成り立ち、個人としての存在の定義をくっきりさせることで、私達は物質しか見えないようになったのだから。他を受け入れると、輪郭がはっきりした物質以外のものを見ることができるようになる。科学は真実に行き着かない。それは、科学が、この個人の視点ということを基礎にしている限りは越えられない壁を持っているからで、この視点をもっと拡大すると、科学は真実に至る可能性がある。

西欧的な思想が世界を席捲《せっけん》した後、私達は肉体的な存在ということだけを重視するようになり、これは人間を「半分だけで見る」という習慣ができたと考えてもよい。肉体的な存在ということを重視すると、これは分割魂が当たり前という意味にもなる。

分割魂とは、一つの魂をいくつかに割って、この部分品を、一人の人間と見立てることだ。これが当たり前になってしまったので、ときどき登場する一個の人間を見ると、驚嘆すべきことのように感じられる。いずれにしても、エーテル的要素、アストラル的要素も含んで、トータルなものを一人の人間とみなす考えかたの方が、はるかにまともだ。

山を散歩していたら、何やら気配があり、これは遊行期にある懐かしい父親かもしれない。こういうふうな視点も出てくる方が面白い。小林秀雄は、母親が死んだ後、一匹の蛾がやってきて、この時にそれは母親かもしれないと思ったという。間違いがないようにいっておくと、母親はそれをミツエシロとして使っただけで、蛾が母親であるという意味ではない。この世の接点がなかなか見つかりにくい時、何かそういうものを一時的に利用してしまうのだ。一時的には雲を利用することさえあるのではないか。そもそも即身仏で、ミイラになってしまうのも、この物質的世界との接点を残したいという理由からだ。意識と、記憶は連動しており、死んだ後に意識状態がもっと高度な方向に移動してしまうと、それまでの人生の記憶を一気に捨ててしまう。しかし記憶と接点を残したい人は、生前の名残をキーワードのようにして残すことにするのだ。

人物カードは動く者として小姓と騎士がある。反対に、椅子に縛りつけられ動かないものとは王妃と王のカードだ。動かないものは植物的で、それは動くものに比較すると、ネットワークの網目を張り巡らせ、自分のところにすべての情報がやってくるようにしていく。動く者は、ここからあそこというふうに移動するという意味では、常にオンオフを繰り返し、否定したり肯定したりする。したがって、知覚は常に限定されている。動く者は、動かない者が張り巡らせたネットワークをたどって動き回る。通路がないところには赴くことはできない。

小姓は、もっぱら王妃の作り出した網目を動く。また騎士は、王が張り巡らせた網目を動き回る。これは存在の三つ組というものがあり、大天使は、1―6の系列、人間は6―24―96で、互いにH6で共鳴する。人間にとってH6は高自我、あるいは超意識で、大天使からすると、このH6とは本体、中核的なものだ。小天使は、3―12であり、哺乳動物あるいはリラックスして休止時代の人間は12―48―192で機能する。哺乳動物の高自我、あるいは超意識はH12で、これは小天使の日常自我だ。

最近、「一億総活躍社会」という言葉も出てきたが、この考え方では、世間にいる人間は小姓と騎士しか存在しないが、小姓の裏に王妃がいて、騎士の裏に王がいる。しかし王妃も王も、世間で働くことはない。会社の中に居座っているわけでもない。

ホドロフスキーは、この四つの人物の序列について、小姓、王妃、王、騎士という順番を提示しているが、これについてはどうともいえない。四元素は次の元素に交代する順番があり、この移動すること、運ぶことに騎士が関係するというのだが、これについても共通の見解がどのくらい出てくるかわからない。ホドロフスキーは、「21世界」のカードの四隅にある動物の半時計周りの循環について説明しているが、それも決定打に見えない。私は占星術にならって時計回りで見てきた。とはいえ、占星術体系は半時計回りも考慮に入れる。一日の中での惑星の動きや、アーシュラマも反時計回りだ。

この四元素の順番に基づき、カモワン版カードでは小アルカナカードの細かい絵柄のデザインが決定されているようにも見えるが、この発想の根底が間違っていたら、その上にいかに緻密なものを打ち立てても全体が崩れてしまうのはいうまでもない。

私はカモワン版のカードでは、小アルカナはあまりできがよいものには思えない。思い込みの産物、もしくはやりすぎなのではないか。大アルカナカードの完成度とギャップがあるように見えるのだ。大アルカナカードを作ったグループと、小アルカナカードを作ったグループは違うのではあるまいか。

LES VALETS

小姓

コートカードを、人物タイプとして考えるには、タイプが少なすぎて、応用することは難しく、一人の人間の中には、四つの要素がすべて内在すると考えた方が自然だ。それは時に応じて、そのどれかが強く前面に出てくる。内在する四つの人物のうち、今、棒の小姓の段階にあるのだと考えてみることにしよう。

就職する以前の段階や、バイト暮らしならば、まだ自立できていないのだからそれは小姓の段階だ。社会の中で指導的で、主導的な能力を発揮している人が騎士であり、それ以外のほとんどの人は小姓の段階と考えるとよいだろう。およそ全人口の90パーセントから、95パーセントくらいはこの段階にあると考えた方が妥当だ。

数字の1から10までの段階は小アルカナで十分に説明されており、さらにどうして人物カードが必要なのかという点が、なかなか理解しにくいが、以前の私の著作では、これをグルジェフの四つの振動密度の存在状態と説明した。法則48は通常の思考の速度であり、これは疑問を持つ時の精神状態だ。それはさまざまな印象に同一化しており、同一化していると自己は不在になる。つまり忘我状態で、自分がいるということを意識できていない段階だ。何かを学ぶ時には本を読むか、よそから情報を手に入れなくてはならない。自分で考えることはできない。自分が不在なのだから当然だ。何が本当かわからない。というよりも本当かどうかという判断の中で生きている。こういう考え方では真実にたどり着くことはない。そして決断したり、選択したりもできない。つまり何かに責任を持つこともできないし、誰かしっかりした人のそばで生活しなくてはならないという状態だ。

グルジェフはこの法則48を重心に生きている人を地球の人間の平均的な意識と説明しているが、分類的には、これは哺乳動物の中層重心に該当する。人間は創造的な活動をしていない時には、常に哺乳動物なのだ。コリン・ウィルソンは、人類の95パーセントは、受動的で、何も決められず従順に従う生き方をするというが、これを私は「神の子羊」と名づけた。素直であるが、付和雷同するので、自分の姿勢をきっぱりと決めることはできない。何かをつらぬくことはできないのだ。知性は存在せず、知性に似せた感情は働く。まだ知性と感情の区別はついていないといえるのかもしれない。

アーシュラマでは、これは生まれてから、就職するまでの期間に対応する。学生期と呼ばれ、自立して何か決めてはならないし、教師や親、誰かに依存して、人生のさまざまなことを学習していく期間だ。誰でもこの期間はある。固定された存在状態として、こういう人がいるということではなく、ある段階ではこういう生き方をしていると考えられる。

アーシュラマでは学生期だが、存在状態としては、これはほとんどの人が置かれた状況である。根底的な意味では騎士もまだ自分の判断で生きることはできず、しかし、社会システムの中では、とりあえず、指導的で主導的な存在とみなすことはできる。一体どこまで行けば、人は自立できたといえるのか。

例えば、金銭を稼いで、経済的に自立をしても、それは社会に対して依存しており、自立しているという基準を満たさない、という人がいれば、その人の要求する基準は比較的高めだといえる。社会の中での自立、惑星の中での自立、太陽系での自立、より外宇宙においての自立。自立とは不死という意味であり、環境条件に振り回されない。このようにいくつかの段階があり、とことん突き詰めると、どの段階にいっても、生物は自立できていない。西欧的にいう神は自立しているのかというと、これは前宇宙との関係においては自立していない。小姓は人間としては最も頼りない段階だが、学習期間、見習期間、お手本をコピーするしかない段階として誰でも体験する。

棒の小姓

「棒の小姓」は、もちろん、棒の扱い方を学んでいる最中だ。カモワン版の特有の絵柄は、カモワン式のローカルな意味が与えられており、これにこだわって解釈する必要はないと考えるが、この絵柄では棒は大地に立てられており、小姓はそれを両手で支えている。支えているというよりも棒に依存していると考えてもよいかもしれない。

ホドロフスキーの右と左の解釈とは反対になるが、私はいつも生命の樹の基準で考えるので、すると、絵の右側というのは、生命の樹の左に該当し、外界からの影響を取り込む受容的な側面だと解釈する。ずっと十年も二十年もそのような考えで、絵画分析をしてきた。その左側を向いたかたちで「棒の小姓」は立っており、棒もまたこの左側の下から上昇しようとしている。つまり棒の力は自発性ではなく、他者性から持ち込まれる。何か積極的で創造的な人がいて、この小姓はその意志を受け入れようとしている。そして棒はカードの下から三分の二の位置まで伸びているので、ここではまだ霊性や精神性というものは発育しておらず、実際的なもの、物質的なもの、そして社会的なところまでは筋が通っている。

棒は精神性とか高揚感とかを表しており、これは誰か尊敬できて指標になる人間が必要なのだと説明しているのだ。その人物のために、何かしようと思うし、助手とか手伝いをすることはできるだろう。なぜなら、それは学習の大きな機会を提供するからだ。しかしこの小姓に何か任せてはならない。小姓は何か一つのことをやり遂げるような力をもたないし、迷いの中にあるので、何かの理由で途中挫折することが多いからだ。よかれと思って余計なことをするかもしれない。

そもそも宇宙法則からすると、特別な工夫がない限り、普通にしている状態では何かをやり遂げるということは人間には不可能である。それはオクターブにミとファの間に隙間があり、そこでたいていのものが折れてしまうからだ。自然的に生きている限り、人間は何か一つでも仕上げることはできないが、小姓はその事実に気がついていない段階なのだ。

原稿を出版社に届けてほしいと頼むと、電車の中で忘れたりすることもある。手伝いを依頼してもよいのだが、大きなことを任せるのはリスクがある。棒のカードは興奮状態を意味するので、興奮したり高揚したりするものを持ち込む使者のような役割をすることもある。この小姓が学習しなくてはならないことは棒の、つまりは創造的な活動ということをどうやって成し遂げたらよいのかということだ。棒にはあちこちに切れた節があり、これは余分なことを考え、そして諦めた跡を表す。

小姓は下の側なので、いろいろな生活について可能性を考えた。仕事にしても、いろいろな仕事をしようとした。収入、生活スタイル、具体的なことで試みた。安定して何か取り組むには、まだ時間がかかるかもしれない。

剣の小姓

剣は風の元素なので、この風の元素が示す知性や言葉、思考、情報などを扱うことを学習している状態を表している。それらについてしっかり扱う権限が与えられていない。権限が与えられてしまうと、そこで失敗をしてしまう可能性が大きい。というのも、知性においての二極化ということに深く支配されているからで、いつどこで反対に転ぶかわからないのだ。知識の偏りは避けられない。

とはいえ、知性という点では、地球上に住むほとんどの人の知性は、二極化されて、肯定と否定の間を揺れ動く。そしてこれを続けている限り、誰も知識というものを獲得することはできない。すべては暫定的で、その後どう転ぶかは誰にもわからないような知性なのだ。この基にあるものは人間存在の二極化である。二極化された後に、片方を自分とみなすような生き方をしているので、すると常に私達は光と闇の中に住むことになり、象徴的にであるが、昼の時間の私がいて、そして夜に眠った後、昼の私が見知らぬ私が活動し、そのことについてはあずかり知らないという状態に陥る。何か知りたい人は、この昼の私、つまり脳の表層で働く知性のみを使うと、常に偏ったものしか手に入らない。

風のサインである天秤座では「正午の昼寝」というシンボルがあることを説明したが、これは無意識の自分と交信して、そのことで知恵を得るということを表している。目覚めている私は半分の私なので、それが何かを知ることはできない。わからないことは、夢の中で見つけ出す。正確にいえば、夢から情報を取り出すのでなく、半分と半分の自分が交流することで、総合的な知覚というものを手に入れる機会が手に入るという意味だ。夢と交信していない人は実は知性を全体的に活用していないのだ。どのようなことでも、一人で回答を見つけ出す。これが本来の創造的な人間のあり方なのだ。しかし世の中では、二極化された知性、半分の私というのが常識なので、この点では、あらゆる文化、分野は、この片割れ知性によって推進していくということになる。結果として常に間違いの判断をしていき、そしてのちに修正し、また間違いに走り、また修正を繰り返す。科学は自分がどこに走っているのか自覚せず、気がつくと核爆弾を作り大量殺戮《さつりく》をしていた。

この不完全な知性の使い方が、露骨に現れているのが「剣の小姓」だ。グルジェフは地球の平均水準は法則48と説明していたが、そういう点では、ほとんどの人の知性は、「剣の小姓」段階であると考えるとよい。真実の知恵を得るという方法を確立した人は、この「剣の小姓」から抜け出すが、それは容易ではない。学校でたくさんのことを勉強したら、ここから抜け出すことができるのかというと、それはできないことは明らかだ。知識量はほとんど関係がない。

「剣の小姓」は警戒したり、調査したり、探偵したり、ネットで検索したりする。絵柄では、絵の左、すなわち生命の樹の右側の下に向いており、それは実際的な方向で、能動的に働こうとしている姿勢を表している。しかし足場においては、左右ちぐはぐで、つまり目線は能動的であるが、行動としては矛盾したものの中にある。受容的な左、すなわち絵においての右では、剣が中心に向かって傾斜しており、受容的な姿勢を続けながら、つまりは外界の情報を取り込みながら、果たして中心的なものは何かを模索している。これは頭上のケテルに剣の切っ先が向いているということだ。剣を鞘《さや》に入れるかもしれない。鞘とは過去の残像だ。常に保管する、安心するというのは、過去の残像の中に隠れ、むき身の剣を出さないことだ。この鞘は、絵の左、つまり生命の樹での右の下にあり、実際的な判断においては、過去の判断例に従い、新しいことはしないということを示している。考えてはいるのだが、実際には過去の判例に従うのだ。

この揺れている状態では、何もできないのは明らかだし、だからといって、この小姓に何か指示したりすると、反発もする。足の先が両側に開いているので、決まった方向に歩くことはできないという意味では、立ち止まったまま、考え込んだまま、そして心の中で矛盾したものを抱え込んだままだ。こういう状態はちっとも特殊でなく、たいていの知性というのはこういうものである。決められないので、過去の例にならうのだ。

例えば、風のサインでは、双子座の15度に「会話をしている二人のオランダ人の子供」というシンボルがあるが、こういう考え方もある、ああいう考え方もある、と揺れ続け、ずっと何も決められないというものだが、腰の弱い柔軟サインにおいては、基本的に何かを決定することはまずない。人間は二極化されている。二極化されている限りは、何をしてもどこにも行けない。世の中に、発明発見をしたり、知恵を得たりする人が少数存在するが、これらは二極化を統合した瞬間に手に入る知性の働きによる。「それはどうやったら手に入るのですか？」と質問する人も多いが、この問いかけそのものが、回答を得ることを拒んでいる姿勢だと考えてみるべきではないか。

杯の小姓

カモワン版の「杯の小姓」は、絵では左、すなわち生命の樹では右という発信側に向いており、また右側に歩もうとしているので、杯が意味する情緒や感情、心理、気持ちというところで、積極的に外界に働きかけようとしている。小アルカナカードで杯のシンボルは、カップに入った水で、これは土の器の中にある水で、純粋に水の元素を示しているわけではないことは説明した。

「杯の小姓」は、カップでなく、蓋を開いたカップの中の水を覗いている。そしてカップは予想以上に大きい。この器は水を入れる器として、共同で営む具体的な場などを意味するのだが、それは上半身の位置にあり、つまりは精神的に考えている器であり、器を実際に用意しようという具体的な試みを示してはいない。予想以上に大きな器でありつつ、実際的に取り組もうとする前の段階にあるということでは、この水の元素がどこかに働きかけ、投げかけられようとしているが、まだまだ準備段階であるという意味だ。

「杯の小姓」のように、自身の中の水の元素を見つめる姿勢というのは不安定になりやすい。占星術でいえば月や水星、金星など、自分の個人的な気持ちなどを表す、公転速度の速い惑星領域をじっと監視したり見つめたりすると、毎日が不安定となり、調子のよい日は一か月に一日もないような状態になる。というのも気持ちを見つめると、それを過剰に拡大してしまい、ちょっとした変動も大きなものに見えてしまう。受動的な役割にあるものを凝視すると、自分もその受動性に飲み込まれていくような感じだ。

占星術的に考えると、土星に自分を合わせておくと安定する。土星は気持ちや心理ということをほとんど考えない。やる気がない時でもとりあえず何か取り組めば、だんだんとやる気は出てくるだろうと思っている。感情や気持ちは、後からいくらでも作ることができるので、そこに自主性はなく、だからそれに主導権を与える気はないと考えるのが土星だ。

その点では、自分の心や気持ちを凝視する「杯の小姓」は、気持ちの上では当てにならないものになっていくことは明らかだし、揺れることを自己確認の道具の一つにもしてしまうので、そこに何か価値があるものだと思い込んでいる。

私達の想念というものは、おびただしい量の、無数のものが飛び交っており、これらの中で、どれかを捕まえておくことで、自分はこう感じたと思うのだ。何かを選び、それ以外があたかもなかったかのようにしていく。だが、自分の心理、気持ちを凝視すると、この大量に飛び交う全信号を拾おうとすることになるので、混乱する。誰かに対する気持ちにしても、この人が好きだ、この人に関心はない、この人は嫌いだ、この人を思い出すだけで気持ち悪くなる、こういう感情はすべて持っているものなのだ。そしてどれかを選び、それ以外はなかったことにするものなのだ。こういう「杯の小姓」に仕事を頼むことはできないだろう。自分の気持ちを正直に覗こうとして、この小姓は何もできない、何の役にも立たない人物に変わっていくからだ。気持ちを振り返らず、能動的に進むというコツを習得する必要もあるだろう。

では、どう扱えばよいのだろうか。ただし、このコートカードに誰かに当てはめるのではない。すべての人の中に、このすべての要素があるのだ。ある時間、ある場所では、このカードの群れの中のどれかの部分がクローズアップされるにすぎないと考えるべきだ。

もし自分の中で、今、この「杯の小姓」にようになってしまったらどうすればよいのか。多分、何も決められなくなり、また自分の気持ちに耽溺して、そして右に向いているのだから、それを外界の誰かに投げかけようとしている最中だ。こうなったのは誰かのせいだと思うかもしれない。そして誰かのせいだと、誰かを非難することも、関係を作り出すきっかけにしてしまうタイプもいる。誰かに絡むのは、関係を作り出すことなのだ。杯は水の元素なので、それは結合性質であり、それは関わることだ。世の中には責め立てることでしか関係を保てないものもあるし、そういう姿勢を続ける国もある。

「15悪魔」のカードであれば、押しの力は強いので、むしろ誰かに対して、強要し、相手はそれに従うしかないような状態にもなるだろう。だが「杯の小姓」を押しつけると、相手を無駄に振り回すだけで終始し、どこにも行き着かない。自分の気持ちをじっと見つめることから、次の、自分の気持ちを作り出す方向へと向かうのがよいだろう。つまりは「杯の騎士」は、この「杯の小姓」からすると、まさに理想の到達地点ともいえる。

この小姓のカードは、グルジェフの法則番号では法則48だ。人間の身体、感情、思考という三つの組織の中では、感情のミ48がもっぱら「杯の小姓」の精神状態に近い。ミの音は自力では次のファの音には上昇しない。そこでは、思考のショックが介入する必要があり、この助けがないと、問いかけの「?」に対する回答がずっと得られないまま、そのまま放置していると、突破口を自ら見つけ出すことができないので、鬱病のようになるだろう。

この感情のミの音はとても純化されている。純粋な問いかけ、「自分はどうしたらいいの?」というところで、じっと止まる状態だ。そして思考のショックをずっと待っているので、すると、親切な人は、この人に対して、何らかの思考のショック、つまり解決策とか、次の手や次の方法などを提案することもある。それを喜びとする人もいる。このことで、「杯の小姓」が助けられたとしても、それはその瞬間だけの話であり、自分の中で、思考ドの音があるわけではないので、次の「?」に対して、「!」を自分から打ち込めるわけではない。

「杯の小姓」は、カップの中を覗いているが、そこで回答は得ることは不可能だということを十分に自覚しておくべきだろう。思考の力のみが、この打開策を見つけ出すことができるが、思考というと、剣のカードを連想するかもしれない。

もし「剣の小姓」がここにやってきたら、余計に混乱させるような情報を与えるに違いない。そして二人でわけのわからない混乱の中に入るか、堂々巡りをする。「剣の小姓」のような男性と、「杯の小姓」のような女性がカップルになったら、他人ごとでは笑えるものになるかもしれないが、しかし見ていて、すぐに退屈するかもしれない。

「杯の小姓」は、このままでは自立できないので、誰かに依存するべきだが、しかしこの依存は、ノウハウを盗むための教科書を見つけることであって、いつまでも依存するためのものではない。

金貨の小姓

カモワン版の絵柄では、「金貨の小姓」は絵の左側、つまり生命の樹では右側に向いており、「杯の小姓」と同じく、外界に対して能動的に働きかけしようとしている。しかし「剣の小姓」と同じく、足先は、左右両方に向いていて、興味は右の働きかけ方向にしても、実際にはどちらに行くかわからない。目線の高さに、金貨があり、金貨に対して高い評価を与えている。そして左手は自分の腹のバンドにかけられており、これはある種の野心を抱いているということでもある。左手は受信する。つまり自分の腹に聞こうとしているのだ。

ホドロフスキーは、地中に埋もれた金貨に関しては、小姓は気がついていないと書いており、潜在的な金貨の価値については、まだ可能性を発掘できていないということなのかもしれない。それは表向きの意識で評価されていく金貨、つまりは経済価値とか、物質の価値などについて考えているだけなのかもしれない。

金貨は土の元素であるが、土の元素とはこの中に火、風、水の元素のすべてがコンパクトに封入されている。ただ、火、風、水の元素はこの中に封入されているということは、それは過去のものに限られている。それらの元素を活発に使いたい場合には、土の中にあるそれではなく、そのまま火、風、水の元素などを扱う必要がある。土の元素の中にある火、風、水は過去の記憶など保管しているので、そこから、データを読み取ることができる。水晶が古い時代の記憶をすべて保持していて、それを人によっては上手くリーディングできるように。「金貨の小姓」のカードの地中にある金貨はこのような過去の価値、埋もれた財宝なども意味している。

目線とか額に近い位置の金貨は、ビジネスとかお金儲けとか、実際的な仕事などについて、いろいろと思い巡らせ、野心的に画策しているので、やる気があってよいといえるが、小姓の発達状態、すなわち法則48ということから考えて、計画をそのままつらぬくとか、達成するということはまずない。たいていいかなるものでも、必ず何かトラブルが起きて、続けられなくなる理由というのはやってくるものだ。それを小姓は特別なものだと考え、自分だけが特殊な障害を体験したと思う。しかし実際には、どのようなことをしても、続けられなくなる理由というのは万人に必ずやってくる。それを意識的に突破できた存在を騎士と呼ぶのだ。

小姓のカードにおいては、どのような元素の分野のものであれ、成功または達成することはないということを忘れないようにしておくとよいだろう。それは揺れていて、途中で目標を放棄する。地球の平均水準の知性が48だと説明したが、これは横から流れてきた影響に振り回される。つまり、誰かが何かいうと、それに付和雷同してしまう。流れに抵抗はできない。そのため、状況などによって自分のしていることは変化するし、目的を実現できるようにするには、誰か頼りがいのある人のそばにいる必要があって、自分が途中から脱線していることを指摘してもらう必要がある。脱線は必ずする。これは小姓だから脱線するのでなく、すべての人は脱線するのだ。

しかし、実行力はないにしても、金貨すなわち土の元素に関して、調査したり、考えたり、計画したりはできるだろう。

例えば、企業は収益を上げる必要がある。この場合、売れるには、分厚い購買層の関心などを喚起する必要もあるかもしれない。それが女子高生などかもしれない。すると、その女子高生の年齢の興味、日常の行動などに詳しい方がよいし、地球の平均的水準の人々の意識というものに同調できる人の方が、それについてはよく知っている。騎士は同じ場所にいないので、もうそれがわからない。

馬に乗っていると、目前のことよりも、もっと長期的で遠いものに目がいってしまうのだ。こういう意味では、小姓は補佐的に役立つ。自分で何かすることはできないが、しかし依存する立場で、何か貢献できることはある。それは主に金貨の分野においてである。

小姓に関して、私はさんざんなことを書いているが、誰でもこの段階を通過するので、誰でもこの状況はよくわかるはずで、小姓の段階にある人はあまり自覚できないかもしれない。小姓の中層重心はH48だと説明しているが、地球上においての印象とか、イメージというものはこの速度で成り立っており、同じ速度のものに対しては、私達は対象化できないという性質がある。私達の意識の速度がH24など高速化すると、H48の印象は対象化可能となり、私達はこの印象とは一体化せず、「それを見ている」という状態になる。その時、初めて人は印象の中に損なわれている眠りから覚める。

印象の中に一体化していると、自己喪失し、また群の中の一人になっていくので、集団暴動などをする一員になる。羊の群は、崖から落ちる時には、全員がいっせいに落ちる。

LES VALETS

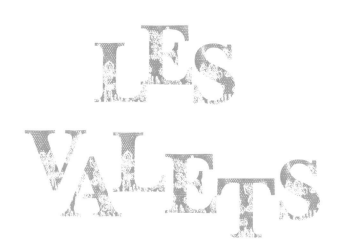

LES CAVALIERS

騎士

ホドロフスキーのコートカードの序列は、小姓、王妃、王、騎士となっているが、古くから多くのケースでは、小姓、騎士、王妃、王という順番だ。私もとりあえずこの古典的な順番を採用することにしたい。人間の意識の発達の順番は、社会的な階層においての序列とは違うのは最初から明らかだが、肉体的に生きている段階だけを人間であるとみなすと、これは人間の「半分」だけを取り上げることで、人間を全体的に見て、これらを四つに割り振った場合、社会的に生きている前半部分は、小姓と騎士であり、後半の王妃、王は社会の中に深く食い込むよりも、むしろ宇宙的な範囲において拡大していく要素であるとみなす。つまり、王妃と王は、社会的な価値観においては、あまり重要視されておらず、社会の価値観で生きている人を井の中の蛙とみなしている。本来の人間は、宇宙的な存在であると考え、誰もがやがては王妃と王の部分を増やしていく必要があると考えるのだ。

ホドロフスキーの考えでは、四つの階層の最後にある騎士は、次の元素に向かって歩んでいくという役割を担っているようだ。この元素の順番は、「21世界」のカードでの四大の半時計回りの順番。雄牛は土、獅子は火、鷲は風、天使は水という順番になっているが、私はこれを占星術の当てはめで考えているために食い違いが発生する。

12サインを、この四大に重ねた時、雄牛は牡牛座の15度あたりにあり、これは土の元素のピーク点を示している。経済的にもここは頂点を意味する。獅子は、獅子座の15度に該当し、これは火の元素の所有の頂点にある。鷲は、蠍座の15度にあり、水の元素の所有のピーク。蠍はそもそも鷲が地に落ちた姿を表している。天使は、水瓶座の15度に該当し、これは風の元素の所有のピークだ。このあたりにサビアンシンボルとしては、「フェンスの上にとまっている二羽のラブバード」というものがあり、これは両性具有となり、大地ではなく、上空のフェンス、例えば惑星グリッドの上とか、高見の見物ができる場所に立っている。地上の労働には関わらないという位置だ。

この考え方でいえば、これまでの解釈と違い、鷲の風は、水の元素であり、天使は水ではなく、風の元素であるという位置替えが起こる。また四元素の交代に関しては、この「21世界」のカードの四大の半時計周りの順番を使わず、そのまま、12サインの元素の移り変わりを活用した。つまり火は土に、土は風に、風は水に、水は土にという順番だ。ホドロフスキーは占星術についてはほとんど知識を持っていないし、著作を読む限りでは、占星術に対して知識不足による偏見を持っていて、占星術システムの緻密な体系を参考にできない状態にある。

私から見ると、ホドロフスキーは参考になるものを少数しか持たないで考えを進めているので、彼の説明は何かしら不安定で頼りないものに見えてくるのは仕方ない。

社会の中には小姓と騎士しかいない。小姓にも騎士にもいくつかの段階がある。騎士は個人の生き方としては自立的で、指導的だが、社会全体の価値観には依存しているので、社会に対して自立しているとはいえない。

棒の騎士

グルジェフの法則番号ではＨ24に該当する意識状態である騎士は、地球の平均水準がＨ48だとすると、頭一つ抜きん出ていることを示している。

馬に乗っているので、徒歩のＨ48小姓に比較すると、遠くを見ることができる。目前の印象に忙殺されて、自分を見失ってはいないということなのだ。しかも馬はその人の感情とか情動部位だとすると、これをコントロールできるようになっているということを示す。感情とか情動をコントロールできるということは、もちろんそれに同一化していないことを示している。「11力」のカードでは、身体に張りついたライオンを自分から引き剥がそうとした。騎士は、既にこの哺乳動物が体外に対象化され、さらに、それを駆使する段階に来ているので、グルジェフ的言い方をすると、地球上においては不死であるということになる。

そもそも私達は思考を偽装した感情によって、冷静な知性を発揮していると思い込むくらいなので、この感情とか情動に対して同一化しない生き方ができるとは奇跡的なことである。「６恋人」のカードでは、身体、感情、思考は序列がなくなり、それぞれが勝手にばらばらに主張していた。世の中はそれが普通。そういうところで、御者が馬を統御しているという図柄は抑制があり、感情の暴走に乗せられず、気分に浸されず、しかも感情は思うままに動いてくれるということだ。そのような人が一体どこにいるのか。

法則番号24の物質は、身体、感情、思考という三つの組織のそれぞれに成り立つが、この三つが揃っているというケースは少ない。思考の24とは言葉の違いに振り回されず本質的に働く知性であり、それは異なるものに共通点を見出す知性だ。特定の感情につかまっていると、この異なるものに共通点を見出すことはできない。異なるものには必ず偏見を抱くからだ。否定的な感情は96で、小姓はその隣の48にあるので、すぐに否定的な感情に捕まってしまう。しかし24は、そこから離れているので、96に飲み込まれることはなく、身体は軽く、感情は明るく、思考は冴えている。知性の24が十分にあると、何らかのプロ、専門家になる。感情と身体が十分に24を発達させていない場合には、この知性の24にも陰りが見える。足を引っ張るのだ。身体の24は運動すれば簡単に補充できる。

家族の問題で悩まされている人は、マラソンとかランニングをすると、多少とも吹っ切れるので、身体の24によって、重苦しい感情を緩和しようとしているのだ。

棒は火の元素で、これは身体、感情、思考という三つの要素とは違う分類だ。身体、感情、思考が三つの法則であり、そしてそれぞれに、四元素という四つの法則があると考えてみるとよいかもしれない。すると、身体にも、感情にも、思考にも棒の元素が関わることになる。

火の元素は興奮したり、高揚したり、精神的だったり、抽象的、哲学的、理念的な要素だったりする。哺乳動物は、グルジェフ水素の三つ組では、12―48―192で、中層重心すなわち本質が、48であり、馬に乗っているということは、騎士は48の上に乗っているとみてもよい。そして48の社員は、騎士24によって指示される。騎士は多くの普通の社員48の上に乗っていて、乗っているからこそ、遠くのものが見える。つまりは長期的ビジョンとか計画性があるということだ。棒の性質からして、鼓舞し、やる気を出させ、盛り上げ、加速するという要素が強い騎士になる。戦闘的な、戦い根性がある人となるとやはり「棒の騎士」ということにもなるだろう。

占星術で火の元素というと、新しいことをスタートする牡羊座、演劇的展開をし、情熱が変化せずいつも熱い獅子座、精神的にグレードアップしようとする射手座ということになる。多分、火の元素といわれても、たいていの人はボキャブラリが少ないので、このような時には占星術のこの三つのサインを参考にすると、言葉数は増加するはずだ。

カモワン版の「棒の騎士」は、絵では右を向いていて、生命の樹の配置でいうなら、左を見ている。これは受容的な要素、外界からの影響を受け取る側であり、真ん中から上に、棒が立っている。この真ん中から上というのは、より霊的なものを受容するという柱だ。惑星対応でいうと、海王星と木星の関係で、生命の樹のパスでは、「5教皇」に対応する場所となる。

馬でさえもが、左を向き、馬の身体には垂れ幕がかかっている。この垂れ幕というのは下界に向けて、その影響を漠然と流していくというようなイメージのもので、棒が受け取った天啓を下界に降ろしていくという感じのものだ。そもそも棒は、上が口が開いているという、「棒のエース」と似たデザインなので、自分の無為無策を、そのまま「天にまかせる」という姿勢で、計画性のないノーアイデアの状態だ。

棒には途中で切られた切り株もあり、また先も開いているという点では、あらゆる点で、まだ最後まで貫徹したものは何もない。それでもなお実行力のある騎士ということは、行き着くかどうかはともかく、それまでは積極的に取り組むことができるということだ。

私はこの四つの人物カードに関しては、生まれてから死ぬまではその人間の半分の２枚だけを示していると書いた。そしてこの前半部は小姓と騎士しかいない。という意味で、社会的に積極的に働き、仕事でもどんどん進めていく人々だ。そしてそもそもアーシュラマでは家住期なので、家を建て、子供を産み育てるということをしている段階ということになる。

この世の中で、棒、すなわち火の元素において貫徹するものなど何一つない。すべては途中までで終わりだ。人間は死んでしまうので、どのようなことも貫徹しないし完成することもない。あらゆるものは中途半端に終わると考えてもよいのだ。それに四元素に分割されている段階では、いかなるものも途中で違うものに入れ替わると考えると、この棒が最後まで伸びたことは一度もないとしても、それは欠陥だとか困ったことだということではない。むしろこの上半身から上で、左の上に伸びている樹を見つめているという姿勢が重要だ。それは精神性や霊性に興味を向けて、それについて考えているということを表しているのだから。

馬はその人の感情とか情動を意味しているが、ここでは四つの騎士のうち、この棒の騎士だけが、白い馬に乗っている。世俗的な感情に染まっていない感情という点では、やはり左に立つ棒も加えて、この騎士はあまり世間的でもないし、むしろ純化された精神性を追求していると考えた方がよいのではないかと思われる。そうした人は、ビジネス上では、騎士であるから実行力はあるにしても、あまり上手くいかないのではないかと思われる。政治もビジネスも理念は必要がない。何か理念を打ち出すにしても、それは打ち出したふりをしているだけだ。あるいは自分ではそう思い込んでいる。

騎士は法則24であり、指導的であり、統率力があり、人をまとめることができる。しかしこの世界において、一番力を持つのは「金貨の騎士」であるともいえるし、「棒の騎士」は生きている間にはなかなか実現しないことを夢見ている。そして何度もチャレンジしては、失敗する。人間は誰でも最後には失敗する。それを前提に考えていくと、さほど緊張しなくてすむ。

剣の騎士

カモワン版の「剣の騎士」の絵柄は、絵の左側へ、すなわち生命の樹でいう右側へと、馬が飛び上がっており、剣も右上に向いているので、極めて能動的で、挑戦的な姿勢を取っている。右側とは、外界に対する働きかけだ。そして剣は上に向かっているので、言葉や情報、ロゴス、知識は、より抽象的で精神的な方向に向かっていて、地上的なことを分類したり、整理したりすることにはそう興味を持っていないかもしれない。しかし、これはあくまでカモワン版のカードの絵柄の話であり、剣は風の元素なので、知性的な面で推進力がある状態ということを意識するとよい。風の元素を示す知性は、精神的なもの、形而上学的なもの、哲学的なものにはそもそもあまり関心を抱かない。しかし無視しているわけでもない。風の元素と火の元素は互いに煽り合い、組み合わさると六角形になるので、互いに貢献し合うのだ。

騎士は法則24の存在という点で、知性の24とは、発見すること、発明する、洞察する、言葉や形ではないところのものを理解するなど、冴えた知力を持つことを示している。アーシュラマでは、これは社会活動、仕事をすること、支えること、責任者になることなどを意味するので、知的な力を発揮して、それらを果たしていく状態だ。極めて鋭い力を持っている。

カモワン版の場合には、髪を出しておらず兜《かぶと》をかぶっているので、他の人との感情的なつながりを作らない。これは髪の毛というのは、環境に対するアンテナであり、いろいろな人の想念を受け止めてしまうものなのだと考えてみれば、それらをむき出しにしていないということなのだ。

そもそも、剣はつながりを作るという面と切り離すという面がある。それは類化と別化の両方を使い分けているからだ。となると、いつの間にか誰かとつながったりするということがない。つながりを作り出すのはいつも意識的に何か計画しているのであり、あまり情に動かされることはない。必要がないのならば、絆は剣で切り離すだろう。

ホドロフスキーの解釈では、「剣の騎士」は、杯の、水の元素に向かっているという話だ。ただし、これは小姓、王妃、王、騎士という序列において、騎士は次の世界に移動するという考え方から来ている。しかし、従来通り、小姓、騎士、王妃、王という序列では、騎士は何か違う元素に向かうことはなく、自分の成果を王妃に受け渡す、あるいは捧げる。

小姓は騎士に従い、騎士は王妃に従う。もし異なる元素に赴くとすると、剣の騎士は、占星術の循環では水の元素に向かう。風の元素が、類化、別化の整理をした後、水の元素は類化されたものを結合させるからだ。水の元素には、結合性質しかないので、水の元素に飲み込まれる前に、類化・別化を終わらせなくてはならない。それが不完全なままだと、水の元素の純化が行われない。つまり心は透明にならないのだ。風の元素が十分に働いた後に、水の元素に受け渡されると、知的な作業の結果は、新しい感性とか情感を形成し、洗練された人間性を形成する。

「剣の騎士」は、情を絡めないで、切ったり、つらぬいたり、結びつけたりするので、そこに妥協はないといえるだろう。迷いは法則48のもので、これは小姓が持つ性質だが、騎士は小姓に対しての指導力とか、説得力はあるし、説明能力が高いと考えてもよい。

杯の騎士

杯は水の元素で、それは愛情とか気持ち、情緒、心理などを表している。基本的に水の元素は結合の原理で、融合、一体化、集団化などを示すことになるだろう。騎士は馬に乗って、移動する。つまり愛情を持ち込んでくる騎士ということで、これが昔から「白馬に乗った王子様」イメージと結びついていた。

カモワン版の絵では、騎士の目の前に大きな杯があり、この杯が導くままに、馬も騎士も移動するという説明がなされている。見ようによっては出前を運んでいる人というふうにも見えないことはないが、しばしば杯は水の元素として、目に見えない心霊的なものやサイキック、エーテル体、バイオプラズマ、「気」、オディックフォースなどに結びつけられてきた。実際にものでなく、気持ちで動く人というのは、こうした「気」の動向に一番敏感で、そのセンスが鍛えられる。この見えない勢いに従い進んでいく人と考えるとよい。それにそもそも馬は、情動を意味するが、これはこの見えない気にもっとも敏感に反応する生き物だ。

したがって、ここでは馬を意識的に扱うことをしていないとみてもよいかもしれない。むしろ馬が行くところに従うのだ。とはいえ馬に同一化しているわけではない。同一化していると、これは騎士ではない。同一化していないが共感はしているのだ。これは十牛図の第五図の「牧牛」に似ている。綱をつけないまま、牛が行くところに牧童は従う。それによって正しい場所が見つかるのだ。

ホドロフスキーの説明では、この杯の導くままに進むと、金貨の王国に到着するという。「21世界」のカードで、左上にある天使を、水の元素に対応させたので、反時計回りで、次は雄牛、つまり土の元素に到達するということだ。

私の考えでは、占星術の順番で考えていくので、水の元素は、結合力が極にまで行くと、静止と死がやってきて、ぎりぎりのところで、この静かな水面を叩く火の元素がやってきて、水は火に交代する。水は結合力という時に、例えば、それは愛情生活だとする。これがずっと続くと、最後は穏やかな死が待っている。しかしここで火の元素がやって来ると、火は反発と分離を意味するので、愛情生活はある段階まで行くと、それぞれが独立していくという方向に向かう。結合は太陽系内で、しかも期間限定でしか実現できず、また恒星は常に独立性を意味するので、愛情を追っかけるには太陽系の中にとどまるしかない。

ホドロフスキー式にいうならば、水の元素は次に金貨、土の元素に転換するので、するとこれはモノ化していくことだ。いずれにしても、四元素それぞれの単独の未来を考えると、可能性というものはほとんど考えられなくなっていくものなのだ。人間の未来は第五元素にあると考えるのが肝心だ。

騎士は、アーシュラマでは、社会活動をしたり、仕事をしたり、成人の生活であり、ここで、メインテーマとして愛情の追及をしていく。社会というのは人と人で作るので、ここで水の元素は、一人とか、あるいは複数の人との結びつきを重視した生き方をしていくということになる。結婚する、子供を産む、家族を作る。共同体を平和に維持する。会社とか組織などに属して、集団生活をする。これらが水の元素が追及するものの、実際的な決着であり、水の元素そのものの欲求をラジカルに追及すると、他の元素とも同様に、破壊的な結果になることはいうまでもない。四元素は常に他の元素に交代する理由は、それぞれ単独ではトータルな視点を持てないからだ。「杯の騎士」は、共同生活を運営する、作り出す、推進する。水の元素の欲求がある程度満足したら、次は火の元素の追及に代わるだろう。

「21世界」のカードで、鷲はホドロフスキー式には、風の元素だが、占星術の45度区分でいうと、右上の鷲の場所は、蠍座の15度近辺で、それは水・固定サインで、これは多くの人を結合して、集団の中で権力を握ったりする。鷲は、この集団の頂点に立つ。その意味では、「杯の騎士」は、会社とか、集団の中で、全員をまとめたりする力があると考えてもよいだろう。火と風の元素、すなわち棒と剣は、この集団化ということには縁がない、あるいは力を発揮しない。「杯の騎士」は、水の元素特有の、信頼性に満ちている。というのも水は結合力であり、結合を続けるということは、信頼性を裏切る性質は少ないからだ。

例えば、愛情面での裏切りとか、浮気などは、基本的に、水の元素のテーマに対して、火あるいは風の元素が介入したことを意味する。つまり、よそ見や逸脱、分散、グレードアップ、向上心などを示すのだ。水そのものは結合する本性しかないので、放置していれば、ずっとくっついたままになる。結合は、互いの人格を否定し、壊していくもので、ここに死というものが出てくるし、また「杯の騎士」は、それを人に対しても要求することになると、迫ったり強要したりする性質も持つことになる。

死に至るまで何かを迫るというのは、杯、水の元素の性質であり、水の結合力と愛情という点から、平和的に見えるが、実は恐ろしい面も持っていることを忘れてはならない。これは他の元素でも同じだ。四元素はそれぞれ行き着くところまで行かせてはならないという原則が働くと思われる。四元素には必ず天敵的な元素があるが、それがあるがゆえに上手く回るのだ。

金貨の騎士

小アルカナカードは、棒、剣、杯、金貨という四つの象徴的表現で、火、風、水、土の四つの元素を表現しているように見えるが、実際にはこの四元素と、棒、剣、杯、金貨は違う。

ホドロフスキーは、金貨に対して著しい思い入れをしており、これは土の元素ということに合致しない面がある。ホドロフスキーの説明を読んでいる限り、金貨には土の元素というだけでなく、そこに金属としてのゴールドの意味が加えられているように見える。金は古代においては、高次な次元の受け皿と考えられ、古代の王は金をたくさん集めたが、それは経済価値が高いという理由ではなく、王はこの高次なものとのつなぎの役割を担うという理由からだった。土の元素そのものには、この高次な世界とのつなぎという役割は入っていない。

貨幣に、銅貨、銀貨があったのも、この金属が持つ性質ということを意識したもので、今日の貨幣では、こうした金属固有の意義と、精神に与える影響などは考えられていない。むしろ物理的特性、例えば重さや錆びやすいかどうかなどが問題にされているから、アルミニウムなども採用される。精神とモノを切り離した段階で考え方が全く変わってしまったのだ。

カモワン版では、「金貨の騎士」は、絵では右、生命の樹では左という受容的な要素に向いている。それに金貨も左の中空に浮かび、実在しない精神の領域に向かって、進んでいるように見える。また棒を肩に背負って、これは生命の樹では右上に傾いている。古代王権においての金の扱いを意識するならば、「金貨の騎士」は、地上のどこかに向かって進んでいるのではなく、より高次な世界に向かっていることになる。金貨の位置は、生命の樹ではコクマーあたりにあり、これは惑星対応では海王星であり、夢見、霊感、高次な意識などを見ているということだ。

ということは、土の元素の騎士という解釈があまり当てはまらない。あるいは、土の元素において、金とは最高のヒエラルキァを示している。世界の中のエリートまたは特権階級、頂点に存在する人は、確かに古い時代においては、より高次な世界と、地上をつなぐ仲介的な存在だった。今日ではそのような意義は失われている。ウエイト版の「金貨の騎士」は、おそらく土の元素らしく、沈滞した、つまり相対的に棒や剣の騎士に比較するとのんびりしており、着実な努力をしていくというような意味が強く表れていると思われる。何かしら馬も疲れていそうだ。土の元素は地道だが冴えないというのが、一般的な評価だろうから、ホドロフスキーの金貨に対する思い入れは、理解できないものだろう。

騎士は移動する。馬で運ぶ。馬は情動、感情などを意味するが、この情動や感情などの上に乗るという意味では、騎士は馬よりは高い振動密度の存在ということにもなるが、この馬に乗る人の神聖な価値ということも、今日では忘れられている。馬は自動車やバイクに取って代わり、ただの乗り物となったので、このエーテル成分に敏感に反応する運び屋の意義は見失われた。

十牛図で、第五図に、牛に引かれて歩く牧童が描かれているが、ここでは牛や馬に連れていかれない限りは到達できない領域があり、これが自動車やバイクで運ばれていくと、むしろ反対の場所に向かうということにもなる。タロットカードは、そもそも物理的な世界での暮らしを快適に運営するために考えられたものではないので、こうした馬や牛の価値についても本来性を意識して描いているのだ。

ここではウエイト版のように、土の元素での着実で実用的な方向においての騎士にするのか、カモワン版でのように金の持つ特別な価値に向かって、中空の金を追いかけて進む騎士なのか、かなり違った意味を持つことを意識しながら使ってみるとよいだろう。なおかつ、ホドロフスキーは、騎士を四つの序列の最後に置き、金貨の騎士は、次の元素、棒、火の元素に向かっているという説明をしている。しかし私はここで騎士は序列の最後にはいない、次の元素に受け渡す役割ではないと説明しているので、あまりこのことを意識しないでよいのではないか。「金貨の騎士」は、金貨の王妃に自分の持ち物を捧げる。そのことで自分のすべては生かされるからだ。

単純に金貨を土の元素にしてしまうと、騎士は実行力があり、土の元素の領域、すなわちビジネスとか経済の領域、あるいはまた感覚的なもの、工芸とか物品、色、音、味覚、視覚などを活用する分野においての有能な働き手というふうに考えることができる。

社会には小姓と騎士しかいない。ということを改めて意識して、社会には95パーセントの小姓と5パーセントの騎士、あるいはおのおの97パーセントと３パーセントの比率と考えてみるとよいのではないだろうか。

LES REYNES

王妃

目に見える世界とか、この社会においては、王妃、王に当たるような人物は存在しない。それは伝説のようなものだ。伝説の中に存在するというだけで十分だ。もしいたにしても、王妃や王は、一つの国の中で、一人くらいしかおらず、タロットカードで、これが頻繁に出てくること自体が奇異な話である。シュタイナーは、一つの民族あるいは言語体系には民族霊として大天使が存在すると延べた。その点では、王のカードを意味する大天使は、一つの民族に一人は存在するとみなすとよい。ここは王妃の項目なので、王のカードの話をするべきではないのかもしれないが、法則的には、一人の王に、十二人の王妃が存在する。実際的には、王も一人で、王妃も一人なのだが。

タロット占いで、このカードが出てきた時に、どのように判断すればよいのか困ることになる。象徴的に、誰の中にもある要素であり、ある人はこの王妃の比率が多く、ある人は比率が少ないというふうに考えてみよう。これらは四元素に分割されている中での話なので、期間限定であり、いずれにしても失われるものであり、そう思い入れはできないのであるが、私はこの小姓、騎士、王妃、王という四つの区分に関しては、日常的に考えるよりも、ロゴスの法則に従って拡張解釈するのがよいと考えた。

人間を社会内存在と考えた時には、小姓から王までの四つの階層は、社会的な人間存在という範囲の中に全部入れなくてはならない。すると、王妃や王はそれを十分に全うできないような、できそこないの人が多数出てくる。しかし人間は社会の中に閉じ込められるべき存在ではないと考えてみる。人間は、地球、太陽系、また恒星系、コンステレーションの範囲まで拡張した存在であると考えるのだ。すると、地球上の社会では、小姓と騎士だけが存在する。騎士は人口の中で5パーセントくらいなので、これもずいぶんと少ない。この騎士の人数が増えると、思い込みや誤解、排他性が減少し、世界は平和になっていく。殺人も戦争も起きなくなる。

これは騎士が印象に自己同一化せず、自己を失うことがないので、常に冷静で客観的な存在であることができるからだ。不注意や忘却も少ない。

次に、太陽系範囲において、王妃が存在する。「原始、女性は太陽であった」ということを述べたのは平塚らいてうだが、ここでいう太陽が王妃に当たる。太陽系の中に住む人間は、地球人以外でも、象徴的に神の子羊であり、それらを統率するのは王妃だ。さらに、太陽系の外、恒星の意識を王と定義する。彼の前に先行するものはない。といっても理屈として、先行する存在のない存在というのはあり得ないのだが、これだとどこまでも果てしがないので、とりあえず、この宇宙において、王の前にあるものはない。グルジェフの体系では、王ないしは大天使は、法則1―6―24の三つ組なので、高次意識は絶体の法則1であり、こうなると、この宇宙において、その先にあるものは存在しないということになる。

このように考えて、すべての人の中には潜在的に、この四つの要素があり、時期によって、このどれかが中心になると考えるのだ。人間はそう変わらない。それは人間を主体に考えた場合であり、ここで上位の意識が侵入してきた場合には、人間は変わる。本人自ら変わることはないが、しかし変えられてしまうことはあるのだ。

大アルカナカードと、小アルカナカードには、大きな隔たりがあるように見える。カモワン版の大アルカナカードは完成度が高いと感じる。しかし完璧だとは思わず、まだ先があるものだと考える。小アルカナカードに関しては、カモワン版もできがよいとはとても思えない。私が思うに、大アルカナカードを設計した人々に比較すると、根底的な知恵を持っておらず、やや軽はずみで、主観性に支配されている。つまり、まだ二極化された意識に振り回されている。

個人的には、大アルカナカードと小アルカナカードを切り離し、占い用としては小アルカナカードのみを使い、時にはそれはトランプで実践してもらうことにして、その時には小アルカナカードを廃止し、また大アルカナカードは占い用ではなく、それは精神進化のための教科書や手引書、トリセツとして扱うために、占い用としては二度と活用しないというのが理想ではあるまいか。そして大アルカナカードについては、今後も多くの人がデザインして、たくさんのカードを作っていくことで、少しずつ軌道修正していく。全部の枚数は21枚とは限らない。

禅の十牛図の解説書を読むと、その人の世界観が理解しやすい。つまり「お里が知れる」というもので、その違いを読むのはかなり楽しい。かつてクラシックの作曲家の間では、レクイエムを作曲することが、似たようなものだったと思われる。多くの作曲家がモーツァルトに挑戦し、そして越えられないでいる。これと似ていて、大アルカナカードを作ったりするのは、その人の生き方や世界観が出てくるので、とても興味深い。というのも、大アルカナカードを作るのは、その人の精神や感情、身体、生活のすべてがそこに現れるからだ。

小アルカナカードだけを占いに使うというのは、小アルカナカードが四元素分割されているからだ。この見える世界は四元素分割されており、四元素分割されることで、時間と空間が発生する。第五元素に戻すと、時間と空間の秩序が消え去ってしまい、時間と空間の扱いは任意になってしまい、そして自動的に動かなくなってしまうのだ。止まればずっと止まる。私達は惑星に住んでいるので、すると時間と空間は自動的にベルトコンベアの上にあるように動いていく。ナマケモノになっても、時間と空間の経験はそれなりに体験しているように錯覚する。

アーシュラマで考えた時、王妃は、夕方から深夜までのバンドに対応させることができる。学生期の小姓、家住期の騎士が終わると、今日の社会では、定年退職する。社会的な活動、義務として、例えば子供を育てるなどは、すべて家住期に完了しなくてはならない。最近、定年退職の考え方は廃止されつつあり、一生小姓あるいは騎士をしなくてはならないと考えられているが、これは異常な考え方だ。生命を円環構造と見た時、人生の終わりは、次の人生につなぐための準備に使われる。あるいは家住期が終わった後、輪廻から脱出しようとしている人は、上位の次元につなぐために、社会的な見える範囲で扱えるものはみな子供に与えて、自分はその責務のすべてから逃れて、林での生活に退くのだ。それはとても貴重な時間であり、むしろこれからが本番だという時期に入っていくと考えてもよい。

来生も、また上位の次元も存在しないという考え方の中では、時間は直線的で、その前も後も暗闇で虚無であり、こうなると、死ぬ日の午前まで働くということも想定可能かもしれないし、地上の価値観にしがみつくことも多くなるはずだが、しかし、円環構造世界においては、それは時間の無駄遣い、貴重な時間をやがては消えてしまうもののために使うということになるので、希望のない生き方だといえる。こういう希望のない生き方を押しつけると、やはり人心は荒廃するし、自殺者も増加するのを防ぐことはできないだろう。

人間を物質的な存在だけに限定せず、身体、エーテル体、アストラル体、自我という四つの総合で成り立つものと考えた時、今日的にいう人間は見える部分だけを指しているので、象徴的に、これは夕方までの人間だと考える。夕方までは太陽光線が照らし出しているので見える世界は成立しているのだ。

日の出から日没までという一日の半分が、今日の人間である。日没から深夜までの四分一周期を、ホロスコープの日没を起点に考えて、この領域が、コートカードの王妃に対応するとみなしてみる。定年退職した後は、たいていは楽しい趣味をするかもしれない。「引退しました」という人は多いが、活動を引退しているわけではない。社会的な要求に従って、あまり好きでもない仕事でもするというのが定年退職までの仕事のやり方であり、定年退職後は、自分がしたいと思ったことだけをするのだ。そのため高級すぎて売れない蕎麦屋さんをする人だっている。

私の場合には、三十代とか四十代くらいまでは、占星術でいえば太陽星座占い式の発想の原稿を書いた。

しかしこれは詐欺のような考え方で、これらを書いている著者も、それが妥当だとは信じていないだろう。それは社会習慣によって作られた偽物の考え方で、お金がもらえるので、仕方なくそれに迎合して原稿を書いているのだ。わざわざ嘘とわかっていることを書くという意味で、生命力は消耗するが、王妃の時間、つまり夕方以後、人生の夕方以後は、そういうことをしないときっぱりいうこともできる。つまり、迎合のために生命力を消耗することを、王妃と王の時間はしない。それは王妃と王は、地球社会に従属しておらず、太陽系、あるいは恒星、コンステレーションなどの基準を意識しているからだともいえる。

私はトゥルパ、すなわち分身に関する本を書いたのだが、この中で、エーテル体は植物を借りているという発想から、エーテル網の隙間に形成されるトゥルパとしてのアストラル体を、『竹取物語』のかぐや姫のようなものだと説明した。林の中または竹の中に、それは生まれてくる。林住期は、今の人々の寿命から考えて、だいたい50歳から75歳までといわれているが、社会的な仕事をやめて、もっと心の面に目を向け、また高次な領域に関心を抱くということをする時期で、これを王妃のカードに結びつける。社会のロボットにはならないという時期だ。無意識の自己同一化、自己喪失は、騎士よりもさらに減っていく。

グルジェフの法則の順列で、小姓は法則48、騎士は法則24、王妃は法則12、王は法則6と結びつけたが、この社会の中で12や6に対応する仕事などはない。禅の十牛図では、この法則12は、第八図に当たり、第七図で社会立場の頂点に至った人は、第八図で、その経歴とかを捨てて、満月の輝く闇夜に出て行く。そしてここでは主客というものが溶けていき、主客の流動化を起こす。社会的な立場を維持することは、主客がはっきりしていることで、主客が溶けていくということそのものが、既に社会的な立場を維持できないことを示している。

法則12は、恒星の領域へのつなぎであり、これはしばしば橋渡し、媒介者、小天使、ソフィ、ダキニなどとして扱われる。この太陽系の太陽は惑星をぶら下げており、その意味では恒星と惑星の間にあり、つなぎとなっていると考えてもよい。「太陽は下に向けて太陽であり、上に向けて月である」という言葉の通りだ。

いずれにしても、人間を半分で判断せず、トータルに身体、エーテル体、アストラル体、自我の総合であるとみなした時に、エーテル体、アストラル体に該当するようなカードも必要なのだと考えてみると、私の定義もそう不自然ではないかもしれない。

王妃は、宇宙的な世界とのつなぎとなり、ここには四種類のタイプが存在する。棒、剣、杯、金貨のそれぞれに得意なものがある。

棒の王妃

ホドロフスキーは、「棒の王妃」について、「欲望の途切れることのない川に飛び込んだ」と書いている。数え切れないような生産性が発揮され、竜巻のような貪欲さが特質になる。通常の性的なもの、また子供を生み出したりすることは、社会生活に照準を合わせると、これは文明とか社会を維持するために子孫を作り出すことに必要な項目となるが、王妃という林住期に対応する領域では、この社会貢献ということは意味をなさない。

したがって棒のカードについて、ホドロフスキーが必ず指定するように性的なテーマが出てくるにしても、そこに生産性は結びつかないだろう。この性的なエネルギーは、宇宙的な方向に進展するために活用されることになり、すると、多くの人が考えている性的なものというイメージが当てはまらないものとなる。

そもそも林住期には通常の意味での性的な要素はほとんど衰退するのではあるまいか。王妃は社会的なことには貢献しない。羊の群れが社会だが、王妃は恒星意識との橋渡しなので、社会には少し関わるにしても、迎合など一切しない。それは力を漏らさないということで、性的な力も、異性との関係という決まり切った鋳型の方向にはもう漏らさないということだと思われる。すると、それは文化活動とか芸術とかに振り向けられるケースが多い。社会的な方向に貢献しないと考えた段階で、性的な力も、異性関係に向かうことに徒労感を感じてしまうことが多くなる。そこに未来はないことがわかりきっているので、基本的に退屈なのだ。そこを通じて、自分のパワーが割れていくと実感するのだ。

棒のカードは火の元素に対応するので、生産性にも関係しやすいが、例えば芸術的なものなどに関わると、そこで休みなく作り出すということも増えてくる。芸術的なものには実用性はあまりない。ときどき、時代的に、生活に貢献する芸術をテーマに打ち出すケースはあった。しかしそれは生活デザインという方向でもあり、芸術の特徴は、その単独性や独立性にある。単独性や独立性があるというのは、つまりは道具主義ではないので、役に立たないということなのだ。

ストラヴィンスキーは「音楽は何も表現しない」と述べたが、それは音楽そのものの大きな特徴だ。音楽は何も表現しないし、何も役に立たない。だからこそ、音楽芸術は、芸術の分野の中で頂点的なものだとも考えられている。社会生活をする上でのさまざまな価値観があるが、この価値観に迎合すると、芸術作品は自立性を失い、それは作品を見るとすぐにわかる。それは時代が過ぎると、たいてい忘れられていく、これを「主観芸術」と呼ぶ。単独で自立している作品は「客観芸術」と呼び、それは時代の変遷では風化しにくい。

林住期は、実用性はあまり考える必要がない。それは社会的な義務の中で生きる家住期の責務のすべてを投げ出した時から始まるサイクルだ。むしろ高められた感情、精神などが重要だといえる。ホドロフスキーは、この「棒の王妃」は、「3女帝」に似ていると書いているが、それは思いつきを次々と、無計画にかたちにしてしまうからだ。騎士ならば仕事にしてしまうが、王妃は仕事にする必要がない。むしろすべてを趣味と楽しみというかたちで広げていくのがよいのではないか。

ホドロフスキーの説明の通りだと、この「棒の王妃」はそうとうに野放図だ。むしろそのくらいの方が特徴的でよいのかもしれない。宮沢賢治の提唱した、しろうと芸術家になるのが一番よいのかもしれない。

剣の王妃

ウエイト版の「剣の王妃」は、孤立するとか、オールドミスとか、さんざんな言われ方をしていた。しかし、そのような特質は、本来のこのカードには見受けられず、全く当て外れだ。

ウエイト版は、剣のカードに対する偏見があまりにも強く、黙って見過ごすには極端すぎることが多い。剣は風の元素であり、それは言葉やロゴス、情報、知識、知性などに関わる。日常使う言葉はグルジェフ水素あるいは法則数でいうと法則48であり、また異なる言葉に共通点を発見するような応用的な知性、あるいは洞察力、発見力などを表すものは法則24の言葉だった。これは象徴的なものを理解するし、三角形とはとか、立方体の意味などについて考えるということもできる。そもそも言葉は、その根底に向かうとロゴスに至る。もちろん、それが最後の場所ではなく、もっと先にまで行くだろう。

ユングの元型論でいうと、女性は無意識に未発達のアニムスを持っており、これは初期においては力強い行動的な男性イメージだが、発達してくるとロゴス的な要素を表すようになるという。つまり基本的に女性は、ロゴス的な要素というのは不得意であると考えてもよい。この段階では言葉は魔法のような力を持っていて、どんな言葉も真に受けてしまう。アニマは簡単だが、アニムスは習得が難しく、世の中での経験というのは、この獲得に関係する。これまで無意識に沈んでいた元型が発達するにつれて、外界でのそれを借りる必要がなくなる。女性の場合には男性から何か習得するものを必要としなくなるということでもある。

となると、この王妃という女性型で描写されたカードは女性でありながら、ロゴス的な要素を持ち、また王妃であるから法則12を重心にした存在でもあり、ロゴスをより高次な宇宙的な意識に導くための通路ともなるので、特異で、なお優れた立場にある。

ロゴスを中心的に活動する人は、たいていの場合、情緒的なもの、気分、感覚などにはほとんど振り回されない。情緒や気分、感覚、イメージ能力はロゴスの周りを回るメリーゴーランドの馬で、存在はロゴスそのものに照準を合わせてしまうと、回る馬を支えるための支えの役割に成りきってしまいやすい。みんなが楽しく遊ぶための場を提供するというような状態だ。そして本人はさほど遊んでいない。そもそも周辺にいる人達の楽しみや遊びというものがあまりよくわかっていないのだ。色や音、イメージなどは、このロゴスの周りを巡るものであり、多彩なイメージ力を持つ人は、基本的にロゴス面は弱いことが多い。

しかしこの「剣の王妃」は、ロゴスを中心に極めようとしている人々にとっては、導きの女神となることはいうまでもない。そこにはイメージも色も音もない。ならばどうやって伝えるのかという話になるが、イメージや色や音は、実は歪曲であり、それらを使うほどにロゴスは不正確になる。また「剣の王妃」はロゴス的な強みを持つために孤立はしない。つまり寂しいオールドミスにはなりにくい。ロゴス的なものはすべての物事の骨のような役割があり、その周囲にはたくさんの「肉」が張りついてくる傾向がある。骨に対して肉が多すぎると肥満ということになるが、これは放置しておくとそうなるのであり、たくさん寄ってきすぎた時に、適度に整理すれば、肉は多くはなりすぎない。どっちみち、この存在の周囲には、ロゴス不足の女性達がたくさん集まってくるのだ。そして「ここで遊びたい」と言い始める。

「13死神」のカードは、断捨離とかダイエットのカードであると説明したが、これは多すぎる贅肉をそぎ落とし、本質面をもう少しくっきりとさせるという行為を示している。いずれにしても、私は実社会で、この「剣の王妃」に当てはまるような人物は一人も見たことはない。理屈の上では存在し得るとしても、実際には、ほとんどあり得ない話ではないだろうか。

ウエイト版で寂しい雰囲気を描くのは、剣、風の元素、知性などに対して、画家が貧しい理解しか持っていないために、表層的な描写しかできなかったからだ。風の元素は細分化していく。樹木はこの知性の象徴であり、たくさんの枝葉が伸びていく。つまり、ますます多彩になり、繊細になり、理解力は透徹したものとなるので、感情に対しても、むしろ誰よりも詳しくなってしまう。ただ気持ちの表現一つを取っても、そこに意図という「骨」を持つのは明らかだ。ぼうっとして気持ちに流されるということはほとんどない。

杯の王妃

カモワン版の絵柄では、生命の樹式の配置で、王妃は右を向いており、これは能動的な、外界に対する働きかけの方向であり、右手に大きな杯を持ち、左手には奇妙な炎状剣を持ち、それは肩にかかっているように見える。この剣を持って座っている女性としては、「8正義」のカードを連想するが、「杯の王妃」は左手に持っているために、この剣は決断力を表さない。受容力を発揮する時のフィルターのような役割を持っている。

エデンの園を守るケルビムが持つ剣は炎状剣だといわれているが、回転する剣で、このようによれよれに伸びる直線型の剣とは違う。この曲がった剣は、螺旋状になっているとも考えられる。つまり直進する剣は意志が短絡的に働くが、螺旋状に回る剣は、経過があり、いわばのらりくらりしており、それは何かに従属するという姿勢をはっきりさせたものだ。直進する剣は、孤立し、どこともつながらないものを意味するので、この曲がった剣とはかなり違った性質になるということだ。そして左手に持つのは、防衛的なものがあり、積極的に剣を打ち出すわけではない。

「杯の王妃」が持つ剣は、自分を守るために存在する。なぜならば、杯は水の元素であり、それは結合力を示し、排他的要素を持たないので、王妃のように引き寄せ力が強い立場では、休みなく多くの人がやってくる。そこで交通整理が必要だという具合に剣が働く。しかも直接的にでなく、婉曲に、のらりくらりと。

王妃の振動密度は、法則12を象徴的に表している。法則12とは、高次な感情、性センターであり、また宇宙的な恒星、コンステレーションの波動を受け取る受容性であり、日常的な対人感情において働く要素はほとんどない。しかし恋愛で夢中になっている時には、法則12が働いているとジョン・C・リリーは述べている。特殊な事例、高められた状態において、対人関係でも、この振動が働くこともあるということだ。通常の速度の思考力は、この法則12の速度についていけない。たいていの場合、記憶喪失とか昏睡状態になる。騎士24は12に引き寄せられ、小姓48は騎士24に引き寄せられる。そのため、ここでは王妃一人に対して、あたかも十二人の円卓の騎士のように、騎士が十二人取り囲むという配置は自然なものに見える。王に対して王妃は十二人。王妃の一人に対して騎士は十二人。

恒星は基本的に法則6で働くものだが、太陽系の太陽は、惑星をぶら下げており、二重的な役割、すなわち恒星として自立していることと、惑星を養っているという負担があるので、法則12の位置になる。そして全惑星は24であり、一つの惑星は48だ。ここで王妃がいて、周囲に十二人の騎士がいるというのは、太陽系の構造と似ている。生命は七つの法則を持ち、感覚は12の法則を持つ。つまり、見えるものとしては十二人いるが、本質的にはそれは七つの作用だ。死に体的存在が五人いるとも考えられる。

この場合、中心に存在する王妃が、杯の、すなわち水の元素の王妃である場合、そこに明確な意思表示があるとは思えない。それにそもそも王妃は自分の右手で持っている大きな杯をじっと見ている。つまり心とか、感情とか、気持ちとかを凝視しているので、何をするにしても、そうした杯を通じて行うということになる。

しばしば水の元素は「気」とかバイオプラズマ、オディックフォース、動物磁気、エーテル物質と説明したが、その意味では杯を見つめている姿はまるで水晶球を見ているかのようだ。水晶球は、動物磁気、エーテル物質を高自我に持つので、それに対して忠実で、エーテル的な変化を鏡のように映し出す。すると、騎士の輪の中にいる王妃はまるで巫女さんのようにも見えてくる。通常の感情が強く働くと、こうした巫女さんの働きはダメージを受ける。高次な感情がもっぱらメインとして働くのならば巫女さんの作業はできるだろう。剣の決断力は、常に直接的でなく、左手で、婉曲に、回りくどいかたちで発揮されるが、それでも発揮されていることは明らかだが、これは意志の受け手であり、誰か他の存在の剣にほかならない。

私は王妃の意識段階とは、ちょうど定年退職して、趣味に生きる人のようなものだ考えている。それは死後の世界と、生きている人々が働く社会との中間にあり、林の中に住んでいるので、いつでも世間に出てくることも可能だが、用がなくなるとまたすぐに引っ込む。というのも、世間的な野心、あるいは期待感というのがもう満たされており、そこに関心を抱くことはほとんどないからでもある。ここでは社会的に役立つということはない。社会的に役立つことをするには、社会に組み込まれていなくてはならず、なおかつ社会が植えつけた欲望に染まっていなくてはならず、王妃がそこまでうかつな存在とは思えない。林の中に住む人は、組み込まれているようないないような、中途半端な位置にいる。王妃も王も椅子に座り、これは行動しないということで、動物的生存でなく、植物的生存であり、この植物的生存というのは宇宙に広がるネットワークと接続され、その最も明確な特徴とは、個とか個人意識とかが失われてしまうことだ。個人意識を維持するには、常に逃げ続け、その場所には自分がいないと、否定し続けなくてはならないのだ。すべてにつながる者は、個の意識を持つことがとても難しい。動物的な意識は欲望を抱く存在であるが、植物的な存在は欲望を持つことはなかなか困難な状況にある。動物は動きたいので、この宇宙的につながるものを切り離す。杯の王妃は、水の元素を通じて、すべてとつながり、そこに意思疎通があり、それらは流れる川のように流通し、筒抜けであり、どのようなものも、彼女に隠すことはできないのかもしれない。

日本には弁財天に関係する神社が数多いが、弁天島は周囲が水で、そこに山があるという配置が多い。そもそも弁財天は、インドの川の神様から来ているという点では、水や川、あるいは海など水に関係した女神は、みなこの「杯の王妃」と関係していると考えられる。弁財天は、しばしば軍事的なものも関わり、これは水軍などにも関係するものなのかもしれないが、それは「杯の王妃」が剣を持っているということと関係しているかもしれない。タギリは切ることに、タキツは突くことに関係するとよくいわれる。

和泉式部が貴船神社に参詣して、みたらし川で詠んだ歌への、貴船明神の返歌といわれている「奥山にたぎりて落つる　滝つ瀬の　玉ちるばかり　物な思ひそ」にも、タギリとタキツという言葉が入っていることに注目したい。

金貨の王妃

「金貨の王妃」は生命の樹式には、右に向いており、金貨を手に持ち、それを見つめている。金貨は土の元素の象徴だが、物質、財産、感覚的なことなどに興味が集中しており、それ以外のものは見ていないのかもしれない。ところが王妃は意識の振動密度として法則12であると説明した。

この法則12は根底的な象徴性に目を向ける意識であり、金貨という物質を見ても、財産価値、物質性、社会の中での力、安定の方を重視するという傾向は少ないかもしれない。というのも、この社会的なところで価値を持つものは、短期的なものであり、法則12というのは、基本的には、プラトン月のスパン、つまり２２００年とかの意識に関係しやすく、短期的な価値に振り回されるような種類のものではない。

もちろん生身で、法則12で生きる人はいないが、そもそも王妃ということそのものが、既に実在の人物には当てはめられない。この世界では王妃というのはよほど特殊な立場であり、タロット占いでこの王妃のカードが出て来ても、王妃そのものを示すことはまずあり得ない。それは象徴的なものにほかならない。

プラトン月程度の時間スパンの中では経済システムそのものの存続も危ぶまれる。例えば、今の社会でも仮想通貨に置き換わり、最後には通貨の概念も消えてしまうかもしれない。貨幣というのはある種の流行でしかないのだ。しかし、金属の金ということになると、もっと長生きする価値がある。「金貨の王妃」

からすると、経済システムや貨幣は取るに足らないものでしかない。金貨は実際的という点では、国家や政府、共同体などを守り育てるというような力がこの「金貨の王妃」にはあるが、今日の社会のような体制については大いに批判的になるかもしれない。法則12という高次な意識や感情を受け入れることがない社会だからだ。

物質の中には、永遠性に通じるものがある。そもそも物質は素材のことを述べているのではなく、象徴と事物が結合して、一時的な時間の中に、あたかも永続的な価値を感じさせるような印象がとどまることを表している。それはすぐに失われるものだが、しかしこの中にある印象は、もっと長く続く。そしてそこに、何かしら、意義のあるものが感じられる。それは影でしかないが、物質は常に影の役割しか果たせない。つまり長く続かないからだ。

「金貨の王妃」は、このような物質に対して、最大限に価値を付与することができる。折口信夫は、道具も長く使うとモノノケに化けると書いたが、それは使う人の愛着が、そのモノに宿り、やがてはそこにエーテル体の複製を形成してしまうからだ。「金貨の王妃」は、ものにそのような生命を次々と付与する働きがある。それは法則12だからだ。生命圏の連鎖では、この法則12は小天使の位置づけにある。小天使は大天使（王のカード）の周りを回り、それは十二人いる。また小天使の周りを、騎士が十二人いる。空間的にはそれぞれ十二人だが、生命法則としては七人で、私達は時空に閉じ込められた存在ではなく、普遍的な存在になったら、12をその根幹において7とみなすような視覚になっていく。

王妃と性質的に共鳴するのは、小姓だ。これは法則12と法則48が、法灯明として依存的であり、つなぐ性質を持っているからで、それらは単独で自立する性質を持っていない。王妃も単独では自立しない。

法灯明は、乱暴にいうと頼りないというものだ。頼りない、そしてしっかりしたものによりかかる。このよりかかるという性質が、つなぐという性質と同じものとみなされるのはいうまでもない。本来の物質の可能性というものを、この「金貨の王妃」は最大限生かすことができる。ものの中にある生命力が爆発的に拡大し、あらゆる物質が輝きを持つようになる。

ウエイト版の金貨、つまり「ペンタクルスの王妃」は、まるで鬱病のようだ。ここでも土の元素は活性化からほど遠く、地味という偏見がある。良妻賢母と読んでいる人もいたが、良妻賢母は実用的で、役立つ人で、つまりそれは社会に貢献するという点では、騎士の段階にある意識状態であり、決して王妃ではない。

法則12は、社会からスピンアウトする。法則12がスピンアウトしたというよりも、社会が重すぎてそこから脱落したのだ。

LES REYNES

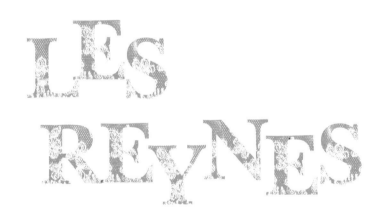

LES ROYS

王

グルジェフの理論においての、四つの振動密度である法則6、12、24、48がそれぞれ王、王妃、騎士、小姓に対応していた。この段階で、この四つのコートカードは人物像を表すことはなくなり、それは人間の発達度としての振動密度を示す象徴的な意味のものとなった。

日本では、殿、姫、侍、平民というふうに分けることもできるかもしれないし、王、王妃、英雄、ホビット、その下位にあるゴラムなどと分けることができるかもしれない。

王の位置にあるものは、法則6であり、これは大天使、そして恒星の位置に相応する振動密度の存在状態を表している。実際に生きている人間で、この段階にある存在は皆無に等しい。人間の存在状態としての三つ組は、6―24―96だが、これは6に食べられ、存在の中核は24であり、そして96を食べるというものだ。食べられるとは、その腹の中にいる、所属するという意味で、人間は大天使の腹の中にいて、そして無脊椎動物を食べるという位置づけを表している。

この三つ組は創造的な行為をしている時の人間の位置づけで、リラックスして、普通に暮らしている人というのは哺乳動物の水準である12―48―192で生きている。これは小天使に食べられ、中核的な振動密度は48であり、そして草や肉を食べている。つまり多くの人は、この人間と哺乳動物の間を行ったり来たりしており、小姓と騎士の間を行きつ戻りつしているということだ。

王のカードは、実在の人物を何一つ表していないが、しかし、騎士の中にある高自我（それに食べられている）であり、騎士はそれを至上原理として生きている。ただし小アルカナのタロットカードは、四つの元素に分割されているので、本来の王の性質を、時間と空間という限られた領域の中に分割した、いわば劣化版と考えるとよいだろう。

アーシュラマでいうならば、これは遊行期に対応している。林住期が現代に合わせて50歳くらいから70歳くらいだとすると、それ以後、71歳以後の年齢に対応すると考えてもよいし、むしろ、これはホロスコープ対応では、ＩＣからアセンダントまでのサイクルなので、死後の領域とみなしてもよいわけだ。遊行期というのは、生きているのか、死んでいるのかわからない段階にあり、死後の領域と生きている領域の溝がない生存状態だ。

今日は、人間を物質的に見るので、この年齢は、肉体が衰え、時には脳も衰え、ぼんやりと生きている人が多いのかもしれない。しかし今後の日本では、ますます百歳以後も生きている人の人数は増加して、それ以前の七十代、八十代の老人も増えていき、ずっと以前よりもは元気な人も増えているかもしれない。

私個人は、本来の老人の役割、異界とこの世界の間に住み、より範囲の大きな宇宙との接点になるということを意識した方がよいのではないかと考える。このつなぎ的な役割は、もっぱら王妃の役割だが、王妃の場合には、社会とか現世との接点はより深い。王は宇宙的なものの一つの軸のような作用を持ち、社会とは全く関わらない。自分の身体内の細胞の一つひとつは認識できていない。

王や大天使は、一つの民族に一人存在する。王はそもそも国に一人いるのだが、この国というのは人工的に作られた区画であり、存在と意識の領域において、重要なのは民族であり、人工的に作られた国ではない。今日では、物質の輪郭をはっきりさせることが重要なので、内部から実感する民族は、生息する地域の境界線が曖昧なために重視されない。そしてはっきりと物質的に区画が決まっている国を重視する。大天使一人は一つの民族を表す。これは一つの国に一人しかいない王の位置づけに近い。

小アルカナの中にこの稀有なカードが入っているということ自体が、実際の占いなどに使う時に、とまどってしまう。しかし、1パーセントであったとしても、どのような人間の中にも内在する要素を表しているのだと考えられる。または、王妃という小天使、王という大天使の意識が、何かメッセージをもたらしているのだと考えることもできるだろう。

ただそれは社会的な生活の中で「こうしなさい」というメッセージではない。ハイヤーセルフというのは、固定的な位置を持つものではないので、この法則12である場合もあれば、法則の6の場合もあるし、そもそもネットワーク的にその都度必要なものをアクセスするという連続体で、「これだ」といいにくい。王妃や王はハイヤーセルフ、ないしは、ドロレス・キャノンのＱＨＴセッションにおいてのサブコンシャスだ。

社会の中に生きて生活しているのは小姓と騎士のみ。そして、小姓は超意識において王妃と通じており、騎士は、超意識において王と通じている。タロット占いの中で、小姓ないし騎士が出てきたら、これは人物。そして王妃と王が出てくると、林の中にいるか、異界とのこの世界との中間にいる存在から、何かメッセージが来たとみなすことができる。

繰り返しになるが、王妃と王は、誰の中にもあるが、王妃や王そのものを表す人物は、この世に一人として存在しない。

棒の王

人間存在を全宇宙的な範囲に拡大して解釈するという趣旨で、王妃と王は、肉体的には存在しない超越意識の状況と考え、小天使意識や大天使意識も、人間の隠された、あるいは人によってはまだ開発されていない内なるセンター（中枢）であるとみなすと、これまでタロットカードを比較的狭い範囲のものだけを示していたことから解放して、わりにリラックスした、のびのびした見方に変えることができる。王妃と王は日常の生活のいかなるものにも関係しない。それは時折訪れる天啓のようなものであり、誰の中にも存在する意識であるが、ある人には遠く、ある人には近い。

棒は火の元素を表しており、それは創造的で精神的なものである。四つの元素は地上においては、横並びの、世界を構成するのに不可欠な要素でもあったが、もともとは、これは上から下に降りる四段階の意識段階であり、それが地上に鏡のように反映したものが四元素であるという考え方がある。

カバラの生命の樹では、アツィルト、ブリアー、イェツィラー、アッシャーという四つの階層があり、これはシュタイナーのいう自我、アストラル体、エーテル体、肉体というものに似ているものだが、カバラの四つの階層に合わせるならば、自我の部分を霊我《れいが》と言い換えた方がよいかもしれない。というのも自我は記憶の働きでもあり、それはどこの振動密度にも存在しうるからだ。

この順列は、縦構造として、上から見て、火、風、水、土というふうに対応している。しばしば、これまでも杯、水の元素とは、エーテル体とか「気」に関係すると説明してきたが、それはこの縦順列に基づいたところで、エーテル体に照応する。

小アルカナのカードを四元素と関連づけると、これらは地上においての断片的な現れであり、時間と空間の変遷の中で、一時的にしか成立しない儚いものとなるが、縦順列の創造の四つのプロセスと結びつけると、また意味は違ってくるかもしれない。

イギリスのカバラ団体であるゴールデンドーンでは、この四つのコートカードを、縦の四つにも対応させていた。それはコートカードに異例な価値づけをしているもので、これは明らかに不自然だが、理論としてそのように決めつけてしまうと、それなりに応用的に活用できる面も出てくる。とはいえ、それはもっぱらパスワークなどで活用されていくものであると思われ、占い用という意味ではあまり実用性はない。

この縦の順列で考え、棒とは、その背後に、アツィルト界が重ねられているとみなした場合、この「棒の王」とは、原初の創造的な大天使という定義になっていく。生命の樹の四つは、大きな一つのアダムカドモンの樹としてまとめられて考えられる場合もあり、するとこの第一の界は、この大きな生命の樹のケテルに対応する。

聖書にはないが、タルムードに描かれ、ケテルを守るとして、炎の柱といわれる大天使メタトロンは、この棒の王にも対応しやすいと思われる。『エノク書』によると、エノクは最後にメタトロンになった。とはいえ、私達は生き物とは常に限られた時空間に存在するものとみなす癖があるので、これについて勘違いしやすいので説明しておくと、エノクはメタトロンになったというよりは、メタトロンに飲み込まれた、所属した、吸引された、同じになったと考えるとよい。エノクがメタトロンなのでなく、エノクはメタトロンの一属性なのだ。

大天使は、グルジェフによると、法則１と法則６と法則24を持つ実体であり、中層重心、すなわち本体が法則６なので、この宇宙の始まりの元素と一体化して機能し、それらをいかなる手段でもっても、個体的にイメージ化することはできない。また、高次法則が絶体の１であり、それは有機化できず、前の宇宙からすると、生産的な結果の元素でもあり、つまりは前の宇宙との関わりも持っていることになる。大天使は、この宇宙を維持するためのフィルターのような役割であり、その存在そのものが、この宇宙を支えている。法則１の絶体の先にあるものを、この宇宙の原理で説明することは不可能なので、一つは前の宇宙に、残り二つは、この宇宙の原初の成分でできていると考えるとよい。

「棒の王」をメタトロン的な存在と同一視することは、まさに極端な解釈であるが、これは象徴的なものとみなすとよいし、そもそも世間にも、社会にも、人間の住む世界にも、このメタトロンは影も形も登場することはない。

ウエイト版の解釈で、「棒の王」は隠れた王という解釈もあったが、そもそも原初原理など見えるわけがないという意味では、隠れていると考えてもよいかもしれない。

この「棒の王」に対して、対するものはなく、というのも「対」が意味するところの、相対的、あるいは対立するもの、相手になるもの、などは存在し得ない。それは最初の一撃だからである。タロット占いなどでこのカードが出てきたら、これを連想させるほんのわずかな片鱗《へんりん》などを想像してもよいかもしれないが、最初の一撃として、根源的な創造性を発揮するのだ。

王と王妃は夫婦のように結びつくものかもしれないが、メタトロン的な存在には、相手というものがない。そしてまた、この宇宙と前の宇宙とのつなぎ目でもあり、存在そのものがこの宇宙を維持するための留め金のような役割を担っているので、無から有に至るところに関わると考えるとよいだろう。

J・J・ハータックはオリオンのサイフに旅した時に、メタトロンに遭遇したと書いている。それは神に対面することのできる唯一の存在といわれているが、大きな生命の樹のケテルは、前の宇宙との扉であり、またハータックが、オリオンのサイフで遭遇したというのも、この宇宙の創造の炉は、オリオンに関係しているからだ。

ドロレス・キャノンの考案した深層催眠のＱＨＨＴを受けた人の中には、この極点の近くに行く人は案外と多かった。この領域については、親しんでいる人もいるかもしれない。しかし、それは地球生活においては何の貢献もしないか、あるいは生活を無気力にしてしまう傾向がある。どのようなものも信じるに足りないものと化してしまう。

また、そもそもメタトロンは人間を意識できないし、人間存在そのものを知らないと考えてもよい。たとえれば、私達が細胞とか分子の一つひとつに対面できないように、メタトロンは人間に対することができない。この無の局面、前宇宙との扉に向かう人は、この場所が、あらゆるものをリセットする性質があることを知る必要がある人達で、この宇宙内においての異次元ではなく、この宇宙そのものに対しての異次元に接点を持つ必要がある人達だともいえる。メタトロンはイメージとしては、炎の柱であり、無数の目を持ち、また発音的に似ていることから、ミトラにも関係するといわれている。

通常の四大天使においては、火の元素に関係する大天使はミカエルで熾天使《してんし》とも呼ばれる。絵に描かれる時には右手に剣、左手に秤を携えている場合があるので、こうなると「８正義」のカードにも似てくることになる。

『ダニエル書』の中では、ミカエルはペルシャの天使達と戦うために神からつかわされたと書かれている。ミカエルはイスラエルの守護者であり、堕天使サマエルとも争っている。サマエルは後に竜の形で描かれることが多くなった。ミカエルはしばしば死の天使と称され、世界の終わりの時にラッパを吹き鳴らすともいわれている。世界とは時間と空間があるものなので、世界の終わりとは、この限られたものがなくなり、永遠性が支配する領域に入ったと考えてもよい。

天使に関しては伝承によって内容が変化することと、そもそもユダヤ、キリスト教の範囲にしか適用されないので、これが日本人にとって意義のあるものかどうかは疑問でもある。大天使は特定の民族を管轄する。その意味では、他民族ではあまり有効性がない。それと日本には、特定の民族霊は存在しない。日本は国家であるが、民族ではないと思われる。世界中のさまざまな民族が集まって、日本を作った。島国なので孤立しているが、実際にはその中身は多種多様で、特定の大天使との関わりがない。もし特定の大天使、法則６と関係するとなると日本は自立的国家になると思うが、今のところその兆候はない。

フランシスコ・ザビエルは日本を守護しているのはミカエルだと主張したが、しかしそれにぴんと来る人はほとんどいないといえるだろう。

剣の王

メタトロンが前宇宙との接点とみなした時に、これは第一天使の階級に属するものだろうか。天使の階級に関しては、流派により諸説が出てくるのでよくわからない。キリスト教では第一天使はミカエルであるが、イスラム教ではガブリエルが第一天使であり、ミカエルは二次的な存在だ。ミカエルも右手に剣を持つが、これは戦いのためであり、剣の王としての意味とは違う。風の元素としてみた時の剣は、いわば視点としての座標をつらぬくというようなものなのだ。

タロットカードは小アルカナでさえもが、普遍的なロゴスを体現したものであると考えると、この「剣の王」は、風の元素、そして意識の四つの階層の頂点にあるものということだけで定義するべきで、ここにミカエルとかメタトロンとか特定の地域でしか通用しない存在性を当てはめると偏ったものにはなりやすいことは意識しておく必要がある。天使は根源的意識のあり方を表しており、外面的に見ることは不可能で、私達の意識の中に既に存在するものであるが、異なる種族においてはそのあり方に違いがある。

エデンの知恵の樹への道を守るために、炎の剣とともに置かれたケルビムは、しばしば第二天使と呼ばれている。「剣の王」は、もちろん剣、風の元素からして、知恵や知識ということに関係し、それらを管理し、守り、また作り出すものとして、この剣の王を、炎の回転剣を持つケルビム的なものとみなすのも興味深いかもしれない。

グルジェフは、法則6を高次思考センターと説明していた。通常の思考は法則48で働いており、これは質問したり、言葉が違うと理解できなくなったり、低速な知性を意味する。肉体を持つ人は限定されているので、この肉体を持つということがきっかけで、知性はH48で機能することになる。普遍的存在になると、もう既にH48は持っていない。誰の中でも高次思考センターの力は働いているが、しかしそれを、個人に落とし込むことができない。そのため、個人としてそれを使うことができない。また思考や知性というのは、個人所有になるものは何一つない。大天使というのは、普遍的な原理であり、誰かがそれに関係し、他の人はそれに関係しないということはまずない。この宇宙の構成因子はどこにでも働いており、それがないことには、虫一匹生存もできない。肉体を持つ存在が、普遍的に存在になった時、それは応身になったというが、これは空気あるところどこにでも出現するもので、いわば空気あるところのすべてにスルメのように広がったのだ。

イエスは復活した時、肉体的な存在でなく、応身としてやってきたと考えられているが、十二使徒が生きていた時代、日蝕で意識がぼうっとした時、彼らはこの応身を見ることができたのだ。日蝕は一時的に、地球的意識を仮死状態にしてしまう。

高次思考センターが働くには、まずは高次感情センター12が十分に安定して、その土台を作り出す必要があり、その上で、個人が受け止めることのできる高次思考センターが働く。これはロゴスの先にあるもので、いわばロゴスは、この高次思考センターの基礎部分を為すものと考えてもよいのだ。

私達は図形、数字などについて考えることで、この高次思考センターに近づく練習ができるだろう。図形や数字に関して考えてみると、例えば三角形と考えた時に、それに関係した説明、言葉は百も千も登場する。つまり言葉で説明したところで、それが三角形を正確に説明したことにならず、言葉にしたとたんに、やはりこれは違うと感じてしまうものだ。

神聖幾何学という分野がある。これは単純な図形、あるいは複雑な図形の意義と影響について考えることだが、これは「剣の王」の持つ力、高次思考センターにも関係したものだ。「剣の王妃」は、「剣の王」のものを受信することができ、正しく理解するが、「剣の王」が作り出すところの、つまり「思考が創造する」ということは王妃にはできない。王妃は受け止めるだけだ。

グルジェフはワークについて、第三段階は、ワークを考案するという項目をつけ加えていた。この設計する能力は、少なくとも高次思考センターが部分的にでも機能しないことにはできない。それは多角的に影響を及ぼす象徴的システムを作り出すことを表すからだ。私達の知性は部分化、二極化されているので、この象徴的作用を活用する知性をなかなか開発できない。重たい感情、重たい身体があると、なおさらそれは上手く機能しない。

「剣の王」の力は、そこから始まりがあり、その前には何も存在しないということを意識してみるとよいだろう。王は国に一人しかいない。国を民族に置き換えてみれば、民族一つに対して、大天使は一人だ。大天使は民族を作り出す。「剣の王」は、日常的にどこかに何人も存在するようなあり方を最初から示しているわけではないので、これを人物像に当てはめることはできないが、誰の中にもわずかに含まれた、高次な思考の力だ。

したがって、カード占いでこれが出てくる時に、それは超越的なところからのメッセージだと考えることができる。また人間に直接的に関わることのできる上位存在は小天使であり、大天使は人間に直接かかわることはできない。しかし騎士の超意識とは共鳴しているので、騎士はそれを予感として聞き取ることができる。大天使は騎士を認識しない。定義すること、考案すること、識別すること、言葉を生み出すこと、これらの核となる要素だ。

高次思考センターとしての法則6の振動密度の物質は恒星と共鳴するが、恒星は数限りなく存在する。そのため、どれか特定の恒星と特に結びつくところの「剣の王」ということを考えてみるとよいだろう。

恒星は星の数ほどあるということは、大天使レベルの意識というものが、宇宙的には当たり前の状態で存在している。この段階からすると、地球上に住む人間というのは、いわば細胞レベルに等しいもので、決して自立はできない。

惑星進化をカテゴリー1から9までに分けた時に、地球はカテゴリー1という、最も原始的な段階にあるものだといわれているが、そのことを自覚できている人間はそう多くはない。比較するものがないのならば、水準なんてどこにあるのかわからない。

杯の王

杯は水の元素を示し、また水というのは液体を意味するので、これは人体の中にある血液などにも関係するのではないかと思われる。血液の中には自我があるというのはシュタイナーの発想だが、自我は記憶の働きも含まれている。混血しない時代には、一つの種族は、共通の血によって、記憶が共有されていた。先祖の記憶も、あたかも自分の体験であるかのように思い出すことができた。これは水の元素が分断されずに続いているような印象だ。

占星術では、家族というのは蟹座が表している。蟹座は水のサインで、物理的に子孫であるという場合には、土の元素の伝達なので、むしろ牡牛座を表しており、蟹座は水のサインという意味では、肉体の遺伝的な継承でなく、血液や心情が共鳴して伝わっていることを意味する。

そしてこの水の元素は、物質というよりも、エーテル体などにも深く関わるので、そうなれば、肉体の継承ということもなく血縁でなくても、心霊的に共鳴して、家族として伝わるものではないかと思われる。

例えば、日本の天皇は、特殊な形態で、血筋として伝わっているかどうかは心もとないが、心霊的に継承する要素があり、それは儀式などによって、受け取られる。この伝達は牡牛座的伝達ではないが、蟹座的伝達ともいえる。

王のカードは大天使に対応すると書いたが、大天使一人が一つの民族に相応する。日本の天皇は二人も必要がない。日本の民族は、天界においてはアマテラスが存在し、地上においてはアマテラスの代理人として天皇が存在すると古神道の本で読んだことがある。王は国に一人しかいないので、日本などでは、これを天皇に対応させてもよいだろうし、それは大天使の地上においての代行者だと考えられる。

大天使は、物質的な世界に関わることはないが、魂の根底にあるもの、民族的なルーツを管理、維持する存在でもある。「杯の王」は、特に身体の中の水の元素としての血筋、心霊的な要素としての魂などを統括しているものだと考えてみるとよいだろう。

私達は今日、混血しているので、記憶の継承はなく、その分、抽象的な思考力が発達することになった。犬や猫には種の記憶がある。それは本能として呼び覚まされる。排泄のやり方まで、その記憶から呼び出したもので処理されていく。私達も、肉体的な知覚でなく、エーテル体の知覚に置き換えると、こうした連続する記憶を取り出すことができる。それは集団無意識というかたちで保管されているのだ。

特定の民族範囲という区分に区切って、その範囲において、共通した記憶や心情、心理、情緒などを統括しているのが、この「杯の王」だとみなすと、この「杯の王」にアクセスすることは、そうした要素からのメッセージがあると考えることもできる。王のカードがメッセージを発することはないが、そこに触れたら、差成分として、即座にメッセージに変換されるのだ。私達の脳がそのようなものに翻訳していくと考えるとよい。

古典的な大天使の解釈では、火はミカエルに、風はラファエル、水はガブリエル、土はウリエルに対応している。となると、この杯の王はガブリエルに対応することになる。イスラム教では、ジブリールと呼ばれるガブリエルは基本的には、神の言葉を伝える役割になることが多い。抽象的な知性は、剣のカードの特性だが、民族のルーツ的なところにおいてのメッセージというのは、杯のカードが表すものと考えられる。

大天使は特定の民族を作り出すという点では、ミカエル、ラファエル、ガブリエル、ウリエルも、地方的な天使として、ユダヤ教、キリスト教、イスラム教という範囲程度で有効性を持つものであり、それ以外の種族においては意味を持つものではない。そのため、このカードを固有の天使と結びつけずに、普遍的な作用を持つものととらえて、その上でこのカードが出てきたら、私達は外部的な情報を探すよりも、血の根底にあるものに耳を傾けるとよいのだろう。メッセージを伝える作用は、「杯の騎士」で行われ、この「杯の王」は、「杯の騎士」の高自我を表しているので、「杯の王」そのものは自分では決して動かないが、その代わりに「杯の騎士」をその伝令として使うのだ。

人体の中には、血管を通じて、くまなく血液が流れている。この血管網のように、宇宙的には、エーテル波の網目が空間にくまなく張り巡らされていて、それは惑星、全惑星、太陽、全太陽、中心的太陽の範囲にすべてつながっている。

シュタイナーは、自我は血液の中にあると述べているが、この宇宙的な血液網の中の自我を、「杯の王」とみなしてもよいかもしれない。「剣の王」は、この網を定義し、増設する。棒の王は活発に送り出す。金貨の王は、この各階層を整理して、上がったり降りたりする。建物でいうな各フロアを作り出すというようなものだ。

シュタイナーは、アストラル体が物質的なことに関心を強く持つようになったので、ある時期から、アストラル体よりも下位にあるエーテル体が、入れ替わり、高次な領域の意識を受け持つようになったと説明しているが、この血液網としてのエーテル網の中にある自我は、霊我と解釈するとよいことになる。人類が普遍的に霊我を持つことができるようになるのは、数千年後だといわれているが、この時には地球は最も未進化のカテゴリー1から、もう少し上のカテゴリーに移動できているということでもある。

金貨の王

大天使と王のカードを共通したものとみなせば、このカードはウリエルに関係するということになる。ウリエルは、地上のすべての自然現象や運行を司るといわれている。ユダヤの伝承では、ウリエルは初めて人間になった天使で、地上ではヤコブという名前になった。エノクを天に引き上げ、天界を案内したのはウリエルだが、この点では、天と地をつなぎ、この間の秩序、法則などを支配しているのがウリエルと考えてもよい。地上との接点を持つ大天使（恒星意識）ということになると、これはプレアデスと北斗七星を連想させる。私は１９９９年に「私があなたの母親だ」と述べた黒い巨大な存在と接触した。匂いが同じだったという点で、これを諏訪大社の秋宮のヤサカノトメと同一のものとみなした。トメというのは最後のものという意味では、ヤサカノトメは地上に接した最後の存在で、そもそもこの存在はアルシオンの意識でもあり、地上に接したプレアデス意識だとみなしてもよい。つまりこの存在は、「金貨の王」と考えてもよいだろう。

そもそも大天使というのは、恒星に対応するものと考えてもよくて、地球での人類の活動に関与したいくつかの恒星の意識が、そのまま大天使の名前になったというふうに考えることもできるのだ。空にはおびただしく星があるが、この中で地球に関係している代表的なものは数十、特に重要なのは七つとか八つくらいと考えて、これらを大天使と呼ぶことになる。

金貨は土の元素を意味するが、大天使にもかかわらず、ここに地との関係が出てくるということになり、これは実は土の元素とか物質に対しての定義を作り出した元凶的なものと考えてもよい。というのも大天使は、世界のすべての始まりの部分を司り、その前には神しかいないということを示しているからだ。

神は世界を作り出したのかというと、神は世界を作り出しておらず、作り出したのは造物主であり、それはグノーシス的思想からすると、邪悪な存在であるという考え方もある。また宇宙にとって、地球はある意味、重要な役割があるといわれているが、これは地球が存在することで、宇宙的な法則として、天と地の違いが作り出されたからだ。地球がなくなると、地がなくなり、この上と下、天と地という区分はまた違う種類のものになってしまう。したがって地球は一番下の場所を維持するためには必要不可欠であり、その目的からして、今後もますます重く硬いものになっていき、そして、ウリエルは、この構造を作り出すために、自ら犠牲となって、人間になり地に降りて、天と地の間の階段を作り出した。もしウリエルが手を引くと、ここで地は存在しなくなる。ここが地を定義する、金貨の意義を生み出した元凶と考えるとよいのである。

金貨を示すそもそもの金は、天と地の間に張られた七つの階段、虹の一番下にある金の壺とも関わり、天界が地上に接点を持つ最後の場所でもある。ウリエルがいないのならば、大天使の住む天界と地上は接点を持つことができなかったという意味ではウリエルはこの七つの階段を作り、そしてエノクはウリエルに案内されて、逆方向に階段を上がった。

ホドロフスキーは、金貨のカードに関して、過剰な思い入れをして、この中に神聖な霊性があると述べているが、土の元素にあるのならば、他の元素にもある。むしろ、この金、そしてウリエルの性質ということを意識してみると、金貨には特別な意味があるように思えてくる。虹が地上に接点を持つ場所、金の性質ということを重視するとよい。今日物質的な豊かさは、経済原理の中で勝者となった人のものだと思われているが、むしろ、この「金貨の王」はそれとは違い、あくまでウリエルの性質と共鳴したもの、つまり天とのつながりによる繁栄というふうにみなすとよいと思われる。本来、地とはこのような価値を持つものだったという原点に戻るのだ。

物質は眠りであり、昏睡している間だけ、物質であり続ける。金属にも知性があるが、この知性は人間に比較すると、極めて低速で、人間が一秒考えたという時間が、金属では、数か月かかるかもしれない。しかし昏睡はしているが、死んではいない。これが物質だとすると、ウリエルは、この意識が眠り込むこと、自己喪失することに関わる意識存在であると考えるとよいのだ。

誰の中にもわずかにウリエルの意識はある。一人の人間、一匹の虫を作るのさえ、全宇宙の構成要素が必要なので、自分を作り出している成分を抽出すると、宇宙の中のどのようなものも存在する。たんに比率が人によって違うということだけなのだ。

「金貨の王」は、金貨に関係すること、すなわち土の元素に関係することでは完全無欠で、不可能というものは何もない。ということは、ここに問いかけというものはない。一方的にどのようなことも決めることができる。私達は何か決める時、多くの人と相談したり、すり合わせていく。これは、私達が限定存在であるということを前提にしているからだ。一人で決めると間違った方向に行く。私達は大きな実体の中にある細胞であることを認識している。一人でできることなど何もない。しかし、「金貨の王」や金貨の大天使は、この全体的な意識であるから、何か相談したり、聞いたりすることはない。これを一人の人間のようである、と勘違いしてはならない。

占いなどで、このカードが出てきたら、土の元素を司る大天使のメッセージが表れてきたというふうに読んでもよいかもしれない。しかし、それはあくまでも問いかけに応じてだ。問いかけと答えは同じ重さなので、問いかけが10グラムならば回答は10グラムだ。そして自分の中に微量であれ、この金貨の王の成分がないのならば、決して接点を持つことはないし、メッセージがもたらされることはない。しかし探せば、必ずそれは心身の中にわずかでも含まれている。

第３章

タロット占いについての再考

タロットカードでタロット占いをすることとは

占いをすることについて

タロットカードの大アルカナカードは、人間の精神の進化の手順などを記述した、一つの経典、教科書、取扱説明書のようなものだ。比較するものとしては、禅の十牛図があるが、これは10枚の絵で少し数が少ないのと、大雑把すぎて、22枚の大アルカナカードほどには詳しくない。

また十牛図では、山の上で最終段階に至った人は、山から下りて里にやってきて若者に話しかける第十図、「入纏垂手」というのがあり、入纏とは町に入り、垂手というのは教えを垂《た》れるということだ。これは個人として意識進化の最終段階に至った段階ではまだ完成とはいえず、この成果を人々に教えるということが必要なのだと説いている。これは宇宙に飛んで行った感情体は、この世界に戻ってきて、身体の進化の極に至った領域に対して、付加ショックをかけるということの象徴表現とみなしてもよい。身体は、この世界に取り残されている。そしてこの世界において多くの人と同化して、同等のものとして生きており、この進化を促すには、宇宙に到達した感情体が通路を作るしかないのだ。

大アルカナカードの場合には、仙道と似て、星に到達することで形成された分身的なアストラル体を用意して、それを従来までの身体と混ぜて、身体を進化させるという「21世界」のカードのプロセスを、一つの節目とする。つまりはそれで終わりではないのだが、とりあえずいったんここまで、ということを描いている。十牛図で町に入り、若者に教えを垂れるというのは、アストラル体が肉体を飲み込んでいくということと同じ意味だ。

世の中には多数の大アルカナカードがあるが、この精神進化としての体系というところで整理したタロットカードの代表がカモワン版である。あるいは似た趣旨のものはいくつかあると思われるが、世の中に広く出回っているウエイト版（ライダー版）は、大きく脱線して似て非なるものとなっているように思われる。コンヴェル版あたりならば、カモワン版と似たものとして活用できるのではあるまいか。他にも似たものはいくつかあるかもしれない。

今日では、タロットカードはいろいろな目的で利用されており、精神進化のテキスト、あるいは地球に落ちてきた存在の脱出マニュアルとして作られたという初期の目的とは違う活用法もあるので、いまさらそうではない目的でデザインされたものを非難する必要もないだろう。いろいろな楽しみ方をすればよいのだ。

私個人は、タロットカードを触ったかなり若い時期から、このタロットカードの知識を作り出した源流との結びつきがあるために、この体系を掘り出し尽くすまでは、ここから離れられないかもしれず、違う目的で扱うことはますますできにくいと思われる。

タロットカードは世の中では占いをするためのカードだと思われている。しかし、小アルカナカードについてはともかく、大アルカナカードはあまり占いには向いていない。にもかかわらず、大アルカナカードを占いに使うというのはどういうことなのだろうか。

ゴールデンドーンという団体では、この大アルカナカード22枚をカバラの生命の樹の22本のパスや、ヘブライ語に対応させた。生命の樹が、人間や宇宙の法則を説明したものならば、大アルカナカードは、全部まとめると、それは全宇宙的な事柄について網羅しているということになる。ロゴスとは宇宙法則のようなものだが、原初的な法則として3があり、また4がある。これを足すと7で、また掛けると12となり、3と7を掛けると21になり、これが大アルカナカードの意味の基礎となっているように思われる。

意識作用にしても、また生活の中のいろいろな項目、出来事にしても、そのすべてを、大アルカナで説明できると考えることができるのだ。いかなることも、この大アルカナのどれかに属している。とはいえ、意識の細分化というものはあるので、そうすると、この22枚をさらに小さく砕いていくことは考えられる。

ここでいいたいのは、この22枚すべてで全体を表し、内部分割することはあっても、これ以上足すものはないということなのだ。占星術ならば、12サインが印象作用や感覚のすべてであり、それを細分化して細かくするにしても、もう一つサインを足すなどということは必要がないという意味だ。占いで使う道具は、この「すべてを網羅している」ということが不可欠なものとなる。どのようなことも組み込まれているということが必要だ。

大アルカナカードはすべてを表している。私達の意識は、わりに狭い範囲のことに集中し、その他のことは失念してしまう。この忘れている他のことを知らせたりすることは、これらを全部合わせた統合的な意識にたどり着くための道筋を教えることになるし、今自分はどこにいるのか、一体何をしているのか、足りないものは何かなどについて知らせるのに、大アルカナは不足がない情報源になるということなのだ。

今、私達が使っている手ではなく、もう一つ違う手にタロットカードを持ってもらい、そこから必要なカードを取り出してもらうと、それは役立つガイドになると思われる。といっても、これはどこかで誰かにタロット占いをしてもらうということではない。他の人は自分のことを知らないので、どのようなアドバイスであれ、それは的外れになるからだ。

もう一人の自分との通信手段

タロット占いは、カードを裏側にして、何枚か選び、それを表にしてリーディングする。このタロット占いは、私達という個体と、もう一人、目に見えない自分というものの協力が必要だ。私達のもう一つの身体、エーテル体は、カードを裏返した結果、どのカードなのかわからなくなるということはまずない。エーテル体はカードの裏側をそのまま見ることができる。このエーテル体は、大アルカナカードでいうと、「19太陽」のカードに現れた、もう一人の子供のことだが、肉体的に生存する私達には見えないが、しかしエーテル体からすると、はっきり見えるということが重要だ。

例えば、フォトリーディングなどでは、書物の文字を肉眼ではっきりと認識できない状態で書物のページを次々と開いていく。この時に、肉眼ではっきりと文字が読めてしまうと、「19太陽」のカードの、いつもの肉体的な私達を示す子供の方の知覚にスイッチが入ってしまい、もう一人の子供の知覚が薄まってしまう。肉眼で見えるという領域を封印することで、もう一つの知覚の扉が開く傾向があるのだ。

タロット占いの場合、カードを裏側にして、いつもの私達の目では、何のカードかわからないという状態でカードを選ぶことで、もう一人の子供が自由に采配できるのだ。そして、このもう一人の子供が伝えてきた暗号を、目覚めたいつもの私達が絵柄の解読をすることで、隠れた子供がいうことがもう一人の子供に伝わるということになる。占いとして使うタロットカードは、この「19太陽」のカードの隠れた子供が、いつもの子供と会話をするための通信道具だと考えてみるとよい。

人によってはこんなまどろこしいことをしなくても、肉体とエーテル体、右脳と左脳とが直接意志疎通できる場合もある。しかし、ダイレクトな通信は比較的歪曲が生じやすいので、正確にするために、夢だったり、こっくりさんだったり、タロットだったり、ヘミシンクを使ったり、自律神経反射を使ったり、催眠状態になったり、深層ヒプノでサブコンシャスと会話したりするのだ。

この場合、裏側にして、エーテル体にカードを選んでもらい、重要なメッセージを受け取ることができるとしても、今度は、目覚めた日常的な私が、その意味について正しく解読できるかどうかというのは、いつも問題になる。これについてタロットカードの説明書を読んだとしても、それは著者の信念体系による内容が書かれているだけなので、勘違いした読みになるかもしれない。著者には著者なりの都合とか、生き方や利害があり、それは余計なことしか教えてくれないこともあるのだ。

タロットカードの基本は、数字のロゴスを絵柄にしたというものだ。絵柄の連想から来る内容は、あまり当てにならないかもしれない。基本的な知識に基づき、そこから応用的に発展させた意味が解読できるならば、もう一人の子供がいってきた内容については、ある程度、正確に推し量ることができるのではないだろうか。

私達は半分の人間だ

ここで、肉体的にはっきりと見える私と、見えない私という二種類の私が存在するということを改めて考えてみたい。

一日は昼と夜がある。一日というまとまった単位のものは、半分に割れてしまい、私達は目覚めた時にのみ活動し、もう一つの夜の私は、眠り、無意識の中にある。この無意識の私が目覚めて何かしている時には、昼活動している私達は仮死状態になっている。私達はこの夜の、半分の私を忘れてしまいやすい。そして自分の人生とは、目覚めた、昼の半分の自分だけが体験することを示していると思い込みやすい。

私は一日全体にたとえるような、昼と夜の合計を人間のトータルな体験領域だとみなし、そこで、小アルカナのコートカードでも、昼の半分の領域を人間のすべてとみなす従来の考え方に従って、この半分に小姓、騎士、王妃、王を閉じ込めるという姿勢をやめて、目覚めている領域に小姓と騎士を割り当て、もう半分のもっと広がった領域に王妃と王がいると分けている。

一生を一日とたとえると、夕方以後、死ぬまで、あるいは死後の領域も、半分の自分なのだ。これを忘れてしまうと、何かと問題が大きくなる。精神が異常を来したり、特に理由がないが犯罪をしたりするのも、私達を半分の領域に閉じ込めて、一歩も出られないようにしてしまうことが大きく関係することもあるのではないか。

人間を半分にしておくと、より大きなものにつながるきっかけは失われる。失われた半分が、より大きなものにつながるきっかけを作るのではなく、それらを合わせて一つの人間になった時に、それは共鳴的により大きなものと同期を取ることができるのだ。しかし、私達は半分だけの人生を強制されている。なぜなら共同体では、協力し合う必要があり、みな同じ考え方にならないといけないからだ。ある時代から半分の存在こそ、人間なのだと考えられるようになり、みなその考えで生きなくてはならなくなった。半分の自分は、宇宙から孤立し、ストレスと恐怖の中に生きるということになりやすい。ずいぶん大げさなことをいってるように聞こえるかもしれないが、事実、そうなのだ。

例えば、私の個人生活では、最近はあまり人と接触しない。そしてとても単調な暮らしをしている。運動のしすぎで、大腿骨が疲労骨折をした後は、さらに出かけなくなり、半径50メートルくらいしか移動しない。すると、夜眠ってから夢の中でのいろいろな知性体との交流が活発になり、毎日が忙しい。この夕ロットカードの占いについての章を考え始めた段階で、夢の中で、テストケースとして2枚使ったものを、いくつか試そうと言い出した人物がいて、専用の部屋を作り、この中でいかにもそれらしくタロット占いをし、その解読結果について、その人物が説明していた。この部屋はずっと夕方というもので、周囲の空気はオレンジ色に染まっていた。「これでいけるんじゃないの?」と、その人物は発言する。

目覚めた昼の自分を封じることで、もう一つの自分が盛り上がりやすいという意味では、日常の暮らしを思い切り退屈にしていくと、夢の世界が精彩を持ちやすいともいえる。

そして私はこのことに慣れている。二十代の頃から、退屈な暮らしをする達人というものだった。考えるということに時間を使いすぎるので、外から見ると、何もしていない人に見える。ただじっとしているだけ。どちらが楽しいかというと、日常の生活は、制限がありすぎる。人体はリミットが大きすぎて、空を飛ぶこともできない、カンボジアに行きたいと思っても、航空券を買い、空港でじっと待ち、という面倒な手続きが必要だが、夢の中ではそういう制約はない。そこで、夢の生活の方が、メリットが高いと感じる面もあり、おそらく、他の人よりも、この隠れた半分の生活の比率が高いと思われる。最近は何か計画したり、考えたりすると、必ず夢の中で誰かが何かいってくるし、以前は夢の中で学校に通っていた。

昔から夢の中では、女性の集団というのがいて、これは同じバスの中に乗っているメンバー、つまりクラスターの同類みたいなものだ。先日、ドロレス・キャノンのＱＨＨＴを受けて、自分のすぐそばに空飛ぶ円盤があり、そこに乗っているスタッフが、より大きなステーションと行き来しながら、ずっと昔から、私と関わっていたことを知ってから、そしてこの中に、私の近くに行き来する担当のアンドロメダ出身者がいて、それはしばしば私の至近距離まで近づいてくることがわかってからは、ますます、夢の中でのこの交流や会話はあからさまになってきた。私は彼らと会いたくない。もっと詳しく説明すると、物質的には、この私が住んでいる次元には絶対にやってこないので、生身で遭遇する可能性は露ほどもない。しかし、月の振動密度すなわちエーテル領域では、ほとんど毎日、夢の中であぁでもないこうでもないという交流が続くので、毎日学校とか会社で、隣の席にいつもの人がいる、というような印象だ。空気中にはいるが、物質次元には降りてこないので、このような関係性になるわけだ。

私がこの世界で何かに熱中するとする。最近は一時的にスピーカーに凝っていた。すると、その間はこの夢の世界は少しばかり遠ざかる。しかし、スピーカーにそろそろ飽きてきたなと感じる頃から、また夢がリアルになる。つまりは現世と夢の世界は、ある時は1対9で、ある時は3対7という具合に、比率が変わっていくわけだ。

人間とはどの範囲の存在なのかという単位を考えるのは重要だ。目覚めた半分の自分を全部の自分とみなしてしまうと、私達はより大きな次元の宇宙との接点を失い、しかも数十年で死んでしまう小さな世界に閉じ込められる。

しかし、今日の社会では、常に人間をこの半分のみで判断する、つまり二極化された片方のみで考えるというのが常識になった。これはある時代から、そのような習慣が生まれた。このように半分で判断する時に、占いの目的も、この半分人生をよりよく生かすために活用されるのが当たり前だとみなされていく。「どうやったら結婚できますか?」とか、「仕事で悩みがあるんですが」などは、明らかにそのような半分人生を追求したもので、全体人生から見ると、これらは色とりどりの印象活動にほかならないので、どっちでもよいし「好きにすればいい」という回答しか出てこない。

タロット占いをする時に必要な協力者としての半身の私というのは、この物質的な目に見える世界に対して興味を持っているわけでもなければ、迎合する気もないし、現世的な目的での占いについては、真剣に取り組んではくれない。

タロットカードの大アルカナカードは、実は、この半分で生きるということを明確に否定した体系だ。「11力」のカード以後、これまではあまり活用されなかった半分を強調しようとしている流れに入り、最後「20審判」では、この隠れた半分を、それまでの半分にぶつけてしまおうということさえ計画する。ここでつけ加えておくと、「11力」のカード以前というのは、印象に自己同一化して、自分を忘却しているプロセスでもあるので、本来はこれを眠りの世界という。そして11以後は、意識が目覚める。しかしこの目覚めは、夢も取り込んだ領域であるから、世の中の常識からすると、これを眠りであると考えることもある。光と闇の解釈が反対になっているのだが、カバラでは、昔から太陽の光が照射する昼を暗黒の世界と呼んでいた。

タロットカードの大アルカナカードは、私達がこの半分人生という世界に埋没してしまったことから救済するための救援ツールなのではないかと思う。半分だけで生きるのが社会の常識ならば、このタロットカードは、明らかに反社会的で、社会に喧嘩を売っているようなものだ。

このような体系なので、半分しか使わない人生、二極化された人生においては、理解できない項目が、大アルカナカードの中に頻繁に出てくるのだ。そしてこれまでは、大アルカナカードで、理解できない内容があると、半身人生の経験のカテゴリーのどれかに収まるように、こじつけで強引に解釈していた。半分人生からすると禍々《まがまが》しい。しかし全体人生からすると輝かしいというような内容のものが複数あるのがタロットカードだ。占星術でも同じように、水瓶座と魚座は、反世界的なのだが、世界内で生きるという半分人生の価値観に従い、強引に、いわば山羊座の価値観の中に、水瓶座と魚座をおとなしくダウンサイズして納めようとした。結果的に、12サインの解釈はいびつで、何となく惨めなものとなってしまった。

例えば、「16塔」のカードに関して、神に近づこうとする人間の傲慢さを打ち砕く雷というような説明をしていたことがあった。しかし、神に回帰しようとする人間の意志は、正当なものであり、それを打ち砕く必要はない。聖なる守護天使、すなわち大天使との一体化は、あらゆる宗教の姿勢の基礎だ。もちろん、これは正しいことだ。誰もが故郷に帰りたいのだから。「11力」のカードで、獣的なものを淘汰する人間の理性という解釈もあった。「15悪魔」のカードは、ひずんだ欲望に支配されるという内容もあった。今となっては笑い話のように聞こえる解釈も、半身人間の欲や都合に従って考えると、このような不自然な読み方をするしかなかったのだ。

私は、タロットカードは占いに適していないと書いたのだが、その理由は、半分の人生という価値観に、大アルカナカードは収まる気がない。にもかかわらず占いに使うと、無理なこじつけをせざるを得ないということだった。2メートルの身長の人を、1メートルの長さのベッドに寝かせるために、もう1メートル身長を切るというような話で、グルジェフは「どのような優れた体系も、おかしな使い手にかかると驚くべきものに書き換えられる」と、あっさり断じている。

だが、半分人生ではないものを泳ぐための航路標識として使うのならば、大アルカナカードは、やはりいかなるものにも増して秀逸な知恵に満たされている。その場合、まずは半分の人生を全部だとみなしている考え方を覆さなくてはならない。そうでないと、半分人間、つまり半人前（？）は、「13死神」や「15悪魔」、「16塔」などのカードには拒否反応を起こすだろう。そのための教育マニュアルとしても、大アルカナカードは活用できるかもしれない。

大アルカナカードは、半分人生に貢献する気がない、ということをはっきりさせれば、私は大アルカナカードを占いに使うということには、抵抗感はそう多く感じない。むしろ、隠れた半分を起こして、今までの半分とくっつけるための占いとして考えていくと、楽しく感じる。この方針は、世の中の常識に対して対立したものを持ちやすい面もあるので、あからさまには言明してはならないこともあるだろう。

先日、元アナウンサーで、癌《がん》で死去した人がいた。代替医療を選んだため、予定よりも早く死んだ。医療関係で認められている癌治療法を使っていれば、もっと延命できたのに残念だという人がたくさんいる。しかし、この人は早く死にたかった。本人の主張には分裂があり、半分の自分はもっと生きたいといった。しかし半分足す半分のトータルな本人は、そろそろここから去りたいと思っていたと推理する。特に、今後もこの配偶者と一緒に暮らすのは耐え切れない、と。この場合、延命することは、逃げたい人に「まだ逃がさないぞ」といっているようなものだ。「お前はずっと自分と一緒にいるんだ」と脅されながら生きるのは苦痛ではないだろうか。

半分の自分の主張は「生きたい」と願う。しかし、残りの半分は「そろそろいいのでは?」といい始める。半分の自分がすべてであると考える今日の社会では、「死にたいというのなら死なせてあげよう」とは口が裂けてもいえないだろう。その選択肢は最初からないから、何か事故とか病気のふりをして、「生きたかったけど、どうしようもありませんでした」という解決策を実践する。

世の中の常識としては、半分しかないのが人生なので、それが終わるというのはあらゆる可能性が断ち切られる絶望的なことだ。半分にしておいて、そして半分が終わることに対する恐怖も強める。これは自分で首を絞めているに等しい。この物質世界という穴に落ちてきた人達を、お互いを縛り合って支配するということはやめた方がよいのではないだろうか。

タロットカードはノン・デュアリティへの道を示す

この昼の半分だけで生きるというのは、異常な考え方であると説明した。それは二極化された存在状態であり、二元的であり、まともなことではない。かつてはそのような生き方はしていなかった。そこで、回復のために、毎日タロットカードに馴染むことで、少しずつ残り半分を活性化するということもするといいのではと思う。タロットカードを頭脳的、知的に解釈するのは頭が疲れるので、それをおあずけにして、絵柄に親しむだけでも、実は効果があるのではないかと思う。

この場合、大アルカナは明らかに、二極化されていない世界観の中での事柄を説明している。あるいは本来の場所に戻るための手順について説明している。さらに、小アルカナカードは、四元素に分割されている。

そもそも人間の半分というか二極化というのは、一つのものが二つに割れるということだ。さらにこれは四つに割れて、四元素になる。となると、小アルカナは、割れた世界の中でのさらに二極化した方向性を表し、これが大アルカナという割れていない領域に回復するための階段になるかもしれないという可能性も示している。割れたものを示すというのは、割れていないものを示すことを裏側に含んでいる。

四つは風・火を一つのグループとし、もう一つを水・土のグループにしてもよい。小アルカナは欠片で、大アルカナは欠片ではない。しかし、欠片に落ちた場合には、まず、どういう欠片になったのか調べて、そこから元に戻るという道筋があった方がよいのかもしれない。

いつも自分に言い聞かせる必要がある。「タロットカードは半分の自分を生かすためにあるのではない。それはトータルな自分に戻すためのものなので、時には半分の自分というものにとってはあまり都合のよくないことを示すかもしれない」と。あるいは「常に、半分の自分にとっては都合の悪いことばかりを主張している」と。

大アルカナが示す第五元素に上がったり、また月の下の世界を示す四元素に降りたりという行き来のためということでは、大アルカナ1枚と小アルカナ1枚の2枚を使ってみるのはどうだろうか。この大アルカナと小アルカナ1枚ずつで2枚ということを考えた時に、私は夢の中で、「じゃあ、それを試す」といって、ある人物がそれについて五回ほど試験的に使ってみた。この世界の基準からすると、若い女性のような雰囲気があるが、オレンジ色で、レプタリアンみたいな風貌《ふうぼう》も交じっており、ときどき空気に溶けてしまうので、何とも表現しようのない存在だ。しかし、その存在のイメージのさまざまな要素をまとめてみると、これは七赤金星という象意そのものであることに気がついた。私は夢の中で七赤金星のアーキタイプと会話をしていたのだ。形として一番近いのはエビだったので、エビ星人などと呼んでいたのだが。最近、私の夢には、しばしば新入りが登場する。管理栄養士のような人もやってきて、はっきりと薬品の名前をいうので、次の日に、その薬品を購入したこともある。あるいは身体の中の特定のホルモン成分の不足について指摘するのだが、ならば「それをどうすればいいのか?」ということについては何もいわなかったりする。

このレプタリアンも、いつもの雰囲気とは違うが、ずっと前から知り合いだったというような態度をしていた。

質問の重さと回答の重さは同じ

タロットカードは、質問の重みと回答の重みは等量だ。

エーテル体があまり反応しないレベルで質問すると、それについてタロットカードは驚くほど投げやりになる。答える気がないのに、カードは裏返せばどれかのカードが出てくる。この答える気がないのにカードが出てくるという段階に至ると、タロット占いほど退屈なものはない。隠れた半分の自分が反応できるためには、半身としての目覚めた自分が凍結すること、より深い感情を使うこと。さらに、さほど頻繁に使わないことなどが勧められる。

二極化された世界観とは、惑星が一方的に回転する環境の中で形成される。時間が作られるというのも二極化であり、空間が形成されるのも二極化だ。その二極化から抜け出すとは、惑星のない太陽系の外に行くということだ。そこでは二極化の最たるモデルである原子を使っていない暗黒物質も充満している。そして、肉体的には惑星の上に住んでいてもよいが、精神においては、常に太陽系の外にあること。この目的をはっきりさせて、その上で、大アルカナカードと小アルカナをセットで考えてみる。そして、今日は何をすればよいのか、ということをイメージしてみるとよいのではないか。

例えば、本書を書いている時に、「ここで大切な方針は？」ということで２枚出してみた。１枚目は「剣の８」だ。これは理論的に突き詰めて行き、余分なものが除去されるところまでいくこと。これは知的な集中力を必要とする。次に、大アルカナカードは「13死神」だった。これはダイエット、地上の無駄な習慣を掃除することだった。入り口は理論的に突き詰めていくこと。結果として「13死神」が発揮できればよいのだ。「12吊られた男」で暖めた考え方を地上に持ち込むために、「13死神」は掃除をして、空間を空けていく。新しい荷物を入れるために、部屋を断捨離しておくのだ。この２枚で方針はすっきりしている。

そして流れは小アルカナから大アルカナにある。つまり具体的で身近な行為から、大きな方向に向かうということだ。できる限り「13死神」的な方針を強く打ち出して書いていくのが理想的といえる。これが「19太陽」のカードの隠れた子供の主張だ。そして夢の中であれこれいう人達の総意見でもある。

タロットカードとは、常に半分の自分との通信装置ということを忘れてはならない。隠れた半分の自分は、今までの物質的存在としての半分の自分の都合、利害、エゴを満たす方向に行くわけではない。物質的半分の自分の都合やメリット、幸せ観を重視すると、それは結局、その人を半分の存在に閉じ込めてしまう結果になるのだから。

私はペルソナとシャドーは半々の関係にあると説明したことがある。ある人は、「どうやったらシャドーが入り込むことを防げますか?」と私に聞いてきた。シャドーを防ぐと、シャドーはますます恐ろしい力を持ち、人生を一気に破綻させるパワーを蓄積する結果になるのはいうまでもない。小さな利益を重視すると、すべてを失う機会は増加するのだ。小さな自己に主導権を持たせてはならない。

例えば、占いは、不幸な事態を避けるために使うという人がいる。これは半分の自分の都合だけを考えたもので、残りの隠れた半分の自分は、この半分の自分の身勝手な要求に対して意地悪になり、目覚めた半分の自分にとって不幸な事態を平気で招きよせるのだ。最近、五人のアイドルグループの一人が、不祥事を起こして、永久追放に近い扱いになった。大きな自己に指令されて、半身の隠れた自分が、そろそろ社会的な経歴を維持することをやめようとして、こうした事件を利用した。

こうした突然の事故が起こらないようにするには、実は常にすれすれのところまで影に近づき、それでいて飲み込まれないようにするのが一番なのだが。

そもそも目覚めた半身が、隠れた半身と出会う場所とは、目覚めた半身が弱くなってしまう場所なので、つまりは不幸な体験の場ということも多いのだ。事故多発地帯、心霊スポットなどは、目覚めた半身と隠れた半身のデートスポットだ。

私はある時に交通事故で骨折した。これは半分の自分からすると、困ったことだったが、もう一つの半分の自分からすると、「今のうちに、折っとこうか」というものだった。右足骨折するとテスカトリポカになり、それは私の本性に近いので、つまり死なない程度に骨折するのは、隠れた半分の自分からすると好ましいことなのだ。そしてそれは東京地域での奥州シャーマンの場所である角筈《つのはず》（角はシャーマンの使う角笛のこと）で起きた。

この二極化された半分の自分と隠れた半分の自分が一体化することを、最近では「ノン・デュアリティ」または「非二元」といったりするが、「21世界」の人物は、明らかにこの非二元状態だ。その前駆症状としては、「19太陽」の段階で、二人の半身の会話があるのだ。

カードの並べ方の例

タロットカード占いを毎日のようにしてみるのはあまり好ましいものではない。というのも、大アルカナは、その人の大きなテーマを提示するが、この一つのカードの課題を人によって数か月かけて、一年かけて、あるいは十年かけて進めていくかもしれない。

また大アルカナカードは物語のように順番に進んでいるが、同時に複数のカードが進んでいる場合もある。そもそも人間のリアリティというか意識の重心は、一つだけで生きているとは限らない。異なる空間に散らばって、そこからランダムに入れ替えたりすることもある。社会は、一人の人間を一つの肉体、一つの意識、一つの感情というふうに統一しようとする。できる限り簡単に扱いたいからだ。しかし実際には、人間はそのように単一に生きている人もいれば、複数で共同的にリアリティの同時進行で生きていることもある。それはその人の目的、好みの問題である。

ゆっくりと大アルカナの１枚のカードのテーマが進んでいき、そして行儀よく、次の番号のカードに移ると考えるならば、一か月に一度、タロット占いをしてみるというのがよいだろう。いずれにしても、毎日のようにというのは、エーテル体が手抜きをすることも多いと思われるので、あまり好ましい結果とはならないだろう。

この大きなテーマを表す大アルカナを1枚、次に、具体的な生活に関係する小アルカナカードを1枚出す。この場合、タロットカード78枚の束を、何度も入れ替えてシャッフルする。机の上に広げる人もいれば、手の中で、小さい束を何度も入れ替えてする人もいる。これは好みの問題だ。そろそろこのあたりだと感じたら、ここから、ゆっくりと1枚取り出す。

取り出す時に、質問事項については、はっきりと意識しておくべきだ。複雑な質問でなく、一つの質問に統一しておく。

人間のタイプでもあるが、質問が多すぎる、もしくは細かく質問する人がいる。これは「キュウリを切ってください」といった時に、「2ミリくらいの幅がいいですか？　それとも3ミリくらいですか？　角度はどのくらいがいいですか？　急ですか？　それともゆったりですか？」と聞く人のようなものだ。そういう人は、実はたくさんいる。

私はオンラインサロンで、占星術の松村塾というのを一年くらいしていた。すると、質問に回答すると、さらに質問で返してくる人が何人かいた。何を答えても、すぐにそれに質問で返してくる。しかし参加者は二百人以上いるのだ。この場合、質問に対する回答が欲しいというよりも、質問することはコミュニケーションなのだと思っているのだ。

物質的領域とエーテル体の違いとは、まず物質は寸法があり、エッジがあり、細かいもので、そこには正確さが必要だ。金属ならば、1・5ミリの厚さの道具は、一年後も1・5ミリの厚さでなくてはならない。しかしエーテル体というのは、エッジが緩いし、むしろ滲んでいる。これはエーテル体とは、時間と空間の制限を超えていく特性があり、それは閉じ込められていないというのが特徴だ。言い方を変えると、細かくない。それは感情の奥深くに働きかけ、奥深いために、細かく動けない。エーテル体は植物的であり、動物のように動かないということが特性だった。

この細かくない、エッジもはっきりしないエーテル体が答えることとは、もちろん、生活の中で、キュウリは2ミリで切るのがよいか、3ミリがよいのかというような物質的すぎるものではなく、根源的なものだ。したがって、タロット占いで、一度に五回質問してみるというような姿勢だと、エーテル体はこの取り組みを早くも投げ出してしまうということを覚えておこう。

すると、タロット占いは毎日遊べないものになる。朝起きたら、「今日のテーマは?」と、毎日1枚ほど取り出す人がいる。この場合、一日に1枚は、一日分のエネルギーを持った回答というふうに考えてみよう。午前と午後に分けたら、午前の分と午後の分というエネルギーだ。

占星術で考えてみると、一日に一つ質問するようなものは、月や水星、金星、太陽の複合くらいの範囲だ。とはいえ、これはサインとアスペクトだけでなく、サビアンシンボルのように1度ずつ違う意味があるという判断で考えると、一日分の違いはくっきりと出てくるということだ。しかし、月や水星、金星、太陽くらいには人生の一大事というテーマは解析できない。

例えば、「就職先の候補が三つあり、このうちどれにするか?」というような課題は、この月や水星、金星、太陽ではこなせない。なぜならば、その仕事はこの先20年取り組むかもしれないからだ。すると、公転周期でいえば、木星12年、土星29年あたりの範囲のものであり、重さが違うのだ。

タロットカードは、半年とか一年くらいの範囲で見るものだといわれている。しかしこの木星や土星の周期くらいの重さのエーテル体のレベルでタロット占いをすると、もちろん、それに対する回答をタロットカードは出してくる。一生の範囲のものでさえ、天王星や海王星くらいの公転周期に匹敵するエーテル体を使うと、正確に回答をする。

タロットカード占いをする頻度が少なくなるほど、より長いスパンのものを見ることができる。

例えば、ある神社では、釜鳴り行事といって、お正月に釜を鳴らして、その音から一年を占うというものがある。この場合、一年に一度だ。そのようにタロットカードを一年に一度、重要な切り替えの時期、お正月とか、春分とか、誕生日とか、あるいは誕生日の前後だと思うが誕生した時の太陽の位置にぴったり合った時（これを「太陽回帰」という）に出してみるというのだと、一年の大まかなテーマははっきりと打ち出されることになるだろう。質問に対する回答は、この周期によって違うと考えてみてもよい。

私の場合のように、毎日、あるいは一日おき、あるいは数日に一度くらい、夢の中で、さまざまな知性体と会話しているような人間は、これと同じ重さで、一日に一度くらいのタロット占いを活用しているのと同じになる。環境依存している生き方の場合、エーテル体の重さは時間スパンに支配される。しかし、ずっと重いエーテル体を、細かい時間スパンの中で引き出す人もいる。一生に一度の重要な内容を、月の周期28日で一回転するようなサイクルの中のどれかで見てしまうというケースもあるだろう。

最初に取り出したカードが小アルカナ、あるいは大アルカナ。小アルカナの時には、まずは具体的で小さなテーマから始まり、次に大アルカナに移動する。その一方で、大アルカナが出てきた時には、まずは大きなテーマが提示され、その次に具体的な小アルカナに移る。そこで、展開は次のようにしていく。最初に大アルカナが出た。その次は小アルカナを引く。

もし、2枚目に出したカードが大アルカナならば、さらに、小アルカナが出るまではカードを出すとよいだろう。最初に小アルカナが出た。その次は大アルカナを引く。もし2枚目に出たカードが小アルカナならば、さらに、大アルカナが出るまではカードを選び続ける。

小アルカナは、四元素に分解されており、つまり特定のカードを出すと、この元素以外の三つの元素は、影の領域にあるとみなす。その場合、親近感のあるカードとして、火・風、つまり棒と剣は、相補関係にあり影ではない。しかし、ここでは水・土すなわち金貨と杯は影になる。親近感のあるカードとして、水・土すなわち杯と金貨は、相補関係にあり、影ではない。しかしここでは火・風すなわち棒と剣は影になる。相補関係にあるものとは、案内として機能する。しかし影の領域は敵対する、足を引っ張る、緊張関係になることもある。小アルカナカードを出した時には、同じ数字で、親近関係にあるカードと、対立関係にあるカードを意識するとよい。

また四元素すべてが揃うと、真ん中の大アルカナに到達できるとみなす。これは言い方を変えると、小アルカナカードにこだわると、それが原因で大アルカナには到達しないという意味だ。小アルカナは、数字ないしは人物は、ある程度普遍的である。しかし四元素は、その特定の元素を強調すること、すなわち他の三つの元素を遠ざけることになり、すると、大アルカナには決して到達しない。また小アルカナは大アルカナの11番以後の反世界的要素を持たず、あくまで世界内的な意味にとどまることも意識しよう。

私の例で、「剣の８」と「13死神」のカードが出た場合、剣の元素にこだわると、それは「13死神」のカードの働きを十分に果たすことができなくなる。剣は棒と仲がよいが、杯や金貨とはあまり仲がよくない。杯や金貨を減らそうとする傾向がある。

愛情とお金を排斥すると考えるのもおかしなたとえだが、たとえとして考えてみてほしい。剣をしたい人は、お金も愛情も邪魔なのだ。すると、追い出された杯は邪魔をするようになる。「杯の８」は権力などにも関係する。その人が剣の作用を発揮できないように、集団圧力、まとわりつくこと、感情的に働きかけることなどで、妨害をしてくる可能性がある。

私はＰ・Ｋ・ディックの『高い城の男』を読んだ時、序文に「二か月間沈黙を守ってくれた妻に感謝する」と書いてあったので、笑ってしまった。ディックはこの長い小説を二か月で書いたのだろうか。その間、彼の妻は邪魔をしなかった。小説家に対する邪魔というのは、さまざまで、「今、何を書いているのか？」という質問をするだけで、もうひどい妨害と受け取られることもある。

答えると、聞いた人は無意識に反応し、この無意識はその小説の内容に常に関心を抱き、そのことで小説家は書き続けることが不可能になる場合もある。二か月の沈黙は、黙っているというだけでなく、関心とか感情とかが妨害しないということで、それはなかなか大変なことで、心のコントロールが必要なのだ。

剣の作用にとって、杯の愛情というのは十分に妨害になる。ぬるま湯環境を作るということも、弱い剣の人からすると、既に妨害かもしれない。

このように考えて、小アルカナは、大アルカナに入るための階段であるが、その場合、出てこなかった四元素に対して注意をすること、できればそれを仲間にすること、排除しないことというのを意識しよう。

剣を発揮するのに杯が邪魔になる人は、剣が単独で働く癖を持ち、他の元素との共存ができない人だ。それは必ず人生にとって困ったことを引き起こす。杯を邪魔にすると、杯はますます強硬になる。「二か月間沈黙を守ってくれた妻に感謝する」と書いたディックも、「今から書くので、邪魔するな」という趣旨で言い方を間違えて発言してしまうと、彼の妻は徹底して妨害するかもしれない。書けないとお金は入らない。すると生活できないといったとしても、気にもかけないかもしれない。ひょっとすると「自分の親族は金持ちなので、そこに身を寄せて、仕事やめればいい」などというかもしれない。杯も金貨も、棒も嫌わない剣を実行する人だけが、つつがなく剣のカードの事柄を進めることができるのだ。

小アルカナカードが出たら、この不足の三つの元素について考慮することだ。剣が出たら、あなたは棒、杯、金貨の同じ数字のカードを考え、「そこに不足や影はないですか?」と問いかける。他の元素を影にしないで、なおかつ剣のカードを実践するのだ。これは最初に小アルカナカードが出ても、また後で小アルカナカードが出ても同じだ。小アルカナカードが後で出る場合にも実生活に降りる時に、不足が生じることもあるからだ。そもそも、この時間の順番はしばしば逆転する。

大アルカナは主体、小アルカナは客体という関係にもなりやい。実際にはこの主客を、大アルカナと小アルカナに振り分けることは決まりごとではない。しかし結果的に、そうなりやすい傾向はある。小アルカナカナは四元素に属しているのだから、眠りの中にあり、それに比較して大アルカナは、目覚めた意識を示すのだから、それは主体から環境へという関係性を作りやすいのだ。

大アルカナと小アルカナの組み合わせについて、辞書の用に書いてみようとも考えたが、どうもこれについてはストップがかかってしまった。それにこのテーマで書く内容について、「剣の８」と「13死神」というセットが出てきた時に、既に「13死神」で増やさないということも提示されていたようだ。

補遺

ホドロフスキーについて思うこと

論評『タロットの宇宙』

本書の原稿を書いた後で、担当の編集者から、ホドロフスキーについて、ならびに彼の著書の『タロットの宇宙』について論評を最後に加えてほしいという依頼があった。

本文の中のあちこちにホドロフスキーの考えについて賛同してみたり、また批判してみたり、まとまりなく書いているので、一体全体、ホドロフスキーについてどう思っているのかさっぱりわからないということから提案されたのかもしれない。

そもそも本書は、ホドロフスキーの『タロットの宇宙』がなかったら書かなかった。これまでタロットカードについてはたくさんの本を書いてきたので、さらにタロットの本を書くには何か刺激剤が必要で、タロットカードについての本は世の中には多数あるが、しかし、私にとって意欲を刺激するものはそう多くはなかったのだ。なかには、これがベストの書といわれているのに、私から見ると、読むに値しないと思われるものもあった。

久しぶりにホドロフスキーの本を手にとって、この人はタロットカードとともに生きているという印象があった。多くの著者はタロットカードを扱うことはしても、自分があって、そしてタロットカードを私が見ているという姿勢が通例で、タロットと自分が互いに相手にめり込んでいくような、タロットとともに育ちましたというものではなかった。ホドロフスキーの場合、過剰に深入りしている。

私個人とタロットの関係については、本書のはじめの方で説明した。初めてタロットを見た時、何か口では表現できないようなものを感じた。その後、そう期間が経過しないうちに、夢の中やさまざまなシーンで、人間の形をしていない生き物に出会い、後になって、この生き物がタロットカードに直接関係している、あるいはその源流ではないかと考えるようになった。そのようなものと結びつくことは、深層でタロットカードとつながっていることなのだと、私は勝手に思っている。彼らは地球に住む人々に、内容を指示した。直接会って語ったのではない。存在レベルが違うために、直接会うというのは不可能だ。それは夢による通信かもしれない。そして地球の存在は、その知性の特性に合わせて、内容を歪曲した。歪曲とは翻訳という意味だ。

本を読んでタロットを学ぶというのは、どこか間接的だ。というより、著者の主張を読まされるだけで、タロットについて何一つ語っていないというものが多数ある。タロットについて学ぶにはタロットをずっと見ていればよい。

例えば、生命の樹とか、エニアグラムについて学ぶ時、それらについて書かれた説明を読むのは正しくないといわれている。直接毎日図形を見て、そこから知識を得るという姿勢が一番正しいのだ。それらについて書いている本を読むのは、直接向かい合うことよりも、それについて他の人がどういう噂話をしているかを優先しているようなもので、タロットカードを知りたい時には、タロットカードを毎日ずっと見ていればよいのだ。そういうことをホドロフスキーは力説しているのではないか。これは一番正統派の意見だといえる。

私の場合、このカードの意味を理解するために、それについて絵を描くということを推薦し、そしてそのタロットお絵かき講座を20歳くらいからもう始めていた。粘土細工をする時に覚え込んだことなのだが、絵を描くと、このタロットカードの印象はエーテル体に刻印されていく。その結果として、夢などに大きく影響が入り込んでくる。直接タロットカードと対話する下地が出来上がるのだ。パスワークをするのも、またなかなか効果的だといえる。

ホドロフスキーのタロットカードに対する接し方はタロットカードそのものに対峙しているという点で、私はかなり共感を覚えている。だから、『タロットの宇宙』を読み、その刺激で、私もタロットについて何か書いてみたいと思ったのだ。

ホドロフスキーが展開している理論とか説明については、それがどういうものであれ、気にかかるものではない。というのも、人間の思考は新陳代謝するし、徐々に変化していくもので、いろいろな考え方をするからだ。それよりも取り組みの姿勢やタロットとの関係性の持ち方の方が重要だ。

『タロットの宇宙』を読んでいると、ときどきホドロフスキーが意味不明なことを口走り、その時には改めて彼が酔っ払いの年寄りのようなものではないかと思うこともある。彼の理論は比較的破綻しやすい。冴えているかと思うと、次の瞬間は妙に浅薄なのだ。しかし、繰り返すがそれはあまり重要なことではない。ちゃんとしている時もあれば、そうでない時もあるのだ。「それがどうした、だから何だ？」ということだ。それよりも与える刺激が面白い。

ホドロフスキーについて論評してほしいといわれた時、こういう特定の人に対する論評は私には最も向いていない種類のものであることを思い出した。横浜での講座からの帰りの電車の中で編集者からのメールを見て、「了解しました」という返事をしたが、後で考えてみると、一番できそうにないことを書くつもりでいたのだ。私は特定の誰かにフォーカスできない。目線がちらちらして、ちゃんと目の前のものに注目できないようなもので、ホドロフスキーがどこの出身かさえ覚えられない。

これは私が本書でも説明しているのだが、人間は身体的存在と、もう一つエーテル的存在の二人がいると考えていることにも関係する。つまり「19太陽」のカードのイメージを重視している。身体的存在とは、80年前後で死んでしまう蝉のようなもので、夢の身体が、この地上という世界に接続するための架け橋であり、それは基本的には機械であって、特に意味のある行動はしない。それはご飯を食べて寝てを繰り返す装置のようなものだ。

ホドロフスキーという固有名詞を述べた時に、それはこの夢の身体を示しておらず、機械の身体の方を指している。機械の方は多くの人と共通し、特徴がさほどないので、だから固有名詞をつける。そうでないと他の個体と区別ができなくなってしまうからだ。しかし、夢の身体は明確に個性があり、目的があり、意図があり、だからそれに名前というものの必要がない。

私がホドロフスキーはちょっとおかしいと思った時でも、それがあまり問題にならないと考えているのは、このホドロフスキーという名前がつけられた個体機械の癖などは、そう取り沙汰《ざた》する必要などないからだ。それはどこかの土地で取れた野菜のようなもので、土地の性質を色濃く帯びているということもある。それは本体を邪魔していない。むしろいい味を出している。

いずれにしても、私はホドロフスキーの本質が書いた本の内容には刺激を受け、そして本質的ではないかもしれない個体としてのホドロフスキーには関心がない。

高校生の時に、授業中に、グスタフ・マーラーのことについて説明したことがあり、「マーラーの作品は素晴らしい。しかしマーラーという人間に興味を持っても無意味。マーラーは作品を作るために生きていたので、マーラー個人に焦点は当てるべきではない。ミサイルのことを語る時に、発射台に過剰に注目する人はいない」と断定したが、今もこの考え方が変わらないのに自分で驚く。

私はホドロフスキーの映画は何本も見た。全部は見ていないのだが、そう面白いとは思わなかった。個性的な部分と流されている部分が混在する。流されているというのは、そこが無意識だ。使い古された印象に自己同一化しており、それは古雑巾のようで、ホドロフスキーが不在になっているという意味だ。むしろこの『タロットの宇宙』の方に注目した方がよいのではないかと思った。メインの業績はこちらの方ではないか。

『タロットの宇宙』では、大アルカナカードを「愚者」と「世界」のカードを外して、1から10までと、11から20までという二階建てに分類している。つまり十進数の形式で考えているわけだ。

今まで私はずっと9の数字の単位で考えていたので、例えば12というと、それは1と2を足して3の意味が成り立つというふうに考えていた。タロットカードは7とか9とか10などの単位で分類できるが、10の単位で二階建てにすると、そこでも興味深いものが出てくる。そしてホドロフスキーは、この二階建てのカードの共通性についても一項目を設けている。

この場合、1から10までが表で、11から20までが陰、あるいは裏のように見ているが、私が考えると、人間が初めて意識的になるのは11からなので、11からが、やっと自覚し自立した人間を作る段階であり、1から10までは、まだ世界とともにあり、自分を切り出している段階ではない。

「7戦車」のカードは、車輪が外された、大地そのものに食い込んでいるので、戦車は地球の自転、公転とともに動いている。そして御者の頭蓋は開かれており、天空の星雲界に開いているが、御者は、星雲界に決していくことができない。それは7の数字が、大地をドの音にして、上はシまでしか行くことができないということに関係する。

一方で十進数では、同じ7の系列の17は、星雲界に行き、そこから地上に戻ってきた感情体だった。上のドの音から降りてくるので、これは下はレまでしか降りることができず、エーテル体としての水の上にあるスノコに膝を立て、大地には接触できない。

私はドロレス・キャノンのQHHTを体験してみたが、恒星に飛んで行くと、地球に戻ることができず、月の軌道、あるいは空気の領域にまでは降りることができたが、どう頑張っても地上に接することができないという体験をした。これは「17星」のカードの体験だ。反対に仕事をしていたり、家族を支えていたり、生活者として生きる人は大地に根づく7の側なので、恒星に行くことができないだろう。

同じ7でも、このように違いがあるのだが、「7戦車」が天空に憧れながら、天空には向かうことができないのは、それが1から10までの、最初の階層、いわば一階にいるからだといえる。1から10は純粋に地球生活の中で体験していくことなのだ。つまり人間の体験として、「10運命の輪」までは、一方的な時間の流れの中で、つまりは惑星上での生活においての体験となる。1から10までは、地球の自転という自動的な時間に依存して初めて成り立つのだ。誰でも、地球上で、この10個の体験をしていく。そこから免れる人など一人もいない。

すると、一度経験したことで、そこに抗体が働き、その人はもう二度と同じ場所には戻らない。1から9までの体験は、意識の基本的なパーツを表していて、これらを全部体験し尽くすことで、ここに、台座が出来上がり、その人は初めて「11力」のカードに入っていく。もし、ここで1から10までで、何か不足があると、「そこに興味がある」ということで、その人はそこに引き戻され、いわば転落する。誰でも見知らぬことには関心を抱き、つまりそれに捕まってしまうのだ。二階建てタロットの建物であれば、二階に行こうとしたが、穴があって、一階に落ちてしまったというような感じだ。

「7戦車」では、地上につなぎ止められていて、どう頑張っても、星雲界に飛ぶことはできないが、「17星」のカードの女性は、思うだけで、楽々と星雲界に行ってしまう。

このように考えると、特定のカードの体験領域が難しいと感じたとしたら、それはまだ、もっと手前に体験することがたくさんあり、「君にはまだ早い」といわれているようなものだと考えることができる。「19太陽」カードや「20審判」のカードがとても難しいと感じたら、まだそれよりも手前にしなくてはならないことがたくさんあるから、そこで、理解ということも及ばないのだと考えるとよい。もし十分に体験が完了していれば、19も20も、そんなに難しくなく、それは当然だと感じることになるだろう。

七つの輪廻を体験すると、地球から追い出されるという話もあるが、私は夢の中でグルジェフから、「エニアグラムのすべての項目を埋めると、地球が嫌がって、その人を9の数字の位置から、外宇宙に嘔吐する」といわれ、その光景を見せられたことがある。それはずっと昔の話だ。

タロットカードでは、この21の体験をすれば、自然的に、次の段階に押しやられる。無理なことをする必要はないし、急ぐこともない。その人はその人の存在状態にふさわしいことに興味があり、必要なところにとどまっており、後退もしないし、また行きすぎもしない。

こうなるとタロットは教育マニュアルであり、カリキュラムがはっきりしており、あるいはゲーム理論のようで、攻略すれば次に行く。いろいろな宇宙にあちこちに行けるのは、時間の自由アクセスを獲得した「20審判」のカードなので、イギリスのドラマ、ドクター・フーがターディスに乗ってあちこちに行くように、自由に宇宙に行けないとしたら、それはまだ手前の段階にあるということで、誤魔化しようがない。

この十進法の二階建ての建物で、10と20の違いについても、少し書いておきたい。

対談もしたこともあるブルース・モーエンは死後探索などの講座をよくしていた人だが、彼は２０１７年11月14日に死去した。何度か話をした時に、私はブルースのホロスコープを読んだことがある。ブルースはホロスコープや占星術を、「ビッグクロック」と呼んでいて、何かを地球環境に持ち込むための時計と考えていた。しかし、ホロスコープについて説明すると、「でも、結局、一方的な時間だよね」という。「それは退屈でしょう」といいたいのだ。

ブルースは死んでしまったが、死後の世界でも活動できるかどうか、存在できるかどうかは、この一方的な時間の流れからいかに独立できるかということにかかっている。一方的な時間の流れから独立できない人は死んだら、その後残らない。永遠の昏睡の中に沈んでしまう。

ホロスコープの場合、惑星は同じ方向にしか動かないし、時には見かけの上では逆に動くということもあるが、これはある種の錯覚、思い過ごしであり、この一方的な時間の進行というのは人間の二極化を加速させてしまう傾向がある。私達は太陽系の中にいる時に、惑星の運行という力を借りて、体験をしていく。自分で体験を作り出さないので、まさに怠慢としかいいようがないが、自分で体験を作り出すほどに、私達は成熟していないのだ。

天空には星の数ほど星がある。これらはたくさんの恒星で、これは自立した人間とたとえてもよいだろう。地球上には、人類がいるが、これはまだ「星になれない」人々で、本来の人間という基準には達しておらず、進化段階としては、かなり原始的な段階にある。地球に住んでいると、私達人間が普通に見えるが、実際には、人間としてまともに扱える段階にいない。なにせ喧嘩するし、戦争するし、何でも人のせいにするし、見知らぬものを見ると即座に滅ぼそうとするので、危険きわまりない存在で、誰も安心して近づける段階にはない。これらは、惑星が一方的に回転する中で、その回転に依存する中で、体験をするための動力、エネルギーを、惑星に依存して生きているということが大きく関係する。あらゆることに受動的で、そのくせ、自分には何か自発性があると思い込んでいるのだ。

この一方的に流れる時間に組み込まれているのが、「10運命の輪」ということを本書では説明した。自覚する人間へなろうとする試みのスタートである「11力」のカード以後で、この10に表と裏と関係するのは、20の数字のカードだ。一方的な時間の流れ10に対して、反対の流れを持つ10をぶつけて、時間を止めてしまうとも考えられるのだが、20は時間の流れによりかからない、依存しない、何か体験する時には、自分で歩いて現場に行く、ということができるようになるカードだ。だから何か起こっても、それは人のせいで、自分の責任ではないとはいえなくなる。

ホドロフスキーは「20審判」のない「10運命の輪」は、行き詰まり、出口のない悪循環へと陥っていくと書いているが、これは言い換えると、一方的な時間の中に飲み込まれ流されていく輪廻から永遠に抜け出せないという意味でもある。信仰があり、考えがあり、何か思っても、それらによって何かができるという可能性はないのだ。環境から起き上がることのできない人というイメージだ。11以後は起き上がる挑戦である。ホドロフスキーのこのちょっとした説明を読んだだけでも、ホドロフスキーはタロットカードについて真に理解していると感じる。

おそらく、ホドロフスキーの本を読み、次に私の本を読むと、あるいは私の本を読み、次にホドロフスキーの本を読むと、読者は混乱する傾向はあるかもしれない。はっきり違う考え方ならば混乱はしないが、一部同意し、違うところでは意見を変えてしまい、似たものに見えることもあれば、まるっきり違っているのかも知れないというのは、一番面倒だ。それに言葉の定義も、微妙に違う。

でも、私はこの『タロットの宇宙』は久しぶりに刺激のある本だと感じた。はるひなたさんはフランス語版のこの本を持っていて、この本の話ばかりをしていた。いずれにしても、私は小アルカナに関してのイラストを本書で描いていないので、私の本を読む人は、同時にホドロフスキーの『タロットの宇宙』を買って、比較してみてほしいと思う。

つけ加えておくと、陽神を作り、育て、やがてはそれと混じるか、あるいは入れ替わるという仙道的な道を示すタロット道の取り組み方以外に、私達が進むべき方向は存在しない。これをするか、あるいは死ぬまでの間の暇をつぶすためにどうでもよいようなことに熱中するかという選択肢以外は存在しない。進むか、退廃するかという二種類以外、私達は生きている間にできることはないのだ。

芸術家は創作を通じて、この未来のアストラル体を作っているのだと説明した。「それは何のために？」という道具ではない。アントロポースとしての私を作る、あるいは星に帰還する、非二元存在になる、ということのために、タロットカードほど親切なマニュアルはないのではないかと思う。

巻末資料

十牛図

第一図　尋牛《じんぎゅう》

第二図　見跡《けんせき》

第三図　見牛《けんぎゅう》

第四図　得牛《とくぎゅう》

第五図　牧牛《ぼくぎゅう》

第六図　騎牛帰家《きぎゅうきか》

第七図　忘牛存人《ぼうぎゅうぞんじん》

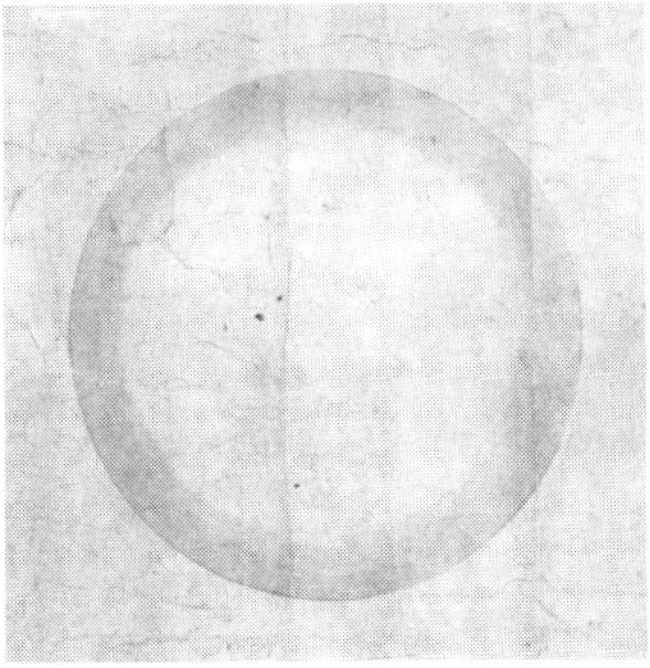

第八図　人牛倶忘《じんぎゅうぐぼう》

第九図　返本還源《へんぽんかんげん》

第十図　入鄽垂手《にってんすいしゅ》

チャクラ対応図

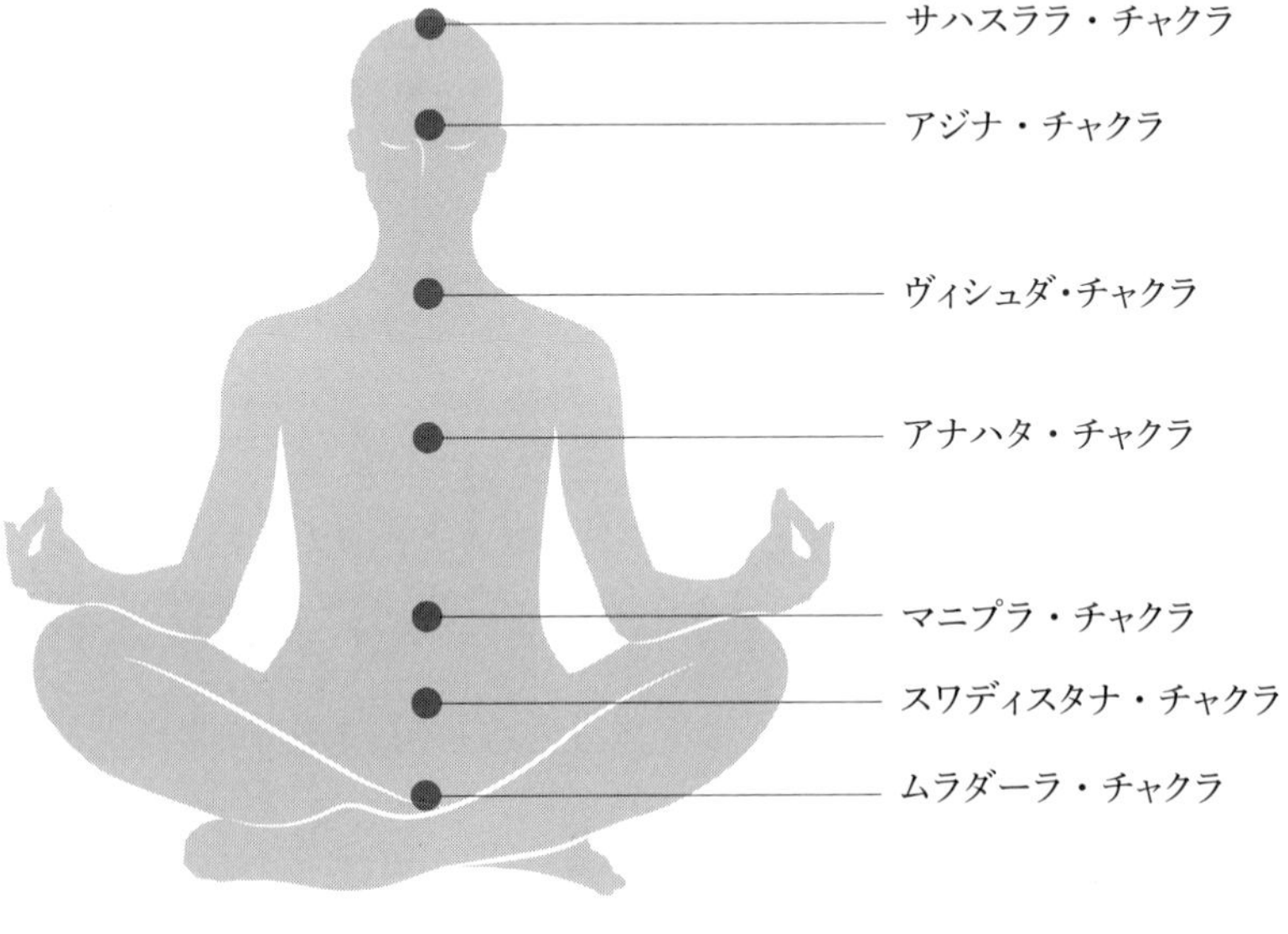
サハスララ・チャクラ
アジナ・チャクラ
ヴィシュダ・チャクラ
アナハタ・チャクラ
マニプラ・チャクラ
スワディスタナ・チャクラ
ムラダーラ・チャクラ

生命の樹

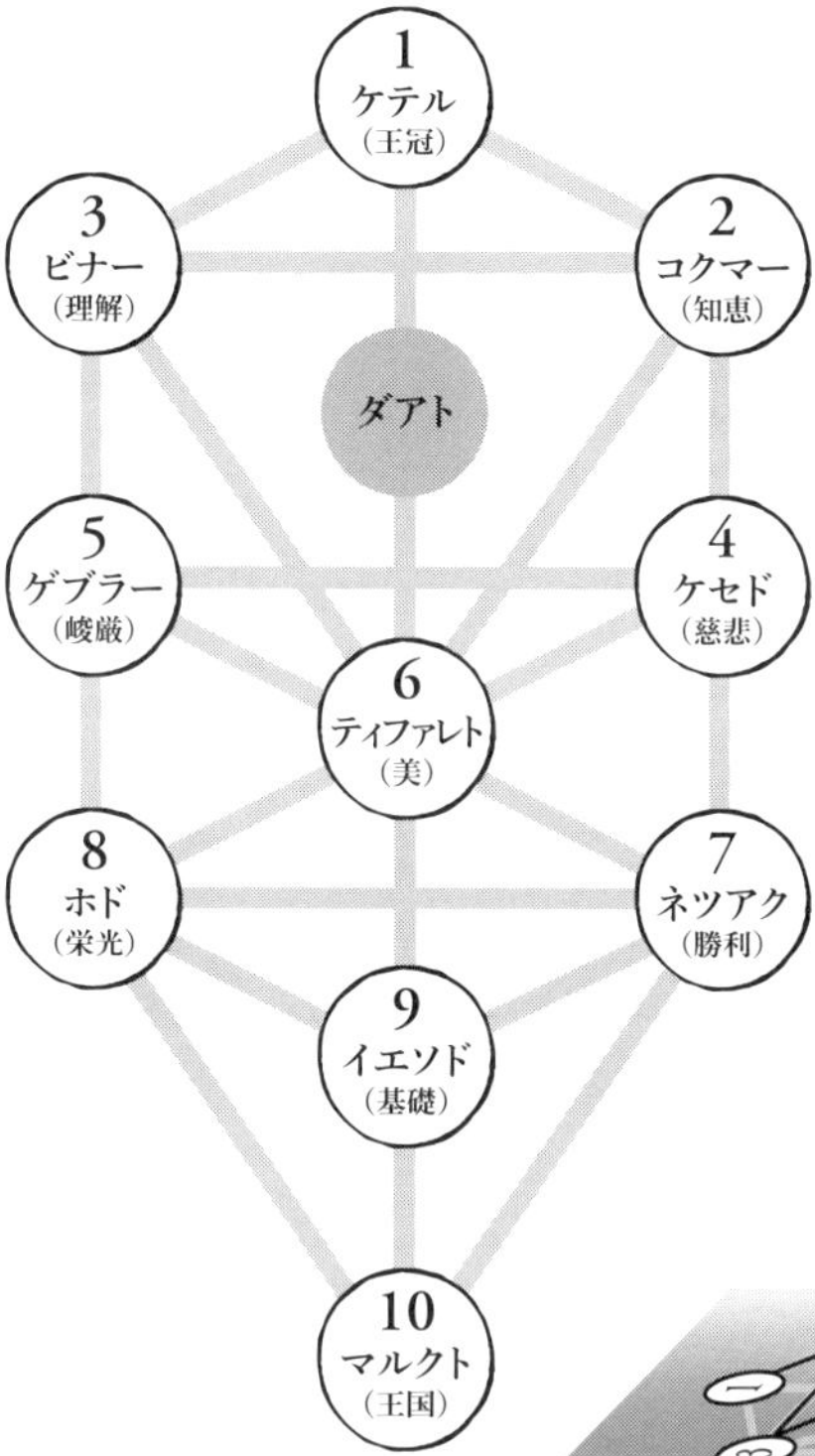
1
ケテル
（王冠）
2
コクマー
（知恵）
3
ビナー
（理解）
ダアト
4
ケセド
（慈悲）
5
ゲブラー
（峻厳）
6
ティファレト
（美）
7
ネツアク
（勝利）
8
ホド
（栄光）
9
イエソド
（基礎）
10
マルクト
（王国）

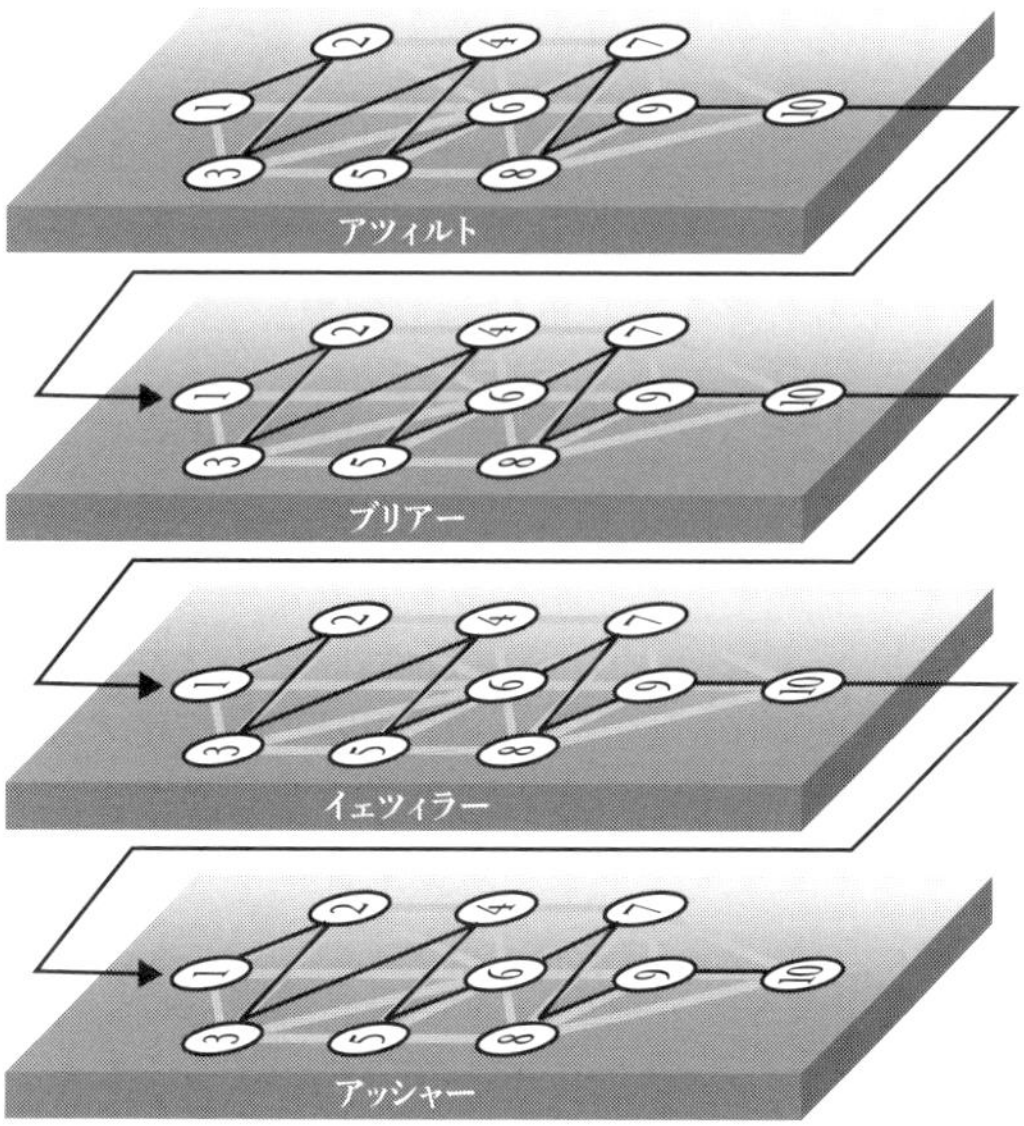
アツィルト
ブリアー
イェツィラー
アッシャー

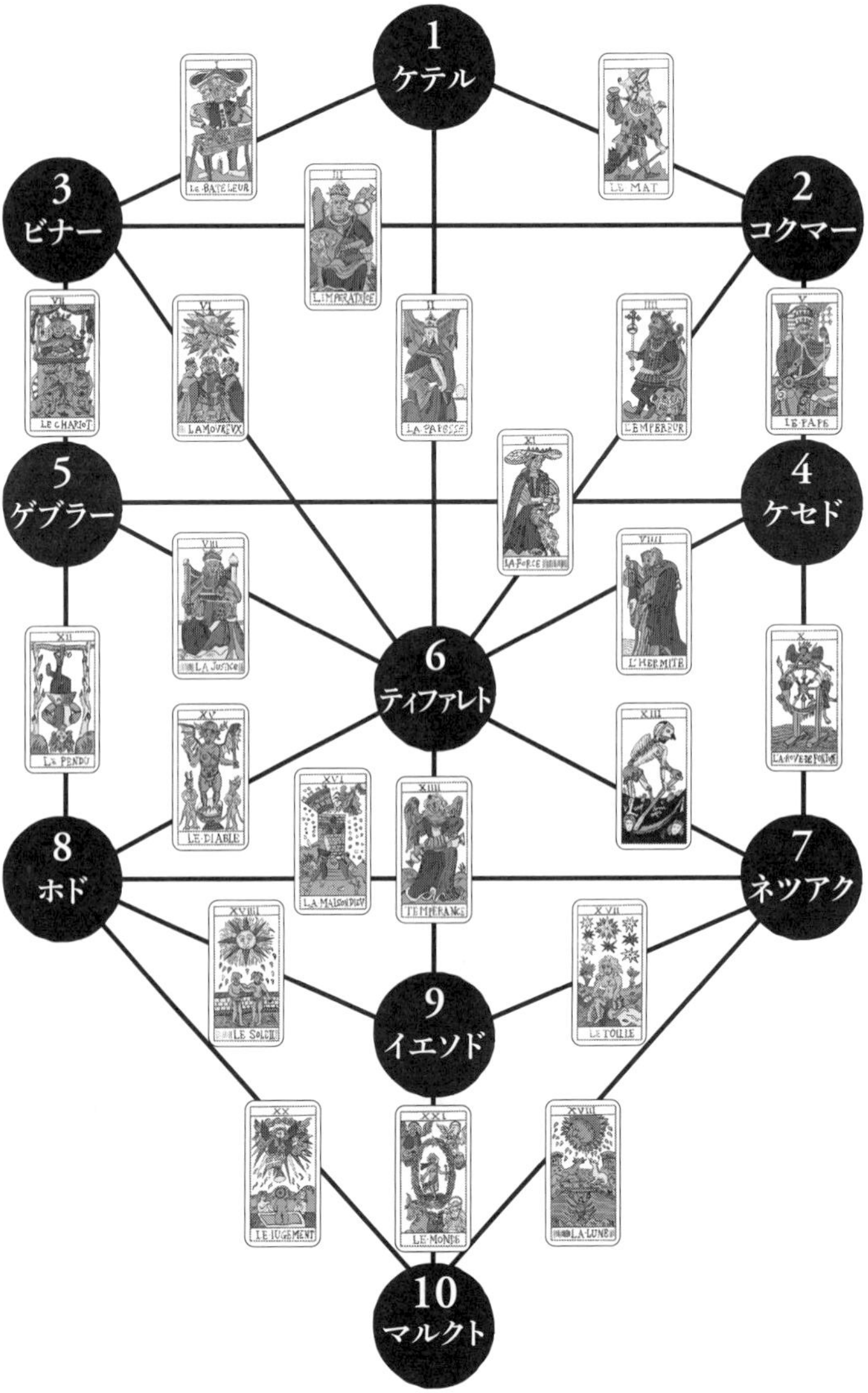
1
ケテル
2
コクマー
3
ビナー
4
ケセド
5
ゲブラー
6
ティファレト
7
ネツアク
8
ホド
9
イエソド
10
マルクト

生きとし生きるものの図

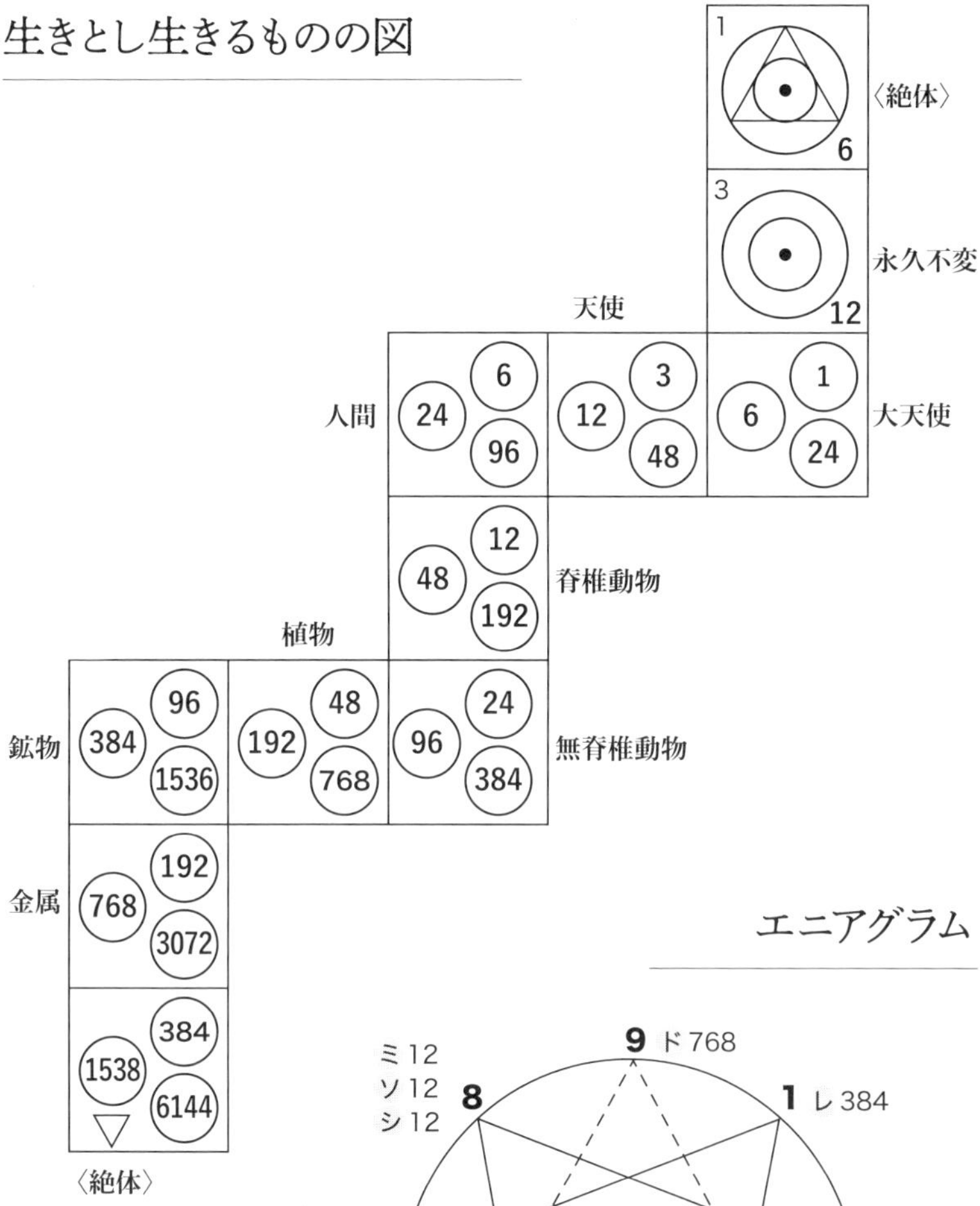

エニアグラム

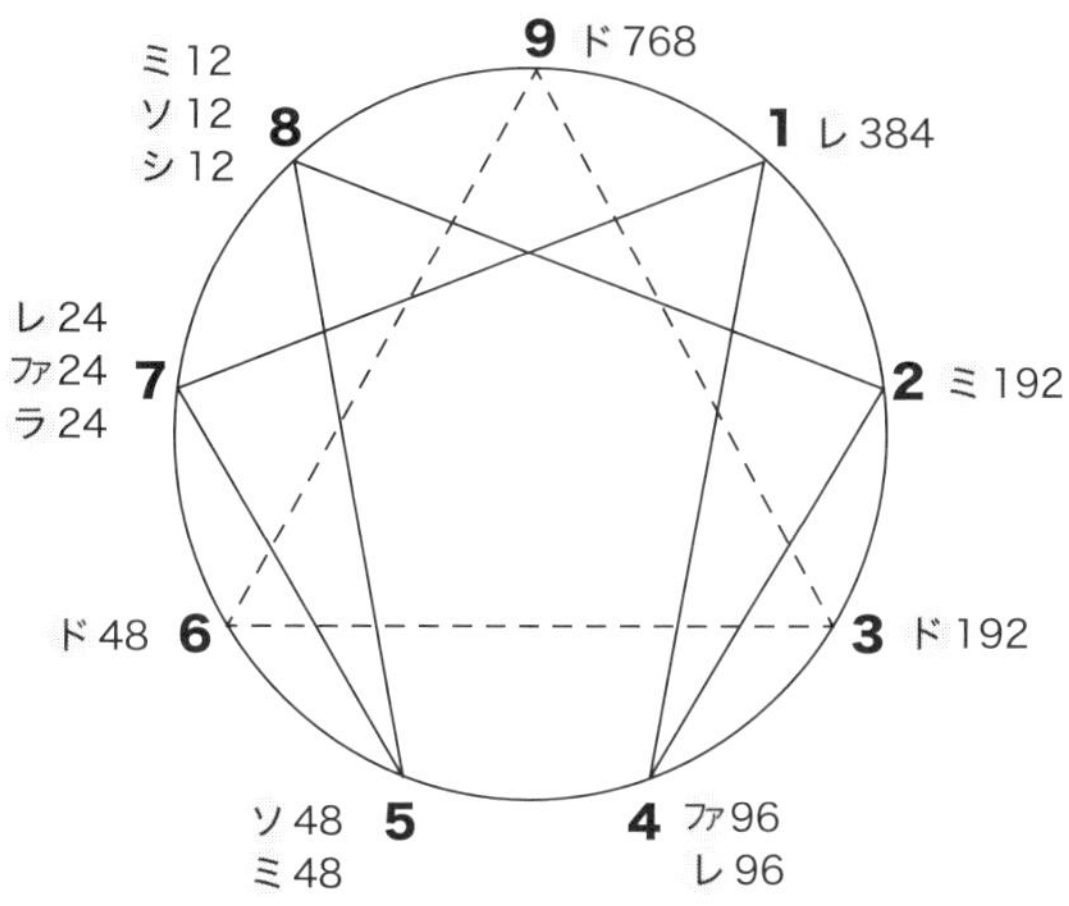

サビアンシンボル

牡羊座

牡羊座 1 度	A woman rises out of water, a seal rises and embraces her. 「女性が水から上がり、アザラシも上がってきて彼女を抱く」
牡羊座 2 度	A comedian entertaining a group. 「グループを楽しませているコメディアン」
牡羊座 3 度	The cameo profile of a man in the outline of his country. 「彼の祖国の形の中にある男の横顔の浮き彫り」
牡羊座 4 度	Two lovers strolling through a secluded walk. 「隔離された歩道を歩く二人の恋人」
牡羊座 5 度	A triangle with wings. 「羽の生えた三角形」
牡羊座 6 度	A square brightly lighted on one side. 「一辺が明るく照らされた四角形」
牡羊座 7 度	A man succesfully expressing himself in two realms at once. 「二つの領域で上手く自己表現している男」
牡羊座 8 度	A large hat with streamers flying, facing east. 「風になびくリボンつきの大きな帽子、東に向いている」
牡羊座 9 度	A Crystal gazer. 「水晶透視する人」
牡羊座 10 度	A man teaching new forms for old symbols. 「古い象徴の新しい形を教える男」
牡羊座 11 度	The president of the country. 「国の支配者」
牡羊座 12 度	A flock of wild geese. 「野鴨」
牡羊座 13 度	An unsuccessful bomb explosion. 「不発弾」
牡羊座 14 度	A serpent coiling near a man and a woman. 「男と女のそばでとぐろを巻く蛇」
牡羊座 15 度	An Indian weaving a blanket. 「毛布を編むインディアン」
牡羊座 16 度	Brownies dancing in the setting sun. 「日没の光の中で踊るブラウニー」
牡羊座 17 度	Two prim spinsters. 「とりすました二人の未婚女性」
牡羊座 18 度	An empty hammock. 「空のハンモック」

牡羊座 19 度	The Magic Carpet. 「魔法の絨毯」
牡羊座 20 度	A young girl feeding birds in winter. 「冬に鳥を飼う若い少女」
牡羊座 21 度	A pugilist enters the ring. 「リングに上がる拳闘士」
牡羊座 22 度	The gate to the garden of desire. 「欲望の庭へ続く門」
牡羊座 23 度	A woman in pastel colors carrying a heavy and valuable but veiled load. 「重く価値があるがベールに隠された荷を運ぶパステルカラーの衣服の女」
牡羊座 24 度	An open window and a net curtain blowing into a cornucopia. 「開かれた窓に風が吹き込み、カーテンが豊饒の角コーヌコピアの形になる」
牡羊座 25 度	A double promise. 「二重的約束」
牡羊座 26 度	A man possessed of more gifts than he can hold. 「持ち切れないほどの贈り物を所有する男」
牡羊座 27 度	Lost opportunity regained in the imagination. 「想像の中で失われた機会が復活する」
牡羊座 28 度	A large disappointed audience. 「落胆させられた大聴衆」
牡羊座 29 度	A celestial choir singing. 「天球の合唱隊が歌っている」
牡羊座 30 度	A duck pond and its brood. 「アヒルの池とそれが育む子供達」

牡牛座

牡牛座 1 度	A clear mountain stream. 「清らかな山の小川」
牡牛座 2 度	An electrical storm. 「電気的な嵐」
牡牛座 3 度	Step up to a lawn blooming with clover. 「クローバーが咲いている芝地に足を踏み入れる」
牡牛座 4 度	The rainbow's pot of gold. 「虹にある金の壺」
牡牛座 5 度	A widow at an open grave. 「開いた墓の前にいる未亡人」

牡牛座 6 度	A bridge being built across a gorge. 「渓谷にかけられる建設中の橋」
牡牛座 7 度	The woman of Samaria. 「サマリアの女」
牡牛座 8 度	A sleigh without snow. 「雪と一緒にいないソリ」
牡牛座 9 度	A Christmas tree decorated. 「飾られたクリスマスツリー」
牡牛座 10 度	A Red Cross nurse. 「赤十字の看護婦」
牡牛座 11 度	A woman sprinkling flowers. 「花に水をやる女」
牡牛座 12 度	Window-shoppers. 「ウィンドウショッピングをする人々」
牡牛座 13 度	A man handling baggage. 「荷物を運ぶ男」
牡牛座 14 度	Shellfish groping and children playing. 「模索している甲殻類と遊んでいる子供達」
牡牛座 15 度	A man muffled, with a rakish silk hat. 「マフラーと粋なシルクハットを身に着けた男」
牡牛座 16 度	An old man attempting vainly to reveal the Mysteries. 「神秘を暴露するために空しい努力をする年を取った男」
牡牛座 17 度	A battle between the swords and the torches. 「剣とたいまつの間の戦い」
牡牛座 18 度	A woman holding a bag out of a window. 「バッグを窓から外へ出している女」
牡牛座 19 度	A newly formed continent. 「新しく形成される大陸」
牡牛座 20 度	Wind clouds and haste. 「雲を作り運び去る風」
牡牛座 21 度	A finger pointing in an open book. 「開いた本を指す指」
牡牛座 22 度	White dove over troubled waters. 「荒れた水の上を飛ぶ白い鳩」
牡牛座 23 度	A jewelry shop. 「宝石店」
牡牛座 24 度	An mounted Indian with scalp locks. 「馬にまたがり骸骨の締め具をつけたインディアン」

牡牛座 25 度	A large well-kept public park. 「大きく手入れの行き届いた公共の公園」
牡牛座 26 度	A Spaniard serenading his senorita. 「恋人にセレナーデを歌うスペイン人」
牡牛座 27 度	An squaw selling beads. 「ビーズを売るインディアンの女」
牡牛座 28 度	A woman pursued by mature romance. 「成熟したロマンスで求められた女」
牡牛座 29 度	Two cobblers working at a table. 「テーブルの前の二人の靴職人」
牡牛座 30 度	A peacock parading on an ancient lawn. 「古代の芝地をパレードする孔雀」

双子座

双子座 1 度	A glass-bottomed boat in still water. 「静かな水に浮くガラス底ボート」
双子座 2 度	Santa Claus filling stockings furtively. 「密かに靴下を満たすサンタクロース」
双子座 3 度	The garden of the Tuileries. 「テューレリー庭園」
双子座 4 度	Holly and mistletoe. 「ヒイラギとヤドリギ」
双子座 5 度	A radical magazine. 「過激な雑誌」
双子座 6 度	Drilling for oil. 「油田の掘削」
双子座 7 度	An old-fationed well. 「古くさい縦穴」
双子座 8 度	An industrial strike. 「産業労働者のストライキ」
双子座 9 度	A quiver filled with arrows. 「矢で満たされた矢筒」
双子座 10 度	An airplane falling. 「落下する飛行機」
双子座 11 度	A new path of realism in experience. 「体験における現実主義の新たな道」

双子座 12 度	A Topsy saucily asserting herself. 「生意気に自己主張する少女トプシー」
双子座 13 度	A great musician at his piano. 「ピアノを目の前にした偉大な音楽家」
双子座 14 度	A conversation by telepathy. 「テレパシーでの会話」
双子座 15 度	Two Dutch children talking. 「会話をしている二人のオランダの子供」
双子座 16 度	A woman suffragist haranguing. 「熱弁する婦人参政運動家」
双子座 17 度	The head of health dissolved into the head of mentality. 「健全な頭が、精神的な頭に溶け込んでいく」
双子座 18 度	Two Chinese men talking Chinese. 「中国語を話す二人の中国人」
双子座 19 度	A large archaic volume. 「大きな古典書物」
双子座 20 度	A cafeteria. 「カフェテリア」
双子座 21 度	A labor demonstration. 「労働者のデモ」
双子座 22 度	A barn dance. 「田舎踊り」
双子座 23 度	Three fledglings in a nest high in a tree. 「木の高いところにある巣の中の三羽の雛」
双子座 24 度	Children skating on ice. 「氷の上でスケートをする子供」
双子座 25 度	A man trimming palms. 「パームの枝を刈る男」
双子座 26 度	Winter frost in the woods. 「森の中の冬霜」
双子座 27 度	A gypsy coming out of the forest. 「森から出てくるジプシー」
双子座 28 度	A man declared bankrupt. 「破産宣告された男」
双子座 29 度	The first mockingbird of spring. 「春の最初の百舌鳥」
双子座 30 度	Bathing beauties. 「水浴びする美女達」

蟹座

蟹座 1 度	A furled and unfurled flag displayed from a vessel. 「巻かれたり広げられたりする船の旗」
蟹座 2 度	A man suspended over a vast level place. 「広く平らな場所の上に吊るされた男」
蟹座 3 度	A man bundled up in fur leading a shaggy deer. 「毛深い鹿を先導する毛皮に包まれた男」
蟹座 4 度	A cat arguing with a mouse. 「ネズミと議論する猫」
蟹座 5 度	An automobile wrecked by a train. 「列車に破壊された自動車」
蟹座 6 度	Game birds feathering their nests. 「巣を作る猟鳥」
蟹座 7 度	Two fairies on a moonlit night. 「月明かりの夜の二人の妖精」
蟹座 8 度	Rabbits dressed in clothes and on parade. 「服を着てパレードするウサギ達」
蟹座 9 度	A tiny nude miss reaching in the water for a fish. 「水の中の魚へと手を伸ばす小さな裸の少女」
蟹座 10 度	A large diamond not completely cut. 「完全にはカットされていない大きなダイヤモンド」
蟹座 11 度	A clown making grimaces. 「しかめつらをするピエロ」
蟹座 12 度	A Chinese woman nursing a baby with a message. 「メッセージを持った赤ん坊をあやす中国人の女」
蟹座 13 度	One hand slightly flexed with a very prominent thumb. 「とても目立つ親指で少し曲げられた一つの手」
蟹座 14 度	A very old man facing a vast dark space to the northeast. 「北東の大きな暗い空間に向いているとても年を取った男」
蟹座 15 度	A group of people who have overeaten and enjoyed it. 「過食を楽しむ人々のグループ」
蟹座 16 度	A man before a square with a manuscript scroll before him. 「広場の前で、手書きの巻き物を広げている男」
蟹座 17 度	The germ grows into knowledge and life. 「知識と生命に成長する微生物」
蟹座 18 度	A hen scratching for her chicks. 「ヒヨコのために土をほじくる雌鳥」

蟹座 19 度	A priest performing a marriage ceremony. 「結婚の儀式を遂行する司祭」
蟹座 20 度	Gondoliers in a serenade. 「セレナーデを歌うゴンドラ乗り」
蟹座 21 度	A Prima Donna singing. 「歌っている主役女性歌手」
蟹座 22 度	A woman awaiting a sailboat. 「ヨットを待つ女」
蟹座 23 度	Meeting of a literary society. 「文学会の集まり」
蟹座 24 度	A woman and two men on a bit of sunlit land facing south. 「南に向いた太陽に照らされたところにいる女と二人の男」
蟹座 25 度	A dark shadow or mantle thrown suddenly over the right shoulder. 「右肩越しに突然投げられた黒い影または外套」
蟹座 26 度	Contentment and happiness in luxury, people reading on davenports. 「豪華さに満足と幸せを感じ、長机の上で読書をする人々」
蟹座 27 度	A storm in a canyon. 「渓谷での嵐」
蟹座 28 度	A modern Pocahontas. 「現代の少女ポカホンタス」
蟹座 29 度	A Muse weighing twins. 「双子の体重を量るミューズ」
蟹座 30 度	A Daughter of the American Revolution. 「アメリカ革命の娘」

獅子座

獅子座 1 度	A case of apoplexy. 「脳いっ血の症例」
獅子座 2 度	An epidemic of mumps. 「おたふく風邪の伝染」
獅子座 3 度	A woman having her hair bobbed. 「髪型をボブにした女」
獅子座 4 度	A man formally dressed and a deerwith its horns folded. 「正装した男と角を刈られた鹿」
獅子座 5 度	Rock formations at the edge of precipice. 「絶壁の端にある岩の塊」

獅子座 6 度	An old-fashioned woman and an up-to-date girl. 「時代遅れの女と最先端の少女」
獅子座 7 度	The constellations in the sky. 「空の星座」
獅子座 8 度	A Bolshevik propagandist. 「ボルシェビキプロパガンダを広める人」
獅子座 9 度	Glass blowers. 「ガラス吹き」
獅子座 10 度	Early morning dew. 「早朝の露」
獅子座 11 度	Children on a swing in a huge oak tree. 「大きな樫の木にあるブランコに乗る子供達」
獅子座 12 度	An evening lawn party. 「宵の芝パーティー」
獅子座 13 度	An old sea captain rocking. 「揺れている年を取った船長」
獅子座 14 度	A human soul awaiting opportunity for expression. 「表現の機会を待つ人間の魂」
獅子座 15 度	A pageant. 「山車」
獅子座 16 度	Sunshine after a storm. 「嵐の後の陽光」
獅子座 17 度	A nonvested church choir. 「ベストを着ていない聖歌隊」
獅子座 18 度	A teacher of chemistry. 「化学の先生」
獅子座 19 度	A houseboat party. 「ハウスボートパーティー」
獅子座 20 度	The Zuni sun worshippers. 「ズーニー族の太陽の崇拝者」
獅子座 21 度	Chickens intoxicated. 「中毒した鶏」
獅子座 22 度	A carrier pigeon. 「伝書鳩」
獅子座 23 度	A bareback rider. 「裸馬乗り」
獅子座 24 度	An untidy, unkempt man. 「身だしなみの整っていない男」

獅子座 25 度	A large camel crossing the desert. 「砂漠を横切るラクダ」
獅子座 26 度	A rainbow. 「虹」
獅子座 27 度	Daybreak. 「夜明け」
獅子座 28 度	Many little birds on a limb of a large tree. 「大きな木の枝にとまるたくさんの小鳥」
獅子座 29 度	A mermaid. 「人魚」
獅子座 30 度	An unsealed letter. 「開封された手紙」

乙女座

乙女座 1 度	A man's head. 「男の頭」
乙女座 2 度	A large white cross upraised. 「掲げられた大きな白い十字架」
乙女座 3 度	Two angels bringing protection. 「保護をもたらす二人の天使」
乙女座 4 度	A colored child playing with white children. 「白人の子供達と遊ぶ黒人の子」
乙女座 5 度	A man dreming of fairies. 「妖精の夢を見る男」
乙女座 6 度	A merry-go-round. 「メリーゴーランド」
乙女座 7 度	A harem. 「ハーレム」
乙女座 8 度	First dancing instruction. 「最初のダンスの練習」
乙女座 9 度	A man making a futurist drawing. 「未来派の絵を描く男」
乙女座 10 度	Two heads looking out and beyond the shadows. 「影の向こうを覗く二つの頭」
乙女座 11 度	A boy molded in his mother's aspiration for him. 「母親の期待の鋳型にはまる少年」

乙女座 12 度	A bride with her veil snatched away. 「ベールを外された花嫁」
乙女座 13 度	A strong hand supplanting political hysteria. 「政治運動を制圧する強い手」
乙女座 14 度	A family tree. 「家系図」
乙女座 15 度	An ornamental handkerchief. 「装飾されたハンカチーフ」
乙女座 16 度	An orangutang. 「オランウータン」
乙女座 17 度	A volcano in eruption. 「噴火している火山」
乙女座 18 度	An ouija board. 「ウィジャ盤」
乙女座 19 度	A swimming race. 「水泳競争」
乙女座 20 度	An automobile caravan. 「キャラバン車」
乙女座 21 度	A girl's basketball team. 「少女のバスケットボールチーム」
乙女座 22 度	A royal coat of arms. 「王家の紋章」
乙女座 23 度	An animal trainer. 「動物のトレーナー」
乙女座 24 度	Mary and her white lamb. 「メリーと彼女の白い羊」
乙女座 25 度	A flag at half-mast. 「半旗として掲げられた旗」
乙女座 26 度	A boy with a censer. 「香炉を持つ少年」
乙女座 27 度	Grande dames at tea. 「お茶会をしている高貴な貴婦人」
乙女座 28 度	A bald-headed man. 「禿頭の男」
乙女座 29 度	A man gaining secret knowledge from a paper he is reading. 「読んでいる書類から秘密の知識を得る男」
乙女座 30 度	A false call unheard in attention to immediate service. 「直接のサービスに注意を向けたため聞き取られなかった間違い電話」

天秤座

天秤座 1 度	A butterfly made perfect by a dart through it. 「突き通す針により完璧にされた蝶」
天秤座 2 度	The light of the sixth race transmuted to the seventh. 「六番目の部族の光が七番目のものに変質する」
天秤座 3 度	The dawn of a new day, everything changed. 「新しい日の夜明け、すべてが変わった」
天秤座 4 度	A group around a campfire. 「キャンプファイヤーを囲むグループ」
天秤座 5 度	A man teaching the true inner knowledge. 「心の内面の知恵を教える男」
天秤座 6 度	The ideals of a man abundantly crystallized. 「男の理想が多くの結晶に変わる」
天秤座 7 度	A woman feeding chickens and protecting them from the hawks. 「ヒヨコに餌をやり、鷹から守る女」
天秤座 8 度	A blazing fireplace in a deserted home. 「荒廃した家の中で燃え盛る暖炉」
天秤座 9 度	Three old masters hanging in an art gallery. 「アートギャラリーに掛けられた三人の巨匠」
天秤座 10 度	A canoe approaching safety through dangerous waters. 「危険な流れを抜け安全な場所にたどり着いたカヌー」
天秤座 11 度	A professor peering over his glasses. 「眼鏡越しに覗き込んでいる教授」
天秤座 12 度	Miners emerging from a mine. 「鉱山から出てくる炭坑夫」
天秤座 13 度	Children blowing soap bubbles. 「シャボン玉をふくらませている子供達」
天秤座 14 度	A noon siesta. 「正午の昼寝」
天秤座 15 度	Circular paths. 「環状の道」
天秤座 16 度	A boat landing washed away. 「流されてしまった船着場」
天秤座 17 度	A retired sea captain. 「引退した船長」
天秤座 18 度	Two men placed under arrest. 「逮捕された二人の男」

天秤座 19 度	A gang of robbers in hiding. 「隠れている泥棒集団」
天秤座 20 度	A Jewish rabbi. 「ユダヤ人のラビ」
天秤座 21 度	A crowd upon the beach. 「海岸の群集」
天秤座 22 度	A child giving birds a drink at a fountain. 「噴水で鳥に水をやる子供」
天秤座 23 度	Chanticleer. 「おんどり」
天秤座 24 度	A third wing on the left side of a butterfly. 「蝶の左側にある三番目の羽」
天秤座 25 度	Information in the symbol of an autumn leaf. 「秋の葉の象徴が伝える情報」
天秤座 26 度	An eagle and a large white dove turning one into the other. 「互いに入れ替わる鷹と大きな白い鳩」
天秤座 27 度	An airplane hovering overhead. 「頭上を飛んでいる飛行機」
天秤座 28 度	A man in the midst of brightning influences. 「明るくなる影響の最中にいる男」
天秤座 29 度	Humanity seeking to bridge the span of knowledge. 「互いの知識の範囲に橋を架ける方法を模索する人類」
天秤座 30 度	Three mounds of knowledge on a philosopher's head. 「哲学者の頭にある三つの知識のこぶ」

蠍座

蠍座 1 度	A sightseeing bus. 「観光バス」
蠍座 2 度	A broken bottle and spilled perfume. 「割れた瓶とこぼれた香水」
蠍座 3 度	A house-raising. 「棟上げ式」
蠍座 4 度	A youth holding a lighted candle. 「火の灯ったろうそくを運ぶ若者」
蠍座 5 度	A massive, rocky shore. 「大きな岩場の海岸」

蠍座 6 度	A gold rush. 「ゴールドラッシュ」
蠍座 7 度	Deep-sea divers. 「深海潜水夫」
蠍座 8 度	The moon shining across a lake. 「湖面を横切って輝く月」
蠍座 9 度	Dental work. 「歯科の仕事」
蠍座 10 度	A fellowship supper. 「親睦夕食会」
蠍座 11 度	A drowning man rescued. 「救助される溺れた男」
蠍座 12 度	An embassy ball. 「大使館の舞踏会」
蠍座 13 度	An inventor experimenting. 「実験をしている発明家」
蠍座 14 度	Telephone linemen at work. 「仕事をしている電話接続士」
蠍座 15 度	Children playing around five mounds of sand. 「五つの砂山の周りで遊ぶ子供達」
蠍座 16 度	A girl's face breaking into a smile. 「破顔一笑の少女」
蠍座 17 度	A woman the father of her own child. 「自分自身の子供の父である女」
蠍座 18 度	A woods rich in autumn coloring. 「豪華な秋色の森」
蠍座 19 度	A parrot listening and then talking. 「聴いてはしゃべっているオウム」
蠍座 20 度	A woman drawing two dark curtains aside. 「二つの暗いカーテンを横に引っ張っている女」
蠍座 21 度	A soldier derelict in duty. 「職務放棄兵士」
蠍座 22 度	Hunters starting out for ducks. 「アヒルに向かって進み出るハンター達」
蠍座 23 度	A bunny metamorphoses into a fairy. 「妖精に変容するウサギ」
蠍座 24 度	Crowds coming down the mountain to listen to one man. 「一人の男の話を聴くために山から降りてきた群集」

蠍座 25 度	An X ray. 「X線」
蠍座 26 度	Indians making camp. 「キャンプを作っているインディアン達」
蠍座 27 度	A military band on the marche. 「行進している軍楽隊」
蠍座 28 度	The king of the fairies approaching his domain 「自分の領土に近づく妖精達の王」
蠍座 29 度	An Indian squaw pleading to the chief for the lives of her children. 「酋長に自分の子供達の命ごいをするインディアンの女」
蠍座 30 度	The Halloween jester. 「ハロウィンのわるふざけ」

射手座

射手座 1 度	Grand army of the Republic campfire. 「退役軍人の会のキャンプファイヤー」
射手座 2 度	The ocean covered with whitecaps. 「白い波の帽子に覆われた大洋」
射手座 3 度	Two men playing chess. 「チェスをする二人の男」
射手座 4 度	A little child learning to walk. 「歩くことを学んでいる小さな子供」
射手座 5 度	An old owl up in a tree. 「木の高いところにいる老いたフクロウ」
射手座 6 度	A game of cricket. 「クリケットゲーム」
射手座 7 度	Cupid knocking at the door. 「ドアをノックするキューピッド」
射手座 8 度	Rocks and things forming therein. 「岩やその内部で形成されているもの」
射手座 9 度	A mother with her children on stairs. 「階段で子供達を連れている母親」
射手座 10 度	A golden-haired goddess of opportunity. 「金髪の幸運の女神」
射手座 11 度	The lamp of physical enlightenment at the left temple. 「寺院の左側にある物質的悟りをもたらすランプ」

射手座 12 度	A flag that turns into an eagle that crows. 「ときの声を上げる鷲に変化する旗」
射手座 13 度	A widow's past brought to light. 「明るみに出る未亡人の過去」
射手座 14 度	The Pyramids and the Sphinx. 「ピラミッドとスフィンクス」
射手座 15 度	The ground hog looking for its shadow. 「自分の影を探すグランドホッグ」
射手座 16 度	Sea gulls watching a ship. 「船を見ているカモメ」
射手座 17 度	An Easter sunrise service. 「復活祭の日の出の礼拝」
射手座 18 度	Tiny children in sunbonnets. 「日除け帽をかぶっている子供達」
射手座 19 度	Pelicans moving their habitat. 「住処を移動するペリカン」
射手座 20 度	Men cuttting through ice. 「氷を切り出す男達」
射手座 21 度	A child and a dog with borrowed eyeglasses. 「借りた眼鏡をかけている子供と犬」
射手座 22 度	A Chinese laundry. 「中国人の洗濯屋さん」
射手座 23 度	Immigrants entering. 「移民が入国する」
射手座 24 度	A bluebird standing at the door of the house. 「家のドアにとまっている青い鳥」
射手座 25 度	A chubby boy on a hobby-horse. 「玩具の馬に乗っている小太りの少年」
射手座 26 度	A flag-bearer. 「旗手」
射手座 27 度	A sculptor. 「彫刻家」
射手座 28 度	An old bridge over a beautiful stream. 「美しい流れにかけられた古い橋」
射手座 29 度	A fat boy mowing the lawn. 「芝を刈る太った少年」
射手座 30 度	The Pope. 「法王」

山羊座

山羊座 1 度	An Indian chief demanding recognition. 「認識を求めるインディアンの酋長」
山羊座 2 度	Three staind-glass windows, one damaged by bombardment. 「三つのステンドグラスの窓、一つは爆撃で損傷している」
山羊座 3 度	A human soul receptive to growth and understanding. 「成長と理解に対して受容的な人間の魂」
山羊座 4 度	A party entering a large canoe. 「大きなカヌーへ乗り込む一団」
山羊座 5 度	Indians rowing a canoe and dancing a war dance. 「カヌーを漕ぎ戦争の踊りを踊っているインディアン」
山羊座 6 度	A dark archway and ten logs at the bottom. 「暗いアーチのある小道と底にひかれた十本の丸太」
山羊座 7 度	A veiled prophet of power. 「力のあるベールに隠れた予言者」
山羊座 8 度	Birds in the house singing happily. 「幸せそうに歌う家の中の鳥」
山羊座 9 度	An angel carrying a harp. 「ハープを運ぶ天使」
山羊座 10 度	An albatross feeding from the hand. 「手から餌をもらうアホウドリ」
山羊座 11 度	A large group of pheasants. 「キジの大きな群」
山羊座 12 度	A student of nature lecturing. 「講義をする自然の学徒」
山羊座 13 度	A fire worshiper. 「火の崇拝者」
山羊座 14 度	An ancient bas-relief carved in granite. 「花崗岩に刻まれた古代の浮き彫り」
山羊座 15 度	Many toys in the children's ward of a hospital. 「病院の子供病棟にあるたくさんの玩具」
山羊座 16 度	Boys and girls in gymnasium suits. 「体操着の少年少女」
山羊座 17 度	A girl surreptitiously bathing in the nude. 「密かに裸で入浴する少女」
山羊座 18 度	The Union Jack. 「イギリスの国旗」

山羊座 19 度	A child of about five with a huge shopping bag. 「大きな買い物袋を下げた 5 歳程度の子供」
山羊座 20 度	A hidden choir singing. 「隠れた合唱隊が歌っている」
山羊座 21 度	A relay race. 「リレー競争」
山羊座 22 度	A general accepting defeat gracefully. 「敗北を優美に認める将軍」
山羊座 23 度	Two awards for bravery in war. 「戦争での勇敢さをたたえる二つの賞」
山羊座 24 度	A woman entering a convent. 「修道院に入る女」
山羊座 25 度	An oriental-rug dealer. 「東洋の布を扱う商人」
山羊座 26 度	A water sprite. 「水の妖精」
山羊座 27 度	A mountain pilgrimage. 「山の巡礼」
山羊座 28 度	A large aviary. 「大きな養鶏場」
山羊座 29 度	A woman reading tea leaves. 「お茶の葉を読んでいる女」
山羊座 30 度	A secret business conference. 「秘密のビジネス会議」

水瓶座

水瓶座 1 度	An old adobe mission. 「古いレンガ造りの伝道所」
水瓶座 2 度	An unexpected thunderstorm. 「予期していなかった雷雨」
水瓶座 3 度	A deserter from the navy. 「海軍からの脱走兵」
水瓶座 4 度	A Hindu healer. 「インドのヒーラー」
水瓶座 5 度	A council of ancestors. 「先祖の委員会」

水瓶座 6 度	A performer of a mystery play. 「ミステリー劇の演技者」
水瓶座 7 度	A child born of an eggshell. 「卵から生まれた子供」
水瓶座 8 度	Beautifully gowned wax figures. 「美しい衣装を着た蝋人形」
水瓶座 9 度	A flag turned into an eagle. 「鷲に変化する旗」
水瓶座 10 度	A popularity that proves ephemeral. 「一時的だと証明される人気」
水瓶座 11 度	Man tete-a-tete with his inspiration. 「自分のひらめきと向き合う男」
水瓶座 12 度	People on stairs graduated upward. 「上へと順に並ぶ階段の上の人々」
水瓶座 13 度	A barometer. 「バロメーター」
水瓶座 14 度	A train entering a tunnel. 「トンネルに入る列車」
水瓶座 15 度	Two lovebirds sitting on a fence. 「フェンスの上にとまっている二羽のラブバード」
水瓶座 16 度	A big businessman at his desk. 「机の前の偉大なビジネスマン」
水瓶座 17 度	A watchdog standing guard. 「ガードをしている番犬」
水瓶座 18 度	A man unmasked. 「仮面がはがされた男」
水瓶座 19 度	A forest fire quenched. 「消し止められた山火事」
水瓶座 20 度	A large white dove, a message bearer. 「大きな白い鳩、メッセージの担い手」
水瓶座 21 度	A woman disappointed and disillusioned. 「絶望し幻滅した女」
水瓶座 22 度	A rug placed on the floor for children to play. 「子供達が遊ぶために床にひかれた布」
水瓶座 23 度	A big bear sitting down and waving all its paws 「座ってすべての手足を振っている大きな熊」
水瓶座 24 度	A man turning his back on his passions and teaching from his experience. 「情熱に背を向けて自分の経験により教えている男」

水瓶座 25 度	A butterfly with the right wing more perfectly formed. 「右の羽がより完全に形成されている蝶」
水瓶座 26 度	A hydrometer. 「浮きばかり」
水瓶座 27 度	An ancient pottery bowl filled with violets. 「スミレで満たされた古代の陶器」
水瓶座 28 度	A tree felled and sawed. 「倒されノコギリで切られた木」
水瓶座 29 度	A butterfly emerging from a chrysalis. 「さなぎから出てくる蝶」
水瓶座 30 度	The field of Ardath in bloom. 「アーダスの咲いている野原」

魚座

魚座 1 度	A public market. 「公共の市場」
魚座 2 度	A squirrel hiding from hunters. 「ハンターから隠れているリス」
魚座 3 度	Petrified forest. 「化石化された森」
魚座 4 度	Heavy traffic on a narrow isthmus. 「狭い半島での交通混雑」
魚座 5 度	A chrch bazaar. 「教会のバザー」
魚座 6 度	Officers on dress parade. 「衣装行進している将校達」
魚座 7 度	A cross lying on rocks. 「岩の上に横たわっている十字架」
魚座 8 度	A girl blowing a bugle. 「ラッパを吹く少女」
魚座 9 度	A jockey. 「騎手」
魚座 10 度	An aviator in the clowds. 「雲の上の飛行家」
魚座 11 度	Men seeking illumination. 「光を探している男達」

魚座 12 度	An examination of initiates. 「新参者達の試験」
魚座 13 度	An sword in a museum. 「博物館にある刀」
魚座 14 度	A lady in fox fur. 「キツネ皮をまとった女性」
魚座 15 度	An officer preparing to drill his men. 「部下の訓練を準備している将校」
魚座 16 度	The flow of inspiration. 「ひらめきの流れ」
魚座 17 度	An Easter promenade. 「復活祭の歩道」
魚座 18 度	A gigantic tent· 「巨大なテント」
魚座 19 度	A master instructing his pupil. 「弟子を指導する巨匠」
魚座 20 度	A table set for an evening meal. 「夕食のために用意されたテーブル」
魚座 21 度	A little white lamb, a child and a Chinese servant. 「小さな白い羊と子供と中国人の召使い」
魚座 22 度	A man bringing down the new law from Sinai. 「シナイから新しい法則を持ち降りてくる男」
魚座 23 度	Spiritist phenomena. 「霊的現象」
魚座 24 度	An inhabited island. 「人の住んでいる島」
魚座 25 度	The purging of the priesthood. 「聖職の浄化」
魚座 26 度	A new moon that devides its influence. 「影響を分割する新月」
魚座 27 度	A harvest moon. 「収穫の月」
魚座 28 度	A fertile garden under the full moon. 「満月の下の肥沃な庭」
魚座 29 度	A prism. 「プリズム」
魚座 30 度	The Graet Stone Face. 「巨大な石の顔」

おわりに

ホドロフスキーの『タロットの宇宙』という本を読み、そこでの「16神の家」の解説を読んで、急に憑き物が落ちたようになり、私はタロットカードについて日頃から思うことをもっと大胆に書いてみた方がよいのではないかと思うようになった。

私はただひたすらタロットカードにこだわり、これについて、40年以上、ああでもないこうでもないと弄り回していたのだ。

本書は2017年に書いた。その前にトゥルパに関係する本を書き、続編のようなかたちで、このタロットカードに関しての本を書いた。いつものように、「こんな長い本をいつ書いたんですか?」と聞かれるのだが、朝の7時からいつものカフェに行き、このカフェは日曜日だけはお休みなので、日曜日は駅向こうのスターバックスコーヒーに行き、毎日せいぜい一時間あるいは一時間強程度パソコンのキーボードを打ちという日常を繰り返し、気がつくと、書き終わっていた。

最初の時期には、最新型のマックブックを使っていたが、ステーブ・ジョブズ死後、マッキントッシュは設計の失敗続きで、キーボードは異様なほどに騒音を醸し出すので、カフェで打ち込んでいると、隣のおじさんがキレてしまい、何やら口走りながらコーヒーカップを机に叩きつけて走って出て行くということもあった。後半は、マイクロソフトのサーフェスで書いていた。これはうるさくないからだ。これで誰もキレることはなくなった。

本書は２０１７年に書いたので、２０１８年は暇で、タロットカードについて、あるいは「タロット道」に関しては、動画を作ることにした。昔からオンライン動画は、何か理想的なものはないのかと模索していたが、vimeo（動画共有サイト）では私が思い描いているような動画のアップロードができることがわかったので、タロットカードについての解説をいくつか作成した。

つまり本書のその後、あるいは補足的な内容はvimeoで動画で作り続けているのだが、私は最近、改めて、タロットカードは占いの道具ではなく、スタピ（スターピープルの略語）の故郷、すなわち恒星に帰還するための説明書だと考えるようになった。これは極めて優れた経典なのだ。十牛図よりも、三倍くらいできがよいのではないか。恒星に回帰するとは、非二元になるとか、聖なる守護天使と一体化するとか、あるいは神に戻るという意味でもあるが、タロットカードの手順通りに修行すれば、確実に回帰できる。

タロットカードが予想以上に客観的体系を表し、それは科学などに比較にならないほど精密で考え深いので、私は２０１７年から、「タロット道」という名前で、地球社会に積極的に働きかけたいという気持ちも芽生えた。つまり十牛図でいうところの第十図の「入纏垂手」だ。

実は、２０１８年の4月に、ランニングのしすぎで、大腿骨の疲労骨折をしてしまい、出かけられなくなった。困ることは何もない。本を近場のカフェで書いて、動画をvimeoで作成すれば、他にしたいことは何もない。地球的には、行動範囲が異様に狭くなっても、その分、Ｈ24レベルで、多くの関係性が拡大して、とても広がりのある生活が活発化した。

私は真にタロットカードの体系は有益で、優れたものだと考える。このことは仙道を考えることで初めて判明することかも知れない。仙道はタロットカードを内包した体系なのだ。

今後、何をしようか。今回のこのタロットカードの本は広がってほしいが、地球に住んでいる哺乳動物、すなわち神の子羊の比率は97パーセントくらいだ。残り３パーセントはアントロポースだが、例えば、出版社とか企業は収益を上げることが至上目的だ。この場合、大多数の人にアピールして買ってもらうことが大切で、すると大多数の人の精神構造に迎合することが重要で、「このままでいい。努力なんて必要がない」という趣旨の本を増やすことになる。

星への帰還などという内容の私の本は、つまりは、ほとんどの人にはアピールしない内容になりかねない。グルジェフのことを書いたウスペンスキーの本は、10年間で１万部行くかいかないかと述べていた人がいたが、１万部行くわけがない。知識とか情報は、多く共有されると内容が劣化して、元の姿をとどめなくなる。なので、ウスペンスキーの本も、ある部数販売されると、そこで打ち止めになるはずだ。行き渡るべき人に行き渡ると、そこで自動的に打ち止めになる。１万部は多すぎる気がする。

以前、タロットカードのパスワークの本を書いたが、その時、ジーニアスコードで、このことについて探索してみると、「今、５歳の子供達が成人になった時期に、この本は理解されやすくなるだろう」という内容を聞いた。今回のこのタロットの本は、理解されるのにもっと時間がかかるかもしれない。

そういうものを出版する説話社と、担当編集者の高木利幸さんの勇気は驚くべきだと思う。まさに掃き溜めに鶴という感じもする。何にしても、私は今回の本で誠意を尽くした。これを基にして、さまざまな星系に回帰してほしいと思う。それは本来の「人間」に回帰することなのだ。

２０１８年5月14日　代々木にて

著者紹介
松村　潔（まつむら・きよし）

1953年生まれ。占星術、タロットカード、絵画分析、禅の十牛図、スーフィのエニアグラム図形などの研究家。タロットカードについては、現代的な応用を考えており、タロットの専門書も多い。参加者がタロットカードをお絵かきするという講座もこれまで30年以上展開してきた。タロットカードは、人の意識を発達させる性質があり、仏教の十牛図の西欧版という姿勢から、活動を展開している。著書に『完全マスター西洋占星術』『魂をもっと自由にするタロットリーディング』『大アルカナで展開するタロットリーディング実践編』『タロット解釈大事典』『みんなで！　アカシックリーディング』『あなたの人生を変えるタロットパスワーク実践マニュアル』『トランシット占星術』『ヘリオセントリック占星術』『ディグリー占星術』『本当のあなたを知るための前世療法　インテグラル・ヒプノ独習マニュアル』『三次元占星術』『完全マスター西洋占星術Ⅱ』『ボディアストロロジー』『アスペクト解釈大事典』（いずれも説話社）、『決定版!!　サビアン占星術』（学習研究社）ほか多数。
http://www.tora.ne.jp/

タロットの神秘《しんぴ》と解釈《かいしゃく》

発行日　2018年 8 月10日　初版発行
　　　　2023年11月 1 日　第4刷発行

著　者　松村　潔

発行者　酒井文人
発行所　株式会社説話社
　　　　〒102-0074 東京都千代田区九段南1-5-6　りそな九段ビル5階
　　　　URL https://www.setsuwa.co.jp

タロットカードイラスト　松村　潔
編集担当　高木利幸
デザイン　染谷千秋

印刷・製本　日経印刷株式会社

ISBN 978-4-906828-47-0　C 2011

LE MAT